Coucou Lilou CP
Guide pédagogique

Marie-Claude Auger
Maître Formateur

Françoise Caminade-Riffault
Michelle Charle
Professeurs en IUFM

Serge Le Goff
Professeur des écoles

HACHETTE
Éducation

Sommaire

Conception et réalisation de la couverture : Pascal Plottier
Illustrations : François Dimberton
Conception graphique et réalisation : Créapass

ISBN 2.01.11.6108.8

Une autre méthode de lecture

Avant-propos

« Encore une autre méthode de lecture », direz-vous ! Oui mais, une MÉTHODE AUTRE !

Et d'abord, il faut s'entendre sur le terme de « méthode ». S'il s'agit d'un système fermé, sclérosé, qui empêche toute initiative de la part de l'utilisateur, nous ne nous reconnaissons pas dans ce modèle. Mais s'il s'agit d'un ensemble cohérent fondé sur des partis pris théoriques, tant didactiques que pédagogiques, alors nous revendiquons cette appellation. En effet, c'est en nous appuyant sur les recherches les plus récentes, confrontées à l'épreuve du terrain, que nous avons élaboré cet outil, à la fois traditionnel et nouveau. De la tradition, il conserve la régularité et la rigueur de l'apprentissage. Sa nouveauté réside dans sa conception d'ensemble et ses textes inédits.

Le titre : *Coucou Lilou*

Il s'explique par le personnage de Lilou, une chenille qui traverse tout le livre sans jamais intervenir directement. Elle est là pour se faire découvrir (elle se cache dans des endroits insolites et prend toutes les formes !), pour servir d'intermédiaire, pour être le regard à la fois naïf, amusé et complice de l'enfant qui prend plaisir à la chercher. Enfin, quand on referme le livre, elle devient papillon, clin d'œil symbolique qui salue l'éclosion du jeune lecteur.

La conception d'ensemble

Le premier précepte retenu c'est le plaisir, moteur essentiel de la motivation : plaisir d'avoir un livre pour soi, à soi, de pouvoir le toucher, le feuilleter, se l'approprier et le respecter. De plus, c'est un beau livre par la qualité du papier, par la présence de nombreuses œuvres d'art (enluminures, sculptures, tableaux, tapisseries, poteries), par les illustrations qui le rendent d'emblée attirant. Enfin, on ne comprend vraiment bien ce qu'est la lecture qu'en la découvrant et en la pratiquant sur des supports appropriés, dont le livre est pour nous l'outil le plus pertinent.

UN LIVRE À LIRE : DES TEXTES, RIEN QUE DES TEXTES

La structure du livre de l'élève

Dix unités (dont les deux premières très courtes) se succèdent, ce qui permet de consacrer à chacune environ quatre semaines. Cette indication est approximative, mais tient compte des réalités du calendrier scolaire et du rythme d'acquisition des enfants.

Un *Dico des sons*, intégré au livre mais néanmoins autonome, se présente sous la forme d'un petit livret indispensable à la structuration et à la mémorisation des phonèmes. Il est construit à partir des mots rencontrés dans les textes, des acquis en phonologie, et se présente toujours de la même façon.

• Les **mots-vedettes** sont les mots forts qui ancrent le phonème.
• La **phrase-mémo** prend en compte la démarche d'enfants qui s'appuient davantage sur le sens pour mémoriser.
• La **phrase-piège** met en évidence le fait qu'un graphème n'est pas systématiquement associé à un seul phonème (par exemple : Le k**an**gourou s**au**te sur les fr**ai**ses).
• Le **dico des mots**, conçu comme un imagier, met à la disposition des élèves un ensemble de mots nouveaux qu'ils peuvent directement utiliser pour la production d'écrits.

La structure d'une unité

Chaque unité se déroule en deux temps.
• On entre dans le thème par une reproduction d'œuvre d'art et par une ou deux « fabliettes », petites pièces poétiques, à mi-chemin entre la comptine et le bout-rimé.
• Vient ensuite le « mini-livre » à proprement parler, qui s'ouvre avec sa couverture, se déroule sur une quinzaine de pages et se referme avec la quatrième de couverture (elle-même en vis-à-vis de l'œuvre d'art de l'unité suivante).

Les trois grands principes fondateurs

Si c'est en forgeant qu'on devient forgeron, c'est en lisant qu'on devient « liseron » ! Autrement dit, on apprend à lire en lisant. Cette conception s'appuie sur trois principes fondateurs.

■ Premier principe fondateur : « Lire, c'est donner du sens à de l'écrit.* »

Cette assertion, qui paraît simple tant elle est évidente, est lourde de sous-entendus et de conséquences. Cela suppose que l'on donne à lire des textes comportant du sens. On peut légitimement penser que cette définition, dans sa simplicité, a généré des pratiques d'apprentissage fondées sur des textes faisant réfléchir les enfants : actuellement, on aborde souvent ces thèmes forts dans la littérature de jeunesse. Depuis quelques années, bon nombre de méthodes s'inscrivent dans ce courant. Il ne s'agit donc pas d'une mode ni d'un engouement passager, mais bien d'une volonté qui s'affirme de faire lire d'emblée des textes aux apprentis lecteurs.

Se pose alors la question du **choix de ces textes**. Ce choix est fortement limité par deux conditions qui le contraignent : l'intérêt et la lisibilité.

On peut choisir des ouvrages riches, qui interpellent les enfants. On se heurte alors à leur relative complexité, lexicale et syntaxique, qui met ces textes hors de portée des capacités des lecteurs débutants. On est amené à en extraire quelques phrases significatives pour bâtir l'apprentissage. Nous n'avons pas opté pour cette solution qui nous semble présenter des risques de dérive. L'enfant peut se forger une fausse idée de la lecture et penser que ce qui est réellement intéressant se situe hors de ce mini-corpus, uniquement destiné à apprendre : apprendre à lire devient souvent un exercice laborieux, coupé de la réalité et du plaisir de la lecture. Plus grave, nous semble-t-il, est la fausse idée de la lecture que cette pratique peut suggérer. En effet, on ne lit que ce qu'on connaît déjà, et qu'on retrouve pour exercer sa compétence et bâtir son savoir. Or, la lecture est tout autre, elle qui implique d'entrer dans la pensée d'autrui pour y trouver une information, une réponse à un questionnement, ou un moyen de s'évader. Elle fait du lecteur un découvreur actif et intéressé, prêt à s'investir dans un apprentissage devenu nécessaire.

On peut aussi choisir des ouvrages accessibles par la récurrence de leurs formules et la simplicité syntaxique de leurs phrases. Il s'agit souvent d'albums destinés aux enfants de trois ou quatre ans ; or, ceux-ci n'ont pas les mêmes centres d'intérêt que leurs aînés. Sans méconnaître le plaisir qu'ont les enfants à retrouver les histoires, pourquoi donc s'exerceraient-ils à lire des écrits qui ne les concernent plus vraiment ?

Nous avons, pour notre part, choisi de proposer des **textes inédits**, à l'accès simple et direct au début, et qui au fur et à mesure deviennent plus denses et plus complexes. Des textes qui répondent à des questionnements de l'enfant, ou qui le font réfléchir, ou qui le racontent dans sa vie, dans ses craintes et ses rêves, dans son imaginaire et son quotidien. Des textes qui ne sont pas parasités par un arsenal de questions ni par des exercices d'apprentissage du code. Tout cela se pratique ailleurs, dans les cahiers. Ici, il n'y a que les textes qui se donnent à lire, pour réfléchir certes, mais aussi pour rire. En effet, l'humour et la fantaisie y sont les maîtres mots, car nous sommes adeptes de l'apprentissage dans la bonne humeur.

Le rôle de **l'illustration** est primordial. Seule source d'information et de prise d'indices au début, en parfaite redondance avec le texte qui la surligne *(Album photo)*, elle devient plus autonome, quoique encore en prise directe avec le texte *(Anatole va à l'école ; Lili cricri, la fée sorcière ; Super Noël fait la fête et Coup de théâtre au Carnaval)*, pour enfin n'être plus que suggestive *(Le Prince, la Dame et la Licorne)*.

Nous voyons là une façon de prendre appui sur les pratiques de la grande section, puis de transférer le questionnement de l'image sur le texte. On peut ainsi conduire, grâce à un étayage bien conçu, à l'autonomie du lecteur, encore très relative, tout ceci afin d'assurer la continuité si nécessaire à un apprentissage réussi.

Les thèmes abordés suivent en quelque sorte le calendrier scolaire, de la rentrée au Carnaval, en passant par Noël. Mais la façon de les traiter est peu conventionnelle. Les textes sont variés, dans une langue soutenue quoique accessible, complexe quoique simple. Donc, pas de texte factice, expressément fabriqué pour l'étude de tel ou tel phonème, et dont la seule finalité est d'apprendre à décoder, avec le risque majeur de faire de l'acte de lecture une fin en soi, déconnecté de son objectif réel, qui est bien d'avoir accès à des écrits.

■ Deuxième principe fondateur : Former « des lecteurs polyvalents »

Afin de préparer les élèves à la diversité des écrits qu'ils seront amenés à rencontrer dans leur parcours scolaire et social, nous avons proposé :

des textes variés par leur forme :

- sommaire (pour annoncer),
- album photo (pour découvrir des personnages, mais aussi se remémorer des faits passés),
- textes de fiction (narratifs) :

– récits de vie : *Anatole va à l'école* ; *Lili Cricri, la fée sorcière* ; *Coup de théâtre au Carnaval* ;
– récits imaginaires : *Super Noël fait la fête* ; *Le Prince, la Dame et la Licorne* ;
– textes documentaires : *Qui est-ce ?* ; *De temps en temps* ; *À l'eau, à l'eau !* ; *Ça, c'est la vie !*

*Jean Foucambert, *La Manière d'être lecteur*, Albin Michel-Éducation, 1994.

des textes variés par leur genre :

• albums de littérature pour la jeunesse, mini-encyclopédies, texte de théâtre, presse, contes, « manuels » d'histoire, petits poèmes.

On peut donc affirmer que ce livre est fondé sur l'interdisciplinarité et qu'il répond aux Instructions Officielles qui préconisent de **« lire dans toutes les disciplines »**. Sans prétendre aborder tous les programmes de façon exhaustive, car telle n'est pas sa fonction, *Coucou Lilou* place les enfants face à des textes diversifiés et qui se revendiquent des disciplines qu'ils transmettent. Nous n'avons pas voulu d'unités thématiques qui deviennent prétextes à travailler les différents types de texte. Nous pensons ainsi éviter l'effet « patchwork » qui nuit à la cohérence d'ensemble. De plus, cette juxtaposition de textes de genres différents peut conduire à une pratique du tri de textes qui vaut en soi, et pour soi. Le principe et le fondement réel de ces activités semblent peu pertinent à l'enfant qui y voit une succession d'exercices gratuits. À terme, cela peut induire l'idée que ces activités sont en elles-mêmes leur propre finalité. C'est la raison pour laquelle nous avons choisi de travailler en « unités fermées » qui se présentent sous la forme et sur le support que nous avons estimés les plus adéquats au message transmis. Le tri de textes ne devient plus une fin en soi, mais un moyen d'affûter ses questionnements, ses compétences, et d'adapter ses stratégies de façon à les rendre plus opératoires et efficaces. Un cahier de travaux pratiques est recommandé en supplément pour écrire et illustrer les bilans ou les activités complémentaires.

■ Troisième principe fondateur : Mettre en évidence l'importance de l'assise sociale de la lecture.

L'idée de décloisonner l'école, de l'ouvrir sur le monde fait de la lecture un acte culturel et social. En effet, bon nombre d'enfants souhaitent apprendre à lire pour pouvoir lire le programme de télévision ou le nom d'une rue. **Les écrits fonctionnels et sociaux** entrent à l'école. L'acte de lire n'est plus un simple exercice scolaire gratuit, il devient nécessaire et aide à la construction du futur citoyen.

Dans le même souci d'éviter l'émiettement, nous avons choisi d'intégrer les écrits fonctionnels plutôt que de les plaquer. Ils se rencontrent là où ils sont pertinents, voire nécessaires. Ainsi, on lit le journal qui donne des informations à Super Noël, on lit les cartes postales qui lui sont adressées par les enfants en vacances, on cherche avec lui un numéro de téléphone sur son agenda, on lit l'affiche qui annonce à Marie l'arrivée d'un théâtre de marionnettes, on lit le plan des rues qui lui permettent de se repérer dans la ville et la conduisent au but de sa recherche, etc. Par ailleurs, on lit un plan dans l'unité sur la rue, on lit le calendrier dans l'unité sur le temps, on apprend à se servir d'un sommaire en situation, avec sa fonctionnalité propre.

Au total donc, une grande variété de supports mais, fidèles à nos principes, nous n'en avons pas fait des objets détachés, simples prétextes à une étude artificielle : ils existent dans leur spécificité, leur fonction et leur fonctionnement.

Par voie de conséquence directe, cela implique une grande diversité de situations de lecture.

Puisqu'on privilégie le sens, il faut amener l'élève à le découvrir dans les textes qui lui sont proposés, à partir de ce qu'il connaît déjà. Parfois, la signification est évidente et sans ambiguïté, comme dans la phrase-piège du *Dico des sons*, où l'illustration dissipe toute équivoque : le dessin est reproduit terme à terme par les mots, et la situation, volontairement simplifiée, se traduit dans une syntaxe élémentaire.

C'est aussi la raison pour laquelle on s'appuie si fortement sur l'illustration, seule porteuse de sens et creuset d'investigations, pour lancer la plupart des activités de lecture en début d'apprentissage. Les situations de mise en jeu servent également à fonder l'action et le dialogue qui, reproduit à l'écrit et affiché, peut alors être comparé au texte à lire dont le sens surgit peu à peu. Enfin, l'adulte peut se substituer à l'enfant défaillant, chaque fois que cela est nécessaire à la bonne compréhension de l'ensemble à lire. En effet, mieux vaut une aide qui permet d'avancer que des hésitations trop nombreuses ou des blocages qui font perdre de vue le sens général.

On sait par ailleurs que la lecture est affaire de mise en relation des informations, et qu'à cet égard elle se fonde en tout premier lieu sur leur mémorisation. C'est la raison pour laquelle nous préconisons parfois le relais plus ou moins long de l'adulte qui permet de mettre en œuvre une réelle activité de lecture.

LES CAHIERS : OUTILS ET LIEU DES APPRENTISSAGES

Les pages de sens

Les activités de ces pages s'apparentent aux pratiques dites de BCD, auxquelles elles empruntent la pertinence et la variété. Elles incitent à entrer de façon « ciblée » dans les textes, tantôt par les personnages, tantôt par les lieux. Elles demandent aux enfants d'interpréter, de s'impliquer, et les initient à s'exprimer sur l'implicite. Très ludiques, elles interrogent sur les points importants, faisant émerger les notions de « héros », de « structure », de « dialogue », etc.

Les exercices des cahiers sont conçus pour expliciter le texte du livre en insistant sur la compréhension, sans pour autant négliger la répétition et la systématisation des mots déjà acquis ou à retenir. **On y travaille donc sur trois plans : la consolidation d'acquis, l'acquisition de mots nouveaux en situation et la réflexion**. L'illustration y joue un rôle primordial, car elle est porteuse de sens et source d'investigations. Les exercices 1 et 2 de la page 13, souvent reproduits dans le premier cahier, jouent du décalage et de l'erreur pour faire intégrer vocabulaire et structures.

Le cahier n'est donc pas un simple outil de contrôle et d'évaluation, c'est le lieu des apprentissages. À ce titre, certains exercices nécessitent impérativement d'être travaillés en commun et requièrent l'aide de l'adulte, car ils mènent à l'élaboration d'une connaissance. D'autres peuvent être considérés comme des évaluations et être faits en totale autonomie. Enfin, il est important de bien saisir que tous les exercices ne sont pas obligatoires, que certains sont à proposer à quelques élèves, sans nuire pour autant à la bonne marche ni à l'évolution des apprentissages et des savoirs de tous. Il s'agit là de mettre en œuvre les principes d'une réelle pédagogie différenciée.

Ces pages de cahier sont aussi conçues pour permettre d'aborder des notions grammaticales de base. Ainsi, on travaille sur la phrase, sur la négation, sur les phrases interrogative et impérative, mais toujours « en situation », lorsque le texte l'induit, et par jeu de manipulations. De la même façon, on initie et on invite à la production d'écrit, en jouant une fois encore de la variété des situations et des modalités de production (de l'utilisation des étiquettes du premier cahier à la création par transfert à la fin du second cahier, en passant par la construction guidée de phrases).

Elles ne prétendent cependant pas couvrir le champ des nombreuses possibilités en ce domaine, et notamment, elles ne doivent en aucun cas dispenser de proposer des activités d'expression plus « libre » et plus « spontanée », seules susceptibles de faire réellement entrer dans un vrai projet d'écriture.

Mais toutes ces pratiques, si louables et nécessaires soient-elles, ne suffisent pas, à elles seules, à former des lecteurs autonomes. Sans tomber dans la querelle un peu éculée des anciens et des modernes, des « syllabistes analytiques » contre les « globalistes naturalistes », on ne peut faire abstraction des travaux d'Emilia Ferreiro, relayés par ceux de Jacques Fijalkow, non plus que des recherches d'Éliane et Gérard Chauveau. Tous nous invitent à regarder comment les enfants « s'y apprennent », pour reprendre un titre célèbre, chacun apportant son point de vue et son analyse. L'apprentissage doit impérativement passer par la maîtrise du code, considérée non comme une fin en soi, mais comme un outil nécessaire à la construction du sens. En effet, tout se bâtit dans une interaction constante entre les éléments globaux du texte, repérés et interprétés en fonction du sens général, mais forcément incomplets, et les éléments de détail (lettres, syllabes). Tout semble se passer comme si, une fois que le support est identifié, le sens général déterminé, l'apprenti lecteur procédait par jeu d'hypothèses qu'il cherche à confirmer ou infirmer par une observation détaillée de l'écrit qui lui est présenté. Reste donc la question de l'acquisition du code.

La phonologie

■ Une conception interactive de la lecture

Nous pensons qu'il n'est plus temps d'attiser le conflit entre les partisans d'un apprentissage fondé sur l'acquisition prioritaire du code, et leurs détracteurs qui préconisent un accès direct à la compréhension des textes. Nous affirmons que ces deux activités sont absolument complémentaires, et qu'il est nécessaire de les mener conjointement en les associant. C'est la raison pour laquelle nous commençons très tôt les activités de phonologie, sans prétendre toutefois qu'elles seront opératoires dès le début. Mais c'est en se familiarisant précocement avec elles, et en les répétant, que l'apprenti lecteur pourra acquérir des compétences dans ce domaine. Nous partons du principe que des activités de repérage, de discrimination, de tri, de classement à partir d'un corpus de phonèmes, de graphèmes et de lettres, sont les meilleures bases à mettre en place pour aborder le système phonographique. Cependant, elles ne peuvent être opératoires que si elles s'appuient sur les textes étudiés, et si elles sont fondées sur le sens, et/ou elles-mêmes porteuses de sens. L'étude phonologique ne suit donc pas une progression « canonique » (à laquelle, par ailleurs, nous croyons peu), mais elle est étudiée dès le début de l'année, présentée pour ce qu'elle est : un outil pour acquérir aisance et dextérité dans cette conquête du savoir lire. C'est ainsi que le [ɛ̃] ne sera réellement étudié qu'avec la dernière unité (prince ; lapins), assez tard dans l'année. Ce n'est pas pour autant qu'il n'aura pas été rencontré précédemment : le premier mot de la première unité narrative est « demain » ! L'étude phonologique s'appuie donc toujours sur le sens qu'elle révèle et fonde.

■ Démarche pour l'étude d'un phonème et du (des) graphème(s) correspondant(s)

L'étude se déroule en trois temps :

1. Conscience phonique : par la mémorisation de la comptine, qui est prétexte à découvrir et à répéter le phonème. Elle est là pour amuser tout en réitérant la production du phonème, et en « martelant » l'oreille. Sa fréquence est soulignée par le rythme très scandé caractéristique du genre. En l'employant dans une phrase souvent farfelue, qui fait fi du sens, on en fixe auditivement l'emploi. Les comptines mettent en scène tout un bestiaire qui s'anime en des scènes drôles, qui se déroulent dans un lieu géographique, « phonétiquement » choisi ! En aucun cas, **elles ne sont conçues pour être lues** (la taille des caractères est déterminée à cet effet). Les exercices 1 à 3 correspondent à cette phase et pourront être réalisés en simultané s'ils sont considérés comme participant à l'apprentissage ou en différé s'ils sont utilisés comme outil d'évaluation.

2. De la discrimination auditive à la graphie ; étude du phonème 1 : après avoir redit la comptine, la pêche au **phonème** est lancée. Il s'agit d'inviter les élèves à retrouver dans leur environnement immédiat des mots comportant le phonème étudié. On pourra les aider, les orienter, et surtout leur faire prononcer les mots avant de les retenir. Des jeux de scansion, à partir de dessins identifiables, servent à localiser dans le mot la syllabe-support du phonème étudié. Nous avons choisi, dans cette partie de l'étude, de ne pas proposer de syllabes à e sourd [ə], non plus que des e muets en finale, ceci afin de respecter toutes les prononciations régionales. Le recours au *Dico des sons* sera systématiquement préconisé. Tous ces mots seront répertoriés, affichés et écrits par l'adulte qui les alignera de façon explicite et pertinente, pour faire émerger la graphie récurrente. On peut, à cette occasion, faire créer un fichier-imagier qui sera étoffé au fur et à mesure des trouvailles, et qui servira de référence permanente à la classe. On pourra retenir plusieurs critères de classement : thématique – matériel scolaire ; jours de la semaine ; animaux, etc. – ou phonétique – a**na**nas, ba**nane**, **n**œud, **n**id, etc. Ainsi, la fiche « banane » pourra être retrouvée dans le fichier des fruits et/ou dans le fichier du [n] ou celui du [a]. C'est également l'occasion de recourir au *Dico des sons*, qui est là pour ancrer l'apprentissage du nouveau phonème dans un corpus connu. Certains enfants retiennent mieux les mots forts, chargés d'affectivité, « mots-vedettes », (on étudiera le [b] à partir de bébé et biberon), d'autres s'attachent plus au sens et ont besoin d'une phrase-support, la « phrase-mémo ». Les exercices 4 et 5 correspondent à cette phase.

3. De la phonie à la graphie ; réinvestissement du phonème et du graphème ; étude du phonème 2 : elle conduira à la découverte (ou à l'emploi) du (ou des) graphème(s) correspondant au phonème étudié. On présentera alors le phonème dans la variété de ses graphies (sans toutefois surcharger*), mais aussi la lettre dans ses diverses valeurs, et ce dès le début de l'année. La « phrase-piège » du *Dico des sons* joue ce même rôle : « indéchiffrable », elle est cependant lisible, grâce à son illustration qui ne prête à aucune confusion ; personne ne peut « lire » autre chose que : « Le kangourou saute sur les fraises » (p. 1). Enfin, ces « observations », tant auditives que visuelles, seront réinvesties dans une production immédiate. Le *Dico des mots* est une aide à construire directement des phrases, puisque son dernier élément est toujours un verbe. Habitués très tôt à y avoir recours, les élèves acquièrent vite habileté et autonomie dans son maniement, et se souviennent de façon étonnante des pages où ils vont trouver ce qu'ils cherchent pour construire leurs écrits. Les exercices de la page de droite correspondent à cette dernière étude.

L'acquisition de la phonologie se fait donc en partant de l'oral, familier aux enfants, pour progressivement arriver au graphème à découvrir, par un jeu de va-et-vient entre la lecture et l'écriture.

Par ailleurs, la démarche retenue rappelle la démarche scientifique. Elle consiste à aller de l'observation d'un corpus connu à la découverte de l'objet étudié, pour aboutir à son transfert et à son emploi dans des occurrences nouvelles. C'est l'enfant lui-même qui construit sa propre connaissance, guidé, « étayé » par les activités progressives qui lui sont proposées.

Voir page 9, la présentation d'une double page de phonologie.

LE GUIDE PÉDAGOGIQUE : UNE AIDE ET UN APPORT

Il se présente sous forme de **fiches de préparation** rédigées pour chaque séance et propose des pistes d'exploitation, des rappels théoriques de base ou des informations.

Des modalités différentes d'entrée dans l'écrit y sont préconisées.

Il est important de diversifier les entrées dans les textes, afin d'interroger ceux-ci de façon ciblée, dans leur singularité et leur enjeu propres. Cela permet d'éviter la lassitude des élèves et de diminuer le risque de systématisation, nuisible à la réflexion.

Diverses pratiques de lecture y sont exposées, ce qui permet de mettre en place des activités pour une pédagogie différenciée.

Puisqu'on privilégie le sens, il faut amener l'élève à le découvrir dans les textes qui lui sont proposés, et ce à partir de ce qu'il connaît déjà. Parfois, il est évident et sans ambiguïté, l'illustration n'offre aucune équivoque : le dessin est reproduit terme à terme par les mots, et la situation, volontairement simplifiée, se traduit dans une syntaxe élémentaire. C'est aussi la raison pour laquelle on s'appuie si fortement sur l'illustration, seule porteuse de sens et creuset d'investigations, pour lancer la plupart des activités de lecture du début. Les situations de mise en jeu servent également à fonder l'action et le dialogue, qui, reproduit à l'écrit et affiché, peut alors être comparé au texte à lire dont le sens surgit peu à peu. On ne néglige ni les activités de combinatoire, ni celle de « désignement » (selon la terminologie de J. Fijalkow), qui sont parfois nécessaires à la construction du sens. Enfin, l'adulte peut se substituer à l'enfant défaillant, chaque fois que cela est nécessaire à la bonne compréhension de l'ensemble à lire. En effet, mieux vaut une aide qui permet d'avancer que des hésitations ou des blocages trop fréquents, qui font perdre de vue le sens général.

On sait par ailleurs que la lecture est affaire de mise en relation des informations, et à cet égard, se fonde en tout premier lieu sur leur mémorisation. C'est la raison pour laquelle nous préconisons parfois le relais plus ou moins long de l'adulte, qui permet de mettre en œuvre une réelle activité de lecture.

Des pratiques de l'oral variées y sont suggérées.

**Cf.* la méthode du Sablier qui, en proposant simultanément tous les « costumes » du son, aboutissait souvent à une grande confusion.

Il propose des **prolongements** dans des domaines souvent peu explorés à l'école. On pique la curiosité des enfants et on les ouvre à un univers culturel souvent inconnu, mais fascinant et plein d'enseignements (mythologie, technologie, musique, tissage, danse...). N'est-ce pas là la source vive d'une éducation plurielle riche et foisonnante ? La lecture devient une activité fondée qui génère et implique d'autres activités. Elle se fait outil de construction des apprentissages. Elle devient donc moyen et non fin (*cf.* I.O. : *La lecture au service des autres disciplines*).

Ce guide n'a d'autre prétention que de suggérer et de conseiller. Il peut parfois paraître trop précis, voire dirigiste, mais il nous a semblé répondre à certaines interrogations de nos collègues débutants, et aussi pouvoir faciliter la tâche des plus chevronnés, en proposant des pistes et des exploitations un peu inédites. Néanmoins, cela ne doit absolument pas être pris au pied de la lettre. Les activités n'ont rien d'obligatoire, et on peut fort bien ne pas utiliser le matériel proposé. Il n'est là que pour faire gagner du temps. L'enseignant reste le médiateur nécessaire entre le livre et les élèves : l'acte pédagogique demeure entier. Nous sommes certains que l'inventivité et l'ingéniosité des enseignants leur fera prendre, s'approprier et adapter ce qui les intéresse, et passer sur le reste.

C'est pour nous un outil à la fois original, varié et drôle, mais aussi structuré et rassurant.

Bibliographie sur la lecture

- M. Butlen, M. Couet, L. Dessailly, *Savoir lire avec les BCD,* Argos (Démarches), CRDP de Créteil, 1996.
- M.-L. Gion, P. Slama, *Lire et écrire avec le roman policier,* Argos, CRDP de Créteil, 1997.
- M.-J. Bouchard, *Apprendre à lire comme on apprend à parler,* coll. « Pédagogies pour demain », Hachette Éducation, 1991.
- A.-M. Chartier, C. Clesse, J. Hébrard, *Lire écrire : entrer dans le monde de l'écrit,* tome 1, Hatier, 1991.
- A.-M. Chartier, C. Clesse, J. Hébrard, *Lire écrire : produire des textes,* tome 2, Hatier, 1998.
- G. Chauveau, *Comment l'enfant devient lecteur. Pour une psychologie cognitive et culturelle,* Retz, 1997.
- *Lire et écrire à partir d'écrits fonctionnels,* tome 1 GS-CP-CE1, coll. « Démarches et outils pour la classe », CRDP de Lille, 1995.
- B. Devanne, *Lire et écrire, des apprentissages culturels,* tome 1 : « pour les cycles 1 et 2 », Armand Colin, 1992.
- B. Devanne, L. Mauguin, P. Mesnil, *Lire et écrire, des apprentissages culturels,* tome 3 : « Conduire un cours préparatoire », Armand Colin, 1996.
- J. Giasson, *La Lecture, de la théorie à la pratique,* Gaëtan Morin éditeur, 1995.
- E. Ferreiro, *Lire-écrire à l'école : comment s'y apprennent-ils ?,* CRDP de Lyon, 1988.
- J. Fijalkow, *L'entrée dans l'écrit,* coll. « Questions d'Éducation », Presses universitaires du Mirail, 1996.
- R. Léon, *La Littérature de jeunesse à l'école,* coll. « Pédagogies pour demain », Hachette Éducation, 1994.
- P. Meirieu, M. Guiraud, *L'École ou la Guerre civile,* Plon, 1997, p. 87.
- C. Tauveron, *Lecture, écriture et culture au CP,* coll. « Pédagogie pratique à l'école », Hachette Éducation, 1996.
- C. Tisset, *Apprendre à lire au cycle 2,* coll. « Pédagogies pour demain », Hachette Éducation, 1994.
- N. Van Grunderbeek, *Les Difficultés en lecture, diagnostic et pistes d'intervention,* Gaëtan Morin éditeur, 1994.

PRÉSENTATION D'UNE DOUBLE PAGE DE PHONOLOGIE

La comptine : point d'ancrage de l'étude systématique des phonèmes.

Son rythme très scandé est caractéristique du genre. Son but est d'accentuer le phonème en le répétant dans une phrase souvent farfelue. Elle met en scène tout un bestiaire et des scènes drôles, situées géographiquement de façon uniquement « phonétique ».

La structure répétitive aide à la mémorisation. **En aucun cas, la comptine n'est conçue pour être lue.**

Exercice 1 Repérage des occurrences du phonème

Détailler et nommer les éléments de l'illustration de la comptine (s**a**c, t**a**che, etc.). Tous ne sont pas nommés (ch**a**t, ch**a**peau, pyj**a**m**a**, p**ara**pluie, t**a**bouret) mais sont identifiables par un enfant de CP.

Exercice 2 Repérage du phonème comme unité discriminante de sens

Nommer les représentations collectivement, les faire répéter individuellement, faire identifier le mot contenant le phonème (b**â**ton/bouton).

Exercice 3 Repérage et localisation du phonème dans le mot, ou plus exactement de sa syllabe d'ancrage

Faire scander pour compter les syllabes, puis repérer celle dans laquelle on perçoit le phonème.

Exercice 4 Retrouver le phonème dans des mots écrits connus (grapho-phonétique)

Première approche avec le (ou les) graphème(s). Constitution de listes qui, par comparaison, font émerger la graphie du phonème étudié.

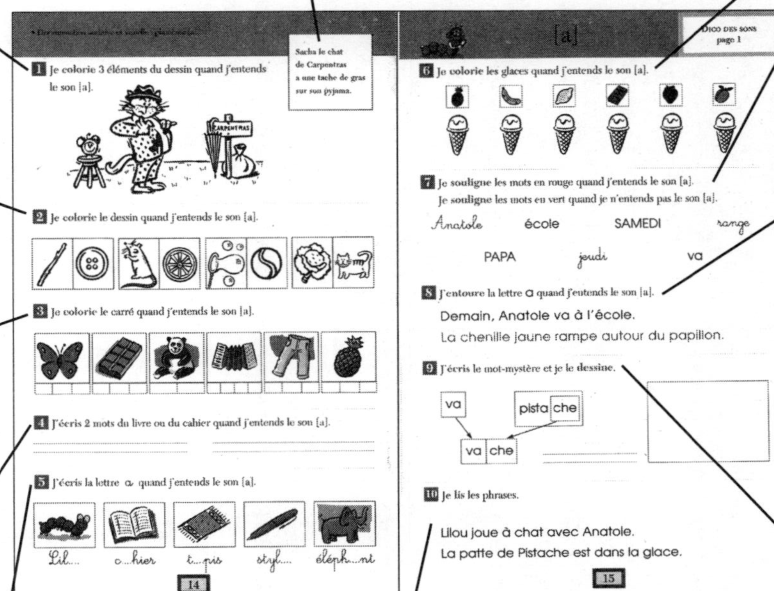

Exercice 5 Emploi du graphème dans d'autres mots connus (phono-graphique)

Le « modèle » de la consigne sert à l'écriture de la lettre en situation. Prévoir d'autres moments réservés à l'écriture.

Exercices 6 et 7 Transfert des acquisitions phonographiques dans des mots où la présence du graphème sert à reconnaître le phonème

Faire dire ou lire les mots en accentuant la prononciation du phonème.

Exercice 8 Variations d'emploi de la lettre dans différents phonèmes à partir de mots connus globalement

Exemples : A d'Anatole, an de grande et dans, au de jaune, ain de demain (phrase-piège du *Dico des sons*).

La phrase en couleur est destinée aux élèves plus rapides et momentanément plus performants. À lire obligatoirement par l'enseignant, elle ne comporte que des mots inconnus. C'est un exercice d'initiation à la vigilance orthographique.

Exercice 9 Le mot-mystère, premier essai ludique de combinatoire

Prélèvement de syllabes dans des mots connus, et association pour former un mot nouveau. Si ce dernier est connu des enfants (comme vache), il leur est demandé de le dessiner, activité de détente et de contrôle du sens. Sinon (comme tarentule), il est déjà dessiné et « légendé » par les enfants.

Exercices 10 et parfois 11 Lecture et production de phrases

Situation réelle d'emploi du phonème induite et fondée par l'illustration. Utilisation du « dico des mots », véritable ressource-référence qui conduit, par une utilisation régulière, à une certaine autonomie.

La couverture du livre de l'élève

On peut se demander pourquoi on accorde tant d'attention à la couverture. Toutes les activités menées à ce sujet, inspirées des pratiques en BCD et très présentes en maternelle, ont pour finalité de faire prendre en compte le livre dans sa matérialité et d'en faire découvrir les caractéristiques (qui le différencient d'autres supports de lecture : affiches, magazines, journaux, etc.). Par ailleurs, ces activités offrent l'occasion d'acquérir, en situation, un vocabulaire spécifique (couverture, quatrième de couverture, titre, auteur, illustrateur).

L'étude de la couverture (image + texte) invite les enfants à émettre des hypothèses en établissant une relation, d'une part entre le texte et l'image (fonction du titre), d'autre part entre la couverture et le contenu du livre.

Ainsi peut-on faire très tôt émerger la notion de « héros », caractéristique du narratif puisque le héros est souvent éponyme dans la littérature de jeunesse.

Enfin, en ce qui concerne cet ouvrage précis, il est plus intéressant de le faire appréhender comme un livre que comme un manuel scolaire – mais un livre particulier, composé de plusieurs unités : on peut parler **« d'un livre fait de mini-livres. »**

Séance de travail

■ **Objectifs** : identifier une couverture et en dégager la fonction.

■ **Enjeu** : découvrir le livre et se l'approprier.

■ **Procédures** : observations ; hypothèses ; vérifications ; oral descriptif et argumentatif.

■ **Matériel** : livre (couverture et quatrième de couverture) ; cahier 1 p. 3.

■ **Durée** : 30 minutes.

■ Déroulement

Préambule : poser la question : « Comment s'appelle notre livre ? Où pouvons-nous trouver la réponse ? »

1re PHASE : la notion de couverture

– Faire identifier la couverture par des questions : Comment s'appelle ce que vous voyez quand votre livre est fermé ? Et ce qui se trouve derrière ? (Couverture et quatrième de couverture.)

– Faire observer la couverture et nommer les différents éléments qui la composent : lettres, mots, dessins, couleurs.

– Faire compter et décrire les personnages. (Trois enfants et une tête dans un rond, ou quatre enfants ?)

– Faire décrire ce qu'ils font. (Une fille mange un gâteau, un garçon court, un autre danse ? saute ? se bagarre ? Ils vont (sont) à l'école ? La tête sort d'une lettre ?)

– Faire émettre des hypothèses sur ce dernier personnage : Qui est-ce ?

2e PHASE : la notion de titre

– Faire formuler des hypothèses sur le titre *Coucou Lilou* (graphie, grosseur des caractères, place sur la « page »).

– Faire émerger la notion de titre : « Le titre, ça dit ce qu'on va lire dans le livre ».

– Faire chercher un titre d'après l'image, par exemple : « Le titre, c'est les enfants à l'école » ou « Le titre, c'est le nom de ce personnage bizarre ». Laisser en suspens.

3e PHASE : hypothèses sur le contenu du livre

– Question : Que nous raconte notre livre ?

– Se reporter à la quatrième de couverture pour découvrir le papillon. S'agit-il d'un autre personnage ? Pourquoi un papillon ?

– Vérifier en feuilletant le livre : on voit les personnages de la couverture dans la première unité ; après, on ne les voit plus. En revanche, on retrouve une chenille rouge à plusieurs reprises, tout au long du livre.

– Faire émerger les connaisances sur la chenille qui devient papillon (les donner si nécessaire).

– Faire identifier le personnage mystérieux de la couverture : une drôle de chenille. En déduire que le titre est sûrement le nom de cette chenille. Donner alors le titre exact : *Coucou Lilou.*

– En déduire le nom de la chenille : Lilou.

4e PHASE : la spécificité de ce livre

– Faire feuilleter le livre pour découvrir la pluralité des documents et en faire nommer le plus possible (tableaux, poèmes, histoires, dessins, photos). En déduire que ce livre ne raconte pas l'histoire de la chenille Lilou.

– Faire chercher dans le livre des pages où l'on trouve d'autres « couvertures ».

– Faire tenter une dernière formulation pour caractériser ce livre, le rôle qu'y tient Lilou (nous inviter à la suivre dans le livre pour y lire des histoires qui ne parleront pas de Lilou, apprendre des choses, découvrir des tableaux, etc.).

Activités complémentaires

On pourra :

– jouer à s'interpeller (« coucou Untel »), en mémorisant le prénom des camarades ainsi que leurs étiquettes ;

– prendre toutes les positions et les postures de Lilou et chercher à les nommer ;

– lire un texte documentaire adapté sur les papillons.

Les fabliettes

Quelques pistes d'exploitation

Ces fabliettes (écrites par les auteurs), à mi-chemin entre les comptines et les chansons, ne se posent pas comme des poèmes, au sens canonique du terme. Toutefois, elles peuvent légitimement revendiquer le statut poétique, si l'on pense que jeux sur et avec la langue, jeux de sonorités, d'allitérations et d'assonances, jeux de rythmes sont caractéristiques du langage poétique.
Il convient donc de poser la question de la place de la poésie à l'école. Vaste problème que nous n'avons pas la prétention de résoudre ici. Cependant, si nous voulons promouvoir la poésie, il faut impérativement la dissocier, dans les esprits et dans les pratiques, de l'exercice de la récitation, où seules les performances de mémoire sont contrôlées, voire notées ! Même si on demande de « mettre le ton » !
Pourquoi donner une autre dimension à la poésie ? Nous voyons là un moyen (ou plus exactement un des moyens) de réconcilier avec la langue certains enfants en marge, voire en rupture de productions orales ou écrites, faute de maîtriser le code. En effet, quoi de plus ludique que de déstructurer les mots ou les expressions, pour jouer sur des sens inédits formant jeux de mots, ou de s'amuser aux rimes, etc., toutes activités où l'inventivité ainsi que la sensibilité de l'oreille sont souvent « les choses du monde les mieux partagées » !
C'est la raison pour laquelle nous proposons ces pistes qui permettront de varier les approches et les façons de « dire ».

La semaine de l'écolier ———————— Page 12
Fabliette à lire sur le rythme de « Savez-vous planter les choux ? »
L'enseignant peut, en ce début d'année, dire le poème avec les élèves : l'adulte lance les vers 1 et 3, les enfants répondent en chœur. Une autre façon de faire, plus élaborée et nécessitant une bonne maîtrise, consiste à partager la classe en deux : une moitié répond « à l'école », l'autre « pas d'école », et tous en chœur disent « À l'école ou pas d'école » !

Lili lit ———————— Page 22
On peut jouer au chef d'orchestre : un enfant « dirige » en disant le premier vers de chaque strophe ; il désigne un de ses camarades qui dit les trois autres vers. Et ainsi de suite.

Diable ou fée ? ———————— Page 22
Faire dire une strophe par enfant (il la choisit). Veiller au changement d'intention, et ne pas avoir peur de forcer le trait : doucereux, voire « obséquieux » pour les strophes 2 et 4, très appuyé et martelé pour les strophes 1 et 3. Ces contrastes devraient montrer le « recul » des enfants par rapport au jugement qu'« on » porte sur leurs réactions !
En première édition, les strophes n'ont pas été séparées.

Madame la rue ———————— Page 42
La fabliette peut se dire dans un grand espace. Les enfants sont disposés en deux lignes qui se font face et qui s'interpellent. Ou bien les enfants sont disposés en cercle, et l'un d'eux au milieu est « la rue » qui répond aux questions des autres.

Vue de ville ———————— Page 42
Là encore, il paraît souhaitable de disposer d'un « espace de jeu ». Faire dire le texte en se déplaçant et en « jouant la situation ». Trois enfants pour les deux premières lignes, trois pour les deux suivantes et encore trois autres pour les deux dernières. À chaque fois, les participants se retirent et laissent la place aux suivants. Rythmer les déplacements.

La fête du 14 Juillet ———————— Page 58
Répartir les enfants en trois groupes, une ronde, une farandole et un « bouquet » (enfants regroupés et accroupis). C'est d'abord la ronde qui s'anime, en disant la première strophe. Elle continue à tourner quand la farandole se met en route en disant la deuxième, puis le « bouquet » jaillit comme un feu d'artifice. Enfin, tous disent ensemble la dernière strophe.

Noël ———————— Page 58
Plus de sobriété ici, où le thème est plus intime. On pourra faire dire chaque strophe par un enfant différent, en variant le « volume » : murmure au début, il devient éclatant à la fin. *(À noter une variante entre la première édition et les suivantes.)*

Le temps élastique ———————— Page 78
Jouer essentiellement sur « l'élasticité » (la graphie y invite). Huit enfants disent deux vers chacun en contraste : rapide/lent. On pourra faire dire la dernière strophe par tous les autres, en « refrain », après chaque strophe, ou à la fin, en accentuant la lenteur et la rapidité. On pourra aussi partager la classe en deux, les uns étant « la lenteur », les autres « la rapidité ».

Que fait le temps ? ———————— Page 78
Répartir les enfants en groupes de sept : un enfant dit les vers 1, 4, et 5 de chaque strophe, et il est « interrompu » par les six autres qui lui posent successivement les questions.

L'eau ———————— Page 94
Un groupe de quinze enfants (ou certains en binômes si l'on veut faire participer toute la classe). Prévoir un espace assez grand (préau, cour ou gymnase).
Les enfants sont dispersés et assez éloignés. Ils se dirigent un par un vers le centre en disant un vers. Et, à la fin, ils se retrouvent tous au centre pour dire les quatre derniers vers. Même chose en classe, mais on joue le jeu « assis/debout. »
On pourra faire le bruitage de l'eau : en secouant une feuille de papier, en la frottant ou en la martelant de « pichenettes » plus ou moins fortes et rapides.

Marottes et marionnettes ———————— Page 110
Fabliette à dire avec les gestes.

Fêtes déguisées ———————— Page 110
Même exploitation que pour L'Eau, mais à l'inverse pour terminer en ronde (du centre vers l'extérieur).

L'œuf ———————— Page 130
Beaucoup insister sur la scansion qui met l'accent sur les deuxièmes syllabes : un **œuf**, pon**du** gare **aux** in**trus**, etc.

Ça, c'est la vie ! ———————— Page 130
Cinq enfants, un par strophe, qui miment en se redressant petit à petit, puis en se « recroquevillant » : première strophe, accroupi ; deuxième, accroupi ; troisième, debout ; quatrième, accroupi ; dernière, accroupi. *(À noter une variante entre la première édition et les suivantes.)*

Cornelicorne ———————— Page 144
Cinq enfants (un par strophe), plus un « magicien ». Les enfants, accroupis, tête dans les bras, se disposent comme sur la tapisserie de la page 143. Le magicien, d'un coup de baguette ou d'un claquement de doigts, les « réveille » et ils prennent la position et l'attitude de leur personnage, en disant leurs quatre vers. À la fin, tout se fige comme un tableau.

Rêve de licorne ———————— Page 144
Cinq enfants : l'un d'entre eux est la « licorne » muette, au milieu des quatre autres, assis autour d'elle et qui s'adressent à elle à tour de rôle. Mais elle reste impassible.
Autre façon : la licorne s'enfuit ; chacun, à tour de rôle, essaie en vain de l'attraper et de la retenir.

Le sommaire

Pages 4 et 5 du livre de l'élève

Séance 1 : qu'est-ce qu'un sommaire ? Première approche

■ **Objectifs**

- Découvrir le sommaire dans sa nature, comme écrit spécifique.
- Favoriser et faciliter la transition entre GS et CP.
- Apprendre ou consolider les notions de « page », « ligne » et « colonne ».
- Initier aux notions de latéralisation : « gauche », « droite » (sens de l'écriture).

■ **Enjeu** : favoriser l'entrée dans un écrit fonctionnel ; expliciter les caractéristiques de sa forme et de sa fonction.

■ **Procédures** : observation et expression orale ; mobilisation des acquis : connaissance des couleurs, discrimination écriture en lettres / écriture en chiffres et différentes graphies, connaissance empirique des notions de gauche et de droite, de l'objet livre et de ses caractéristiques formelles ; spatialisation : l'espace « page », éventuellement notions de « ligne » et de « colonne ».

■ **Matériel** : livre pp. 4 et 5 ; premier bandeau agrandi et sa silhouette (fiche 1, p. 148) ; aimants ou gomme adhésive.

■ **Durée** : 40 minutes.

■ **Déroulement**

1re PHASE : repérage des bandeaux par leur couleur (collectif oral)

– Faire identifier les bandeaux par leur couleur, successivement mais en désordre. Pour cela, procéder par devinettes orales, en diversifiant les indices de localisation par l'emploi des termes et expressions les plus variés et les plus précis possible : *avant, après, entre, premier, dernier, deuxième, troisième, en haut, en bas, sur la page de gauche, sur la page de droite* (éventuellement *avant-dernier, précédent*, etc.).

2e PHASE : repérage et récurrence des différents éléments des bandeaux (collectif oral, puis travail par deux)

– Faire repérer les différents éléments des bandeaux : image et écrits et, dans les écrits, divers types et graphies. Faire analyser un bandeau en collectif oral, par exemple le premier, agrandi et affiché, ce qui permettra de discriminer ce qui se trouve sur le côté (image, écriture en chiffres) de ce qui se trouve au milieu (écriture en lettres). Faire distinguer ce qui, au milieu, est écrit en capitales, en italique ou en gras, en montrant la bonne ligne (première, deuxième ou troisième).

– Attribuer à chaque groupe de deux enfants un bandeau à examiner et demander de distinguer les différents éléments (image, écrits...) ; faire chercher de quoi il s'agit et comment peut se lire ce type d'écrit (comme une couverture ?, comme une histoire ?).

3e PHASE : synthèse (collectif oral)

– Faire énumérer ce que chaque groupe a trouvé et indiquer du doigt sur un bandeau vide dessiné au tableau la place des différents éléments, par référence au premier bandeau affiché juste au-dessus.

– En déduire la récurrence des divers éléments des bandeaux et donc la régularité de la structure, valable pour tous les bandeaux des deux pages (gauche et droite).

– Écrire, au revers du tableau ou sur une affiche, les propositions des enfants quant à la nature des éléments et leur lecture ; laisser, pour l'instant, planer le mystère...

Bilan

Conclure simplement en reprenant la notion de ligne et en ajoutant celle de colonne.

Séance 2 : définition d'un sommaire

■ **Objectifs**

- Découvrir le sommaire dans sa fonction.
- Découvrir la définition d'un sommaire.

■ **Enjeu** : favoriser l'entrée dans l'écrit et le livre en donnant la clé de sa manipulation et son contenu.

■ **Procédures** : observation ; discrimination visuelle ; expression orale ; mobilisation des acquis (cf. séance précédente).

■ **Matériel** : livre pp. 4 et 5 ; neuf enveloppes ; des gommettes de couleurs (couleurs des bandeaux du sommaire) ; fiche 1 p. 148 ; aimants ou gomme adhésive ; sommaires variés (journaux, catalogues...) ; cahier 1 p. 4.

■ **Durée** : 40 minutes.

Préalable : découper chaque bandeau (fiche 1) en sept pièces (voir silhouette).

Dans chaque enveloppe, on trouvera dix pièces : les trois titres, les trois mentions de pages (+ deux intrus), l'œuvre d'art et une pastille de couleur.

■ Déroulement

1re PHASE : reconstitution du sommaire pour consolider et réinvestir les découvertes de la séance précédente, (travail par groupes de trois, puis collectif oral)

– Afficher les neuf bandeaux du sommaire au tableau. Prendre une enveloppe au hasard, l'ouvrir, en sortir les éléments et les disposer au tableau sur le bandeau correspondant qui est ainsi recouvert (la pastille de couleur pourra se situer à gauche de l'œuvre d'art). Toute cette activité doit se dérouler en silence. L'enseignant cherche et dispose les éléments en indiquant simplement ce qu'il fait (« J'accroche cette bandelette ou cette vignette à cet endroit parce que l'écrit qu'il porte est le même que celui qui est affiché. ») mais sans commentaire ni préambule, de façon à susciter la curiosité des enfants.

– Distribuer une enveloppe par groupe avec la consigne suivante : « Pouvez-vous faire comme moi ? Je vous donne quelques minutes pour réfléchir puis chacun viendra au tableau, groupe par groupe, disposer les éléments qu'il a. »

– Faire reconstituer le sommaire par discrimination visuelle, en éliminant les vignettes pièges portant les nombres erronés.

– Faire expliciter alors la nature des composants selon leur place et préciser clairement cette nature (« œuvres d'art », « nombres » et « phrases » sur trois « lignes »).

2e PHASE : fonction du sommaire (travail par groupes de trois, puis collectif oral)

– Redistribuer tous les bandeaux reconstitués. Il est souhaitable de faire travailler le groupe sur une autre unité.

– Chaque groupe dispose de trois livres : l'un est ouvert au sommaire et sert de référence, les deux autres sont fermés. Consigne : « Cherchez dans l'un des deux livres fermés les endroits où se trouvent la même couleur, les mêmes phrases et les mêmes nombres que ceux qui figurent sur vos bandelettes et vignettes. Venez montrer ce que vous avez trouvé à la classe. Dites pourquoi il y a des couleurs et ce que sont, selon vous, les phrases et les nombres. Vous essaierez aussi d'expliquer à quoi servent ces deux pages. »

3e PHASE : synthèse (collectif oral)

– Chaque groupe indique, dans le livre, l'unité concernée. Les autres vérifient dans le troisième livre. Chaque groupe émet ses hypothèses quant à la nature des écrits : « titres » (de l'œuvre d'art, des poèmes, de l'histoire ou de l'unité documentaire) et « numéros de pages ». Ces hypothèses sont discutées par la classe et confrontées aux propositions inscrites au tableau en fin de séance précédente pour aboutir à des informations sûres et précises.

Bilan

À quoi servent ces deux pages ? Elles annoncent ce que l'on trouve dans chaque unité du livre et le numéro de page correspondant. Chaque bandeau a une couleur qui permet de repérer rapidement l'unité. Ces deux pages constituent un **sommaire**, c'est-à-dire un type particulier d'écrit qui annonce de façon synthétique le contenu d'un livre.

Activité complémentaire

Travail sur des sommaires de journaux, de catalogues, de magazines ou de manuels. Observation en binômes, et énonciation, à l'oral, de tout ce que l'on a trouvé et retrouvé (essentiellement les titres et les numéros de pages).

Consolidation/contrôle des acquis : cahier 1 p. 4.

Aucun des exercices de cette page ne s'appuie sur de la lecture au sens propre du terme ; il s'agit d'un simple repérage (graphies différentes) et d'appariements terme à terme avec les écrits du livre de l'élève (mots ou nombres).

Album photo de LILOU

Pages 7 à 10 du livre de l'élève

Il y a trois raisons de choisir ce support

• Tout d'abord, l'album photo constitue un support particulier connu de la plupart des enfants, qui mérite d'être appréhendé dans sa fonctionnalité. (Son double rôle de collection et de mémoire pourra être évoqué.) De même, la photo sera présentée dans sa spécificité (elle est à la fois document et trace subjective, dénotative et connotative, traverse le temps en le figeant en un cliché, un instantané). Sa valeur émotionnelle est grande, et les enfants y sont très sensibles (l'assimilation et le transfert sont favorisés). Certaines activités répondront à cet objectif particulier.

• Par ailleurs, l'album photo se présente comme une succession d'images, et on sait que c'est le médium privilégié d'entrée dans l'écrit, lorsque le code n'est pas encore maîtrisé. En effet, l'image constitue le substrat commun qui permettra, par la variété et la richesse des investigations et des hypothèses qu'elle suscite, de mettre en place les bases de nouvelles acquisitions. Les photos d'un album ne sont pas de simples prétextes à déclencher des activités d'apprentissage, mais se prêtent bien à des légendes elliptiques, plus accessibles aux apprentis lecteurs..

• Enfin, et c'est là le troisième argument en faveur de ce choix, les compétences de l'apprenti lecteur en ce début d'année ne lui permettent guère de déchiffrer des unités beaucoup plus importantes que le mot, la phrase nominale ou la phrase minimale dépouillée. Or, la légende se présente sous ces trois aspects, simple de structure, et néanmoins signifiante. Nous avons choisi ici la forme présentative : « c'est moi… »

De plus, exploité environ trois semaines après la rentrée effective, l'album va permettre aux élèves de se remémorer les vacances fraîchement terminées, et leur donner l'idée du temps qui passe.

C'est ici un bon moyen de faire de Lilou le personnage médiateur, qui présente tous les personnages du livre. À noter qu'ils sont photographiés en « amont » de leur histoire, à un moment où rien ne s'est encore passé (c'est encore un moyen d'appréhender la fuite du temps) : Anatole est au bord de la mer, Lili sourit, et ne s'appelle pas encore Lili Cricri, Marie joue avec sa poupée Marion, le Père Noël est en plein travail, à Noël, et la Dame caresse paisiblement la Licorne.

Séance 1 : découverte de l'album photo

■ **Objectifs**

- Découvrir un support inédit.
- Découvrir les personnages du livre.
- Lire, mémoriser et reproduire une phrase simple.

■ **Enjeu** : découvrir les différents personnages du livre.

■ **Procédures** : lecture d'image ; lecture globale.

■ **Matériel** : livre pp. 7 à 9 ; deux jeux d'étiquettes comportant les légendes numérotées de 1 à 6 ; si possible des photos des enfants pendant les vacances ou le jour de la rentrée ; cahier 1 p. 5.

■ **Durée** : 35 minutes.

■ Déroulement

Préambule

Faire mettre les élèves la tête dans les bras, et leur demander de répondre à l'appel en levant la tête et en disant : « Coucou, c'est moi Untel ! » Écrire cette formule au tableau.

1re PHASE : découverte de la couverture (collectif oral : dénominatif et descriptif)

Faire identifier et nommer tout ce qu'on voit : une étiquette, l'album, des photos (écrire le mot au tableau) et Lilou. La faire décrire : ses anneaux, ses couleurs, ses lunettes bleues (qui en font un personnage et non un simple insecte).

Question : « Que s'attend-on à trouver en ouvrant l'album photo de Lilou ? » Réponse attendue : « des photos de Lilou ».

2e PHASE : vérifier les hypothèses (collectif oral : argumentatif et expressif)

– Vérifier que ce sont bien des photos. Question : « À quoi les reconnaît-on ? » À leur encadrement, à leur disposition sur la page, à leur sujet (les personnages ont l'air de poser).

– Faire s'exprimer les élèves sur les visages ou les attitudes des personnages ; leur faire dire leur étonnement, leur appréciation, ce qu'ils peuvent pressentir des visages, etc.

– Décider d'une numérotation des photos de 1 à 6, et l'écrire au tableau (1 : Lilou ; 2 : Anatole ; 3 : Lili, etc.).

3e PHASE : lecture (en binômes)

– Faire ouvrir deux livres par binôme, un livre pages 4-5, un autre pages 8-9. Distribuer un numéro à chaque binôme (il y a deux numéros 1, deux numéros 2, etc.).

– Faire repérer sa photo, puis procéder à un appariement avec le sommaire.

– Faire remarquer la correspondance des couleurs bandeaux /cadres.

– Faire dire ce que la photo apprend par rapport au sommaire, ce qui est pareil, ce qui est différent, par discrimination visuelle (ex : Lili et Lili Cricri, Père Noël et Super Noël, Marie et Marion. Seule la couleur permet l'appariement.

– Faire identifier les prénoms (majuscule) et proposer de les lire (ou de les faire lire) en comparant aux prénoms de la classe. Lilou ne devrait pas poser de problème (*cf.* la couverture).

– Faire lire les deux pages et identifier « moi » (locuteur).

Bilan

– Faire énumérer tous les personnages rencontrés, ainsi que leurs caractéristiques physiques.

– Préjuger l'ordre dans lequel on va les trouver dans le livre.

Activités complémentaires

– Les élèves apportent des photos où on les voit en vacances, ou le jour de la rentrée, seul ou en compagnie. Leur faire présenter leur photo au groupe en disant : « là, c'est moi avec .... ou chez ... ou à ..., etc. » On pourra ainsi constituer un album de jour de rentée.

– Pour jouer à reconnaître les prénoms, on pourra également faire jouer à X doit reconnaître l'étiquette de son prénom, se lever et aller piocher l'étiquette de Y qu'il nomme en disant : là, c'est moi avec Y. Y se lève à son tour et continue le jeu, alors que X retourne à sa place.

Consolidation/contrôle des acquis : cahier 1 p. 5, ex. 1.

Il s'agit d'un appariement image/texte (étiquettes) pour mémoriser le nom des personnages. On pourra également consolider la notion du sens de la lecture en classant les images de la 1re à la 5e, de gauche à droite et de haut en bas. On demandera, par exemple : Quel est le 4e personnage ? Quelle est la position d'Anatole ?

Séance 2 : lecture en compagnie de Lilou

- **Objectif** : lire la p. 10.
- **Enjeu** : présenter certaines unités documentaires.
- **Procédures** : lecture d'image ; mémorisation.
- **Matériel** : livre p. 10 ; cahier 1 pp. 5 et 6.
- **Durée** : 25 minutes.

Préalable : écrire le texte au tableau.

Déroulement

1re PHASE (individuel, en silence)

Faire lire tout ce qu'on connaît : la première ligne, avec « moi », et la dernière ligne (les prénoms).

2e PHASE : lecture du texte au tableau (collectif oral)

– Faire reporter tout ce qu'on sait lire.

– Demander ce que fait Lilou : elle lit un livre et non plus son album. La faire parler : « Que dirait-elle si elle parlait elle-même ? » Elle dirait : « Je lis un livre » Écrire la phrase au tableau. Faire lire les images sur le livre de Lilou (la mer, les œufs).

– « Viens avec moi ! » Faire remarquer le point d'exclamation. Dire cette phrase de façon expressive sans prononcer le verbe. Le faire induire par l'intonation et l'invitation (au besoin, accentuer par le geste). Faire trouver « rencontrer » de la même façon. Lire les phrases.

Bilan

À qui s'adresse Lilou en disant : « Viens ! » Est-ce qu'on a envie de la suivre ? Et la suivre où ? Où va-t-on rencontrer tous ces personnages ?

Activité complémentaire

– Demander de chercher dans le livre où Lilou pourrait rencontrer chacun des personnages que l'on nomme et de le montrer à la classe qui valide.

– Faire dessiner et colorier Lilou dans le lieu et la position que l'on veut (seules contraintes : respecter le nombre d'anneaux, la couleur et les lunettes). Faire légender le dessin.

– Faire créer des phrases sur le modèle : « C'est ... avec ... ».

On réinvestit ainsi le présentatif **c'est** et la préposition **avec**.

Exemple : C'est moi avec Lilou.

Mais aussi : C'est Lilou avec moi.
Avec moi, c'est Lilou.
Avec Lilou, c'est moi.

Consolidation/contrôle des acquis : cahier 1 p. 5, ex. 2 et 3 ; p. 6.

Ex. 2 et 3 p. 5 : réinvestissement des prénoms. C'est le premier passage à l'écrit ; on s'assurera de la justesse des réponses qui auront été écrites au tableau en script et/ou en cursive.

Ex. p. 6 : réinvestissement du nom des couleurs ; on fera faire les ex. 2 et 3 avant le 1.

Anatole va à l'école

Pages 11 à 20 du livre de l'élève

■ Enjeu

Cette première unité narrative met en scène des personnages familiers, proches de la réalité de l'enfant. La situation le ramène à un vécu récent : **la rentrée au CP**. Si la famille peut sembler quelque peu conventionnelle, la succession des avatars auxquels elle est confrontée prête à rire, ou tout au moins à sourire. En effet, tout repose sur le **contraste entre la désinvolture sereine d'Anatole et l'excitation quelque peu stressée de son entourage**. Un petit clin d'œil pour dédramatiser ce premier contact avec ce que beaucoup (trop !) considèrent encore à tort comme le début des « vrais » apprentissages. Par le biais de ce court épisode (on préférera ce terme à celui de récit, dont la structure n'est pas ici réellement respectée, si ce n'est sous la forme juxtaposée du conte de randonnée), on peut aborder la liste du matériel scolaire, celle des jeux pratiqués, celle des couleurs, celle des prénoms de la classe, celle des jours de la semaine et celle des disciplines enseignées à l'école, qui forment souvent le stock de mots de base pour le démarrage de l'apprentissage, en permettant de s'appuyer sur les acquis préalables de la grande section.

■ Procédures

L'image joue un rôle fondamental, car elle représente la source première d'investigation. Le texte s'inscrit en redondance, comme simple surlignage. Il ne s'agit pas encore de lui conférer une autonomie de sens auquel les élèves n'auraient pas accès. C'est pourquoi la plupart des entrées dans l'écrit se font soit par le décryptage et la description de l'illustration, soit par la mise en jeu dialoguée de la situation. Les mots ainsi produits sont écrits sous la « dictée » et servent de référence. Par comparaison visuelle, on peut arriver aux mots du texte, qui seuls sont retenus comme valides par la suite. L'illustration doit être considérée comme source de sens : c'est elle qui révèle le nom du chat écrit sur sa jatte, ainsi que celui de Carole sur un dessin affiché au mur.
D'autres indices peuvent être repérés : la présence des majuscules, les différentes graphies selon qu'il s'agit de discours (cursive des bulles) ou de récit (script), respect du code des bulles de la bande dessinée.
Différents types de lecture sont déjà activés ici : le désignement de mots connus et reconnus globalement (école), une ébauche de combinatoire pour construire certains mots inconnus à partir de « fragments » extraits et reconstruits (**Margaux = mar**s + **g**âteau + **aux** (aux voitures). On n'hésitera pas non plus à donner d'emblée certains mots, car pour privilégier le sens, il faut parfois éviter le déchiffrage hasardeux. Enfin, des notions temporelles seront abordées ici : celle de jour, de semaine et de déroulement du temps (hier, aujourd'hui, demain), soulignées par le changement de lieux. On esquissera également la notion de génération par le biais de l'œuvre d'art.

■ Matériel

- Livre pp. 11 à 20.
- Étiquettes vierges.
- Catalogues de matériel scolaire (5 ou 6) ; affiche murale vierge pour trace écrite collective (séance 1).
- Étiquettes icônes-mots des activités de la classe, fiche 2 p. 149 (séance 2).
- Affiche murale avec texte de la comptine *La semaine de l'écolier* ; texte de la comptine *Fête des planètes*, étiquettes avec le nom des jours de la semaine : un jeu par enfant, fiche 2 p. 149 (séance 3).
- Reproduction de la couverture sans Anatole : une par enfant, fiche 3 p. 150 (séance 4).
- Feuilles et vignettes pour dessiner ou coller (3 par enfant) (séances 4, 5 et 12).
- Étiquette pour le tableau portant les mots : « je joue à, au, aux » (séance 5).
- 4 étiquettes montrant les 4 états de la glace, 4 étiquettes figurant les effigies des 4 personnages secondaires, 3 étiquettes portant les effigies des 3 membres de la famille, 5 étiquettes avec le mot « Anatole », 5 étiquettes portant les pictogrammes des lieux : mot « cuisine » + deux couverts croisés, mot « salle de bain » + gobelet avec brosse à dents, mot « salon » + « canapé » et 2 étiquettes identiques avec « chambre » + lit, fiche 4 p. 151 (séance 6).
- Affiche pour le tableau avec texte des bulles de la p. 14 (séance 7).
- Étiquettes image-mot, fiche 5 p. 152 (séances 8, 9 et 12).
- Étiquettes avec mots de la bulle d'Anatole p. 18 (séance 11).
- *Dico des sons* pp. 1 à 3 ; fichier-imagier de la classe s'il existe ; enveloppes, ardoises, ciseaux, aimants ou gomme à collage.

■ Phonèmes étudiés : [a] ; [t] ; [o] et [ɔ].

■ Grammaire

- Manipulation orale de la structure hypothétique.
- La phrase simple et ses éléments constitutifs.
- La notion de genre.

■ Production d'écrit : phrases à construire ou à compléter.

■ Bibliographie (pour les enfants)

A. Prigent, *Tibili, le petit garçon qui ne voulait pas aller à l'école,* Mango.

J. Hoestlandt, C. et D. Millet, *La Rentrée des mamans,* Bayard poche.

R. Wells, *Thimothée va à l'école,* Folio Benjamin.

Séance 1 : l'école (à partir de la reproduction : *En classe, le travail des petits*, 1889) **et le matériel scolaire**

- **Objectif** : apprendre à lire globalement les prénoms de tous les élèves, ainsi que le nom des objets du matériel scolaire.
- **Enjeu** : se constituer un fonds de mots communs qui servira pour la construction d'autres mots.
- **Procédures** : lecture d'image ; expression orale ; écriture.
- **Matériel** : livre p. 11 ; étiquettes vierges ; catalogues de matériel scolaire ; affiche murale ; ciseaux ; aimants ou gomme à collage.
- **Durée** : 50 minutes.

Déroulement

1re PHASE : ces enfants sont nos arrière-grands-parents ! (collectif oral)

Faire observer la reproduction en silence, puis lancer quelques pistes de questionnement :

– Où sont ces enfants ? Que font-ils ? Quel âge ont-ils ? Comment s'appellent les enfants qui sont à l'école (élèves, écoliers) ? Écrire au tableau : **élèves**, **école**, **écoliers**.

– Quel(le) maître(sse) ? Quelle école ? Aujourd'hui ? Autrefois ? (*Cf.* les vêtements et les coiffures de l'institutrice et des enfants, l'architecture intérieure et l'aménagement de la classe, notamment la forme et la disposition spatiale des bureaux : rangées de bancs et finalement, pour preuve, la date.)
Quels enfants ? (Seulement des garçons.)

– Reprendre de manière systématique les remarques des enfants sur les différences avec « notre classe » aujourd'hui et les faire expliciter clairement.

– Faire émettre des propositions quant au titre possible de la reproduction ; lire aux enfants le titre attribué ; leur faire remarquer rapidement en quoi le titre oriente la lecture de l'image en précisant ce qu'est montré. (Ici, en classe, des « petits » au « travail » : sont-ils si « petits » pour eux ?). Il ne s'agit là, bien sûr, que d'une première sensibilisation à la notion de titre qui sera reprise et approfondie plus tard. L'enseignant peut donc, s'il le juge opportun, passer directement de la description de l'image au travail sur les prénoms.

2e PHASE : observation du matériel scolaire à partir du tableau : *En classe, le travail des petits* et de son propre bureau (collectif oral)

– Faire énumérer les éléments connus et identifiés, à classer en trois colonnes préalablement tracées au tableau :

- Je connais et je sais nommer, c'est...
- Je connais, mais je ne sais pas nommer.
- Je ne connais pas.

– Distinguer dans les colonnes – en soulignant de deux couleurs différentes – le matériel d'aujourd'hui d'avec celui d'autrefois (que l'on voit sur l'image) ; ce qui est commun : cahier, livre, ardoise ; ce qui est différent : stylo, feutres/porte-plume, plume, encrier.

3e PHASE : bilan collectif à partir d'une activité individuelle d'appariement mot/image

– Écrire sur une affiche le nom des objets du matériel scolaire de base (en laissant suffisamment d'espace entre chaque mot) : trousse, stylo, cartable, colle, gomme, ardoise, feutres, règle, crayon.

– Distribuer aux enfants (toujours par groupes de 4) un catalogue actuel de matériel scolaire.

Consigne orale : « Chacun d'entre vous choisira dans le catalogue l'image d'un objet dont le nom est écrit au tableau, la découpera et viendra la coller sous son nom. Mettez-vous d'accord dans chaque groupe pour choisir chacun une image différente. »

On obtient ainsi une collection de plusieurs représentations différentes d'un même objet, mais un seul mot pour le désigner.

Conserver l'affiche ainsi produite qui pourra être utilisée dans les leçons suivantes.

Bilan

– Faire dire une phrase pour faire émerger les changements entre l'école d'hier et celle d'aujourd'hui.

– L'écrire au tableau sous la dictée (les élèves pourront la recopier dans leur cahier).

Séance 2 : les activités de l'école

■ **Objectif** : initier à la poésie en faisant émerger la notion d'assonance en écho (Arthur/peinture).

■ **Enjeu** : découvrir les disciplines inscrites à l'emploi du temps.

■ **Procédures** : réinvestissement des acquis sur les prénoms de la classe et mobilisation des représentations déjà constituées sur les activités de l'école ; repérage auditif des différentes disciplines ; reconnaissance et identification de mots illustrés et écrits.

■ **Matériel** : étiquettes des activités de la classe (fiche 2 p. 149) ; cahier 1 p. 7.

■ **Durée** : 25 minutes.

Préalable : faire émerger les représentations quant aux activités que les enfants s'attendent à pratiquer à l'école ; écrire les réponses au tableau d'une certaine couleur.

■ Déroulement

1re PHASE : les disciplines de l'école (collectif oral)

– Dire la poésie et demander aux élèves de lever la main quand ils entendent une activité faite à l'école (jeu de « pigeon vole »).

– Reporter les réponses au tableau d'une autre couleur.

– Comparer les deux relevés. L'activité « biologie » n'apparaîtra certainement pas ; il faudra donc l'expliciter et l'intégrer aux activités de découverte avec l'histoire et la géographie. On pourra également en profiter pour présenter le matériel spécifique à ces disciplines.

2e PHASE : lecture d'Anatole horizontalement et verticalement (collectif oral)

– Afficher la comptine agrandie. Faire repérer et lire « Anatole » horizontalement, puis verticalement ; donner « France » ; préciser qu'il s'agit d'un homme qui a réellement existé.

– Continuer la poésie – et/ou la modifier – avec les prénoms de la classe et compléter chaque fois que c'est nécessaire une étiquette vierge avec l'inscription et le dessin d'une activité. Ex. : « Carine fait la cuisine », « Céline aime la piscine ».

3e PHASE : jeu de correspondances entre oral et écrit ; détermination des « disciplines » scolaires (individuel oral)

– Faire mettre en relation comptine et étiquettes : l'enseignant lit chaque vers : l'élève désigne la bonne étiquette. Il y a deux pièges : l'étiquette n'existe pas (on pourra éventuellement l'ajouter s'il s'agit d'une activité de la classe) : *cf.* « Ali dit des poésies » ; l'étiquette formule autrement, de manière plus générale, en regroupant certaines activités (*cf.* « biologie » : étiquette « découvrir ») ; même chose pour « géographie » ou « histoire de France ». On prépare ainsi à l'élaboration de l'emploi du temps spécifique d'un CP.

Bilan

Que fait-on à l'école ?

Activité complémentaire

Écrire d'une troisième couleur les jeux que l'on pratique dans la cour. Faire construire des phrases sur le modèle : « Dans la cour, je joue ... avec ... ». Faire un « hit parade » ou « top 50 » des jeux les plus sélectionnés.

Consolidation/contrôle des acquis : cahier 1 p. 7,

Ex. 1 : écriture en lettres capitales pour éviter le problème de la majuscule à l'initiale (exception faite de Zoé, mais les lettres O et E sont présentes par ailleurs). Toutes les lettres sont présentes et permettent d'écrire tous les prénoms. On pourra aussi faire remarquer l'acrostiche (lecture verticale), en coloriant les premières lettres d'une même couleur, différente des deux autres.

Ex. 2, 3 et 4 : exercices de réinvestissement. Toutes les écritures sont autorisées, à condition de n'être pas mélangées.

Ex. 5 : les étiquettes proposent à la fois des infinitifs et des substantifs. En effet, les mots « gymnastique » et « peinture » sont génériques d'activités plus variées. Par ailleurs, il était nécessaire de pouvoir continuer la phrase : « À l'école, j'aime... ». On pourra jouer à retrouver les activités mentionnées sur les étiquettes dans le petit poème, ce qui permettra de faire découvrir l'ensemble des disciplines dites « d'éveil ».

Séance 3 : les jours de la semaine (à partir de la comptine *Fête des planètes*

■ **Objectifs** : consolider les repères temporels (notions de jours et de semaine, ainsi que du déroulement de la semaine).

■ **Enjeu** : structurer le temps.

■ **Procédures** : réinvestissement des acquis (dont vocabulaire connu et repères temporels), mise en œuvre de la logique syntaxique, segmentation orale et discrimination auditive ; reconnaissance et identification de mots écrits.

■ **Matériel** : étiquettes avec le nom des jours et des planètes (fiche 2 p. 149) ; cahier 1 pp. 8 et 9.

■ **Durée** : 25 minutes.

Préalable : distribuer une étiquette à chaque élève (au hasard).

■ Déroulement

1re PHASE : jeu des paires identiques (individuel, puis en binômes)

– Faire colorier en vert les étiquettes des planètes et en rouge celles des jours (on part du principe que les élèves ont déjà une connaissance implicite et globale de l'écriture du nom des jours qu'ils ont travaillée en maternelle et qu'ils voient en écrivant la date sur leur cahier tous les matins). Les élèves qui ont les étiquettes des planètes ne peuvent évidemment pas les lire, mais réagissent par déduction et comparaison : « Ce n'est pas un jour. »

– Faire apparier les jours ensemble, faire de même avec les planètes (exercice de discrimination visuelle).

2e PHASE : jeu d'association des jours et des planètes (en binômes, puis par quatre)

– Faire apparier les jours et les planètes qui vont ensemble et faire expliciter les indices qui ont été retenus (lettres ou syllabes identiques). Samedi et dimanche sont sans planète ; expliquer que samedi est le jour du sabbat et dimanche celui du seigneur, alors que dans d'autres langues, ces jours sont associés à Saturne (Saturday) et au Soleil (Sonday).

– Faire émettre des hypothèses sur le nom des planètes et les lire.

3e PHASE : réinvestissement des jours et des planètes (individuel)

– Faire disposer les enfants qui ont les étiquettes « jours » dans l'ordre des jours de la semaine (faire succéder deux semaines).

Chaque enfant ayant regagné sa place :
– lire une première fois la comptine pour faire remarquer les phénomènes d'écho (Mars/mardi, Mercure/mercredi) et expliciter le sens général (voyage des planètes).

Consolidation/contrôle des acquis : cahier 1 pp. 8 et 9.

Ex. 1 et 2 : réinvestissement des jours et des planètes (peut être fait à la maison).
Ex. 3 : il peut servir de bilan à la séance (passage à l'écrit).
Ex. 4 : la représentation imagée (en chenille) vise à sensibiliser aux notions de temps cyclique et linéaire. Il nécessite de faire pivoter le cahier. Il est intéressant d'observer les stratégies mises en place : repérage systématique des « di » de fin de mots – attention à samedidimanche ! –, ou lecture des mots entiers. On pourra faire poursuivre l'exercice en demandant de colorier la deuxième semaine, et/ou en faisant écrire le jour qui pourrait prendre la suite.
Ex. 5 : bien expliciter le rôle et le sens des flèches. Attention, seules deux étiquettes sont à découper. On pourra se servir des autres pour faire l'ex. 3.

Séance 4 : analyse de la couverture du livre

- **Objectif** : repérer et comprendre la fonction d'un titre.
- **Enjeu** : appréhender les notions de héros et de contexte de l'histoire à travers les lieux figurés et le titre.
- **Procédures** : lecture d'image et de texte, logique déductive, identification et différenciation.
- **Matériel** : livre p. 13 ; reproduction de la couverture sans Anatole, une par enfant (fiche 3 p. 150) ; une feuille pour dessiner par enfant ; cahier 1 p. 10.
- **Durée** : 35 minutes.

Déroulement

1re PHASE : lecture du titre (collectif oral, puis en binômes)

– Faire découvrir le titre de l'histoire.

Questionnement oral : « Comment s'appelle cette page du livre ? Vous voyez une phrase écrite : Quel nom pourriez-vous lui donner ? Justifiez votre réponse ». Pour cela, par binôme, un élève est invité à se reporter au sommaire (code couleurs) et à chercher ce qui est pareil (le titre et les pages), l'autre élève se reporte à l'album photo p. 8, et cherche à quel personnage cette histoire correspond.

– Conclure qu'il s'agit de la couverture de l'histoire. *Anatole va à l'école* est le titre (faire remarquer la place de celui-ci et sa typographie). Faire lire ce titre (cela ne doit pas poser de problème).

2e PHASE : découverte de la notion de héros (collectif oral)

– Questionnement : « C'est l'histoire de qui ? Qu'est-ce qui, dans l'image, montre qu'il s'agit du personnage principal ? Il est sur la couverture et au premier plan ».

– Où est Anatole ? Est-il à l'école ? (*Cf.* « va » dans le titre.) Qu'est-ce qui montre qu'il n'est pas à l'école ? (Le chien, le trottoir et le fait qu'Anatole est face à l'école.) Il est donc dans la rue et il arrive à l'école. On le voit de dos, comme si on était derrière lui, mais on est plus grand que lui – ou en hauteur – puisqu'on voit l'école et, de face, le copain qu'il salue.

– Faire reformuler l'ensemble des informations trouvées.

3e PHASE : « autoportrait à l'école » (écrit individuel)

Après avoir distribué la fiche 3 à chaque élève, demander aux enfants de se dessiner à la place d'Anatole et d'écrire un titre.

C'est l'occasion pour chacun d'écrire son prénom et le mot école. On en profitera pour vérifier la bonne tenue du stylo. La majuscule sera obligatoirement employée : c'est un indice de repérage pour les noms propres et les débuts de phrase.

Activité complémentaire : « mon trajet à l'école » (dialogue)

– « Quand je vais à l'école.... » : faire raconter ce qui se passe. Est-ce comme sur l'image ou non ? Y a-t-il des enfants sur le trottoir ? Y a-t-il maman, papa ou un autre compagnon ?

– Faire compléter avec des repères temporels familiers aux enfants : le matin, l'après-midi, à 8 heures et demie, à 9 heures moins un quart (si certains, l'entendant autour d'eux, le disent spontanément).

Consolidation/contrôle des acquis : cahier 1 p. 10, ex. 1 et 2.

Ex. 1 : faire dire à l'oral les phrases possibles (par exemple : Anatole va à la mer, Anatole va à la plage, Anatole va dans sa chambre, Anatole va à la maison, Anatole va à l'école. Le mot « école » est repérable de deux façons : le mot écrit et identifié, ou la similitude de l'illustration avec celle de la couverture.
Ex. 2 : discrimination visuelle. On pourra continuer l'exercice oralement et/ou par écrit, en demandant à chacun de construire la phrase avec son propre prénom.

Séance 5 : analyse de la quatrième de couverture du livre

- **Objectifs** : appréhender les fonctions de la quatrième de couverture.
- **Enjeu** : montrer que la quatrième de couverture a un double rôle qui peut paraître équivoque (« fermeture » de l'histoire, mais également invitation à y entrer).
- **Procédures** : lecture et comparaison d'images ; lecture de texte ; identification/différenciation ; appariement texte/image par connaissance implicite des notions de genre et de nombre.
- **Matériel** : livre p. 20, vignettes pour dessiner (une par enfant), étiquettes pour le tableau portant les mots : « Je joue à... », « Je joue au... », « Je joue aux... » ; cahier 1 pp. 10 et 14.
- **Durée** : 35 minutes.

Déroulement

1re PHASE : la quatrième de couverture confirme le titre (collectif oral)

– Faire lire l'image : identifier les personnages et les lieux. Reconnaît-on Anatole ? À quoi ? (allure générale, coiffure). Confirmer la notion de héros : il est le seul personnage permanent et on le voit, là encore, au premier plan. Faire identifier les autres personnages : élèves, enseignants (le maître, la maîtresse) ; identifier le lieu : la cour de l'école (on est dehors mais dans l'école : présence de l'arbre, mais porte fermée avec CP, présence des enseignants). À quel moment cela se passe-t-il ? Le matin ou l'après-midi, au moment de la reprise de la classe, mais pas à la récréation (présence du cartable de la maitresse). Que font les enfants ? L'une joue à la marelle, l'autre court, la troisième lit, Anatole et sa copine discutent.

– Lire ou faire lire le texte et poser la question : Qui dit « Bon CP Anatole » ? C'est celui qui a écrit l'histoire : le narrateur.

– Faire comparer couverture et quatrième de couverture : le héros reste mais le lieu change, donc il s'est passé quelque chose, comme dans un film qui suit le héros. On est passé de l'extérieur de l'école à l'intérieur. Anatole, qui va à l'école sur la couverture, est maintenant à l'école.

– Le narrateur souhaite un bon CP à Anatole, c'est donc qu'Anatole entre en CP. Nous sommes le jour de la rentrée des classes, le matin probablement.

La couverture et la quatrième de couverture présentent donc deux étapes successives de la rentrée d'Anatole à la « grande école » : son arrivée devant l'école et sa présence dans la cour après son entrée à l'école.

– Faire dessiner et légender l'étape ultérieure : Anatole est dans la classe. On pourra s'aider pour le dessin et l'écrit de l'œuvre d'art initiale.

2e PHASE : « mon jeu préféré » (oral, puis individuel écrit)

– « Les enfants de l'image jouent dans la cour. Et vous, dans la cour, à quoi jouez-vous ? »

– Chaque enfant vient coller son jeu au tableau à côté de la bonne étiquette : Je joue à... ; Je joue au... ; Je joue aux...

Bilan

– Si la quatrième de couverture était la couverture, quel titre pourrait-on lui donner ? Anatole est à l'école, Anatole est dans la cour de l'école, Anatole et ses copains sont à l'école, etc.

– Conclure par : « C'est l'histoire de la rentrée d'Anatole en CP. »

Consolidation/contrôle des acquis : cahier 1 p. 10, ex. 3.

Ex. 3 : il est fondé sur la compréhension à la fois de l'image et du texte. On se reportera à la couverture et à la quatrième de couverture. On pourra également « jouer » la situation en demandant à un élève de se diriger vers un endroit de la classe qu'il aura précisé (porte, tableau, bureau...) pendant que ses camarades disent : « Untel va... » Quand il s'arrête, tout le monde dit : « Untel est... ».

Conscience phonique : lancer la comptine du [a] ; cahier 1 p. 14, ex. 1, 2 et 3.

Séance 6 : parcours dans l'histoire

■ Objectifs

• Découvrir une structure narrative à épisodes juxtaposés (conte de randonnée) afin d'appréhender le sens général de l'histoire.

• Identifier les personnages.

■ Enjeu : permettre à l'enfant d'appréhender, grâce au parcours dans l'histoire, la chronologie des événements et d'entrevoir que titre et quatrième de couverture présentent un décalage temporel par rapport aux étapes de l'intrigue.

■ Procédures : mémorisation par prise d'indices dans des images, mobilisation de la mémoire et des compétences de logique chronologique ; réflexion à partir d'indices et d'une connaissance de la vie quotidienne et de ses rythmes sociaux.

■ Matériel : livre pp. 14 à 19 ; étiquettes (fiche 4 p. 151) ; cahier 1 pp. 11 et 14 ; *Dico des sons* p. 1.

■ Durée : 25 minutes.

■ Déroulement

1re PHASE : mémorisation de l'histoire par lecture synthétique d'images (observation individuelle)

– Consigne : « Regardez les images des pages 14 à 18. Cherchez qui sont les personnages, essayez de vous souvenir d'eux, de ce qu'ils font, de l'endroit où ils se trouvent et de l'ordre dans lequel on les voit. »

2e PHASE : reconstitution des épisodes de l'histoire (collectif oral)

– À partir de l'étiquette « Anatole » collée au tableau, faire identifier les personnages secondaires : le chat Pistache, papa, maman, la sœur Carole dont le prénom peut être découvert par segmentation (« car » de « cartable », « ole » de « école » ou « Anatole ») ; faire restituer par les enfants les situations, les lieux (cuisine, salle de bain...) et le temps qui passe. L'enseignant positionne, avec des aimants, les étiquettes de ces personnages et le lieu où ils se trouvent avec des aimants autour d'« Anatole » en fonction des propositions des enfants, de façon à mettre en lumière la chronologie de l'histoire. Bien mettre en évidence le rôle de la glace (en utilisant les étiquettes) qui fond progressivement et marque le temps qui passe. La présence de la glace qui fond fait de l'ensemble des épisodes une série d'images séquentielles.

On ne confondra pas, en effet, pour mettre les élèves en situation de production d'écrit, une succession aléatoire d'images dont l'ordre ne s'impose pas mais qui permet, néanmoins, de construire un récit avec des images séquentielles où un élément récurrent et évolutif impose une suite obligée.

– Reformulation des différents épisodes : par exemple, pour le premier, « C'est l'histoire d'Anatole. Sur la première image, il est assis par terre dans la cuisine ; il mange une glace (au milieu de son matériel scolaire) et le chat Pistache tend sa patte pour en avoir. »

3e PHASE : émission d'hypothèses sur la situation dans le temps (jour de la semaine, heure de la journée) (collectif oral)

– Faire réunir des indices temporels : la famille est à la maison, tout le monde est habillé, Anatole mange une glace et Carole un gâteau.

Consolidation/contrôle des acquis : cahier 1 p. 11,

Ex. 1 : les réponses sont 4 (p. 17), 3 (p. 16), 1 (p. 14). On pourra faire dessiner le dernier état de la glace : il ne reste que le cornet (p. 18). Faire expliciter le fait que le temps passe.
Ex. 2 : on trouve 6 fois le mot Anatole dans l'histoire (pp. 14 à 19). Ne pas oublier le dessin au mur, p. 17.
Ex. 3 : les réponses sont Papa (pp. 16 ou 18), Pistache (pp. 14, 16 ou 18), Carole (pp. 17 ou 18) et Maman (pp. 15 ou 18). On pourra faire dire que toute la famille est réunie p. 18.
Ex. 4 : on peut faire décliner plusieurs possibilités à l'oral avant de passer à l'écrit. Écrire les propositions en colonnes au tableau.

Étude phonologique 1 du [a] : relire la comptine du [a] ; lancer la pêche au [a] ; *Dico des sons* p. 1 : mots-vedettes, phrase-mémo et dico des mots ; cahier 1 p. 14, ex. 4 et 5.

Séance 7 : Pistache et Anatole

■ **Objectifs**

- Lire le texte de la p. 14.
- Discriminer discours/récit grâce au code graphique.

■ **Enjeu** : confirmer le déroulement temporel de l'intrigue en mettant au jour très nettement, grâce au texte du récit, le décalage entre deux situations :

– couverture, quatrième de couverture et p. 19 : demain à l'école (c'est le résultat de l'intrigue) ;

– les autres pages de l'histoire : aujourd'hui à la maison (ce sont les actions de l'intrigue).

■ **Procédures** : observation d'images et compréhension du code.

■ **Matériel** : livre pp. 14 et 15 ; ardoise ; affiche avec texte des bulles de la p. 14 ; cahier 1 pp. 12 et 15 ; *Dico des sons* p. 1.

■ **Durée** : 45 minutes.

■ Déroulement

1re PHASE : observation de l'image (collectif oral)

– Faire observer l'image de la p. 14 et nommer tout ce qui y figure ; l'écrire au tableau (insister sur le désordre et sur la désinvolture d'Anatole). S'aider de l'imagier s'il existe.

– S'interroger sur le nom du chat : « Comment s'appelle-t-il ? » Faire découvrir la jatte. Faire des propositions de noms de chat : « Mistigri », « Minet », « Minou ». Demander de repérer le nom écrit. Le lire.

– Faire identifier les personnages et les actions.

– Faire remarquer la différence des graphies : script et cursive. La cursive se situe dans les bulles. Elle reproduit donc les paroles des personnages. La script fait intervenir celui qui raconte l'histoire, la narrateur. Quand il parle du petit garçon, il l'appelle « Anatole » ; dans les bulles, quand Anatole parle de lui, il dit « je ».

2e PHASE : lecture du récit (collectif oral)

– Écrire au tableau le texte du récit et lire le premier mot « Demain ».

– Faire procéder par construction à partir de mots connus (c'est/Coucou, c'est moi Lilou) ou des unités reconnues (entre/rentrée) et des hypothèses sur le mot « grande » : on pourra utiliser la connaissance implicite de l'expression « grande école ». Quand on entre au CP, comme on l'a vu précédemment, on entre à la « grande école ».

3e PHASE : élucidation de la situation et du code emprunté à la BD (collectif oral)

– Faire observer le code sur les deux pages pour en discriminer les diverses formes. Consigne : Regarder et décrire tout ce qui est écrit pp. 14 et 15. Faire justifier les réponses : présence ou non de bulles – avec mini-bulles ou flèches – ; typographie ; place des écrits : dans l'image ou en dehors, reliés ou non aux personnages.

Conclusion : Qui parle ? Qui pense ? Qui raconte ?

4e PHASE : mise en situation (jeu par deux)

– Afficher le texte modifié des deux bulles : « Demain, à l'école, je jouerai à chat avec Lucas ! » « Anatole, un peu de glace sur ma patte ! »

– Faire lire collectivement et silencieusement la première bulle. Seul « Lucas » risque de poser problème. Il peut se construire avec **lu**(ne) + **ca**(rtable). Les autres mots ont déjà été rencontrés. La terminaison du futur est induite par l'adverbe « demain ». La bulle de Pistache se découvre d'après le sens, par observation de l'attitude et des intentions affichées du chat. Faire mimer et « dialoguer » la scène. Écrire toutes les propositions au tableau.

– Faire écrire « **samedi** » sur l'ardoise. Faire entourer les 1re et dernière lettres. Puis faire effacer les autres lettres et lire celles qui restent : **si**.

– Faire chercher ce que peut penser Anatole en commençant par : « si... »

– Faire lire silencieusement et individuellement le texte du récit et des deux bulles (aider les élèves en difficulté). Faire venir les élèves 3 par 3, et leur faire **lire** devant les autres la totalité de la page (1 narrateur, 1 Anatole et 1 Pistache).

Consolidation/contrôle des acquis : cahier 1 p. 12.

Ex. 1 : reprise d'une notion temporelle, la date.
Ex. 2 : observation d'image, notion et écriture de la lettre A (en cursive), réinvestissement des noms de couleur en situation et pour expliciter le texte.
Ex. 3 : faire raconter les trois images : Anatole joue avec Pistache (ou avec son chat) ; Anatole joue à chat ; Anatole joue au ballon. Faire identifier le personnage au pull jaune (tête de chat sur son pull, il joue à chat, c'est Lucas – voir également p. 19 du livre). Faire répéter les phrases 2 et 3 en ajoutant « avec Lucas ».
Ex. 4 : lecture, compréhension du texte, observation fine pour détecter les nuances de sens.
Ex. 5 : réinvestissement du matériel scolaire.

Étude phonologique 2 du [a] : *Dico des sons* p. 1, phrase-piège ; cahier 1 p. 15, ex. 6 à 10.

Séance 8 : maman et Anatole

■ Objectifs

- Lire la p. 15.
- Sensibiliser à la ponctuation.

■ Enjeu : faire percevoir l'humour produit par la répétition de situations drôles. Premier acte : contraste entre la désinvolture d'Anatole et l'irritation de sa mère.

■ Procédures : lecture d'images ; consolidation et réinvestissement en contexte des acquisitions de la leçon précédente ; lecture expressive.

■ Matériel : livre p. 15 ; fichier-imagier de la classe s'il existe ; affichage permanent d'« Anatole » ; étiquettes image-mot (fiche 5 p. 152) ; cahier 1 pp. 13 et 18.

■ Durée : 40 minutes.

■ Déroulement

1re PHASE : analyse de l'image (collectif oral)

– Faire nommer les éléments de l'image, puis identifier les personnages (ne pas oublier Lilou) ; faire chercher l'incongruité : écrire son nom au tableau (« stylo rouge »), ou utiliser le fichier-imagier de la classe. Attirer l'attention sur les attitudes, les situations et les expressions des personnages. Discriminer bulle parlée et bulle pensée. Faire repérer dans la bulle d'Anatole ce qu'on sait lire (*cf.* affichage des bulles de la p. 14). Faire repérer dans la bulle de maman ce qu'on sait lire : « Anatole », « stylo rouge » et « range » (*cf.* « orange »).

2e PHASE : mise en mots et en espace de la scène (en binômes)

– Faire choisir par chaque enfant un personnage à interpréter, en lui demandant d'inventer la phrase qu'il peut dire d'après l'image et les contraintes explicitées des textes.

– Mettre en situation de jeu dramatique une « maman » et un « Anatole ».

– Écrire au tableau toutes les propositions des enfants en deux colonnes : « Maman dit », « Anatole pense ».

– Éliminer toutes les propositions incongrues ou qui font contresens. Repérer celles qui sont en accord avec le sens. Comparer avec le texte des bulles du livre.

– Utiliser l'étiquette image-mot « marelle » pour décrypter la bulle d'Anatole. Donner « Estelle » (ou faire construire le mot à partir des prénoms connus). Faire lire la bulle d'Anatole intégralement par plusieurs enfants. Agir de même avec la bulle de maman (on pourra utiliser le fichier-imagier de la classe et/ou l'affichage de la séance 1).

– Faire remarquer la différence de ponctuation des deux bulles.

– Faire lire la page 15 de façon expressive dans la suite de la journée.

Bilan

Faire dire ce qui se passe, par exemple : Anatole est polisson et maman est fâchée, ou Anatole a envie de retrouver ses copains et maman voudrait qu'il prépare son cartable.

Se poser la question : Que va faire Anatole ?

Consolidation/contrôle des acquis : cahier 1 p. 13.

Ex. 1 et 2 : ils seront récurrents dans le cahier 1. Ils permettent de s'approprier et de réinvestir le vocabulaire découvert (en l'occurrence les mots « marelle » et « stylo »). On pourra faire continuer la phrase à l'écrit, en ajoutant « dans le cartable », et produire d'autres phrases en utilisant les objets visibles sur l'image (la règle et la trousse).
Ex. 3 : faire repérer et utiliser la préposition « dans ». Faire construire des phrases à l'oral à propos des personnages et des lieux rencontrés, en utilisant à bon escient et de façon intuitive les prépositions locatives « dans, sur, à la, au ». Exemple : Lilou est dans la salle de bains ; Maman est sur Jupiter ; Pistache est à l'école ; Lucas est dans le cartable ; etc.
Ex. 4 : réinvestissement de lecture ; il peut être fait à la maison.

Conscience phonique : lancer la comptine du [t] ; cahier 1 p. 18, ex. 1, 2 et 3.

Séance 9 : papa et Anatole

■ **Objectif** : lire la p. 16.

■ **Enjeu** : faire percevoir l'humour produit par la répétition de situations drôles. Deuxième acte : contraste entre la désinvolture d'Anatole et l'irritation de son père.

■ **Procédures** : lecture d'image ; consolidation des acquis par reproduction de démarche.

■ **Matériel** : livre p. 16 ; fichier-imagier de la classe s'il existe ; affichage permanent d'« Anatole » ; étiquettes image-mot (fiche 5, p. 152) ; ardoise ; cahier 1 pp. 16 et 18 ; *Dico des sons*, p. 2.

■ **Durée** : 50 minutes.

Préambule : répondre à la question de la séance 8 et déterminer le lieu où se passe la nouvelle scène.

■ Déroulement

– Procéder comme dans la séance 8.

– Seuls les mots « aux voitures » sont réellement inconnus. « Arthur » figure dans *À l'école d'Anatole* où il rime avec « peinture » (cahier 1 p. 7). On pourra donc faire découvrir le mot « voitures » par jeu d'assonance ou comparaison avec « peinture ».

– On peut aussi faire découvrir « Arthur » en s'appuyant sur la cohérence et la logique de la phrase, que renforce la présence de la majuscule : à cet endroit ne peut figurer qu'un prénom commençant par A, en assonance avec « voitures », si le mot a émergé, ou avec toute une série de mots que l'on pourra décliner oralement et qui se terminent par « ur » ou « ure ».

– Pour les mots « cahier » et « cartable », utiliser le fichier-imagier de la classe et/ou les étiquettes (fiche 5).

Bilan

Faire la récapitulation des personnages rencontrés par Anatole, ainsi que des lieux où il s'est rendu. Qu'est-ce qui reste pareil ? Anatole, sa maman et son papa. Qu'est-ce qui change ? Le lieu et la glace. Qui peut-il rencontrer maintenant ? Et où ?

Que va faire Anatole ?

Consolidation/contrôle des acquis : cahier 1 p. 16.

Ex. 1 : la phrase attendue est : « Papa glisse » ou « Papa tombe ». Mais aucun de ces deux mots n'est encore lisible. On a donc choisi le seul verbe connu, « va ». Toutefois, on pourra faire construire « marche » avec « **mar**di » et « diman**che** ».

Ex. 3 : il se pratique par repérage (voitures) et élimination ; il ne s'agit ni d'une fille (Estelle à la marelle), ni de papa, ni de Pistache. Il s'agit donc d'Arthur. On pourra faire compléter l'exercice en faisant construire et écrire la phrase (tracer des lignes) : Anatole joue aux voitures avec Arthur. On pourra remplacer les mots « voitures » et « Arthur » par les étiquettes.

Ex. 4 : discrimination visuelle et sens ; range/mange et glace/place (on pourra faire construire les deux mots inconnus avec le **man** de ma**man** et le **p** de **pa**pa). Faire construire d'autres phrases avec mange et range, sous forme d'injonctions adressées à une camarade qui devra lire et exécuter ou refuser l'ordre. Exemples : Julien, range ta trousse ! Julien lit et s'exécute ; Mathilde, mange ton ardoise ! Mathilde lit et refuse.

Ex. 5 : réinvestissement (pourra être fait à la maison).

Étude phonologique 1 du [t] : relire la comptine du [t] ; lancer la pêche au [t] ; *Dico des sons* p. 2 : mots-vedettes, phrase-mémo et dico des mots ; cahier 1 p. 18, ex. 4 et 5.

Séance 10 : Carole et Anatole

■ **Objectifs** : initier à la spatialisation : « dans » et « sur ».

■ **Enjeu** : faire percevoir l'humour produit par la répétition de situations drôles. Troisième acte : contraste entre la désinvolture d'Anatole et l'irritation de sa sœur.

■ **Procédures** : appui sur la compréhension de l'implicite du texte grâce à la récurrence des situations et des formulations ; lecture d'images.

■ **Matériel** : livre pp. 17 et 19 ; étiquette du mot « gâteau » ; ardoise ; cahier 1 pp. 17 et 19 ; *Dico des sons* p. 2.

■ **Durée** : 25 minutes.

Préambule : répondre à la question de la séance 9 et identifier le nouveau lieu.

■ Déroulement

1re PHASE : description d'image avec spatialisation (collectif oral)

– La bulle de Carole sera déchiffrée très rapidement grâce à la répétitivité des situations et des formulations.

– Reste à rappeler le prénom du personnage et le lieu (*cf.* identification du lien de parenté, du prénom et du lieu dans la séance 6 : parcours dans l'histoire et prénom revus dans le cahier p. 11).

– Faire repérer la position des objets. Prévoir deux colonnes au tableau : « dans » et « sur ». Faire nommer par les élèves les éléments qui sont « dans » ou « sur ». Ex. : Lilou est dans le tiroir, les ciseaux sont sur la chaise, la trousse est dans le cartable, les dessins sont sur le mur, les gâteaux sont sur le bureau. Les écrire au tableau. Cela permet de vérifier le mot « ciseaux » de la bulle et d'apporter le mot « gâteau », à réinvestir dans la bulle d'Anatole.

2e PHASE : lecture de la bulle d'Anatole (en binômes)

– Chaque enfant ouvre son livre, l'un à la p. 17, l'autre à la p. 19.

Consigne : « Pour lire la bulle d'Anatole, je regarde l'étiquette et l'illustration de la p. 19. »

– Le mot « manger » est produit soit d'après le sens, soit par comparaison avec « ranger » (combinatoire) ; le mot « gâteau » est produit par la lecture d'image et la comparaison avec le mot écrit. Donner le prénom Margaux, ou le faire construire à partir d'éléments : « **mar** » de **mar**di, « **g** » de **g**âteaux et « **aux** » de « **aux** voitures », p. 16.

– Faire lire la page 17.

3e PHASE : discrimination auditive et visuelle d'une paire minimale : « man » et « ran » (écrit individuel)

– Faire écrire un « m » au recto de l'ardoise et un « r » au verso (procédé La Martinière).

– Produire oralement un certain nombre d'énoncés comportant « mange » ou « range » et demander de montrer la face qui convient selon le sens de la phrase (ne pas oublier de compléter chaque énoncé pour que le sens ne puisse pas être équivoque. Exemples : Anatole ... un bonbon **dans sa trousse** ; Maman ... un gâteau **avec du chocolat**).

Bilan

La famille semble irritée, alors qu'Anatole, toujours occupé à déguster sa glace, reste serein.
Comment cela va-t-il se terminer ?

Activité complémentaire

Faire énumérer tout ce qu'Anatole a dû ranger depuis le début. Lister et recopier pour faire apprendre les mots.

Consolidation/contrôle des acquis : cahier 1 p. 17.

Ex. 1 : réinvestissement (pourra être fait à la maison).
Ex. 2 : il s'agit essentiellement de renforcer et réinvestir les notions de mot et de phrase.
Ex. 3 : c'est l'occasion de « chercher » Lilou ! (dans le tiroir).
Ex. 4 : la p. 19 permet d'identifier Margaux qui mange un gâteau. On pourra faire chercher tous les mots de l'illustration qui comportent le phonème [o] ou [ɔ] (Carole, Anatole, robot, ciseaux, gâteaux, jaune, chaussons, carreaux, socquettes, chaussures, Margaux). Prépare à la conscience phonique du [o].

Étude phonologique 2 du [t] : *Dico des sons* p. 2, phrase-piège ; cahier 1 p. 19.

Séance 11 : Toute la famille et Anatole

■ **Objectifs** : lire la p. 18.

■ **Enjeu** : faire percevoir l'humour produit par la répétition de situations drôles. Dernier acte : contraste entre la désinvolture d'Anatole et l'irritation de toute la famille.

■ **Procédures** : identiques à celles de la séance 10.

■ **Matériel** : livre p. 18 ; affichages ; fichier-imagier ; étiquettes avec mots de la bulle d'Anatole ; *Dico des sons*, p. 3 ; cahier 1 pp. 20 et 21.

■ **Durée** : 30 minutes.

Préambule : faire identifier le lieu. Noter la présence de Pistache (lecture d'image).

■ Déroulement

1re PHASE : lecture silencieuse (individuel, puis par groupes)

– **Premier groupe** : enfants déjà suffisamment autonomes. Après un premier temps de **lecture silencieuse individuelle** de la bulle des trois personnages, on regroupera les enfants par deux ou quatre qui travailleront ensemble pour lire la bulle d'Anatole.

– Consigne : « Trouvez ce que pense Anatole p. 18. Vous pouvez regarder tous les affichages : le fichier-imagier, le Dico des mots, les mots déjà rencontrés et les illustrations des pp. 18 et 19. »

– **Second groupe** : six à huit enfants autour de l'enseignant. Mettre en place plusieurs stratégies relevant du « désignement » (faire pointer à l'enfant un ou plusieurs mots du texte qu'on lui lit : ex. « range », « colle » et « cartable ») et du repérage de la place des mots dans la phrase (ex. : montrer le premier mot, le deuxième mot... ; en référence à la structure répétitive des formulations de ce type de bulle, faire trouver les mots). Faire reconstituer la bulle – à partir d'étiquettes des mots préalablement confectionnées par l'enseignant – et la faire lire en donnant éventuellement les mots manquants.

2e PHASE : lecture oralisée et expressive en écho des deux bulles (en binômes)

– La première bulle est lue par un enfant du second groupe (voir 1re phase) auquel donne la réplique un enfant du premier groupe qui lit la seconde bulle.

Faire constater la permanence des signes de ponctuation. Faire induire la signification de leur emploi (colère : point d'exclamation ; rêverie : points de suspension, etc.).

Activités complémentaires

– Faire relire oralement les pages précédentes.

– Écrire des phrases qui réinvestissent le vocabulaire et les faire lire ; par exemple : Papa range la voiture rouge, Carole joue à la marelle, maman a un stylo vert, Pistache est dans le cartable, Lilou joue avec Pistache (on peut également proposer des phrases lacunaires à faire compléter à l'aide d'étiquettes).

– Mettre en place une activité (par binômes) où un élève dessine la phrase qu'il préfère, puis doit la faire deviner et écrire par son voisin.

– Faire reprendre les bulles d'Anatole en les « actualisant » : Aujourd'hui, Anatole joue... avec...

Consolidation/contrôle des acquis : cahier pp. 20 et 21.

Ex. 1 : on pourra récrire le nom des personnages au tableau.
Ex. 2 : il est complexe, car il nécessite une bonne lecture et une bonne mémoire. En effet, Pistache ne dit rien ; papa dit : « range ton cahier ! » ; personne ne dit : « range ta trousse », mais « range... dans ta trousse ! » ; personne ne dit : « range ta glace ! » (confusion avec mange) ; et tous, sauf Pistache, disent : « range ton cartable ! »
Ex. 3 et 6 : ils peuvent être faits à la maison.
Ex. 4 : faire lire la phrase silencieusement, puis l'oraliser (aider les élèves plus lents par repérage et désignement).
Ex. 5 : investissement personnel des enfants. On peut leur demander de commencer oralement en écrivant leurs propositions au tableau. On peut aussi faire reproduire la phrase du texte où Anatole joue à la bagarre avec Edgar, et la faire identifier page 19.

Conscience phonique : lancer la comptine du [o] et [ɔ] ; cahier 1 p. 22, ex. 1, 2 et 3.

Séance 12 : dans la cour de récréation, le jour de la rentrée

■ **Objectifs**
- Lire la p. 19.
- Récapituler l'histoire.
- Approcher les notions temporelles « hier » et « aujourd'hui » (acquisition de la chronologie et manipulation d'un vocabulaire spécifique).

■ **Enjeu** : dénouement.

■ **Procédures** : mémorisation de l'histoire ; observation ; compréhension implicite d'après un contexte ; compréhension fondée sur la logique.

■ **Matériel** : livre p. 19 ; un jeu d'étiquettes pour deux élèves (fiche 5 p. 152) ; enveloppes et feuilles vierges (une pour deux élèves) ; cahier 1 pp. 22 à 27.

■ **Durée** : 25 minutes.

Préalable : découper les étiquettes des personnages et activités (fiche 5), les ranger dans une enveloppe.

■ Déroulement

Préambule : faire comparer Anatole pp. 18 et 19 (changement de vêtements, lieux et attitudes). En faire déduire le lieu et le moment de la scène p. 19.

1re PHASE : identification des personnages par leur activité, leur attitude et leur expression (collectif oral)

– Faire identifier les différents personnages en argumentant les réponses (ne pas oublier Lilou). Pour identifier Estelle, il faut se reporter au cahier p. 16 (étiquette).

– Lire aux élèves : « Aujourd'hui, c'est le grand jour ! » Pour expliciter l'expression : « c'est le grand jour » (découvrir le sens d'un mot d'après son contexte de situation et d'image), faire produire d'autres expressions de même sens. Ex. : Aujourd'hui, c'est la rentrée !, Aujourd'hui, Anatole entre au CP !, Aujourd'hui, Anatole entre à la grande école !, etc.

2e PHASE : appariement texte/image (en binômes)

– Distribuer une feuille vierge et une enveloppe pour deux élèves.

– Demander de trouver un mode de classement des étiquettes : les personnages ensemble ainsi que les activités, ou chaque personnage avec son activité.

Activité complémentaire : notion de temps (collectif oral)

– Faire énumérer ce qui s'est passé entre la p. 18 et la p. 19, ce qui permet d'expliciter l'ellipse du texte et de structurer le temps : Anatole a rangé son cartable, Anatole a dîné...

Consolidation/contrôle des acquis : cahier 1 pp. 24 et 25.

Ex. 1 : il peut être fait à la maison.
Ex. 2 : il faut accorder « violets » à « ciseaux » (retrouver la couleur p. 17 du livre et p. 6 du cahier).
Ex. 3 : on peut faire lire tous les mots des étiquettes avant de commencer, en répartissant ceux qui vont avec « vert » et ceux qui vont avec « verte ». On pourra poursuivre en classant tous les éléments verts de la p. 25 du cahier (verte = porte et robe ; vert = cartable, pull et collant ; vertes = les feuilles par terre).
P. 25 : Arthur peut être dessiné grâce à l'étiquette de la p. 16. Il doit être représenté en train de jouer aux voitures. On peut le faire dessiner à part, pour le coller ensuite dans l'illustration à la place jugée la meilleure (les étiquettes peuvent cacher en partie les personnages, et déborder du cadre). C'est l'occasion de répéter le nom des personnages et leur activité. On pourra faire manipuler la tournure interrogative commençant par « qui » ou « que » : « Qui joue à la bagarre ? » ou « Que fait Margaux ? » On pourra faire continuer la liste des jeux : « jouer aux billes avec Camille ; jouer au ballon avec Gaston ; jouer à l'élastique avec Monique, etc. ».

Étude phonologique 1 du [o] et [ɔ] : lancer la pêche au [o] et [ɔ] ; *Dico des sons* p. 4 : mots-vedettes, phrase-mémo et dico des mots ; cahier 1 p. 22, ex. 4 et 5.
Étude phonologique 2 du [o] et [ɔ] : *Dico des sons* p. 4 : phrase-piège ; cahier 1 p. 23.

Bilan de sens et de phonologie : cahier 1 pp. 26 et 27.
Les consignes doivent être lues et explicitées. Les enfants doivent pouvoir consulter toutes les sources de documentation pour répondre. Par exemple : la date écrite au tableau, la liste affichée des prénoms, le prénom ou le nom de l'enseignant(e) affiché sur la porte, le livre et le cahier (le fichier-imagier de la classe s'il est constitué), etc.
Ex. 4 : il doit être bien expliqué, en associant le texte à l'image. Expliciter la phrase donnée en exemple, en la faisant lire, en repérant le dessin qui l'illustre, le numéro qui lui est affecté et qui est reproduit dans le carré ; faire nommer ensuite ce qu'on voit sur le dessin, et dire ce qui manque (la glace), qu'il faut dessiner. Seule la couleur verte permet de repérer la tortue (ce mot doit être « déduit » grâce aux phonèmes travaillés et à la comptine du [t].
Ex. 5, 6 et 7 : les objets représentés sont nommés oralement, individuellement ou collectivement.
Ex. 8 : se référer au livre et/ou au cahier pour bien graphier les mots.

Lili Cricri, la fée sorcière

Pages 21 à 40 du livre de l'élève

■ Enjeu

Ce récit a le mérite d'être accessible dans sa grande majorité, donc de pouvoir être proposé à ce moment précoce de l'année, pour être lu presque intégralement par les enfants.

Il offre de multiples intérêts :

• Il parle aux tout nouveaux élèves de leur **actualité**, exprime un de leurs désirs du moment – apprendre à lire – et aborde des questions qui les préoccupent à propos de leur **identité** et de la conquête de leur **autonomie** (physique, intellectuelle, sociale).

• Il traite le sujet sur le mode du **semi-merveilleux** : l'ogre, la fée et la sorcière font partie intégrante de la culture des enfants et se présentent dans les fonctions traditionnelles qui sont les leurs.

• Il est construit sur un schéma, propre à sa **structure** : état initial : la petite fille crie ; étape de rupture : elle veut rejoindre l'ogre (et grandir) ; état final : elle résout le problème en lisant à son tour ; nouvel état : **Cricri** est devenue **Lili**. Les différents éléments de la structure sont soulignés par des reprises : « Mais Papiri ne la voit pas. Mais Papiri ne l'entend pas... »

• Les connecteurs de temps servent à mettre en évidence la chronologie du récit : « Alors ; Et tout à coup ».

Ainsi il sera possible d'initier, par imprégnation, les apprentis lecteurs à la découverte de la chronologie et de la structure, élément si important pour l'anticipation. Les quatre épisodes successifs sont faciles à repérer, identifier et ordonner.

■ Procédures

• Acquisition d'un **vocabulaire** accessible sans être mièvre ni pauvre. Il s'appuie sur les connaissances antérieures des enfants : « nom ; prénom ; je m'appelle ». Le lexique s'enrichit même de mots nouveaux : « hurle ; trépigne ; vocifère », dont le sens peut être aisément induit du contexte ou de l'illustration, volontairement redondante et peu polysémique, qui sert systématiquement de tremplin à la compréhension du texte, et qui exprime les sentiments des personnages en situation. On pourra donc s'y appuyer pour faire jouer les situations par les élèves. D'autres mots revendiquent leur originalité et ont été choisis pour leur étrangeté (essentiellement dans les formules magiques). D'autres enfin, inventés, font partie d'un registre poético-ludique, et valent essentiellement pour leurs sonorités. C'est le cas de « rigolomanie » et de « saperlipote ». Le texte, en se situant à la frontière du ludique et du poétique, se permet de jouer avec la langue et prétend que les mots en bouche ont une réelle saveur. C'est pour cela que certains exercices s'amuseront à faire créer des mots inventés et « magiques » !

• Prise en compte de la **typographie**, dernière aide, et non des moindres pour l'apprenti lecteur : les accents, les divers signes de ponctuation, les majuscules, ne sont pas omis et deviennent des signes distinctifs de repérage.

Par ailleurs, en variant la taille et la forme des caractères, la typographie permet des mises en relief aidant à élaborer le sens.
Enfin, les différents caractères employés permettent, comme dans l'unité précédente, de différencier discours, récit et formules magiques encadrées d'un phylactère emprunté à la bande dessinée.
On peut donc affirmer que la majeure partie du texte pourra être découverte sans réel problème.
Quelques difficultés subsisteront qui seront vite levées par l'enseignant.

■ Matériel

• Livre pp. 21 à 40.

• Affiches avec texte des bulles des trois formules magiques, fiches 7 à 9 (affichage permanent pour « rite » d'énonciation des formules magiques).

• Tous les livres de littérature de jeunesse que l'on peut trouver dans la classe ou faire apporter par les enfants (de préférence des livres épais, rigides) ; marque-pages (que l'on pourra découper dans du papier ou du carton) ; reproduction de la peinture de la p. 23, fiche 6 (A3 noir et blanc) ; bandes de carton assez souples pour remplacer les morceaux de reliure qui servent à figurer les lunettes ; une couverture ou un rideau (séance 1).

• Des feuilles pour dessiner : une par enfant (séance 2).
• Affiche avec texte des bulles des pp. 24 et 25 (séance 5).
• Affiche avec texte de la bulle de la p. 27 (séance 7).
• Huit bandeaux portant chacun une phrase du récit de la p. 28 (séance 8).
• Affiche vierge pour lister les propositions de stratégies de Lili Cricri (séance 10) : à garder et à réutiliser dans les séances suivantes.
• Affiche vierge pour écrire les propositions sur la suite de l'histoire (séance 12) : à garder pour la séance suivante.
• Affiche avec texte du récit de la p. 36 (séance 13).
• Recettes dans des magazines pour enfants (séance 15).
• Bandeaux avec texte du récit de la p. 39 : une phrase par bandeau (séance 16).
• *Dico des sons.*
• Feutres ou crayons de couleur ; ardoises.
• Livres variés (dictionnaires ; encyclopédies).

■ **Phonèmes étudiés :** [i] ; [l] ; [p].

■ **Grammaire :** la négation ; la phrase.

■ **Production d'écrit :** la recette ; la création « poétique ».

■ **Bibliographie**

Naître et *L'eau*, coll. « Mes premières découvertes », Gallimard.
O. Hellmann-Hurpoil, C. Roederer, *La fée Sidonie a des soucis*, Nathan.
Poésies, comptines et chansons pour rire, coll « Folio Benjamin », Gallimard.
O. Hellmann-Hurpoil, C. Roederer, C. Louis, J. Joubert, *Mamma mia ! Ma mère est une sorcière*, Éditions Nord-Sud.
J. Joubert, *Poèmes de la lune et de quelques étoiles*, École des Loisirs.
Sorcières, fées, géants, histoires courtes et amusantes, Lito.
C. Honoré, *Zéro de lecture*, coll. « Mouche », École des Loisirs.
C. Boujon, *La Fée au long nez*, coll. « Lutin Poche », École des Loisirs.
É. Larrenla, *La Sorcière Camomille*, Sorbier.
C. Perrault, *Le Petit Poucet* (à dire ou à lire en insistant sur l'ogre et ses propos).
P. Lafforgue, *Petit Poucet deviendra grand*, Mollat Éditeur.
A. Rocard et M. Lamigeon, *Trois histoires d'ogres*, Lito.
C. Boujon, *Un bon petit ogre*, coll. « Lutin poche », École des loisirs.

Séance 1 : le portrait, à partir de la reproduction de l'œuvre d'Arcimboldo, *Le Bibliothécaire*, vers 1566, 97 x 71 cm, Skoklosters Slott, Suède.

■ **Objectifs**

• Appréhender le sens de la représentation et la notion de portrait.

• Appréhender le portrait, de manière spécifique, dans son contexte, comme facteur et révélateur d'une identité sociale.

■ **Enjeux**

• Susciter la curiosité des enfants quant au thème de l'unité en pratiquant une initiation esthétique et historique.

• Créer : de la surface au volume.

■ **Procédures** : spatialisation ; observation ; choix des matériaux adéquats.

■ **Matériel** : tous les livres de littérature de jeunesse que l'on peut trouver dans la classe ou en faire apporter par les enfants (de préférence épais, rigides) ; marque-pages (que l'on pourra découper dans du papier ou du carton) ; reproduction de la peinture (A3 noir et blanc : voir fiche 6, p. 153) ; bandes de carton assez souples pour remplacer les morceaux de reliure qui servent à figurer les lunettes ; une couverture ou un rideau épais ; cahier 1 p. 28.

■ **Durée** : 30 minutes.

■ **Déroulement**

1re PHASE : identification de l'image ; mise en lumière du sens de ce portrait (individuel, puis collectif oral)

– Afficher le poster (fiche 6) au tableau ; demander aux enfants de chercher dans leur livre l'auteur et le titre de l'œuvre. Pourquoi cette œuvre porte-t-elle ce titre ? (Ils prépareront dans leur tête une phrase du type : « L'œuvre s'appelle... parce que... »)

– Faire énumérer les propositions et les noter au tableau.

– Vérifier la ou les propositions grâce au livre (conformité des représentations poster/livre). Il serait souhaitable d'utiliser le sommaire pour trouver plus facilement les renseignements et la situation dans le livre : réinvestissement de l'étude du sommaire.

– Reprendre les arguments des enfants à propos de la justification du titre et les reformuler de manière synthétique : cet homme s'appelle « le bibliothécaire » parce qu'il est constitué de livres.

– Préciser ou faire préciser la fonction d'un bibliothécaire. Inverser la relation : c'est parce qu'un bibliothécaire est entouré de livres que le peintre l'a représenté ainsi, comme s'il était lui-même une bibliothèque. Au lieu de le représenter avec des yeux, un nez, une bouche..., il a dessiné son portrait avec des livres.

2e PHASE : observation de l'image ; de la représentation au volume ; construction du portrait en trois dimensions (collectif oral, puis individuel)

– Faire répertorier toutes les parties du corps que remplacent les livres et énumérer les autres objets (signets, lunettes, langues de fourrure pour la barbe). Faire trouver comment construire le personnage : par où commencer ?

– Faire reconstituer le personnage : chaque enfant viendra mettre un livre. Discuter des propositions des enfants quant à la disposition de leur livre à un moment et à un endroit précis, en fonction de la taille et de l'épaisseur du livre. Se référer constamment à la représentation du poster affiché.

On fera reconstituer *Le bibliothécaire* sur un support et en un endroit de la classe où il pourra demeurer pendant l'étude de l'unité engagée, comme un témoin ou une matérialisation du thème de l'histoire.

Activités complémentaires

– Faire construire des phrases avec : « Il y a des ... à la place de ... ».

– Faire observer d'autres portaits d'Arcimboldo et se livrer à la même activité.

Consolidation/contrôle des acquis : cahier 1 p. 28.

Cet autoportrait permet à chacun de se définir par ce qu'il a retenu pour le caractériser. Il convient donc de commencer par bien préciser, en le faisant verbaliser, les goûts, les aspirations, les rêves, les réussites de chaque élève (sport, monde irréel, pays, jeux et jouets, etc.). Chacun part ensuite à la recherche d'éléments et de détails propres à illustrer son choix (avoir prévu des catalogues variés – dont ceux des tours opérator et des éditeurs de jeunesse – des magazines, des publicités, etc.). Commencer la composition du portrait en contournant bien les yeux, le nez et la bouche. On pourra créer des effets d'ombre et de volume par chevauchement et par jeu d'oppositions de couleurs. On ne collera qu'à la fin. On pourra alors attribuer un nom. Les portraits ainsi réalisés pourront être disposés sur les tables, titre caché, et présentés aux autres qui devront trouver les noms.

Séance 2 : exploitation des fabliettes

■ **Objectifs**

• Permettre de s'approprier les deux fabliettes.

• Mettre en place une activité BCD.

■ **Enjeu** : mettre en évidence les deux aspects essentiels de l'unité : la lecture à travers la diversité des livres et les stratégies d'une petite fille qui veut qu'on la reconnaisse.

■ **Procédures** : observation ; tri ; classement ; lecture d'images.

■ **Matériel** : livre p. 22 ; cahier 1 pp. 29 et 30 ; livres de jeunesse.

■ **Durée** : 1 heure 15 minutes.

■ Déroulement

1re PHASE : fabliette *Lili lit*, cahier 1 p. 29 (collectif)

Cette page trouve son ancrage dans les activités pratiquées en BCD. Il paraît évident qu'il faut poursuivre l'activité, en l'étendant à la bibliothèque de la classe, si minime soit-elle, et en l'élargissant aux livres personnels apportés par les élèves, ce qui peut considérablement enrichir le fonds. On peut également travailler avec les bibliothèques municipales et les CRDP qui parfois prêtent un fonds pour quelque temps. L'essentiel ici est d'apprendre à repérer les indices pertinents qui permettront de « classer » des livres, non pour la simple raison de les ranger, mais bien pour pouvoir y recourir en fonction de ce qu'on y cherche. Cette attitude est déjà celle d'un lecteur qui interroge l'écrit, en fonction d'un projet ou d'un désir personnels, et doit donc être initiée et confirmée tout au long de l'année.

On peut commencer par l'observation minutieuse des couvertures présentées de façon à faire émerger un premier critère de tri. Les documentaires vont se dégager par leur aspect différent (surtout *L'Eau*). On peut également faire créer des « paires » en disant : « Il y en a deux qui vont ensemble. Lesquels ? Pourquoi ? » C'est surtout évident pour *Naître* et *L'Eau*. Si les réponses ne viennent pas, on peut dire : « J'ai mis le premier et le dernier ensemble. Pourquoi ? » Ce sont des livres qui nous apprennent quelque chose, qui répondent à des questions qu'on se pose.

Les quatre autres livres ne peuvent être classés qu'une fois leur titre lu. Vérifier alors l'exemple donné et chercher dans l'illustration de couverture ce qui justifie ce classement : activité incongrue des deux insectes installés à leur table de jeux. Le deuxième et le quatrième, de par leur titre, impliquent la notion de personnage central dont on va raconter l'histoire (la fée porte même un nom). Le classement peut alors s'opérer entre les livres qui racontent des histoires, ceux qui font rire ou rêver, et ceux qui apprennent. Il ne reste plus qu'à expliciter le mot « documentaires », et les élèves peuvent se livrer à l'activité de classement, en justifiant leur choix. On pourra alors faire expliciter à quelles activités, et en quelles circonstances on choisira tel ou tel livre.

C'est là l'initiation à l'identification des documents et à la mise en place de la stratégie particulière de lecture, qui sont des facteurs de meilleure compréhension de l'écrit, clairement reconnu dans sa fonction de communication.

2e PHASE : fabliette *Diable ou fée ?*, cahier 1 p. 30 (collectif, puis individuel)

L'exploitation de la fabliette permet à chacun de se retrouver. Les enfants sont très concernés par ce qu'on appelle « les bêtises ». Néanmoins, il ne s'agit pas de « moraliser », mais de les laisser s'exprimer en toute liberté. On peut alors, avec une certaine complicité, entrevoir leur mode de réponse aux injonctions et aux désirs des adultes. Cela permet par ailleurs de rencontrer en situation les mots « fée » et « sorcière », qui seront écrits soit sur une feuille affichée en permanence, soit en grand au tableau.

L'exercice 3 ne se limite pas à une reprise systématique de l'exercice 2, mais doit permettre aux élèves de s'exprimer librement en faisant référence à leur vécu personnel (l'adulte écrira, sous la dictée, les propositions au tableau).

Séance 3 : analyse de la couverture et de la quatrième de couverture du livre

■ Objectifs

- Découvrir la fonction de la couverture.
- Découvrir les notions de héros et de contexte de l'histoire à travers les lieux figurés.

■ Enjeu : faire découvrir la duplicité de l'héroïne.

■ Procédures : expression orale (précision du vocabulaire et compétence argumentative) ; connaissance empirique des stéréotypes de la fée et de la sorcière ; mémorisation ; expression écrite (dessin) ; logique syntaxique ; discrimination visuelle et émission d'hypothèses ; réinvestissement des notions de « héros » et de « titre » ; formules magiques (fiches 7, 8 et 9).

■ Matériel : livre pp. 23 et 40 ; feuilles pour dessiner ; feutres ou crayons de couleur ; ardoise ; fiches 7, 8 et 9, pp. 154, 155 et 156 ; cahier 1 p. 29.

■ Durée : 35 minutes.

Préalable : accrocher, en l'absence des élèves, les trois formules magiques agrandies de *Lili Cricri la fée sorcière* dans la classe (fiches 7, 8 et 9).

Les formules resteront affichées pendant toute l'étude de l'unité, qui leur restituera peu à peu leur sens. Elles seront lues, dites et proférées rituellement avant chaque séance, ce qui permettra une « mise en condition » favorable à l'entrée dans le texte et une mémorisation d'une grande facilité parce que fondée sur la motivation : les enfants aiment entendre, dire et redire des formules amusantes ou cocasses qui leur permettent d'ancrer leur imaginaire.

■ Déroulement

Préambule

– Jouer l'étonnement en découvrant les bulles affichées.
– Lire les bulles et se poser des questions sur la nature des textes et leur auteur.
– Expliciter les tournures difficiles ou équivoques.
– Faire émerger les deux personnages.

1re PHASE : jeu de découverte du personnage principal (individuel écrit et oral, puis collectif)

– Théâtraliser le début de la séance : « Fermez les yeux, je vais vous décrire une image ; écoutez-moi bien. Je vois une ville la nuit ; les fenêtres sont allumées et il y a la lune. Je vois, au-dessus des immeubles, un personnage bizarre. C'est une drôle de petite fille : elle a une belle cape, un beau chapeau pointu, mais elle a une sorte de bâton à la main et elle se promène dans les airs à cheval sur un balai. »
– Faire dessiner le personnage décrit sur l'ardoise, puis faire retourner l'ardoise.
– Faire ouvrir le livre p. 23 ; faire regarder l'image et écrire sur l'ardoise l'un des mots fée ou sorcière qui caractérise le personnage.
– Faire dire à chaque élève le mot qu'il a écrit (l'enseignant le consigne afin de pouvoir compter le nombre de fois où apparaissent les mots « fée » et « sorcière »).
– Ne pas oublier de faire justifier son choix par chaque enfant.
– Demander si c'est le même personnage qui a été décrit.
– Faire expliciter pourquoi. Les caractéristiques sont concordantes et l'environnement également.
– Vérifier en demandant aux enfants de retourner leur ardoise.
– Faire discuter à partir des dessins et constater les différences et les concordances.

2e PHASE : découverte du titre dans sa fonctionnalité et son sens (collectif)

– Faire lire le titre en utilisant les mots « fée » et « sorcière » écrits au tableau.
– Faire émerger la notion de titre par la place sur la couverture (*cf. Anatole va à l'école*).
– À partir de « la fée sorcière », faire déduire que la nature de l'élément manquant est un nom propre.
– Le faire décrypter, par discrimination visuelle, si les enfants ne se souviennent pas de l'avoir vu dans le sommaire. En déduire qu'il s'agit du prénom de l'héroïne. Se reporter à l'Album photo et au sommaire. Constater les concordances de titre et de page.
– Terminer la séance par la lecture de la quatrième de couverture qui confirme le titre et annonce la présence d'un second personnage (Papiri, déjà vu dans les formules magiques).
– Expliciter l'expression « fait des histoires ».

Consolidation/contrôle des acquis : cahier 1 p. 31.

Ex. 1 : le puzzle est facile à reconstituer (aide dans le découpage : faire d'abord découper des « rectangles » pour arriver à la découpe plus fine des formes). La quatrième de couverture se compose par comparaison avec celle du livre, page 40. Il faut ensuite lire le texte pour l'expliciter. Que signifie « faire des histoires » ? Faire des caprices, se faire entendre, se faire remarquer. Quant à Papiri, puisqu'il lit, il s'agit d'un être animé. Qui est-il ? Faire émettre des hypothèses sur ce personnage et sur la réunion des deux : l'une semble tapageuse, l'autre calme.
Ex. 2 et 3 : réinvestissement (ils peuvent être faits en études dirigées).

Séance 4 : découverte de l'histoire

■ **Objectif** : s'approprier l'histoire par le sens et le code.

■ **Enjeu** : permettre d'affirmer que c'est l'histoire d'une petite fille, d'abord seule dehors, au milieu d'immeubles, qui rencontre, à l'intérieur d'une bibliothèque, un personnage qui lit tout le temps. Elle se transforme en fée puis en sorcière et, deux fois, lui jette de la poudre. Finalement elle le prend par le nez avec un livre pour le « mener » à l'extérieur, au pied des immeubles mais à l'abri d'un arbre, pour lire avec lui.

Il ne saurait donc être question, en fin de séance, d'avoir épuisé complètement le sens de l'histoire. Cette petite fille n'est plus perdue dans un environnement hostile où elle ne peut que hurler ; elle a réussi à établir une relation humaine ; elle a gagné un complice, avec qui elle peut partagé le langage et la lecture.

■ **Procédures** : lecture d'images et expression orale ; élucidation du code BD en contexte.

■ **Matériel** : livre pp. 24 à 39 ; bulles affichées ; cahier 1 p. 32.

■ **Durée** : 40 minutes.

Préalable : commencer par le rite des formules magiques.

■ Déroulement

1re PHASE : reconstitution de l'histoire par lecture d'images (collectif oral)

– Faire formuler par les enfants des propositions quant au sens de l'histoire à l'aide de la lecture des images. Les images n'étant pas redondantes par rapport au texte, un décalage peut – doit – normalement se faire jour dans la reconstitution de l'histoire. Il est légitime de produire une (des) histoire(s) légèrement, voire très largement différente(s). On acceptera donc toutes les propositions des enfants.

– Reformuler les propositions et faire le point : « C'est donc l'histoire de... Elle raconte comment... »

2e PHASE : élucidation du code (collectif oral)

– Faire observer l'ensemble de l'écrit pour appréhender l'opposition discours/récit (référence à *Anatole*).

– Faire observer les bulles : on en connaît trois (certains enfants l'ont certainement remarqué en début de séance). Les faire replacer dans le texte. Et les autres ? Les faire classer en fonction de leurs différences, qui sont de deux types : différence de forme (bulles « éclatées », bulles à « accroche éclatée ») et différence d'attribution (Qui parle ? Toujours Lili Cricri, sauf deux fois les immeubles et une fois Papiri).

– À partir de l'identification définitive – ce sont des formules magiques – des bulles connues que l'enseignant puis les enfants redisent, faire émettre des hypothèses sur la signification de chaque type de bulle de Lili Cricri : les bulles à accroche éclatée sont liées à l'état de sorcière de Lili Cricri, les bulles à accroche normale disent qu'elle est petite fille, ou fée.

3e PHASE : mise en relation du code du texte et du texte des bulles éclatées avec les images pour cerner de manière sûre le sens général de l'histoire

– Faire confirmer l'idée de transformations successives de Lili Cricri en distinguant les étapes. Conforter et expliciter l'image de sa duplicité (vue précédemment) en décomposant ses capacités de métamorphose, synthétisées dans l'image de la couverture : c'est une petite fille qui peut se transformer en fée, puis en sorcière.

– Reprendre avec les enfants « le fil de(s) l'histoire(s) » imaginée(s) précédemment en intégrant le code et le texte des bulles éclatées. Ces précisions, s'ajoutant à l'image, induisent le sens général qu'elles justifient.

Bilan

– Faire reformuler par les enfants, avec leurs mots, la trame de l'histoire, maintenant certaine.

Consolidation/contrôle des acquis : cahier 1 p. 32.

Ex. 1 : il peut servir d'activité d'ouverture de la séance. Faire travailler en binômes : on ouvre un livre p. 24 et un autre p. 39. Faire constater et verbaliser les différences. On pourra faire noter le numéro des pages sur chaque dessin. L'exercice est réalisé individuellement.

Ex. 2 : faire dire oralement une phrase par dessin, sans tenir compte des phrases proposées (par exemple : « Lili Cricri lit. »). Puis faire lire les phrases, ce qui permettra de comprendre l'emploi du substitut « Elle ». Faire feuilleter le livre et retrouver les pages correspondant aux dessins (attention ! ils ne sont pas absolument identiques). A pages 34, 35, 36, 37 et 38. B page 39. C page 32. D pages 24 et 25.

Ex. 3 et 4 : réinvestissement, mais qui demandent une certaine habileté dans la manipulation du livre, ainsi qu'un effort de concentration pour ne pas perdre l'objectif de la recherche.

Séance 5 : Lili Cricri et les immeubles

Objectifs

- Lire les pp. 24 et 25.
- S'exprimer oralement.
- Initier au dialogue.

Enjeu : permettre un premier contact avec le personnage. L'image nous fait découvrir une petite fille seule et en colère, dans un environnement très froid qui semble l'écraser. Cet effet est accentué par l'angle de prise de vue, en légère plongée, et par les couleurs froides et les formes anguleuses des immeubles.

Procédures : lecture ; mise en œuvre de la logique syntaxique et de son code ; aptitude à l'expressivité orale et gestuelle (théâtralisation).

Matériel : livre pp. 24 et 25 ; bulles du livre affichées ; *Le Petit Poucet* ; cahier 1 p. 33.

Durée : 35 minutes.

Préalable : commencer par le rite des formules magiques ; lire *Le Petit Poucet*.

Déroulement

1re PHASE : lecture de la réplique de Lili Cricri (collectif oral)

– Faire étudier de manière précise la double page et son organisation (images, bulles) : les enfants s'exprimeront sur le mode dénotatif pour décrire et sur le mode connotatif pour exprimer les sentiments et l'atmosphère suggérés.

– Faire lire la bulle de Lili Cricri par les enfants.

– Faire émettre des hypothèses quant à la nature de cette phrase : affirmation ? réponse ?

– Faire constater et expliciter le point d'interrogation dans la réplique de la p. 24.

– Faire déduire la notion de « dialogue ».

2e PHASE : jeu dramatique – que disent les immeubles ? (collectif oral)

– Faire imaginer la question des immeubles et la faire jouer par les enfants, avec gestes et attitudes (l'un se bouche les oreilles, l'autre « fait les gros yeux ») traduisant leurs intentions.

– Écrire au tableau les questions imaginées par les enfants en ne gardant que celles qui conviennent sur le plan du sens et de la forme : « Qui es-tu ? », « Qui tu es ? », « Qui c'est », « Qui c'est toi ? », etc.

– Procéder par comparaison entre les questions des enfants et le texte de la bulle écrit au tableau pour faire lire celui-ci. Comparer la longueur de la chaîne parlée, utiliser la discrimination visuelle et les mots connus : « qui », « fait ». À partir de « qui fait ? », le mot « bruit » arrivera par le sens. Le faire lire.

– Déduire l'onomatopée.

– Relire et faire relire les deux répliques.

3e PHASE : jeu dramatique – explicitation des sentiments de Lili Cricri, p. 24 (collectif oral)

– Faire imaginer et jouer par les enfants le « bruit » que fait quelqu'un qui est triste, joyeux, mécontent, effrayé...

Bilan

– Faire expliciter de manière très précise les sentiments de Lili Cricri : elle tape du pied parce qu'elle est très en colère.

Activités complémentaires

– Aborder la notion de relativité : Lili Cricri est petite par rapport aux immeubles.

– Faire constater qu'en grande section ils étaient grands chez les petits et, arrivés en CP, ils sont petits chez les grands. Faire trouver d'autres exemples.

– Commencer à raconter ou lire *Le Petit Poucet*.

– Créer des phrases pour réinvestir le vocabulaire.

Consolidation/contrôle des acquis : cahier 1 p. 33.

Ex. 1 : on pourra compléter l'exercice en faisant construire une phrase avec le mot « tabouret » (*Dico des sons* p. 2) ; par exemple : « Lili Cricri crie sous le tabouret ».
Ex. 2 : retrouver le mot « tapis » dans le *Dico des sons* p. 2.
Ex. 3 et 4 : ils peuvent être réalisés en autonomie.
Ex. 3 : discrimination visuelle.
Ex. 4 : exercice de copie et de calligraphie.

Séance 6 : Lili Cricri et les immeubles (suite)

■ **Objectifs**

- Lire la p. 26 (texte de la première bulle et image).
- Présenter le personnage de Lili Cricri : notion de héros.

■ **Enjeu** : identifier l'héroïne. Lili Cricri se présente : on s'approche d'elle (plan américain dans l'image), on découvre son identité, d'abord lorsqu'elle se présente, puis à travers le regard des autres (on).

■ **Procédures** : mémorisation d'une formule ; manipulation de la forme négative ; lecture d'image ; lecture de texte.

■ **Matériel** : livre p. 26 ; ardoise ; cahier 1 pp. 34 et 36.

■ **Durée** : 25 minutes.

Préalable : commencer par le rite des formules magiques.

■ Déroulement

Préambule : jeu de la chaîne anglaise

– Faire chercher à chaque enfant un « petit nom » qu'on lui donne chez lui ou qu'il aimerait porter. (L'enseignant se fera dire ce surnom à l'oreille et en suggérera un si besoin.)

– Indiquer aux enfants la règle du jeu. L'enseignant commence : « Je ne m'appelle pas X (prénom du premier enfant), je m'appelle Y mais on m'appelle toujours Z. » Écrire au tableau : « Je ne m'appelle pas » et « Je m'appelle ». Faire constater les différences entre les deux formules (ne... pas). Puis il passe la main au premier enfant. Le premier enfant continue : « Je ne m'appelle pas (prénom du deuxième enfant), etc ».

1re PHASE : lecture silencieuse individuelle

– Faire ouvrir les livres à la page 26. Demander aux enfants de lire la bulle de Lili Cricri au moyen des mots connus (ex. : « je crie »), et à l'aide du texte écrit au tableau.

– Faire compléter avec le sens (ex. : « parce que ») et la construction à partir d'éléments connus (ex. : « Lisebelle » à construire à partir de « je m'appelle », « marelle », « Estelle », « li » et « b »). Donner « En vrai ».

2e PHASE : lecture expressive

– Faire relire oralement la bulle par plusieurs enfants en faisant reproduire l'expression du visage de l'héroïne.

– Faire observer l'accroche de la bulle qui rend compte de l'intention du personnage et du ton de la lecture à produire.

Bilan

Faire formuler une phrase explicative et conclusive. Qui est cette petite fille ?

Activités complémentaires

– Jouer à : « Qui me donne un petit nom ? Quand ? Et moi, à qui je donne des petits noms ? »

– Jouer à : « Je ne m'appelle pas ..., je m'appelle ... » Sur l'ardoise, faire écrire à chaque enfant son prénom. Puis jouer en lançant de façon aléatoire « je ne m'appelle pas » ou « je m'appelle ». Dans le premier cas, chacun devra écrire le prénom d'un camarade au verso de son ardoise et le montrer à l'enseignant. À l'inverse, avec « je m'appelle ... » il devra montrer son prénom.

– Créer des phrases sur le modèle : « Anatole appelle Lilou. »

Consolidation/contrôle des acquis : cahier 1 p. 34, ex. 1 et 4.

Ex. 1 et 4 : à faire en collectif ; le mot important à retenir est « prénom », souvent encore non acquis à cette période de l'année. Faire décliner la liste des prénoms de la classe, en énonçant les patronymes seuls. Tous doivent répondre à la cantonade. On peut, dès le matin, à l'appel, lancer un jeu en appelant les enfants par leur nom patronymique : ils doivent répondre par leur prénom. La carte d'identité peut être le moyen de répéter (ou d'apprendre) sa date de naissance. On pourra se munir d'une vraie carte d'identité et la faire circuler.

Conscience phonique : lancer la comptine du [i] ; cahier 1 p. 36, ex. 1, 2 et 3.

Séance 7 : Lili Cricri et les immeubles (fin)

Objectifs

- Lire les pp. 26 et 27.
- Découvrir l'intrigue : personnages et situation.

Enjeu : poser l'intrigue ; mieux cerner Lili Cricri en découvrant les raisons de son surnom et de son attitude tout en accentuant le suspense ; emploi du « on » volontairement indéfini et de la double négation ; introduction d'un personnage énigmatique (on ne l'a pas vu, son nom est insolite et il a un statut particulier qu'exprime le « même pas »).

Procédures : expression orale ; lecture individuelle ; lecture d'images ; lecture expressive et mise en situation.

Matériel : livre pp. 26 et 27 ; bulles affichées ; bulle de la p. 27 reproduite sur une affiche ; cahier 1 pp. 34 et 36 ; *Dico des sons* p. 4.

Durée : 25 minutes.

Préalable : commencer par le rite des formules magiques.

Déroulement

Préambule : faire avec les enfants le point de la situation : rappeler les problèmes d'identité de Lili Cricri à partir de la relecture de la bulle du haut.

1re PHASE : lecture de la seconde bulle de la p. 26 (collectif oral)

– Faire émettre des hypothèses sur le message de la bulle après avoir observé la ponctuation (point d'interrogation), la nature du locuteur (les immeubles) et avoir fait lire « tu cries ». Par le sens, « pourquoi » doit surgir.

2e PHASE : lecture silencieuse de la bulle de la p. 27

– Faire constater que l'héroïne nous invite à la suivre (procédé cinématographique de zoom depuis la p. 24).

– Insister sur le fait que l'observateur-lecteur (pp. 26 et 27) ne bouge pratiquement pas (il est face à la bibliothèque), mais que c'est Lili Cricri qui s'avance, se retourne et nous donne deux impressions : qu'elle va entrer dans la bibliothèque et qu'elle nous invite à la suivre.

– Afficher la bulle de la page 27 reproduite en grand.

– Faire lire ou relire le mot « bibliothèque ».

– Après recherche personnelle, faire énumérer tout ce que les enfants savent lire : « on ne me voit (*cf.* voitures) pas », « on ne m'entend (*cf.* entrée, rentrée) pas si je ne crie pas ». Reste : « même ». Le donner.

3e PHASE : lecture expressive et théâtralisation

– Faire relire et jouer les deux pages.

Certains enfants, au moment de la relecture, connaîtront le texte par cœur, mais il s'agit d'une autre activité de lecture qui consiste à repérer les mots qu'on connaît.

Bilan

– Souligner la solitude de Lili Cricri.

– Émettre des hypothèses sur : « Qui est Papiri ? ».

Activités complémentaires

– Faire nommer tous les lieux où l'on peut trouver des livres : bibliothèque, librairie, kiosque, etc.

– Qui est « on » ? Lancer la discussion sur ce qu'il faut faire pour se faire entendre quand on a 6 ou 7 ans.

– Créer des phrases pour réinvestir **voit** et **on**.
Exemples : À l'école, **on** lit. Lili Cricri ne **voit** pas Anatole.

Consolidation/contrôle des acquis : cahier 1 p. 34, ex. 2 et 3.

Ex. 2 et 3 : travail sur la phrase par copie et remise en ordre. C'est l'occasion de repérer les indices à l'écrit – majuscule et point – et de faire chercher d'autres phrases dans les pp. 34 et 35 du cahier (y compris les consignes). Selon les élèves, la phrase « On ne me voit pas » peut être travaillée par simple copie, ou d'après le sens.

Étude phonologique 1 du [i] : faire redire la comptine du [i] ; lancer la pêche au [i] ; *Dico des sons* p. 4 : mots-vedettes, phrase-mémo et dico des mots ; cahier 1 p. 36, ex. 4 et 5.

Séance 8 : Lili Cricri et Papiri (1re rencontre)

■ **Objectifs**

- Lire la p. 28.
- Découvrir un nouveau personnage par l'image et le texte.

■ **Enjeu** : présenter Papiri comme un ogre qui dévore les livres.

■ **Procédures** : lecture d'image ; discrimination visuelle ; émission d'hypothèses sur le sens ; lecture-puzzle.

■ **Matériel** : livre p. 28 ; bulles affichées ; bandeaux portant chacun une phrase du récit de la p. 28 (fiche 10, p. 157) ; *Le Petit Poucet* ; cahier 1 pp. 35 et 37 ; *Dico des sons* p. 4.

■ **Durée** : 40 minutes.

Préalable : commencer par le rite des formules magiques.

■ Déroulement

Préambule : relire *Le Petit Poucet*. Insister sur l'ogre et sa formule.

1re PHASE : lecture d'image pour localiser Papiri et faire son portrait (collectif oral)

– Faire énumérer toutes les caractéristiques de Papiri et les écrire au tableau : il est **gros,** il a un **gros** nez, des lunettes pas très visibles, plutôt des lorgnons, une moustache..., il est en pyjama, il lit, il est content... Il vit au milieu des livres. À quel personnage peut-il faire penser ?
– Lire le titre des livres que lit Papiri.
– Faire expliciter le lieu où se passe la scène et le bleu des nuages (il est sur son nuage).
– Faire émerger ou confirmer le vocabulaire du livre : couverture, quatrième de couverture, tranche, page, etc.

2e PHASE : lecture du texte du récit et reconstitution de texte, livre fermé (par groupes de trois)

– Faire rappeler la différence récit/discours.
– L'enseignant distribue à chaque groupe les trois bandeaux et demande de reconstituer le texte et de le lire. Si les deux premières phrases peuvent être interverties, il n'en est pas de même pour la dernière qui emploie des substituts – lui et il – faisant référence au personnage nommé auparavant.
– Faire lire le texte par trois ou quatre groupes et faire valider par le reste de la classe. Ne pas omettre de réinvestir les notions de « ligne » et de « phrase ». Il restera probablement « ogre » ; le faire construire à partir de « **gr**os, **gr**and et **gr**is ».
– Faire récapituler ce que nous ont appris ces trois phrases (*cf.* relation avec le portrait de Papiri).

3e PHASE : explicitation de la situation (collectif oral)

– Faire définir un ogre : vocabulaire de la dévoration (à écrire sur une affiche qu'on gardera pour la séance suivante au moins) : il mange, il dévore, il avale, il croque, il se gave, il engloutit, il est glouton, vorace, gourmand.
– Faire mettre en relation cette définition avec la situation de la p. 28 : pourquoi parler d'ogre ? Il ne mange pas, il lit. Ce n'est donc pas un vrai ogre, ou du moins pas un ogre ordinaire. D'où la perplexité de Lili Cricri : elle est effrayée certes, mais surtout surprise et dubitative. Que va t-il se passer ? Pourquoi l'ogre lit-il *Le Petit Poucet* ? Rappeler brièvement le début du conte pour aboutir à la formule : « Ça sent la chair fraîche ! ».

Bilan

L'ogre va-t-il manger Lili Cricri quand il sentira la chair fraîche ?

Activité complémentaire

Faire créer des phrases : Papiri est... ; Papiri a... ; Papiri...

Consolidation/contrôle des acquis : cahier 1 p. 35.

Ex. 1 : la difficulté réside dans le fait que ni la légende de gauche ni l'image de droite ne se trouvent dans l'histoire du livre. Il faut colorier l'image de gauche et la légende de droite d'une même couleur (autre difficulté : Lili Cricri n'est pas représentée). On peut commencer par faire repérer la phrase qui est juste, et voir à quel dessin elle correspond (ou l'inverse). Pour insister, on peut demander aux élèves de compléter le dessin de façon à ce qu'il corresponde à la légende (donc Lili Cricri est derrière Papiri dans le dessin de gauche).
Ex. 2 : repérage de lettres (se reporter à l'inscription de la p. 25 du livre).
Ex. 3 : travailler collectivement, puis individuellement. Faire numéroter et lire toutes les phrases. Les faire classer au tableau dans deux colonnes : Vrai/Faux. Faire observer le dessin pour constater que Papiri est en caleçon, et qu'il lui manque quelque chose. Partant de là, reprendre la première phrase et faire justifier pourquoi elle est barrée. Faire réaliser ensuite l'exercice individuellement.
Ex. 4 : recherche personnelle (à faire à la maison).

Étude phonologique 2 du [i] : *Dico des sons* p. 4 : phrase-piège ; cahier 1 p. 37, ex. 6 à 10.

Séance 9 : Lili Cricri et Papiri (1re rencontre-suite)

■ **Objectif** : lire la p. 29 (suite).

■ **Enjeu** : découvrir le comportement de Papiri et la stratégie de Lili Cricri – 1re tentative, 1er échec.

■ **Procédures** : lecture silencieuse ; hypothèses sur le sens et logique déductive ; bulles affichées ; lecture oralisée expressive.

■ **Matériel** : livre p. 29 ; bulles affichées ; affiche vierge ; *Le Petit Chaperon rouge* ; étiquettes (fiche 10 p. 157).

■ **Durée** : 30 minutes.

Préalable : commencer par le rite des formules magiques.

■ Déroulement

Préambule : faire faire le point par les enfants : pourquoi Lili Cricri est-elle effrayée et surprise ? A-t-elle peur que l'ogre la mange ? Faire réinvestir le vocabulaire de la dévoration.

1re PHASE : bilan de la situation (collectif oral puis lecture silencieuse individuelle)

– Engager la lecture silencieuse du récit de la p. 29 (pour avoir une réponse) mais en regroupant autour de soi les enfants en difficulté et en leur demandant de repérer les mots connus : ex. le mot « Papiri » (dans sa double graphie). L'enseignant se chargera de la lecture du texte pour le groupe en difficulté afin que tous les enfants s'en approprient le sens.

2e PHASE : lecture de la bulle de Lili Cricri (collectif oral)

– Faire émettre des hypothèses à partir du sens et, notamment, de ce que l'on vient d'apprendre : « Mais Papiri ne la voit pas. Mais Papiri ne l'entend pas. » C'est donc que Lili Cricri cherche à se faire remarquer en l'interpellant. Elle ne craint pas d'être mangée, mais elle est perplexe et même ébahie devant cet ogre qui « dévore » les livres et non les enfants, et donc l'ignore.

– Écrire les propositions des enfants. Si Lili Cricri veut faire remarquer sa présence, que peut-elle dire ? : « Oh regarde-moi, Papiri ! », « Oh écoute-moi, Papiri ! » Faire comparer avec le texte de la bulle et donner « raconte » si le mot ne sort pas.

Bilan

– Faire récapituler ce qu'on a appris : Papiri est sur son nuage, il dévore les livres, il ne voit ni n'entend Lili Cricri. La première stratégie de Lili Cricri n'a pas réussi. Que peut-on lui conseiller ? Lister les propositions des enfants sur une affiche qu'on laissera à disposition.

Activités complémentaires : lecture oralisée et expressive sur consigne

Présenter les cinq visages des cinq vignettes (fiche 10) : un avec le doigt sur la bouche et, au-dessous, la légende « je murmure » ; un qui parle normalement avec la légende « je parle » ; un troisième avec la bouche plus ouverte et les mains en porte-voix, légendé « je crie » ; un quatrième avec la bouche très ouverte, légendé « je hurle » ; un dernier avec la bouche démesurément ouverte, légendé « je vocifère ». Chacun dira « Oh raconte-moi, Papiri ! » sur le ton indiqué par la vignette tirée au sort. Chaque fois, l'enseignant dira le terme approprié (tu as tiré « je murmure »...) pour faire intégrer ce vocabulaire. À la fin, on se met d'accord pour choisir le ton le plus approprié dans ce cas.

Cet exercice pourra être réitéré dans la deuxième prière de Lili Cricri, p. 30 : « Emmène-moi dans tes histoires, mon Papiri ! » puis dans les interventions suivantes ; on constatera que le ton monte progressivement pour culminer p. 37. Ce procédé a pour fonction première de permettre aux enfants une appropriation du sens, mais il facilitera aussi la lecture du texte du récit, p. 37.

– Faire écrire par chacun une phrase qui raconte l'histoire depuis le début.

– Lire *Le Petit Chaperon rouge.*

Séance 10 : Lili Cricri et Papiri (2e rencontre – 1re confrontation)

■ **Objectif** : lire les pp. 30 et 31.

■ **Enjeu** : découvrir la 2e tentative de Lili Cricri – 2e échec.

■ **Procédures** : lecture d'image ; émission d'hypothèses ; interaction image/texte.

■ **Matériel** : livre pp. 30 et 31 ; bulles affichées ; affiche avec propositions de stratégies ; cahier 1 pp. 38 et 40.

■ **Durée** : 40 minutes.

Préalable : commencer par le rite des formules magiques.

■ Déroulement

Préambule

– Écrire au tableau le texte de la bulle.

– Relire les propositions des enfants quant aux stratégies possibles de Lili Cricri.

1re PHASE : lecture des pages 30 et 31, récit et discours (collectif oral)

– Faire lire l'image des pages 30 et 31 : Lili Cricri s'accroche à Papiri et sourit. Papiri s'envole et part en orbite comme un satellite, dans le bleu du ciel étoilé (*cf.* couverture, p. 23). Écrire au tableau les mots employés par les enfants et faire lire le récit de la page 30.

– Comparer les propositions des enfants avec ce que dit l'image. Entourer la (ou les) proposition(s) valide(s) quant au sens s'il y en a.

– Faire lire dans la bulle : « dans tes histoires, mon Papiri ! »

– Si le terme « Emmène-moi » n'apparaît pas dans les propositions, le faire trouver par le sens, la structure, le lexique et l'image.

– Faire constater que Papiri ne répond pas. Faire lire le texte de la p. 31. Pour cela, faire observer et décrire cette page : « Qui voit-on et que voit-on ? » On voit une sorte de Terre bleue et de Lune jaune caractérisées par des livres. On est dans l'univers des livres.

– Faire lire « Il tourne autour » en faisant comparer les deux syllabes identiques et en s'aidant du sens (le mot « planète » a déjà été vu dans *Fête des planètes*).

– Faire expliciter « Il plane dans ses histoires ». S'appuyer sur l'expérience vécue des élèves. Pourquoi a-t-on peur de l'ogre du *Petit Poucet* ou du loup du *Petit Chaperon rouge* alors qu'on est à la maison ou en classe ? Parce qu'on se laisse entraîner dans l'univers des histoires. C'est le pouvoir des mots et des livres.

2e PHASE : lecture silencieuse, puis oralisée

– Faire relire les deux pages silencieusement en précisant qu'on peut demander de l'aide, si besoin, à l'enseignant.

– Lire la bulle de Lili Cricri en théâtralisant, mais avec des erreurs : *cf.* phrases de l'exercice 3 du cahier, p. 38. Par exemple, « Emporte-moi dans tes étoiles, mon Papouli ! » Provoquer ainsi l'étonnement des enfants. Après plusieurs phrases-pièges de ce type, demander à l'un d'entre eux de lire la bulle à voix haute et faire un tour de classe pour confirmation ou infirmation éventuelle.

Activité complémentaire : confirmation du sens du mot « planète » (groupe de trois ou quatre)

– Faire créer à chaque groupe, par découpage et collage sur une affiche, « la planète Jouet », « la planète Déguisement », « la planète Dessin animé », « la planète Cinéma », « la planète Dessert », « la planète Sport », « la planète Voyage », « la planète Souhait », etc., selon les vœux et l'imagination des enfants.

– Faire deviner le nom de chaque planète imaginée par les autres groupes.

– Faire titrer et légender chaque planète, manuellement ou à l'ordinateur, par le groupe qui l'a produite.

Consolidation/contrôle des acquis : cahier 1 p. 38.

Ex. 3 : discrimination visuelle.
Ex. 4 : lecture et compréhension fines. Il faut lire la première phrase intégralement pour savoir qu'elle est fausse. La dernière reprend la demande exprimée par Lili Cricri, mais à laquelle Papiri ne répond pas (« raconte »). Seule la seconde phrase convient.
On pourra faire comparer : **une** histoire**, des** histoire**s**, et **ses** histoire**s.** Observation et émission d'hypothèses, à confronter aux pp. 30 et 31 du livre, ainsi qu'à la quatrième de couverture. Faire formuler une phrase de conclusion (les marques du pluriel).

Conscience phonique : lancer la comptine du [l] ; cahier 1 p. 40, ex. 1, 2 et 3.

Séance 11 : Lili Cricri et Papiri (2e confrontation)

■ **Objectif** : lire les pp. 32 et 33.

■ **Enjeu** : découvrir la 3e tentative de Lili Cricri – 3e échec.

■ **Procédures** : lecture d'images ; remise en contexte d'une formule magique ; lecture en écho fondée sur les acquis et la construction du sens.

■ **Matériel** : livre pp. 32 et 33 ; bulles affichées ; affiche avec propositions de stratégies ; cahier 1 pp. 39 et 40 ; *Dico des sons* p. 5.

■ **Durée** : 35 minutes.

Préalable : commencer par le rite des formules magiques ; écrire au tableau les trois premières phrases de la bulle de Lili Cricri.

■ Déroulement

1re PHASE : lecture de l'image pp. 32 et 33 (collectif oral)

– Faire constater les trois types d'écrits.

– Faire décrire Lili Cricri qui s'est transformée (se reporter à la couverture, titre et illustration, p. 23) : elle est une fée.

– Faire observer le sac de poudre et faire émettre des hypothèses sur ce qu'il contient ; lire aux enfants « Guili-Guili ».

– Faire dire ce que fait Lili Cricri, et décrire son attitude et son expression.

– Faire identifier les petits ronds de couleur (confettis, bulles...).

2e PHASE : lecture de la bulle et de la formule magique (collectif oral)

– Les enfants, ayant reconnu l'une des trois formules magiques, sont capables de la lire par mémorisation.

– Faire reconnaître le mot « POUDRE » et le faire apparier à « poudre ».

– Faire lire la bulle : faire compter le nombre de phrases (3) ; faire constater la ponctuation (intentions de Lili Cricri).

– Mettre en relation formule magique et image.

– Valider les hypothèses de la première phrase : Lili Cricri, qui est fée, lance de la poudre Guili-Guili à Papiri. Pour quoi faire ? Pour le chatouiller, le faire rire, le faire « rigoler » (on voit p. 33 que Papiri lève un pied, car il craint les chatouilles). En déduire que la poudre Guili-Guili provoque la « rigolomanie ». Pourquoi veut-elle le faire rire ?

3e PHASE : lecture silencieuse des pages 32 et 33 (p. 32 pour les meilleurs lecteurs qui ont tous les éléments nécessaires pour lire la bulle).

– Faire expliciter le sens de « univers » en se reportant à ce qui a été dit pour « planète ». On aurait pu dire « dans le monde... » ; « au pays de... » ; « au royaume de... ».

Bilan

Faire relire l'ensemble par groupes de deux : un narrateur et Lili Cricri. Conclure par : « Ambiance gaie, mais échec de Lili Cricri. »

Consolidation/contrôle des acquis : cahier 1 p. 39.

Ex. 1 : peut être fait en études dirigées. Ceux qui le désirent pourront écrire les mots des éléments qu'ils rajoutent.
Ex. 2 : jeu poétique à partir de la segmentation et de la recomposition de mots inventés (initiation implicite à la suffixation).
Ex. 3 : propositions de certains élèves : hurlomanie, crigolomanie, poudre des cris, poudre pour crier, poudre crigolote).

Étude phonologique 1 du [l] : faire redire la comptine du [l] : lancer la pêche aux [l] ; *Dico des sons* p. 5 : mots-vedettes, phrase-mémo et dico des mots ; cahier 1 p. 40, ex. 4 et 5.

Séance 12 : Lili Cricri et Papiri (3e confrontation)

■ **Objectif** : lire les pp. 34 et 35.

■ **Enjeu** : découverte de la 4e tentative de Lili Cricri.

■ **Procédures** : remémoration ; lecture d'image ; remise en contexte d'une formule magique ; lecture relais par l'enseignant.

■ **Matériel** : livre pp. 34 et 35 ; bulles affichées ; affiche avec propositions de stratégies, affiche vierge ; cahier 1 pp. 41 à 44 ; *Dico des sons* p. 6.

■ **Durée** : 30 minutes.

Préalable : rite des formules magiques.

■ Déroulement

Préambule : rappel des épisodes précédents

– Faire le point : que veut Lili Cricri ? A-t-elle réussi ? Comment va-t-elle s'y prendre maintenant ?

– Se référer à la liste des propositions pour se remémorer les stratégies proposées, celles éventuellement retenues et celles qui restent.

1re PHASE : lecture de l'image pp. 34 et 35 (collectif oral)

– Se reporter à la séance précédente (mêmes modalités de description). Il sera intéressant de faire comparer l'évolution entre les pages 32-33 et 34-35 (couleurs, attitude dynamique de Lili Cricri qui s'approche de plus en plus de Papiri).

– Valider la reconnaissance de la formule magique (parmi les deux qui restent) à replacer en contexte : Lili Cricri est sorcière.

– Remarquer qu'elle a, à la main, un sac qui porte une inscription.

– La faire lire : « vert » est connu ; dans « poivre », il y a le « oi » de « histoire » et le « r » de « vert ». Pourquoi Lili Cricri a-t-elle du poivre vert ? Le poivre pique le nez, il fait éternuer.

– Faire reformuler la situation : Lili Cricri, transformée en sorcière, a du poivre vert. Que veut-elle en faire ?

2e PHASE : lecture des bulles (collectif oral)

– Faire lire la bulle de Lili Cricri. La classe peut lire : « Ah ! Ah !... Papiri !... je suis une sorcière. Vite, ma... de poivre vert ! » Le mot « boîte » se construira par le sens et à partir du « b » de « cartable » ou de « bleu », du « oi » de « histoire ». Les enfants ont ainsi le sens. L'enseignant lira la totalité de la bulle et la phrase du récit en mimant et en explicitant « trépigne ».

3e PHASE : lecture de la page 35 (collectif oral)

– Faire constater que Papiri ne rit plus. Pourquoi ? (s'interroger sur ses sentiments : est-il fâché ? A-t-il mal ? A-t-il peur ?) Lili Cricri, sorcière, souffle du poivre vert dans le nez de Papiri. Pourquoi ? Qu'espère-t-elle ? Se faire remarquer par Papiri ? Pourquoi a-t-elle choisi le poivre vert ? Pour lui faire mal ? Pour qu'il ne puisse plus lire ?

Bilan

– Faire reformuler la situation par les enfants avec leur propre vocabulaire.

– À partir du début de phrase suivant, écrit au tableau : « Lili Cricri souffle du poivre vert dans le nez de Papiri, alors Papiri... », faire inventer une suite, oralement, par chaque enfant. Lister les propositions sur une affiche.

Consolidation/contrôle des acquis : cahier 1 pp. 42 et 43.

P. 42, ex. 1 : faire identifier le poivre vert par comparaison avec ce que souffle Lili Cricri p. 35 du livre.
Ex. 3 : exercice de segmentation (faire repérer le mot entouré et le lire). Faire expliciter le mot « cafard » (au besoin à l'aide d'une image d'insecte). On fera repérer sans peine le mot « souris », souligné par sa place en fin de formule. On pourra demander aux élèves de jouer à « cacher » des mots à l'intérieur d'autres mots, et de les faire découvrir à leurs camarades (par exemple : sorféecière, poinezvre, écolilouIe).
Ex. 4 : on pourra faire numéroter les phrases et demander de reporter le numéro sous le dessin pour s'assurer d'une réelle compréhension.
P. 43, ex. 1 : exercice de copie.
Ex. 2 : parfois difficile en ce début d'année où les notions de mot et de segmentation de l'écrit ne sont pas toujours tout à fait clarifiées (ici, seul « sorcière » sera peut-être considéré comme un mot par certains enfants, tous les autres n'étant ni concrets, ni tangibles). On pourra toutefois s'aider de l'exercice précédent, s'il n'a pas consisté en une copie vide de sens, mais a donné lieu à la construction de la compréhension.
Ex. 3 : on peut en faire un exercice de lecture rapide individuel et observer sur quels indices prioritaires s'appuient les enfants pour lire (« vert » à la fin ? « boîte » ?, « poivre » ?).
Ex. 4 : tout n'est pas possible, l'article élidé « l' » ne s'associant qu'aux mots commençant par une voyelle et la préposition « à » ne pouvant précéder l'article « le ». On pourra laisser construire les énoncés librement, puis, en les faisant verbaliser, faire remarquer l'impossibilité de certains d'entre eux (grammaire implicite sur la notion de genre).

Étude phonologique 2 du [l] : *Dico des sons* p. 5 : phrase-piège ; cahier 1 p. 41, ex. 6 à 10.
Conscience phonique : lancer la comptine du [p] ; cahier 1 p. 44, ex. 1 à 3.

Séance 13 : Lili Cricri et Papiri (3e confrontation-suite)

- **Objectif** : lire la p. 36.
- **Enjeu** : résultat de la 4e tentative de Lili Cricri – 4e échec.
- **Procédures** : lecture d'image ; lecture par conjugaison de toutes les stratégies à disposition (sens, combinatoire...) ; remémoration.
- **Matériel** : livre p. 36 ; bulles affichées ; affiche avec suites de l'histoire, affiche avec le récit de la p. 36 ; cahier 1 pp. 44, 46 et 47 ; *Dico des sons* p. 6.
- **Durée** : 20 minutes.

Préalable : rite des formules magiques.
Écrire au tableau le texte de la p. 36 en supprimant les mots « éternue » (3 fois), « filent », « défilent », « plus ça » (3 fois), « vite ».

1re PHASE : lecture du récit (collectif oral)

– Faire lire le texte « à trous » au tableau.
– Faire trouver « phrase » et « mot » en faisant feuilleter le *Dico des sons* où ils figurent, de manière constante (phrase-mémo, phrase-piège, mots-vedettes, dico des mots).
– En s'appuyant sur les propositions formulées à la fin de la séance précédente et sur le sens, faire construire les mots « filent » et « défilent » avec « de », « fée », « il » ; faire émettre des propositions pour compléter le texte.
– Exploiter le sens.
– Faire lire le texte complété.

2e PHASE : lecture de l'image pour valider le texte (collectif oral)

– Comparer le texte au tableau et le texte dans le livre.
– Valider par la lecture de l'image : Que fait Papiri ? Que font les pages ?...
– Faire lire silencieusement le texte de la p. 36.
– Le faire oraliser de façon expressive.

Bilan

Faire récapituler les épisodes depuis le début. Toutes les stratégies ont échoué : la dernière a même eu l'effet inverse de ce qui était recherché : Papiri lit de plus en plus et de plus en plus vite. Que peut faire Lili Cricri ? Reste la dernière formule magique...

Activités complémentaires (collectif oral)

– Inventer une bulle pour faire parler Lili Cricri et montrer sa déception.
– Grammaire implicite : l'accord sujet/verbe en nombre : p. 31, Papiri tourne/les pages tounent, Papiri lit/les enfants lisent ; p. 36, les mots défilent/le défilé défile.

Consolidation/contrôle des acquis : cahier 1 p. 46 et p. 47, ex. 1.

P. 46, ex. 3 et 4 : travailler en situation les notions de « mot, phrase, ligne et page », en les faisant repérer et « délimiter » (matériellement, avec des traits ou en les suivant avec les doigts) dans tous les écrits affichés en classe. On veillera à ce que les phrases et les lignes ne coïncident pas systématiquement.
Ex. 4 : une difficulté, le mot « phrases » est un mot !
P. 47, ex. 1 : on peut le laisser faire en autonomie (réinvestissement de l'activité complémentaire). Les dessins doivent servir aux élèves les plus démunis.

Étude phonologique 1 du [p] : faire redire la comptine du [p] ; lancer la pêche au [p] ; *Dico des sons* p. 6 ; cahier 1 p. 44, ex. 4 et 5.

Séance 14 : Lili Cricri et Papiri (3e confrontation-suite)

■ **Objectif** : lire la p. 37.

■ **Enjeu** : découvrir la 5e stratégie – Lili Cricri « prend le dessus ».

■ **Procédures** : lecture d'image ; lecture linéaire et découverte par le sens ; lecture expressive et oralisée.

■ **Matériel** : livre p. 37 ; bulles affichées ; affiche avec propositions de stratégies ; cahier 1 pp. 45, 47 et 48 ; *Dico des sons*, p. 6.

■ **Durée** : 35 minutes.

Préalable : Rite des formules magiques ; écrire la bulle de Lili Cricri au tableau.

■ Déroulement

1re PHASE : analyse d'image (collectif oral)

– Faire énumérer tous les indices qui témoignent de l'atmosphère de sorcellerie : araignée, serpent, tête de mort, cornue, vêtements, attitude (les écrire au tableau). Si la dernière formule magique n'apparaît pas encore, l'univers de la sorcellerie est bien réel : cette fois, Lili Cricri est vraiment menaçante et dominante (position dans l'image par rapport à Papiri, toujours au premier plan mais beaucoup plus petit). Le ton est monté, elle a pris le dessus et elle occupe désormais le devant de la scène.

2e PHASE : lecture oralisée et expressive sur consigne
(*cf.* séance 9, activité complémentaire)

– Reprendre l'activité afin de faire lire le récit par reconnaissance visuelle pour « hurle et vocifère ».

3e PHASE : lecture de la bulle de Lili Cricri (collectif oral)

– Faire compter les phrases.

– Faire réfléchir sur le sens : que peut dire Lili Cricri ? Chaque enfant suggère une réplique « avec le ton » (ex. « Tu vas voir ce qui va arriver ! », « C'est bien fait pour toi ! », « Tu l'auras voulu ! »...). L'enseignant écrit tout au tableau et suggère sa propre version, faisant ainsi apparaître « ça suffit » si aucun enfant ne l'a dit, puis, une fois le sens bien compris par la classe, il lit la bulle (les enfants auront pu lire : « Vite, mon livre de sorcellerie ! »).

– Faire émettre des hypothèses sur la suite. Pourquoi un livre de sorcellerie ? Pourquoi cherche-t-elle des formules magiques encore plus efficaces ? Va-t-elle transformer Papiri ? Le faire disparaître ? Comment ? Par quel truchement ?

– Se reporter à la liste des stratégies et voir si, dans la situation décrite, l'une d'elles peut être valide.

4e PHASE : lecture de la bulle de Papiri (collectif oral)

– Faire émettre des hypothèses sur le comportement de Papiri : il ne lit plus, mais il désigne les livres de la bibliothèque. Pourquoi ? Que veut dire « Miam, miam ! » dans la bulle ? Que dit un ogre dans les contes ? (« Ça sent la chair fraîche par ici ! ») Mais lui, ce qu'il aime dévorer, ce sont les livres. Alors, que peut-il dire ? « Miam, miam, ça sent le livre frais ? » Ce ne sont pas des livres frais, mais de vieux livres ! Il ne peut résister.

– Écrire les expressions au tableau et faire lire la bulle avec l'aide des mots découverts par le sens.

Consolidation/contrôle des acquis : cahier 1 p. 47, ex. 2 et 3 ; p. 48.

P. 47, ex. 2 : pas de numéro pour « Vite, mon livre de sorcellerie ! » ; c'est la seule phrase de discours et il n'y a aucune bulle dans les dessins qui permettrait de la placer.
Ex. 3 : *cf.* ex. 2 p. 39.
P. 48 : jeu avec la combinatoire (notion de syllabe). Préciser la consigne en disant : « Je choisis la tête d'un animal, le corps d'un autre et la queue d'un troisième (ou la tête et la queue pour les noms d'animaux à deux syllabes). À chaque fois, je prends le dessin et la syllabe. Je dessine cet animal fantastique, et j'écris son nom bizarre. » On pourra faire fabriquer par découpage et collage d'autres animaux fantastiques.

Étude phonologique 2 du [p] : *Dico des sons* p. 6 : phrase-piège ; cahier 1 p. 45, ex. 6 à 10.

Séance 15 : recette de la sorcière

■ **Objectif** : composer et écrire une recette.

■ **Enjeu** : produire un écrit ; premier écrit fonctionnel : la recette. On peut supposer que ce genre de texte n'est pas totalement étranger à la plupart des enfants qui l'ont déjà rencontré en maternelle. C'est la raison pour laquelle nous passons directement à la production.

■ **Procédures** : prélever des indices ; savoir les regrouper et les contextualiser ; utiliser des symboles.

■ **Matériel** : cahier pp. 50 et 51 ; recettes (dans les magazines pour enfants).

■ **Durée** : 40 minutes.

■ Déroulement

1re PHASE : observation (collectif oral)

– Faire observer la p. 50 de façon à identifier tous les éléments.

– Faire émerger les points communs qui ont permis le classement et les termes génériques (qu'on essaiera de faire trouver par les élèves dans un premier temps).

– Se reporter à la p. 51. Faire retrouver les mots communs avec la p. 50.

– Faire identifier la forme d'écrit (les logo-images doivent aider). Demander ce qu'on doit trouver dans une recette pour pouvoir la faire.

– Aider les élèves à opérer un autre regroupement (plus large) sous le terme générique « matériel », qui comprend tous les « ustensiles » de la p. 50. On peut les aider en disant : « ce dont on a besoin, et ce qu'on doit faire. »

– Expliciter ensemble ce qu'il faut reporter dans les différentes parties vides. *(Erratum dans la 1re édition : inversion entre les deux icônes : « verser » et « mélanger »).*

2e PHASE : production d'écrit (individuel)

– Aller chercher individuellement les éléments p. 50, les nommer et les choisir (attention, pour les ingrédients, seules les parties coloriées sont à retenir).

– Élaborer sa recette, l'écrire et la lire aux autres. Il est évident, encore une fois, qu'il serait souhaitable de se reporter à de « vraies » recettes. Les magazines pour enfants en comportent de très faciles à réaliser en classe.

Activité complémentaire

Se reporter au fichier-imagier de la classe, s'il existe, ou faire dessiner des vignettes qui pourront servir de logos pour de futures recettes. Convenir d'un code, par exemple : l'icône d'un four pour « cuire », d'un batteur pour « mélanger », etc.

Séance 16 : Lili Cricri et Papiri (dénouement)

- **Objectif** : lire les pp. 38 et 39.
- **Enjeu** : découvrir la fin de l'histoire : la cinquième tentative de Lili Cricri est réussie !
- **Procédures** : lecture d'images ; lecture par conjugaison de toutes les stratégies à disposition (sens, combinatoire…) ; reconstitution de texte.
- **Matériel** : livre pp. 38 et 39 ; bulles affichées ; affiche avec propositions de stratégies ; bandeaux avec texte du récit p. 39 (fiche 10 p. 157 ; une phrase par bandeau) ; cahier pp. 49, 52 à 55.
- **Durée** : 35 minutes.

Préalable : rite des formules magiques.

Déroulement

Préambule : bilan de la situation (collectif oral)

– Faire remémorer la dernière phase de la séance 14, la situation des personnages, les questions posées.

1re PHASE : remise en contexte de la dernière formule magique (collectif oral)

– Valider, par l'analyse de l'image, la reconnaissance de la dernière formule magique et expliciter : « tel est pris qui croyait prendre ».

Papiri est puni à cause de sa passion des livres ; il ne peut résister aux livres et il se fait prendre le nez.

– Vérifier si cette solution a été proposée dans la liste des stratégies. Éliminer définitivement ce qui pouvait encore être plausible, mais qui ne correspond pas à la fin de l'histoire.

2e PHASE : lecture individuelle et silencieuse du récit p. 38

– Faire lire par chaque enfant le récit de la p. 38. Donner les mots « ferme » et « surpris » ou les faire déduire de l'illustration.

– Proposer une aide individuelle et ponctuelle en cas de difficulté.

– Faire relire l'ensemble du récit.

3e PHASE : reconstitution de texte et lecture du récit p. 39 (par groupes de trois) *cf.* séance 8

– Distribuer à chaque groupe les trois bandeaux ; demander de restituer le texte et de le lire (syntaxiquement la 2e phrase est la plus facile et la 3e la plus difficile).

– Faire lire le texte par trois ou quatre groupes et le faire valider par les autres.

– Faire expliciter la fin (Lili et Papiri sont complices, contents, et ils se retrouvent dans la lecture).

Bilan

– Lire la bulle de Lili.

– Faire expliciter la dernière phrase et lancer une discussion où les enfants s'impliquent ; ont-ils envie que les livres soient leurs amis et pourquoi ?

Consolidation/contrôle des acquis : cahier 1 pp. 49, 52 et 53.

P. 49, ex. 1 : discrimination visuelle.
Ex. 2 : réinvestissement des animaux fantastiques.
Ex. 3 : il peut être fait en études dirigées.
Ex. 4 : réinvestissement de la négation en situation (on peut proposer aux élèves d'écrire une phrase négative – autre que celle proposée – pour légender le dessin : Lili ne rit pas ; Lili n'est pas une fée…).
P. 52, ex. 1 : réinvestissement.
Ex. 2 : segmentation.
Ex. 3 : faire intégrer l'onomatopée sous forme de dialogue. Insister sur cette nouvelle façon de transcrire les paroles, de les rapporter. Jusque-là, seules les bulles remplissaient ce rôle. Ici, ce sont les signes canoniques du dialogue : guillemets et inversion du sujet dans l'incise citant le personnage qui parle. Il convient donc d'attirer là-dessus l'attention des élèves. On pourra faire reprendre des dialogues de Lili Cricri ou d'Anatole, inscrits dans des bulles, et les faire transcrire selon ce nouveau codage. Par exemple : « Anatole, range tes ciseaux dans ta trousse ! », dit Carole. Ou bien : « Mais qui fait donc tout ce bruit ? », disent les immeubles.
Ex. 4 : faire imaginer la réaction de Papiri, c'est aller vers l'interprétation du texte, en se forgeant une image personnelle du personnage, selon son propre désir ou sa personnalité. Chaque enfant peut avoir envie ou besoin de se représenter ce personnage à sa guise.
P. 53, ex. 1 : la subtilité réside dans la double appellation de l'héroïne (Lili et Papiri ; Lili Cricri quand elle crie).
Ex. 2 : réinvestissement du sens et de la forme de la négation en situation.

Bilan de sens et de phonologie : cahier 1 pp. 54 et 55.

P. 54, ex. 1 : avant de faire l'exercice, faire remémorer oralement et collectivement les différents épisodes de l'histoire. Aider les élèves en difficulté à déterminer la première image et la dernière.

P. 55 : *cf.* commentaire du bilan *Anatole va à l'école.*

Qui est-ce ?

Pages 41 à 56 du livre de l'élève

■ Enjeux

• Faire acquérir un vocabulaire spécifique et apprendre à lire un texte descriptif tendant à produire une définition.

• Faire découvrir aux élèves un espace proche, familier mais multiforme – la « rue », au sens générique du terme – à travers son « paysage » visuel, sonore, olfactif, voire tactile. Leur permettre de l'approcher aujourd'hui (mais en faisant également une plongée dans l'une des strates du passé constitutives de notre présent : le XIXe siècle) à travers différents modes de représentation et à différentes échelles : dessins – d'enfant et d'illustratrice –, photos, peinture d'un artiste (et plan sur le cahier), à différents moments de l'année ou de la journée. Cela va de l'observation de l'une de ses caractéristiques ou de l'un de ses signes jusqu'à la prise en compte de l'ensemble de cet espace ; on va de la fiction modélisante d'une forme possible de cet espace pour aboutir à la réalité de quelques rues bien différentes.

• Inciter l'enseignant à faire étudier l'espace de vie des enfants.

• Commencer une réflexion sur la notion d'espace public et les comportements civiques que cela implique.

■ Procédures

• Émergence des représentations de la rue.

• Lecture de l'espace en commençant à formuler des questions sur son mode d'organisation et ses fonctions.

■ Matériel à prévoir

• Livre pp. 41 à 56 ; *Dico des sons* pp. 7 et 8 ; cahier 1 pp. 56 à 69.

• Des feuilles pour faire dessiner les enfants (trois à quatre par enfant).

• De grandes feuilles pour réaliser des affiches (une douzaine).

• Des étiquettes avec mention des onomatopées des pages 46 et 47 (séance 3).

• Des bandes de papier portant des phrases à trous, fiches 9 et 11 pp. 156 et 158 (séances 4 et 8).

• Catalogues et magazines de l'immobilier, presse communale (séance 5).

• Des grilles d'observation (une par accompagnateur et une pour deux enfants) élaborées avec les élèves (fiche 11) (séance 7).

• Des enveloppes et des cartes postales avec adresses (séance 9).

• Une carte de France murale, physique de préférence (séance 11).

• Un patron par enfant de la reproduction de la toile de Caillebotte, page 41, avec des éléments à coller, fiche 11 p. 158 (séance 12).

• Ciseaux, colle.

■ Phonèmes étudiés : [y] et [R].

■ Quelques éléments bibliographiques

Pour l'adulte

Y. André et Alii, *Représenter l'espace, l'imaginaire spatial à l'école*, Anthropos-Economica.

O. Belbéoch, C. Loudenot, N. du Saussois, *Vivre l'espace, construire le temps*, Magnard.

P. Giolitto, *Enseigner la géographie à l'école*, Hachette Éducation.

M. Flonneau, *De la découverte du monde à la géographie aux cycles 2 et 3*, Nathan pédagogie.

Pour les enfants

J. Müller, *La Ronde annuelle des marteaux-piqueurs ou la mutation d'un paysage*, L'École des loisirs.

J. Müller, *La Pelle mécanique ou la mutation d'une ville*, L'École des loisirs.

La Ville, coll. « Mes premières Découvertes », Gallimard.

L. England, L. Galli, *Le Rythme de la rue*, Circonflexe.

D. Macaulay, *Sous la ville*, Les Deux Coqs d'Or.

Compléments d'information

Interprétation du dessin de Céline (séance 1)

– La consigne donnée à Céline était : « Je dessine ce qu'est la rue pour moi... ». Il s'agit de la représentation d'une première scène centrée sur deux enfants, au premier plan, qui s'apprêtent à traverser. À leur gauche, un agent de la circulation, entre eux un feu tricolore, un passage clouté et un banc. De chaque côté du passage clouté, un réverbère. À gauche, derrière l'agent, et à droite, des immeubles, dont l'un en forme de tour « ronge » le ciel. Derrière les enfants, au second plan, une seconde scène centrée sur un rond-point autour duquel circulent une voiture de police, des voitures et un autobus. Dans le ciel, des nuages et le soleil.

– Sur le dessin de Céline, les enfants sont représentés de face, s'apprêtant à avancer pour traverser. Le passage clouté devrait donc être devant eux et non entre eux, ainsi que l'agent, mais l'absence de perspective fait que tous ces éléments sont représentés à plat, sur le même plan. La taille des enfants par rapport aux véhicules tend à montrer que le rond-point est situé loin en second plan, et peut-être aussi l'immeuble de gauche. Mais leur taille est cependant surévaluée par rapport à l'ensemble (*cf.* l'immeuble de droite). Cette représentation correspond donc bien à une production imaginaire dans laquelle sont juxtaposés – avec une esquisse d'organisation spatiale – les éléments principaux qui définissent une rue, au sens générique, pour Céline. Elle est dominée par la mise en scène d'enfants dont le comportement donne le sens général du dessin : une rue, c'est un lieu de circulation pour les véhicules et les piétons mais c'est d'abord, pour l'enfant, un chemin entre des immeubles et un passage à traverser avec toute l'attention que cela suppose, étant donné le danger suggéré ici par le redoublement des mesures de sécurité (présence du feu et l'agent). Les couleurs utilisées indiquent une relation positive à l'environnement. Les immeubles sont individualisés, presque personnifiés. Céline est attentive à l'architecture contemporaine dont elle sait percevoir et restituer les jeux de formes. La rue est vécue comme un espace complexe mais ordonné : il n'est ni terrifiant, ni étranger. L'enfant y a sa place à condition d'en connaître et d'en respecter les règles.

– Céline habite dans un petit immeuble non mitoyen, dans un quartier résidentiel constitué d'immeubles récents, proche du quartier d'affaires de La Défense, à Courbevoie, dans les Hauts-de-Seine, en proche banlieue parisienne. Elle a réalisé son dessin en 1998.

Les moments exceptionnels de la rue : le 1er Mai (séance 2)

Le 1er Mai 1886, aux États-Unis, à Chicago, commença une campagne pour la journée de huit heures : grèves et marches démonstratives furent violemment réprimées et les meneurs furent pendus. En 1890, le 1er Mai devint une journée internationale de lutte pour la journée de huit heures. Les syndicats, autorisés en France depuis 1884, organisent alors des manifestations pour la journée de huit heures (votée en 1919) puis, de manière générale, pour les revendications des travailleurs. Le 1er Mai est une journée chômée, en France, pour les salariées depuis 1946/1947. Il commémore le 1er Mai, celui de l'événement, et permet ainsi d'en garder le souvenir tout en l'actualisant, comme toute commémoration.

(Source : M. Dommanget, *Histoire du Premier Mai, archives et documents*, Editions de la Tête de Feuille, 1972.)

Interprétation de l'affiche de Tomi Ungerer (séance 2)

Sur cette affiche, on voit un titre, une date, des « signatures » (celle de l'auteur, sur le rouge du piano : T. Ungerer, écrivain illustrateur né à Strasbourg en 1931 ; celles des producteurs/sponsors), un homme qui joue de la musique (piano). Il y a une dominante bleu/blanc/rouge générale mais on remarque, plus particulièrement dans l'écrit, un fond bleu nuit (la fête se passe dans la nuit d'été) avec un point sur le i qui figure le soleil. Le 21 juin est en effet le jour du solstice d'été, le moment où, traditionnellement, on célèbre le jour le plus long de l'année et la nuit la plus courte ; c'est le jour du soleil de minuit sur le cercle polaire arctique, c'est-à-dire que le jour y est continu. On peut observer aussi sur l'affiche un mouvement général ascendant.

– Une interprétation est possible : le bleu/blanc/rouge, qui indique la nature de la fête, rappelle une autre fête, elle-même signe d'un événement remarquable : on est en 1989, c'est le bicentenaire de la Révolution (*cf.* le titre de l'émetteur du document) et le moment-phare de la commémoration, le 14 Juillet, symbole du tricolore, est tout proche. En cette année particulière qui a glorifié, le 14 Juillet, la conquête de la liberté à travers les Droits de l'homme, la fête de la Musique peut être vue comme un décalque ou un préambule de cette célébration (elle est à l'unisson). L'interprète se libère de la pesanteur grâce à la musique. L'échelle des notes lui sert d'arc-en-ciel. Du rouge du monde matériel, le musicien s'envole vers le bleu immatériel et gagne l'univers et l'universel où, noires et blanches, en accord parfait, se confondent dans les « lumières » tricolores de la liberté et de l'égalité.

Explication de la double-page 48 et 49 (séance 4)

Les fonctions de la rue

Sur cette image, une écolière saute à cloche-pied mais aucun écolier ne court : sur un trottoir, dans une rue (au sens générique), c'est possible, et même fréquent. On remarquera la différence entre texte et image et entre les deux textes : celui de la page 49 individualise certains éléments de l'image pour les identifier ; il s'agit de quelques métiers propres à cet espace. Celui de la page 48 est plus autonome par rapport à l'image et il n'appréhende pas de la même manière l'espace-rue : ce n'est plus un lieu de travail – avec son caractère spécifique –, mais un lieu de passage, une voie de circulation (pour les piétons, le vélo ; les autres moyens de transport ont été vus à la page précédente). Sont ainsi mises en lumière différentes fonctions de la rue. Elle est ici appréhendée essentiellement sous son aspect de voie de circulation locale (à part, peut-être, pour l'homme à la guitare).

On pourra faire énumérer les façons de circuler (vite, en courant : « gens pressés », lentement, en se promenant, en flânant, en s'arrêtant pour faire du lèche-vitrine, pour regarder, pour se reposer, pour parler à quelqu'un…).

Quant à la saison, il s'agit de l'automne – peut-être bien en novembre, au moment où l'on étudie l'unité –, un jour d'école (*cf.* les écoliers), un lundi ou un samedi (la banque est fermée), un peu après 11 h 30 (*cf.* pendule de la mairie, mais les enfants ne sachant pas lire l'heure, la faire trouver par déduction : il fait clair et c'est le début ou la sortie de l'école, donc la mi-journée, plutôt vers midi : la dame a fait ses courses). L'impression d'automne est renforcée par le mode de représentation qui suggère la présence de brouillard ou de brume. Cette impression se dissipe si l'on regarde le dessin p. 56, non pas parce qu'il se situe à un autre moment mais parce qu'il montre clairement toutes les composantes de la rue.

Préparation de la sortie (séance 7) : éléments de compte rendu

Il serait souhaitable d'avoir pris des notes auparavant en ayant effectué le trajet : la rue a un nom, peut-être des plaques, des enseignes, des panneaux indicateurs, des feux, des passages cloutés, des numéros d'immeubles, un mobilier urbain (arrêts d'autobus, cabines téléphoniques, panneaux pour les publicités et les plans, lampadaires), des kiosques à journaux, des marchands ambulants ou saisonniers, un marché peut-être, des bancs, des fontaines, des arbres, des bouches de métro, des stations de taxis, de l'écrit dans les vitrines, sur les auvents... Elle est grande, petite, étroite, large, en forme de rectangle, de carré... Est-ce une rue ? une avenue ? une route ? une place ? A-t-elle des trottoirs, des parkings ? Est-elle piétonnière ? Sa chaussée est-elle goudronnée ou a-t-elle des pavés ? Est-elle enneigée ? ensoleillée ? Pleut-il ? Y a-t-il du brouillard ? Que sent-on ?

Exemple de bilan

C'est une rue de village, c'est la rue – la place – principale du village, c'est une rue pavillonnaire de banlieue (lotissement ?), c'est une rue commerçante (et peut-être piétonnière) de centre-ville, c'est une rue, une avenue de front de mer, c'est une rue de grand ensemble (dans un ensemble de tours), c'est un boulevard ou une avenue de grande ville… Elle est enneigée parce qu'on est le 25 novembre. Il y a des drapeaux aux bus parce qu'on est le 10 novembre… Il y a beaucoup de dames avec des bébés dans le square à côté ou beaucoup de gens qui font leurs courses parce qu'il est 14 h, 11 h… ».

Exemple de titre pour l'affiche

« Notre rue, la rue principale, la Grand'Rue ou la Grande Rue à… ; notre rue, l'avenue Jean-Jaurès à… ; notre rue, l'allée du 8 Mai 1945 dans le grand ensemble de… ; etc.

Approfondissement de la lecture d'images des pages 52 et 53 (séance 8) : notions géographiques

Cette double page redit (autrement), avec ces signes, que la rue est un lieu de circulation, de commerce et de communication, mais aussi, simplement, de passage. Dans la rue, on commerce et on se rencontre : c'est un lieu d'échanges ; on circule et on passe.

On remarque l'enseigne de magasin et la cabine téléphonique (commerce, communication) ; les panneaux indicateurs pour les piétons et les voitures, les usagers des bus ; les messages qui, sur ces panneaux, hiérarchisent l'espace, l'appréhendent selon des échelles différentes : indications de lieux relativement proches comme les quartiers ou le centre-ville (pour les habitants ou les visiteurs, les citadins en quête de services précis), mais aussi informations pour ceux qui vont partir au loin ou ceux qui traversent seulement les villes pour aller ailleurs (rôle des indications N6 et des panneaux de la page 53 indiquant l'autoroute, le pays voisin).

En bref, les informations répondent à des besoins différents, sont destinées à des gens qui se déplacent pour des raisons différentes, avec des moyens différents, et à des distances très variables : certains vont tout près, d'autres vont un peu plus loin et d'autres encore vont très loin et ne font qu'emprunter les rues des villes quand ils en sortent ou ne peuvent pas prendre de dérivation.

Élaboration d'une affiche : notion de saison à travers la durée du jour et de la nuit (séance 11)

Puisque l'activité de la séance 11 a permis d'observer la rue de jour et de nuit et a donc mis l'accent sur les effets de la lumière quant à la perception de l'espace, observer la durée du jour et de la nuit en notant sur une affiche, selon un code (ex. : à peine jour, grand jour), s'il fait jour le matin quand débute l'école et s'il fait encore jour le soir quand elle se termine. Cette activité, poursuivie sur plusieurs mois, permettra de constater l'alternance : raccourcissement de la durée du jour et allongement de la durée de la nuit, ou l'inverse. Ces notations seront fort utiles pour l'unité *De temps en temps.* Une information supplémentaire serait également la bienvenue : le moment auquel on allume les lampes. Cela permettrait de renforcer la perception de la pénombre et de prendre mieux conscience, l'hiver, de la parcimonie de la lumière, de la grisaille ambiante (les lampes peuvent rester allumées toute la journée).

Tableau de G. Caillebotte (séance 12)

- La rue est large et propre, l'espace est bien ordonné. Les passants, seuls ou à deux, ont l'air préoccupé, absorbé ou pressé.
- L'image est ancienne : l'homme du premier plan porte une moustache – à la gauloise, comme Maupassant ou Mallarmé, selon la mode des jeunes gens, par opposition aux « vieilles barbes », les républicains de 1848 et à la barbiche Napoléon III – manteau, gilet et haut-de-forme ; la femme porte un tailleur rehaussé de fourrure avec chapeau à voilette ; voir aussi le fiacre et le réverbère.
- Faire noter la similitude des formes (parapluies, immeubles, vêtements) et des couleurs : dominante de gris-bleu, de couleurs froides et sombres mises en contraste avec l'éclat argenté des parapluies, la tache blanche de la

chemise, les taches brunes de droite et la luminosité des pavés luisants de pluie. En fait, l'impression d'uniformité est accentuée par la taille réduite de la reproduction qui estompe les contrastes. Sur l'original – de grandes dimensions : 212 x 276 cm – s'affirment le vert du bec de gaz, les teintes beaucoup plus claires et nuancées des vêtements des passants, la tache beige, beaucoup plus visible, du cheval d'un fiacre, devant l'immeuble d'angle et enfin l'importance de la surface accordée aux pavés qui occupent tout le premier plan de gauche et éclairent considérablement l'image.

• Les deux personnages du premier plan, à droite, sont bien habillés : nœud papillon de l'homme, boucles d'oreilles de la dame, allure confortable des vêtements bien ajustés. Ils marchent d'un pas décidé, se dirigent vers le spectateur sans lui prêter attention et ne se parlent pas : ils tournent la tête pour regarder – quoi ? – de l'autre côté. Le peintre, à la place du spectateur, les a pris sur le vif, un peu comme sur une photo d'aujourd'hui (à l'époque du tableau, il fallait poser).

• Remarquer l'aspect insolite du couple -au premier plan- : il pleut, il fait froid et pourtant l'homme a son manteau ouvert : pourquoi ? Pour éviter une dominante trop sombre, car, en peinture, la réalité peut céder le pas aux considérations proprement plastiques. Pour piquer aussi la curiosité, suggérer un avant, un après, une intrigue à imaginer : que fait, dans cette rue, sous la pluie, ce couple bourgeois, autour de la trentaine, vêtu à la dernière mode ? Sont-ils en visite dans le quartier ? Pour aller chez des amis, des parents, pour « sortir » ?

• Insister sur le grand immeuble du second plan qui avance, en angle de rue : il y a cinq étages, de grandes cheminées toutes pareilles, des fenêtres qui semblent hautes et des balcons au deuxième étage. Il a l'air solide et ancien. Il tient une grande place sur l'image et, même s'il est éloigné, il écrase, de son envergure, les personnages qui sont à ses pieds, d'autant plus qu'il est légèrement en hauteur puisque la rue descend vers le spectateur. Les fenêtres sont toutes fermées, les balcons vides. Les autres immeubles ressemblent beaucoup à celui-ci. Au rez-de-chaussée, des volets de bois indiquent la présence de magasins, fermés. (C'est aujourd'hui encore un café.)

Synthèse historique

Ce tableau dépeint un carrefour en étoile, actuelle place de Dublin, resté largement identique aujourd'hui. Il se situe dans le quartier de « l'Europe ». Son aménagement a été amorcé sous la Restauration avec la création de la place de l'Europe et l'attribution aux rues voisines de noms de capitales européennes par des promoteurs désireux d'attirer une clientèle de nouvelles catégories bourgeoises en quête de distinctions sociale et spatiale. Ce quartier prit progressivement sa forme actuelle avec l'édification de la première ligne de chemin de fer et la construction de la gare Saint-Lazare. Il devint un nouveau lieu de résidence pour une partie de la bourgeoisie et pour de très nombreux poètes et artistes comme Caillebotte lui-même. Son modelage reste l'un des plus éloquents témoignages de l'urbanisme haussmannien que traduit le tracé des rues et l'organisation de la voirie, mais aussi l'architecture d'immeubles cossus, tous conçus selon les mêmes règles et dont les façades identiques et typiques uniformisent les perspectives. La bourgeoisie se réserve le second étage des immeubles, avant que l'apparition de l'ascenseur, à partir de 1900, ne donne la suprématie au cinquième, plus calme, plus lumineux et plus aéré. Le caractère bourgeois du second étage se marque par des signes distinctifs, notamment par la présence d'un balcon – *cf. Le Balcon* de Manet – pour « se faire voir » et assister au spectacle d'une rue désormais organisée et assainie, avec une chaussée spacieuse et pavée régulièrement – recouvrant le réseau souterrain des égouts – bordée de trottoirs à l'anglaise, bitumés et surélevés par rapport aux caniveaux, rendue plus sûre grâce à l'éclairage au gaz.

En peignant ce quartier neuf, symbole d'un XIXe siècle soucieux de domestiquer et d'ordonner la ville selon les valeurs de la bourgeoisie triomphante, Caillebotte, qui présente sa toile, en 1877, à la troisième exposition impressionniste, s'impose, avec Manet ou Monet, comme peintre de la modernité.

Source : *Le Paris d'Haussmann, au nom de la modernité*, 15/04/1995, TDC n° 693, CNDP.

Gustave Caillebotte, Beaux Arts magazine, n° spécial, août 1994.

J. Wilson-Bareau, *Manet, Monet, la gare Saint-Lazare*, RMN, M'O, Tale University Press (catalogue d'exposition du Musée d'Orsay à Paris et de la National Gallery of Art à Washington, 1998).

Séance 1 : découverte de la couverture

■ **Objectifs**
• Justifier le titre en lisant l'image : de qui s'agit-il ?
• Poser une devinette.

■ **Enjeu** : créer un suspense qui donne envie d'en savoir plus et/ou, si les enfants ont deviné ou avaient déjà une idée, de vérifier leurs suppositions.

■ **Procédures** : hypothèses à partir de la lecture d'un dessin d'enfant de CP et mise en relation d'un titre et de son illustration.

■ **Matériel** : livre p. 43 ; feuille pour affiche (à conserver) ; cahier 1 pp. 56 et 57.

■ **Durée** : 30 minutes.

Préalable : faire émerger les représentations des enfants sur la rue ; pour cela, leur demander de dessiner ce qu'est la rue pour eux, p. 56 du cahier 1. Il est indispensable, si l'on ne veut pas influencer les représentations, de les faire émerger au début de l'étude. Éviter de dire aux enfants que ce dessin précède l'étude de la rue afin de ménager un certain suspens. Prendre connaissance des compléments d'information, p. 49.

■ Déroulement

1re PHASE : lecture du titre et premières hypothèses sur l'image (collectif oral)
– Faire lire le titre.
– En déduire l'idée de mystère (c'est une question et c'est la première fois que dans le titre aucun personnage n'est mentionné).
– En conclure qu'on ne raconte pas l'histoire de quelqu'un : premier critère d'un texte documentaire.
– Faire émettre des hypothèses sur l'image : nature, auteur, fonction, date.

2e PHASE : lecture d'image (travail oral en binômes)
– Demander aux élèves de poursuivre la recherche par une lecture complète du dessin. Consignes :
• nommer tous les éléments : Qu'est-ce que c'est ?
• comprendre leurs relations : Pourquoi est-ce là ? Qu'y a-t-il à côté, devant, derrière ? (Notions de droite et de gauche, de haut et de bas, voire de plan).
• comprendre le mode de représentation (plus petit/plus grand = plus près/plus loin ou plus important/moins important). Comment est-ce représenté et pourquoi ?
• saisir l'action : peut-on raconter une histoire ? Laquelle ? Va-t-il se passer quelque chose ? Quoi ?
– Ne pas donner la clé de la représentation mais montrer à quel point un dessin non légendé ou non explicité par un titre adéquat peut garder son mystère, d'où le titre de l'unité. Si les élèves ont percé le mystère, laisser néanmoins planer le doute : comment vérifier cette hypothèse ? Par une sorte de jeu : « tu chauffes », « tu brûles... »

Bilan (collectif oral)
– Recueillir les propositions des enfants sur le sens de l'image – nomination des éléments, compréhension de leurs relations, proposition de titre – et les mettre par écrit sur une affiche à conserver.

Activités complémentaires : l'évolution des représentations
– Faire dessiner de nouveau la rue par les enfants, en reprenant la même consigne qu'au départ afin de constater l'évolution des représentations. Préciser qu'ils peuvent consulter leur premier dessin, mais qu'il s'agit, maintenant qu'ils viennent de consacrer plusieurs séances à étudier la rue, de faire un dessin plus complet tenant compte de ce qui a été vu et étudié.
– Afficher les dessins côte à côte et faire exprimer par leurs auteurs les points communs et les différences.
– Comparer avec celui de Céline, d'après le dessin et l'affiche des observations réalisée en séance 1.
Les représentations auront sans doute évolué, mais peut-être pas de manière aussi significative que ce qui était attendu. Certains élèves se focaliseront encore sur quelque détail, quelque aspect mineur. D'autres auront du mal à synthétiser, à exprimer l'essentiel : cela n'est pas facile à faire ; on ne peut pas tout dire sur un dessin ; l'étude est encore très présente mais non « décantée » ; l'influence de la sortie, dans la réalité de son vécu, peut encore oblitérer le début d'abstraction... Il serait intéressant de répéter ce travail au moins une fois dans l'année pour faire le bilan des acquisitions et, éventuellement, ajuster la démarche, l'année suivante.

Consolidation/contrôle des acquis : cahier 1, p. 57.
Compléter la consigne en précisant que le parcours rouge et le parcours bleu doivent se croiser au moins une fois. Faire réaliser l'activité en aidant les enfants si nécessaire. Il est recommandé d'utiliser des crayons de couleurs et non des feutres.
Exposer les cahiers ouverts p. 57 (les faire se chevaucher pour occulter la p. 56). Faire comparer les différents parcours et les associer à la fabliette *Vue de ville*, p. 42 du livre (c'est l'occasion de dire la fabliette et de la jouer, voir p. 11).

Séance 2 : les moments exceptionnels de la rue

■ **Objectifs**
• Lire les pages 44 et 45.
• Réinvestir en contexte la notion de date et sa lecture.

■ **Enjeux** :
• Découvrir les aspects exceptionnels de la rue liés aux expressions de la vie publique : défilés, cérémonies, fêtes, manifestations.
• Sensibiliser à la notion d'anniversaire/commémoration et de célébration, de fête civile chômée et de fête officielle à la fois culturelle et saisonnière.

■ **Procédures** : lecture de textes et d'images (photos et affiche) ; mobilisation des acquis (mots connus, notions d'anniversaire, de fête, de date, d'extérieur ou même de rue).

■ **Matériel** : livre pp. 44 et 45 ; cahier 1 pp. 58 et 60.

■ **Durée** : 40 minutes.

Préalable : prendre connaissance des compléments d'information p. 49.

■ Déroulement

1re PHASE : lecture interactive du texte et des images p. 44 (collectif oral)

– Écrire au tableau (livre fermé) : « Un jour par an » ; le faire lire pour poser le problème : que peut-il se passer un jour par an ? Aborder la notion de retour cyclique, d'anniversaire/commémoration : son propre anniversaire, Noël, 14 Juillet, 11 Novembre (l'étude de l'unité se situe probablement en novembre).
– Faire ouvrir le livre et identifier la nature des documents : dessins ? photos ?
– Faire repérer l'expression « Un jour par an » page 44. Faire émettre des hypothèses à partir des photos : est-ce Noël ? Non. Alors, que peut-il se passer d'autre un jour par an ? Faire prendre des indices dans les photos : on voit une dame âgée qui achète des fleurs et un défilé. Est-ce la Toussaint ? Écrire le mot au tableau. Faire identifier les fleurs si possible, sinon donner l'information et écrire le mot « muguet » au tableau. Retourner à l'autre image et au texte pour invalider l'hypothèse : pourquoi un défilé pour la Toussaint ? De plus, le mot n'est pas dans le texte. En revanche, « muguet » y est.
– À partir du texte, faire émerger la notion de date : repérer la similitude formelle avec l'écriture de la date, chaque jour ; peut-être aura-t-on même écrit 1er octobre ou 1er novembre. Faire lire ou donner cette date. La faire repérer sur la seconde photo. Revenir aux images et expliciter le 1er Mai.
– Faire lire le texte jusqu'à « chenille ».
– Faire suivre, avec le doigt, sur la photo, les mouvements du défilé à partir des banderoles.
– Expliciter la métaphore.
– Lire la fin et conclure par l'information de la légende : la photo a été prise à Marseille. Quand ? Un 1er Mai (notion d'anniversaire).

2e PHASE : formulation d'hypothèses par prise d'indices dans l'image et le texte de la page 45 (en binômes)

– Faire identifier la nature du document : une affiche. (Quelle est sa fonction ? Où peut-elle se trouver ?)
– Faire nommer tous les éléments de l'affiche.
– Faire remarquer le code de la BD (touches du piano, bretelles, main droite) : idée de mouvement et de bruit.
– Faire inventer un titre en demandant aux élèves de choisir deux mots qui caractérisent le mieux l'affiche (chercher quel événement, quelle manifestation elle annonce). Si les mots « musique » et « fête » n'apparaissent pas, opérer des regroupements parmi les mots proposés pour faire ressortir le mot générique (par exemple, touches, piano, pianiste = musique).

3e PHASE : élucidation du titre de la double page

– Reprendre l'idée de la double page pour la faire reformuler et lire le titre qui trouve ainsi tout son sens : on vient de parler de jours exceptionnels, jours de fête et d'anniversaire, donc de « grands jours » (*cf.* p. 19 du livre). Reste à expliciter « ses habits ». À qui appartiennent-ils ? Y a-t-il un personnage ? Qui cela peut-il bien désigner ?
– Faire émettre des hypothèses sur le lieu de l'action, p. 44. Est-ce dedans ou dehors ? Le mot « rue » sortira probablement. Donc, le personnage serait peut-être la rue dont on parlerait comme d'une personne...

Consolidation/contrôle des acquis : cahier p. 58.
Ex. 1 : faire nommer tous les éléments dessinés.
Ex. 2 : tableau à double entrée à expliciter dans son mode de fonctionnement.
Où se situe l'affiche, selon les normes communes en vigueur ? Dans un premier temps, l'affiche, à titre d'information, peut se trouver dans la rue, sur le mobilier urbain et sur la porte d'un magasin (ou bien sur un bus ou dans le métro lorsqu'il y en a un et que l'affichage le permet). Dans un second temps, à titre d'élément décoratif, elle peut se trouver presque n'importe où, mais ne serait cependant guère à sa place près du bassin d'une piscine (qui privilégie, pour sa décoration, les motifs rappelant le monde aquatique) ou sur la plage.

Conscience phonique : lancer la comptine du [y] ; cahier 1 p. 60, ex. 1, 2 et 3.

Séance 3 : le « paysage sonore » de la rue

Objectifs

• Lire les pages 46 et 47.

• Découvrir l'une des caractéristiques de la rue : ses bruits.

• Préparer l'enfant à percevoir un paysage à travers plusieurs de ses sens, ici l'ouïe, et enrichir son vocabulaire sur le bruit.

Enjeu : Qui est-ce ? Découverte de faits nouveaux pour élucider le « mystère ».

Procédures : mise en situation ; discrimination visuelle ; recherche du champ sémantique d'un mot générique, « bruit » ; mise en œuvre de la mémoire ; lecture d'images.

Matériel : livre pp. 46 et 47, étiquettes avec mention des onomatopées ; cahier 1 pp. 59 et 60.

Durée : 35 minutes.

Déroulement

1re PHASE : jeu de mise en situation ; découverte des onomatopées et justification du titre

– Faire dire les onomatopées par les élèves. Distribuer les étiquettes et donner, par exemple, les consignes : « tu dis atchoum », « tu dis... » Demander à chacun d'inventer la situation correspondante et de la jouer devant les autres pour faire émettre des hypothèses d'identification.

– Placer les étiquettes au tableau et faire ouvrir le livre. Faire découvrir, par repérage visuel, leur situation réelle sur un dessin qui évoque l'extérieur, la rue. Retenir cet indice de preuve en l'écrivant au tableau.

– Faire chercher un titre par déduction : l'image met en évidence certains éléments seulement de l'espace qu'elle évoque ; elle veut donc les montrer en priorité. Quel nom pourrait-on donner à ces éléments ? Vérifier la pertinence des propositions par la lecture (le mot « bruit » est connu : *cf.* l'unité précédente).

2e PHASE : lecture du texte, p. 47, et de l'image (collectif oral)

– Faire refermer les livres.

– Rechercher – en faisant appel à sa mémoire immédiate ou plus lointaine – le champ sémantique du bruit. Faire émerger des mots qui évoquent le bruit, notamment les cris des animaux (en partant du verbe pour trouver le nom correspondant : le chien aboie, d'où aboiement ; le chat miaule, d'où miaulement ; le lion rugit, d'où rugissement...). Faire rappeler les attitudes de Lili Cricri : elle crie, elle hurle, elle vocifère, d'où cri, hurlement et vocifération. Écrire tous les noms ainsi trouvés au tableau.

– Faire ouvrir les livres et faire retrouver dans le texte tous les noms écrits au tableau. Faire lire les autres mots qui peuvent être déchiffrés : « alarmes » et « autobus ».

– Les enfants lisent la phrase découverte : « Il y a du bruit partout : des alarmes, des hurlements..., des rugissements d'autobus. » S'interroger sur la dernière expression : les autobus sont comparés aux lions (notion de métaphore).

– Faire lire l'image pour terminer la lecture du texte et se l'approprier : les actions citées précédemment, lorsqu'elles sont remises dans un contexte précis, l'espace de la rue, ne peuvent avoir pour auteurs ceux dont la présence est plausible dans cet espace. Dans cette rue : Qui peut rugir comme un lion ? Qui peut hurler comme Lili Cricri ? Écrire les suggestions au tableau et comparer avec les mots du texte. Par élimination des acteurs possibles, arriver à l'ambulance et à la voiture de police. Une fois le bon « auteur » trouvé, donner peut-être le mot « sirène ».

– Faire lire et relire le texte en entier en donnant la première phrase.

– Insister sur « tumulte » en faisant différencier son sens (ensemble de bruits, idée d'agitation) : quand et où peut-on parler de tumulte, notamment à l'école ?

– Reformuler la question : « Qui est-ce ? »

– Où sommes-nous ? Si l'hypothèse qu'il s'agit de la rue a été émise, la vérifier en fin de séance. Faire énoncer par les élèves l'endroit, dans le livre, où aller en chercher la preuve (la quatrième de couverture) et lire au moins : « c'est la rue » pour répondre à leurs attentes. Si tel n'est pas le cas, attendre la (ou les) séances(s) suivante(s).

Consolidation/contrôle des acquis : cahier 1 p. 59.

Ex. 1 : certaines onomatopées sont dans le livre, d'autres non. Il s'agit donc d'un transfert. Faire trouver d'autres onomatopées de bruits que l'on pourrait entendre dans la rue.

Ex. 2 et 3 : ils peuvent être faits en autonomie, en études dirigées.

Étude phonologique 1 du [y] : redire la comptine du [y] ; lancer la pêche au [y] ; *Dico des sons* p. 7 ; cahier 1 p. 60, ex. 4 et 5.

Séance 4 : les « hôtes » de la rue

■ Objectifs

- Lire les pages 48 et 49.
- Découvrir la rue sous un autre point de vue : en nommant « sa population » (travailleurs, passants, habitants), donc en appréhendant, implicitement, certaines de ses fonctions.

■ Enjeu : apprendre à voir, c'est-à-dire discerner, reconnaître, nommer et classer ; percevoir des indices temporels pour découvrir d'autres facettes de la rue.

■ Procédures : appariement texte/image/titre pour en appréhender les divergences.

■ Matériel : livre pp. 48 et 49, bandes de papier portant une phrase à trous (fiche 9, p. 156) ; *Dico des sons* p. 7 ; cahier 1 pp. 61 et 62.

■ Durée : 40 minutes.

Préalable : prendre connaissance des compléments d'information p. 49.

■ Déroulement

1re PHASE : émission d'hypothèses sur le texte de la page 49 à l'aide de pictogrammes (lecture individuelle)

– Distribuer une phrase par enfant avec pour consigne d'en trouver le sens (livres fermés).

– Faire émettre des propositions orales. Les enfants devraient énoncer : « Le balayeur, ... et le jardinier ramassent tout ce qui... » Faire émettre des hypothèses sur la fin de la phrase en posant comme question : Qui nettoie dans la rue ?

– Écrire la phrase au tableau.

– Faire ouvrir le livre et retrouver la phrase lue.

– Faire émettre des hypothèses sur la seconde phrase, p. 49, en fonction de « belle », qui est connu.

2e PHASE : lecture de la page 48 (collectif oral)

– Faire retrouver dans l'image les personnages cités.

– Faire chercher leur point commun : ce sont des personnes qui sont en train de travailler. En faire énumérer d'autres (le facteur, le terrassier, le policier). Certaines autres personnes sont au travail, mais on ne les voit pas : le conducteur de bus, celui de l'ambulance et, peut-être, celui de la voiture.

– Faire énumérer les autres personnes que l'on voit : au premier plan et tout au fond (des passants peu identifiables).

– Résumer ce qu'on a découvert.

– Classer au tableau les principales informations en trois colonnes selon des termes génériques correspondant à la situation de chacun à ce moment-là : les travailleurs – de la rue –, les passants (mot à expliciter), le mendiant.

– Faire un choix ou mettre des points d'interrogation s'il y a ambiguïté.

– Faire lire la page 48 par restitution du texte, en s'appuyant sur le sens et les mots connus ou reconnus : « voit », « écoliers », « passer » ; donner « gens », les qualificatifs et les verbes manquants.

– Faire relire le texte des deux pages.

3e PHASE : bilan (collectif oral)

– Faire remarquer la similitude avec la double page précédente. Il s'agit du même espace et de la même image, mais avec des dominantes différentes : l'accent est mis cette fois sur les personnages (le reste est estompé). Faire confirmer ou nommer avec certitude la nature de l'espace (rue) : le suspens ne peut guère durer davantage sans être totalement artificiel ; dans ce cas, vérifier p. 56 (*cf.* séance précédente).

– Faire énoncer, par observation et déduction, le moment qui est figuré : c'est l'automne (arbres, tas de feuilles, activité du jardinier, vêtements).

– Lire et expliciter le titre. Il envisage encore une autre fonction, que l'on ne voit pas : la fonction résidentielle. Pour expliquer « ses habitants », on peut se demander où vont tous ces gens à pied. En déduire que les passants sont pour la plupart des habitants du quartier.

Bilan

La rue est ainsi définie comme un lieu où l'on travaille, où l'on circule, où l'on habite.

Consolidation/contrôle des acquis : cahier 1 p. 62

Ex. 1 : Faire identifier les trois personnages en posant la question de leur action et de l'objet dont ils ont besoin. Passer éventuellement par le mime.

Étude phonologique 2 du [y] : *Dico des sons* p. 7 ; cahier 1 p. 61.

Séance 5 : les formes de bâtiments résidentiels

■ **Objectifs**

- Préparer à la lecture de la page 50.
- Apprendre à reconnaître et à nommer.

■ **Enjeu** : appropriation d'un vocabulaire spécifique indispensable à la lecture de la rue.

■ **Procédures** : tri et classement par discrimination et appariement de formes et de fonctions.

■ **Matériel** : catalogues et magazines de l'immobilier ; presse communale ; une affiche vierge par groupe et une pour le bilan ; ciseaux ; colle.

■ **Durée** : 35 minutes.

■ Déroulement

1re PHASE : tri-classement (par groupe de quatre ou cinq)

Faire découper par chaque groupe, dans des magazines, une dizaine « d'habitations » et les coller sur une affiche en trouvant un critère de classement.

2e PHASE : synthèse (collectif oral)

– Faire émettre les propositions des groupes. Ils explicitent les critères de classement. Les enfants ont une connaissance empirique de la notion de « maison » (ils habitent tous dans une maison : *cf.* la formule « à la maison ») qui peut faire écran et qu'il convient de dépasser pour préciser la notion architecturale. Peut-être connaissent-ils les immeubles pour y habiter et tous ont approché la notion dans l'unité sur Lili Cricri, mais à travers un mode de représentation relevant plus de l'art que de la géographie, par des exemples si particuliers qu'il convient, là aussi, d'en reprendre l'image pour arriver à une perception et à une définition plus rigoureuses.

– Faire émerger et apporter le vocabulaire spécifique, puis élaborer une grille de classement : maison individuelle (maison de village, villa, ferme, chalet, pavillon, hôtel particulier, manoir, résidence, château, avec ou sans jardin, parc, cour...) ; immeuble (tour, barres, petit ou grand immeuble, immeuble isolé ou immeubles accolés, gratte-ciel). On pourra partir des dénominations locales : « immeubles en vagues », « châteaux de cartes », « choux », envisager les « résidences collectives » pour passer au terme générique – immeubles.

– Élaborer avec les enfants une affiche (à conserver) distinguant « immeubles » et « maisons » avec sous-rubriques et définitions.

Bilan

Élaborer en commun une phrase et la faire écrire : « À côté de chez moi, il y a ... » et réinvestir le vocabulaire.

Séance 6 : silhouette de la rue

■ **Objectifs**

- Lire les pages 50 et 51 en réinvestissant la découverte des différentes formes de bâtiments.
- Sensibiliser à d'autres fonctions de la rue relevant des services : surtout la fonction commerciale.

■ **Enjeu** : nouveaux éléments pour affiner la définition de la rue.

■ **Procédures** : lecture par conjugaison de toutes les stratégies à disposition (interaction sens/code, discrimination visuelle, combinatoire, « désignement », lecture relais de l'enseignant...) ; lecture d'images.

■ **Matériel** : livre pp. 50 et 51, affiche de la séance précédente ; cahier 1 pp. 62 à 64.

■ **Durée** : 25 minutes.

■ Déroulement

1re PHASE : lecture de la page 50 (travail individuel et pédagogie différenciée)

– Faire pratiquer la lecture silencieuse de la page 50 – avec sa partie de titre – par les plus autonomes (en s'appuyant sur le vocabulaire de l'affiche de la séance précédente et sur l'image).

– Constituer un groupe d'enfants ayant besoin de soutien et lui faire lire la page 50.

2e PHASE : lecture de la page 51 (collectif oral)

– Faire lire l'image de la double page : que voit-on ? Des bâtiments publics (mairie, école), des immeubles où l'on habite (réinvestissement de la notion vue précédemment), un immeuble de bureaux à droite, au-dessus d'une banque (*cf.* distributeur de billets), une pharmacie, une librairie, un magasin de jouets (difficilement identifiable), une boulangerie, un supermarché (son nom finit en « ix »). Faire émerger « magasin ». Écrire les mots énoncés au tableau. Que fait-on dans ces lieux ?

– Faire remarquer que certains mots sont écrits en couleur ; se demander pourquoi.

– Faire lire le texte en commençant par la dernière ligne, que les élèves peuvent lire (on voit des jouets – mot à faire construire à partir de « jour » et de « muguet » – ou des livres), pour amorcer le questionnerment : où les voit-on ?

– Faire lire le début par hypothèses sur le sens, logique syntaxique et utilisation des mots connus : « magasins », « vitrines », « on voit ». Donner les mots qui manquent. Comme sur les deux pages précédentes, le texte n'est pas entièrement redondant par rapport à l'image : il présente des divergences qui, tout en restant dans le même registre de sens, sont autant d'ouvertures vers la notion générique de « rue ».

– Lire et faire relire l'ensemble des deux pages (avec le titre).

Bilan

– La rue est un espace :
- où l'on travaille (dans les services, essentiellement) : métiers de la rue, transports, bureaux des administrations ou des entreprises privées, écoles, banques, laboratoires, « cabinets », ateliers-boutiques d'artisans ;
- où l'on circule : à pied, en vélo, en voiture, en taxi, par les transports en commun ;
- où l'on habite : dans les immeubles ou les maisons ;
- où l'on achète et où l'on vend, où l'on s'approvisionne : dans les magasins, aux distributeurs.

Activité complémentaire

– Faire créer, par découpage et collage, une rue commerçante, ou une rue de bureaux, ou un autre type de rue.

Consolidation/contrôle des acquis : cahier 1 pp. 62 et 63, ex. 2 à 5.

Les exercices de ces deux pages ont pour objectifs de réinvestir et compléter les pp. 48 à 51 du livre, de faire intégrer un vocabulaire spécifique, d'obliger à trier et à classer les découvertes, de les synthétiser autrement que dans le livre, selon des codes complémentaires mais différents, de faire mémoriser une information organisée et appréhender l'espace rue à travers un autre mode de représentation : notion de plan.

Ex. 2 : faire citer oralement des éléments relevant de chaque terme générique ; faire lire l'image pour en identifier tous les éléments écrits ou dessinés.

Ex. 3 : réinvestissement de l'ex. 2 (peut être fait en études dirigées).

Ex. 4 : faire expliciter la légende (couleurs) et le mode de représentation (vue de dessus), puis faire identifier les éléments (attention, il ne s'agit pas de l'image de l'ex. 2 de la p. 62 en plan).

Ex. 5 : en autonomie, sans difficulté particulière.

Conscience phonique : lancer la comptine du [R] ; cahier 1 p. 64, ex. 1 à 3.

Séance 7 : exploration de la rue de mon école

Objectifs

- Voir et nommer son espace de vie pour appréhender sa spécificité.
- Découvrir des aspects non encore étudiés.

Enjeu : préparer, faire et exploiter une sortie éducative.

Procédures : observation sur le terrain avec grille d'observation élaborée ensemble précédemment ; découverte personnelle d'autres « signes particuliers » de la rue observée.

Matériel : grilles d'observation (une par accompagnateur et une pour deux enfants) ; affiches pour le bilan (à conserver) ; cahier 1 p. 64 ; *Dico des sons* p. 8.

Durée : 1 heure 10 minutes.

Préalable : prendre connaissance des compléments d'information p. 50.

Déroulement

1re PHASE : mise au point de la grille d'observation (collectif oral)

– Demander aux enfants de donner des critères d'observation : que pourrait-on regarder et noter ? Les inciter à se souvenir des leçons précédentes.
– Dresser une liste de critères sur une affiche (à polycopier/photocopier) avant de sortir. Chaque critère est écrit en tête d'une colonne.
• Qui est dans la rue ? Des êtres humains (passants, travailleurs), des animaux, des moyens de transport.
• Quels bruits entend-on ?
• Quel est l'aspect de ma rue ? Comment sont les immeubles, les maisons… ? Y a-t-il des bureaux, des habitations, des ateliers, des fermes, des boutiques… ?
• Quels sont les commerces de ma rue ?
• Quels sont les bâtiments publics ?
• Quelles sont les affiches de ma rue ?
• Quels sont les monuments historiques et les traces du passé dans ma rue ?
– On pourra élaborer un code de prise de notes, par exemple : balai (pour balayeur), poubelle (pour éboueur), cartable (pour écolier), canne (pour une vieille personne), dessin d'immeuble (pour immeuble), dessin de maison (pour maison), dessin de jardin (pour jardin), drapeau pour bâtiment public…
– Ne pas oublier de noter la date et l'heure de la sortie puisque les informations temporelles seront l'une des explications de la spécificité de la rue.

2e PHASE : sortie dans la rue (celle de l'école ou une rue toute proche)

– Distribuer une grille pour deux enfants et une à chaque accompagnateur.
– Faire un trajet court en s'arrêtant souvent. S'il y a suffisamment d'accompagnateurs, eux seuls rempliront la grille sur indication des enfants. Sinon, demander aux enfants d'écrire par deux ou d'utiliser le code. Ajouter la consigne de « tout regarder, même les autres choses, objets ou signes dont on n'a pas encore parlé ».
– Attirer l'attention des enfants sur les éléments non encore vus et qu'ils ne remarqueraient pas spontanément, même s'ils leur sont familiers.

3e PHASE : synthèse avec mise en forme des informations (collectif oral)

– Reprendre les informations en les écrivant sur une ou deux grandes affiches. Elles resteront affichées dans la classe au moins jusqu'à la fin du thème et seront conservées pour servir de document informatif, en janvier, lors de l'étude de l'unité *De temps en temps*. Ajouter les signes (dont les écrits), les odeurs, l'aspect physique (dans l'aspect de ma rue), les notations météorologiques (écrire le maximum possible de mots du texte p. 52 : « rayures » des passages cloutés, « panneaux », « feux », « numéros »).
– Faire le bilan oralement.

Trace écrite individuelle

– « Je dessine un élément que j'ai vu dans la rue et j'écris son nom. »

– « Je recopie : Ma rue est la rue… C'est une rue très commerçante, piétonnière, la rue principale du village, une rue bordée de maisons avec des jardins… »

Activités complémentaires

– Faire reconstituer l'itinéraire réalisé par les enfants, quelques jours après, en faisant appel à leur mémoire et à partir de photos de la rue prises par l'enseignant.

– Afficher ces photos de la rue selon l'itinéraire réalisé ou/et en regard des mots sur l'affiche en ajoutant des numéros correspondant à leur successsion dans l'espace.

Étude phonologique 1 du [R] : redire la comptine du [R] ; lancer la pêche aux [R] ; *Dico des sons* p. 8 ; cahier 1 p. 64, ex. 4 et 5.

Séance 8 : les signes de la rue

■ **Objectifs**

- Lire la page 52.
- Identifier les signes qui font de la rue un espace spécifique et participent ainsi de sa définition.

■ **Enjeu** : retrouver, hors contexte, des informations découvertes en sortie et en appréhender d'autres.

■ **Procédures** : lecture d'image ; identification de mots ; aptitude à abstraire et généraliser ; lecture ; activité de logique.

■ **Matériel** : livre p. 52, affiches bilan de la sortie ; fiche 11 p. 158 ; cahier 1 pp. 65 et 66 ; *Dico des sons* p. 8.

■ **Durée** : 25 minutes.

Préalable : prendre connaissance des compléments d'information p. 50.

■ Déroulement

1re PHASE : mise en mots d'images (collectif oral)

– Faire lire les images de la page 52 pour déterminer leur nature et leur fonction.

– Pour cela, faire identifier les trois premiers panneaux par comparaison avec ce qui a été vu lors de la sortie et ce qui est connu. Qu'indique l'image 1 ? Une flèche de direction avec une icône d'information surmontée d'une lettre et d'un numéro indiquant une route. Le panneau 2 dit que l'on peut traverser. Pourquoi ? Et qui ? Faire émerger ou donner le mot « piétons ». L'image 3 sera difficilement identifiable. Faire constater couleurs, écrits et numéros. Faire émettre des hypothèses sur la fonction (identique au panneau 1 ?). Souligner que « Jules Ferry » ne peut être une direction, mais peut-être le nom du lieu où se trouve le panneau. En revanche, à chaque numéro correspond une destination. Dire qu'il s'agit d'un arrêt de bus si les élèves ne trouvent pas.

– Faire lire et situer l'enseigne.

– Écrire au tableau, ou souligner sur les affiches, le vocabulaire qui vient d'émerger. Le faire employer dans des phrases orales.

– Faire remarquer que les mots essentiels, « panneaux », « feux » et « piétons » sont écrits en bleu à la p. 52. Pourquoi ?

2e PHASE : lecture de la page 52 (travail individuel et pédagogie différenciée)

– Faire pratiquer la lecture silencieuse de la p. 52 pour les plus autonomes. Consigne : « Lisez la p. 52 en vous aidant de tous les mots connus et de ceux qu'on vient de découvrir ».

– Constituer un groupe d'enfants ayant besoin de soutien et lui faire lire la p. 52.

3e PHASE : lecture oralisée et explicitation du sens de la page (individuel écrit, puis oral)

– Distribuer la phrase « à trous », fiche 11 (une par élève) pour la faire compléter.

– Faire lire oralement le texte et le titre à quelques élèves.

– Affiner la lecture d'images des panneaux des pp. 52 et 53 en lisant aux enfants les messages.

Activités complémentaires

– Faire dessiner une enseigne de fleuriste, ou de cordonnier, ou de marchand de journaux…

– Proposer de dessiner les trois éléments suivants : feux, panneau indicateur de direction et panneau pour les piétons.

Consolidation/contrôle des acquis : cahier 1 p. 66.

Ex. 1 : il permet de confirmer – en en diversifiant les aspects – les activités de services de la rue, essentiellement à travers la fonction commerciale. L'élève ainsi appréhende mieux la diversité de cette fonction dans cet espace et acquiert la maîtrise d'un vocabulaire spécifique. Cette fonction sera de nouveau précisée et enrichie plus loin avec la photo d'un marché (p. 54 du livre). Il s'agit d'une lecture ludique qui requiert de la concentration : en effet, chaque élément ne peut être découvert que si on anticipe pour accéder à la compréhension d'ensemble. Ex. : après pain, boulangerie ; or on ne sait ni le lire ni l'écrire, donc il faut avoir recours à une aide : les étiquettes. Cet exercice suppose également un minimum culturel : le journal s'achète à la librairie (ou au supermarché, mais ici le genre féminin est inducteur).

Ex. 2 : il initie à la notion de rythmes sociaux. On peut accepter les activités de loisir : je vais à l'école, je vais à la piscine…

Étude phonologique 2 du [R] : *Dico des sons* p. 8 ; cahier 1 p. 65.

Séance 9 : la rue, l'avenue, le boulevard

■ **Objectifs** : lire la p. 53 et enrichir son vocabulaire spécifique : nature de la rue.

■ **Enjeu** : distinguer les différents noms que peut porter une rue.

■ **Procédures** : remémoration ; lecture ; reproduction du panneau situé à l'entrée de l'agglomération.

■ **Matériel** : livre p. 53 ; feuilles pour affiches ; enveloppes ; cartes postales avec adresses (dont celles des enfants) ; cahier 1 p. 67.

■ **Durée** : 45 minutes.

Préalable : vérifier que chaque enfant a bien une enveloppe ou une carte postale qui lui est adressée, sinon lui en adresser une.

■ Déroulement

1re PHASE : découverte de la nature des rues (collectif oral)

– Faire remémorer le nom de la rue observée (séance 7) et les adresses – ou bribes d'adresses – connues de tous : bibliothèque, piscine... À défaut, s'appuyer sur les bulletins municipaux de la ville la plus proche. Énoncer complètement ces adresses et les faire écrire comme des plaques de rues.

– Ajouter ou faire ajouter, si nécessaire, des adresses comportant « avenue », « boulevard », « impasse ».

– Répertorier les différentes natures de rues écrites sur les affiches en faisant souligner chacune d'elles d'une couleur différente par un (des) enfant(s). Faire décomposer « AVENUE », puis mettre une légende pour s'approprier globalement les autres termes. Expliciter les termes découverts en les hiérarchisant selon la taille et la situation (le boulevard est plus périphérique). On pourra éventuellement lire aux élèves, pour mieux cerner certains termes, la définition d'un dictionnaire (pour enfants).

2e PHASE : lecture de la plaque de rue et du texte (collectif, puis individuel)

– Faire découvrir « AVENUE » sur la plaque de rue et lire son nom.

– Faire lire les deux lignes de texte du milieu de la p. 53 à partir des mots connus, les mots découverts et par la construction d'autres mots comme « toujours ». Les enfants devraient pouvoir lire : « Elle... avenue, boulevard, impasse, mais on la... toujours à son nom. » Terminer par le sens.

3e PHASE : les différentes dénominations d'une rue, à partir de la manipulation d'un code social : l'adresse (travail en groupes ou en binômes)

– Distribuer à chaque groupe quelques enveloppes et cartes postales avec des adresses.

– Demander aux groupes de classer le matériel comme cela a été fait lors de la 1re phase (selon la formulation des adresses : rue, avenue...), en se référant aux affiches.

– Faire constituer des paquets d'adresses : chaque groupe apporte le résultat de son classement et possède ainsi des tas de rues, d'avenues...

– Faire vérifier l'exactitude des classements par des enfants, qui liront devant la classe les mots « rue... ». L'enseignant donnera son aval.

Activités complémentaires

– Création poétique : faire dire par les enfants de nombreux verbes de mouvement (exemple : marcher, sauter, avancer, trottiner, etc.), puis faire construire un poème sur le modèle de *Compère qu'as-tu vu* en ajoutant rue ou avenue.

– Faire la même chose avec des verbes de la vision (voir, apercevoir, observer, etc.).

Consolidation/contrôle des acquis : cahier 1 p. 67.

Ex. 1 et 2 : en autonomie à l'aide des documents personnalisés.

Ex. 3 : nécessite un bagage culturel. À faire à partir d'une énumération orale classée au tableau, en colonnes, suivant les différentes catégories. Faire le dessin du panneau en études dirigées en s'inspirant du panneau de sa ville ou de son village.

Séance 10 : la rue, espace public, territoire civique

■ **Objectifs**
- Lire la seconde partie de la p. 53.
- Sensibiliser à la notion d'espace public à respecter (éducation civique).

■ **Enjeu** : prendre conscience que la rue appartient à tous et doit être respectée.

■ **Procédures** : émergence des représentations quant à la notion d'espace public et au mode de comportement adéquat dans un tel espace ; lecture d'image et de texte.

■ **Matériel** : livre p. 53 ; feuilles pour dessin ; cahier 1 p. 68.

■ **Durée** : 30 minutes.

■ Déroulement

Préambule : faire émerger les représentations. À qui est la rue ? Lancer la discussion. Conclure par : « Elle est à chacun, donc à tout le monde ».

1re PHASE : découverte du document de la mairie de Paris (collectif)

– Faire identifier le support ; en déduire la nature en le mettant en relation avec les autres documents de la double page : il se trouve dans la rue, c'est donc une affiche.

– Faire situer la scène en faisant émerger les mots « trottoirs » et « caniveau », à écrire au tableau.

– Faire observer attentivement l'image en faisant nommer les différents éléments (ne pas oublier les signes de ponctuation et la laisse qui induit un rapport maître/chien).

– Faire jouer et dialoguer la scène (par plusieurs élèves). Écrire les propositions au tableau.

– Faire mettre en relation les propositions avec l'image et le texte de l'affiche pour faire émerger le sens du message.

2e PHASE : lecture de la seconde partie de la p. 53 (collectif oral)

– Faire lire « Elle est à tous, alors chacun... ». Donner « doit » et poser la question : « doit quoi ? »

– Écrire au tableau les propositions des enfants. Conclure en donnant « respecter » qui a peu de chance d'avoir été émis, mais dont le sens aura été pressenti.

– Faire émerger (à partir du mot « caniveau ») le sens du message écrit en haut de l'affiche, puis lire la phrase exacte.

– Terminer en lisant : « L'écologie, ce n'est... » ; expliquer que l'écologie, c'est le respect de l'environnement à la campagne comme à la ville (*cf.* émetteur : Mairie de Paris).

Activité complémentaire

– Faire réaliser une affiche, individuelle ou collective, sur le respect de l'environnement immédiat : l'école, l'immeuble, la ville ou le village.

Consolidation/contrôle des acquis : cahier 1 p. 68.

Ex. 1 : en autonomie (peut être fait en études dirigées).

Ex. 2 : Réinvestissement des acquis sur la typologie des rues et leurs noms. Familiarisation avec le plan (déjà abordé précédemment), donc avec une autre manière plus abstraite de voir et de représenter la rue (vue de dessus, en deux dimensions), qui s'ajoute à celles du livre mais qui ne retient que les éléments correspondant à la pratique commune d'un plan : situer un lieu de la manière la plus précise possible pour pouvoir s'y rendre, permettre d'aller d'un lieu à un autre. La rue est donc appréhendée en tant que voie de circulation, lieu de déplacements, en l'occurrence à pied ou en bus, donc comme un espace porteur de codes spécifiques et une voie de liaison entre des ensembles spatiaux, comme le quartier.

Explicitation orale (localisation de Lilou et des arrêts de bus), puis matérialisation avec le doigt du trajet à suivre.

Séance 11 : heures et saisons de la rue

■ Objectifs

• Lire les pages 54 et 55 pour enrichir son vocabulaire spécifique en découvrant les dernières facettes de la rue.

• Apprendre à distinguer le structurel (éléments permanents) du conjoncturel (changements temporels).

■ Enjeu : derniers éléments d'identification permettant de compléter la définition de la rue et, donc, de l'appréhender de manière générique, quels que soient les aspects temporels.

■ Procédures : lecture d'images et comparaison avec les propres observations de chacun ; mobilisation des acquis implicites quant aux manifestations des heures de la journée et des saisons ; lecture par reconnaissance visuelle après mémorisation globale du mot découvert ou revu, par utilisation de la logique syntaxique et de la place des mots connus dans la phrase, enfin par hypothèses quant à la pertinence du sens des mots.

■ Matériel : livre pp. 54 et 55 ; feuilles pour dessiner ; carte de France murale (physique de préférence) ; affiches bilan de la sortie.

■ Durée : 45 minutes.

Préalable : prendre connaissance des compléments d'information p. 50.

■ Déroulement

1re PHASE : dessin de la rue (écrit individuel)

– Demander à chaque enfant de faire le dessin de la rue observée.

2e PHASE : commentaire des dessins (collectif oral)

– Afficher les dessins et demander à chacun de décrire ce qu'il a fait.

3e PHASE : comparaison avec les photos du livre (collectif oral)

– Comparer avec les photos des rues des pages 54 et 55. La rue observée ressemble-t-elle à l'une des rues du livre ? Non, probablement. Pourquoi ? Qu'est-ce qui est différent ?

Ce n'était ni la nuit, ni l'été, ni l'hiver (mots à écrire au tableau), donc la lumière, les couleurs, les vêtements (mots à écrire au tableau) étaient différents. On n'a pas pu voir la rue de la même façon que sur la photo de Lyon (montrer le rôle de la position de l'observateur pour la prise de vue : vue de près ou de loin, à hauteur des yeux ou d'une position élevée).

N'y avait-il pas, pour autant, des ressemblances en ce qui concerne la taille, l'apparence des bâtiments ? Y avait-il des activités identiques (marché ?), des personnes rappelant celles que l'on a vues ?

– Situer les lieux des photos sur la carte de France en explicitant les couleurs (marron : montagne ; vert : plaine) et les conséquences climatiques.

– Faire distinguer ce qui est conjoncturel et relève de la date et de l'heure de l'observation (jour/nuit, saison), ce qui relève des conséquences climatiques (neige) de la situation géographique (montagne par exemple : *cf.* Luz-Saint-Sauveur, Hautes-Pyrénées, à lire à la place de Lus-Saint-Laurent), et ce qui relève de la morphologie d'un espace (village, petite ou grande ville comme Lyon, cité ancienne gardant des caractères architecturaux traditionnels ou ville nouvelle, comme Cergy-Pontoise dans le Val d'Oise).

– Conclure « selon le lieu » sur une divergence totale, une ressemblance totale ou une situation intermédiaire (autre ville nouvelle vue différemment, village de la même région ou d'une autre région de montagne offrant un aspect similaire, rue d'une autre grande ville...).

4e PHASE : lecture des phrases des deux pages (collectif oral)

– Faire repérer et mettre en relation des mots du texte avec ceux du tableau et des affiches murales bilan de la sortie. Il s'agit de : « couleurs », « nuit », « chaussée », « été », « hiver », « trottoirs ».

– Faire construire avec les mots ci-dessus – et ceux connus – une phrase légendant chaque photo (on n'a le droit d'utiliser les mots que s'ils figurent dans la phrase du livre et, si possible, à la place où ils sont dans la « vraie » phrase). Écrire les phrases proposées au tableau. Ex. « Elle a de belles couleurs. » ; « La nuit, elle est... ou toute noire. » ; « Sa chaussée... en été. » ; « L'hiver, on... sur ses trottoirs. »

– Faire deviner aux enfants les mots manquants et, s'ils ne trouvent pas, les leur donner selon la modalité suivante : « Je donne le cinquième mot de la deuxième phrase. ; « Quel mot voulez-vous ? » Réponse sollicitée : « le... de la... phrase. »

– Faire lire en dernier la première phrase, en s'appuyant sur le constat suivant, qu'on aura fait déduire des observations des photos et de la lecture des autres phrases : la rue n'est jamais pareille, « elle change tout le temps ». Écrire la formule au tableau.

– Faire reformuler ce que l'on a appris.

– Lire et faire relire le texte.

Séance 12 : rues d'hier et d'aujourd'hui

Illustration de Valérie Stetten, page 56 et reproduction de la toile de Gustave Caillebotte, page 41 : *Rue de Paris ; temps de pluie,* 1877, Art Institute of Chicago.

■ **Objectifs**

- Lire les pages 56 et 41 et appréhender l'espace rue de manière générique et synthétique.
- Confronter deux images de la rue à deux époques et selon deux modes de représentation.

■ **Enjeu** : enrichir ses représentations d'espaces pour commencer à comprendre des modes d'organisation d'ailleurs et d'autrefois et pouvoir les décrypter par prises d'indices pertinents.

■ **Procédures** : lecture d'images, réinvestissement et enrichissement de vocabulaire spécifique.

■ **Matériel** : livre pp. 56 et 41 ; un gabarit du tableau par enfant avec éléments à coller (fiche 11 p. 158) ; colle ; cahier 1 p. 69.

■ **Durée** : 55 minutes. On pourra y consacrer deux séances.

Préalable : prendre connaissance des compléments d'information p. 51.

■ Déroulement

1re PHASE : identification de l'image de la page 56 (en binômes)

– Faire ouvrir deux livres par binôme : l'un à la page 56 et l'autre pages 46-47, 48-49 ou 50-51, selon les groupes.

– Demander aux enfants de comparer les deux images qu'ils ont sous les yeux.

– Procéder au bilan oral (trois groupes énoncent le résultat de leur analyse, les autres complètent, infirment ou confirment) pour arriver à la conclusion qu'il s'agit, chaque fois, de la même image mais avec la mise en relief successive d'éléments différents et, page 56, encore de la même image, mais sans discrimination particulière. C'est une synthèse de la rue présentée dans l'unité, mais vue en plus petit, de plus loin.

2e PHASE : lecture du tableau de Caillebotte (collectif oral)

– Faire ouvrir le livre page 41.

– Faire énoncer tout ce que l'on peut formuler sur l'image, en justifiant ses allégations (noter les observations au tableau) :

- c'est une peinture dont le titre est… (ils peuvent le lire) ;
- il pleut (présence de parapluies) ; il fait froid : c'est l'hiver (vêtements chauds) ;
- c'est/ce n'est pas comme chez nous (c'est une rue de Paris – une grande rue – la capitale de la France).

– Expliciter le **sens de la mention** en bas de l'image, à droite (*cf.* les autres œuvres d'art) ou le faire expliciter par les enfants afin de consolider la notion d'auteur de l'œuvre (peintre), de valider les observations et de situer l'œuvre dans le temps, il y a un peu plus de cent ans (on peut classer chronologiquement les œuvres, celle de la page 11, le tableau de Caillebotte, puis, plus tard, la fontaine de la page 93).

– Faire le **bilan** de ce qui a été découvert en reformulant oralement l'essentiel.

3e PHASE : analyse de la structure du tableau de Caillebotte (individuel)

– Faire ouvrir tous les livres à la p. 56 et distribuer le gabarit du tableau (fiche 11) à chaque enfant, plus les éléments joints.

– Coller, en s'aidant du livre ouvert, le réverbère, le parapluie, la silhouette de l'immeuble principal, les silhouettes des deux personnages au premier plan.

– Faire colorier les éléments collés et la surface pavée en imposant des couleurs vives et contrastées.

– Faire comparer avec le tableau pour en déduire le sens des couleurs.

– Faire constater la division en quatre parties avec notions de premier et second plan et faire suivre, avec le doigt, la perspective qui s'ouvre au centre et entraîne l'œil.

– Faire déterminer le point de vue choisi par le peintre : la hauteur normale des yeux se situe sur la ligne horizontale du gabarit, c'est-à-dire au niveau du pied des immeubles et la tête des personnages du premier plan, qui sont de ce fait mis en évidence.

4e PHASE : comparaison des images des pages 56 et 41 (en binômes)

– Faire ouvrir deux livres dans chaque binôme, l'un à la page 56 et l'autre à la page 41.

– Faire classer les différences en colonnes au tableau : personnages (nature, vêtements, attitudes, situation spatiale), moyens de transport (nature, situation), architecture, boutiques, bâtiments, mobilier urbain, arbres, couleurs, notions temporelles et météorologiques…

– Ajouter, en commun, les ressemblances : même représentation d'un carrefour, même présence d'un grand immeuble d'angle au second plan qui structure largement l'image, même allure de cet immeuble (mais avec un étage en moins, et absence d'uniformité architecturale dans les deux rues de part et d'autre) ; angle de vue plus large p. 56 et point de vue différent : vue de plus loin et en hauteur (hauteur des yeux au niveau du premier étage).

Le bilan, cahier 1, p. 69, ne présente aucune difficulté.

Super Noël fait la fête

Pages 57 à 76 du livre de l'élève

Il s'agit ici du second texte narratif développé. Si le thème semble sacrifier aux « exigences » de cette période de l'année, il se démarque des poncifs habituels, provoque l'étonnement et s'échappe très tôt vers l'humour.

■ Enjeu

Quoi de plus drôle que ce père Noël surexcité, si débordant d'énergie et d'activisme qu'il s'appelle Super Noël ! Ce père Noël si bien inscrit dans notre époque, et qui ne manquera pas d'évoquer certaines figures proches des enfants ! Sa tenue et ses activités n'ont rien de conventionnel, et ce Super Noël en débardeur s'adonnant aux joies du ménage fait davantage penser à un héros de bande dessinée qu'à une figure mythique consacrée. Du mythe, il conserve néanmoins sa fonction et son statut qu'il n'hésite pas à partager avec son « cousin », le père Nicolas, son double en négatif, son complice plus que son rival.

Étonnante également, la période de l'année choisie pour l'action. En effet, c'est la « basse saison » pour le Père Noël qui se retrouve chaque année à pareille époque au « chômage technique ». Il était donc tentant d'imaginer quelles pouvaient être ses occupations. Plus sérieusement, cette ambiguïté des dates permet de traiter ce thème sans être tout à fait prisonnier de l'événement et d'aborder un jour, qui, lui, échappe de fait au calendrier scolaire : le 14 Juillet. Ainsi, l'enseignant pourra donner plus de souplesse à son emploi du temps, et tenir compte de la spécificité de sa classe.

■ Procédures

La narration, plus dense et complexe que dans le récit précédent, se déroule en séquences chronologiques ancrées sur les actions. La quantité de texte à lire est plus importante, prenant ainsi en compte l'évolution des compétences des élèves. La narration s'appuie également sur de nombreuses répétitions qui permettent de confirmer et de consolider les découvertes récentes. Par ailleurs, le récit est rythmé par des passages rimés qui scandent l'action tout en la commentant : présence occulte du narrateur, qui relate les faits à la troisième personne, contrairement à *Lili Cricri* où le discours prédomine.

Les mêmes codes ont été repris pour faciliter la lecture en consolidant les acquis : les graphies permettent de distinguer le discours du récit (les interventions du narrateur sont écrites en bleu). L'illustration, moins redondante que celle du récit précédent, sert toutefois à décrypter le texte, qu'elle souligne ou complète. Elle se présente toujours par doubles pages, signifiant de façon plus évidente les changements de décors, en autorisant la présence de détails utiles à la compréhension. Les codes concernant la ponctuation et les majuscules ont été respectés.

Enfin, certains phonèmes récurrents pourront être étudiés de façon claire sans pour autant sacrifier au caractère factice des phrases fabriquées à dessein.

Afin d'élargir et de diversifier les compétences des élèves, de nouveaux types d'écrits et de nouveaux supports fonctionnels et sociaux sont proposés : répertoire, agenda, journal, faire-part de naissance, carte postale.

En interdisciplinarité sont confirmées les notions spatiales (par lecture d'images). Des notions temporelles nouvelles sont abordées : l'hiver et l'été, ainsi que l'idée d'événement et d'anniversaire (à partir du 14 Juillet).

■ Phonèmes étudiés : [n] ; [ɛ] ; [ʒ] ; [f] ; [d].

■ Matériel

- Livre pp. 57 à 76 ; cahier 1 pp. 70 à 96 ; *Dico des sons* pp. 9 à 13.
- La carte « naissance », contour de la *Nativité*, fiche 12, p. 159 (séance 1).
- Des faire-part de naissance (apportés par les élèves et le maître).
- La lettre de Lilou, fiche 30 p. 177 (séance 2).
- Les bandeaux agrandis ainsi que la planche « imagier », fiches 13 et 14 pp. 160 et 161 (séance 3).
- Images agrandies, fiche 15 p. 162 (séance 3).
- Le « soleil-horloge » et ses aiguilles, fiche 12 p. 159 (séance 4).
- Plusieurs agendas périmés ou neufs, remplis ou vierges (séance 6).
- Le matériel de décoration de la classe pour Noël (séance 6).
- Plusieurs carnets répertoires (séance 7).
- Des étiquettes (séances 8 et 11).
- Des cartes postales écrites, adressées et timbrées (séance 8).

• Plusieurs timbres avec le tampon de La Poste, comportant Marianne (séance 8).
• Plusieurs journaux (séance 9).
• *La Reine des Neiges*, d'Andersen, éditions Lito ; *Blanche-Neige*, de Grimm (séance 7).
• Feuilles de papier format A3 ; enveloppes ; bristol ; pinceaux et peinture.
• Dés à jouer.
• **Musique :** des Noëls anciens ; du musette et de l'orgue de barbarie (*La Fête aux copains*, J. Ferrat, *Le Bal dans ma rue*, É. Piaf) ; les chansons enfantines du patrimoine (*La Mère Michel, Frère Jacques, La Complainte de saint Nicolas, Le Roi Dagobert*) (séance 7).

■ Grammaire

• La phrase injonctive.
• Sensibilisation au passé composé.
• Notion de substitut.
• Les marques du pluriel.

■ Production d'écrits

• Transposition de narratif en prescriptif ; transposition de prescriptif en narratif.
• Écrits fonctionnels : le faire-part de naissance, la carte postale, le répertoire.

■ Bibliographie

Pour les enfants

• A. Bolliger Savelli, *La Soupe au bois*, Albin Michel Jeunesse.
• J. Capek, *Un enfant est né*, coll. « Folio-Benjamin », Gallimard.
• Kéthévane Davrichewy, *Le Père Noël est un voleur*, coll. « Mouche », École des Loisirs.
• Michel Gay, *Le Loup-Noël*, École des Loisirs.
• Olga Lecaye, *Le Petit Lapin de Noël*, École des Loisirs.
• Y. Tanno, *La Lettre du Père Noël*, École des Loisirs.
• G. Solotareff, *Quand je serai grand, je serai Père Noël*, École des Loisirs.
• *Les Plus Belles Chansons de France pour les tout petits*, coll. « Folio Benjamin », Gallimard.
• *Les Plus Belles Chansons de France pour tous les enfants*, coll. « Folio Benjamin », Gallimard.
• Ph. Dumas, *Comptines françaises*, coll. « Castor Poche Benjamin », Flammarion.

Pour l'adulte

• A.R.P.E.J., *La Presse à l'école*, coll. « Pédagogie pratique », Hachette Éducation.
• Jean-Pierre Spirlet, *Utiliser la presse à l'école de la maternelle à la sixième*, éditions du Centre de formation et de perfectionnement des journalistes.
• Anne-Marie Chartier, Christiane Clesse, Jean Hébrard, *Entrer dans le monde de l'écrit*, tome 1, Hatier Pédagogie.

■ Compléments d'information

Le jeu : À qui la carte ?

Par groupe de six élèves : 8 cartes, 6 étiquettes, 1 feuille, 1 dé. Quatre fois huit gommettes de couleurs différentes.

Préalable

– Regrouper les cartes par types de paysages : montagne, mer, ville et campagne.

– Pour chaque série de 8 cartes (même thème), marquer d'une gommette de même couleur le coin du haut à gauche (au verso) des cartes. Chaque carte sera identifiée d'un signe écrit sur la gommette. Faire de même pour le jeu de 6 étiquettes associées (qui comporteront les mêmes signes). (Pour que le jeu puisse se dérouler avec intérêt jusqu'à la fin, il y a plus de cartes que d'étiquettes.)

– Étaler sur chaque table une série de 8 cartes sur un même thème et une feuille de score.

– Chaque élève vient tirer au sort, au bureau, une étiquette sur laquelle il écrit son nom. Il la cache sur lui comme un message secret ; il repart à sa place et regarde sans la nommer la carte qu'il devra décrire.

– Bien préciser, avant le début du jeu, que les chances sont les mêmes qu'on soit le premier ou le dernier à parler !

Déroulement du jeu

– Dans chaque groupe, les élèves lancent le dé à tour de rôle. C'est celui qui a le meilleur score qui commencera à décrire sa carte en donnant un premier indice. (Les élèves écrivent leur nom sur la feuille dans l'ordre du score obtenu au dé ; dans le cas d'ex æquo, faire relancer le dé.)

Plusieurs possibilités

1) La carte est découverte avec ce premier indice ; celui qui a décrit et celui qui a trouvé marquent chacun 5 points.

2) Personne ne trouve ; celui qui décrit donne un deuxième indice ; si la carte est identifiée, chacun marque 4 points ; sinon, troisième tour avec un autre indice et chacun marque 3 points.

Dans le cas où un élève donne une mauvaise réponse, il est hors jeu pendant deux tours.

Il peut y avoir des ex æquo en cas de simultanéité de bonnes réponses.

Après vérification de la conformité du signe entre la carte et l'étiquette, le score est reporté sur la feuille et la carte identifiée est retournée.

Celui qui a fait le second score au dé prend alors la parole, etc.

Quand le jeu est terminé, faire le total des points.

Légende de saint Nicolas

1

Ils étaient trois petits enfants
Qui s'en allaient glaner aux champs.
Ils sont allés et tant venus
Que sur le soir se sont perdus.
Ils sont allés chez le boucher :
« Boucher, voudrais-tu nous loger ? »

2

« Entrez, entrez, petits enfants,
Y a de la place assurément »
Ils n'étaient pas sitôt entrés
Que le boucher les a tués,
Les a coupés en p'tits morceaux
Et puis salés dans un tonneau.

3

Saint Nicolas au bout d' sept ans
Vint à passer dedans ce champ.
Alla frapper chez le boucher :
« Boucher, voudrais-tu me loger ? »
« Entrez, entrez, saint Nicolas,
Il y a de la place, il n'en manqu'pas. »

4

Il n'était pas sitôt entré
Qu'il a demandé à souper.
On lui apporte du jambon,
Il n'en veut pas, il n'est pas bon.
On lui apporte du rôti,
Il n'en veut pas, il n'est pas cuit.

5

« Du p'tit salé je veux avoir,
Qu'il y a sept ans qu'est au saloir. »
Quand le boucher entendit ça,
Bien vivement il se sauva.
« Petits enfants qui dormez là,
Je suis le grand saint Nicolas. »

6

Le grand saint étendit trois doigts,
Les trois enfants ressuscitèrent
Le premier dit : « J'ai bien dormi. »
Le second dit : « Et moi aussi. »
A ajouté le plus petit :
« Je croyais être au Paradis. »

Séance 1 : *Nativité de l'enfant Jésus*, le maître de Charles de France, XVe siècle.

Objectifs
- Découvrir l'œuvre d'art : La Nativité.
- Découvrir un écrit fonctionnel : le faire-part de naissance.
- Créer son propre faire-part (texte et illustration).

Enjeu : créer à partir d'une œuvre d'art pour mieux en saisir le sens.

Procédures : lecture et détournement d'image ; création esthétique.

Matériel : livre p. 57 ; bristols ; pinceaux et peinture ; la « carte-naissance » (fiche 12 p. 159) ; plusieurs faire-part de naissance ; cahier 1 pp. 70 et 74.

Durée : 50 minutes.

Préalable : distribuer la fiche 12, partie A (p. 159).

Déroulement

1re PHASE : création plastique (individuel)

– Donner la consigne de compléter la carte à partir du berceau central, et l'orner tout autour en dessinant un ou plusieurs éléments : sapins, ou étoiles, ou pommes de pin, ou bougies (symboles de vie et d'immortalité), puis colorier ou peindre.

2e PHASE : production d'écrit ; créer un faire-part de naissance (individuel)

– Observer les faire-part apportés pour dégager les informations contenues : leur ordre, leur formulation, leur disposition, etc.

– Faire dégager leur fonction.

– Faire écrire sur la carte décorée précédemment son propre faire-part de naissance « réaliste » (frère, sœur, cousin, voisin, etc.) ou factice (poupée, nounours, chiot, chaton, nouvelle année, etc.).

– Présenter et lire ses faire-part à l'ensemble de la classe.

3e PHASE : comparaison avec la reproduction du livre p. 57 (collectif oral)

– Faire ouvrir le livre p. 57 et faire relever les différences et les ressemblances entre les productions des enfants et l'œuvre d'art ; donner un titre à celle-ci.

– Dire qu'il s'agit d'une scène classique de nativité avec la présence des bergers, du bœuf, de l'âne et des rois mages (scène du XVe siècle avec vêtements de cette époque ; enfant nu et armoiries du destinataire, Charles de France).

Cette séance pourrait se concevoir selon une autre démarche qui viserait davantage à recontextualiser l'œuvre d'art. On partirait de l'analyse de l'image et on ferait illustrer le faire-part avec des éléments équivalents (Rois mages et bergers remplacés par les membres de la famille et les amis qui viennent voir l'enfant).

Consolidation/contrôle des acquis : cahier 1 p. 70.

Ex. 1, 2 et 3 : ils permettent d'exploiter les fabliettes de la page 58 du livre. Mais, bien plus, ils servent à approcher le patrimoine culturel (les santons) et à construire une connaissance (*cf.* les I.O. de CP) sur les emblèmes de la République. Il conviendra donc de partir des acquis et des représentations des enfants pour réaliser ensemble ces activités.

Conscience phonique : lancer la comptine du [n] ; cahier 1 p. 74, ex. 1 à 3.

Séance 2 : la couverture et la quatrième de couverture

■ **Objectifs**

- Lire et comprendre le titre.
- Parcourir l'histoire.

■ **Enjeu** : mettre en place des éléments essentiels de la narration, c'est-à-dire le héros, les lieux, les circonstances.

■ **Procédures** : lecture d'image et des éléments de texte connus.

■ **Matériel** : livre pp. 59 et 76 ; fiche 30 p. 177 ; *Dico des sons* p. 9 ; cahier 1 pp. 71 et 74.

■ **Durée** : 50 minutes.

■ Déroulement

1re PHASE : découverte de la couverture (collectif oral)

– Orienter et centrer les réflexions sur le personnage central : Qui est-ce ? Le faire décrire et nommer. Réponse attendue : le père Noël. À quoi le reconnaît-on ? Qu'est-ce qui est étonnant ? Que fait-il ? Comment est-il habillé ? etc. Où est-il ? Insister sur la notion de « plongée » : il regarde en bas.

– Passer au titre (en se référant à *Anatole...* et à *Lili Cricri...*, où le héros joue le rôle-titre. Faire lire silencieusement et individuellement les éléments connus : Super (comme dans un super marché) Noël fait la... Il ne s'agit donc pas du père Noël, mais de Super Noël.

– Faire poser des questions à ce sujet. Se reporter à l'album photo et au sommaire, et comparer.

– Faire émerger la notion de saison et celle de mois.

– Que fait Super Noël ? Qu'est-ce qui se passe ? Arriver à la notion et au mot de « fête ». Faire compléter le titre. Le faire lire par plusieurs enfants (avec plusieurs intonations introduisant des intentions : étonnement, joie, peur ...).

– Questions : Super Noël fait-il la fête ? Et quelle fête ?

2e PHASE : identification de la fête (en binômes)

– Repérer les éléments connus et les nommer (chaleur, barbe à papa, lampions, guirlandes, ballons).

– Se reporter à la quatrième de couverture : analyser l'image en faisant émerger l'idée de retour (sens de la fusée). Tentative de lecture.

3e PHASE : la quatrième de couverture (collectif oral et écrit individuel)

– Lire le texte de la quatrième de couverture et le faire expliciter : Pourquoi le mois de décembre ? Comment est exprimé le futur ? Pourquoi « **re**descend » ? Que veut dire « **son** nuage » ? Attention : texte et image sont en léger décalage de temps et de point de vue : Qui est « on » ? Qui est « Il » ?

– Faire émettre des hypothèses sur la fête et sur l'histoire. Les enfants déclinent tout ce qu'ils savent sur le 14 Juillet (fanfare, défilé, bal, pétards, feu d'artifice). Écrire toutes les propositions au tableau. (Dans la 1re édition, on soulignera l'erreur dans le dessin : les couleurs du drapeau sont interverties : distribuer la 1re lettre de Lilou p. 176).

Bilan

– Faire le point : on sait que c'est l'histoire du père Noël ; il s'appelle Super Noël, il participe à une fête et cela se passe en été.

Activité complémentaire

– Poser la question : Quand et comment fait-on la fête ? À quelle occasion ? Et avec qui ?

– Lancer la discussion et faire ressortir les caractéristiques de la fête du 14 Juillet (c'est l'occasion de mettre en espace la fabliette, p. 58 du livre, et de s'appuyer sur quelques mots du texte pour mettre en valeur le sens et la nature de cette fête particulière qui sera évoquée de nouveau dans l'unité *De temps en temps* ; on pourra aussi partir de quelques images de la célébration locale ou nationale.

Consolidation/contrôle des acquis : cahier 1 p. 71.

Ex. 1 à 4 : peuvent être conçus comme les supports propices à la conduite de la séance, et à ce titre être réalisés en commun au fur et à mesure. On peut également les prendre comme outils d'évaluation, et les donner à faire en autonomie à un autre moment de la journée, voire en études dirigées. Il conviendra néanmoins de faire identifier et nommer tous les dessins de façon à ce que chaque élève soit en mesure de traiter les ex. 1 et 3. (La seule ambiguïté est celle de la quatrième illustration de l'ex. 1, qui doit être coloriée à la fois en vert et en rouge.)

Étude phonologique 1 du [n] : redire la comptine du [n] ; lancer la pêche au [n] ; *Dico des sons* p. 9 ; cahier 1 p. 74, ex. 4 et 5.

Séance 3 : le rôle des bandeaux

■ Objectifs

- Entrer dans un nouveau livre.
- Appréhender le rôle des bandeaux (implicitement : rôle et place du narrateur).

■ Enjeu : ancrer le héros dans son histoire.

■ Procédures : lecture de textes inconnus par différentes stratégies ; lecture d'images ; émission d'hypothèses sur le sens ; lecture oralisée.

■ Matériel : livre p. 60 ; les 16 images agrandies (fiche 15 p. 152) ; les 16 bandeaux agrandis (fiches 13 et 14 pp. 160 et 161) ; aimants ou gomme de collage ; cahier 1 pp. 72 et 75 ; *Dico des sons* p. 9.

■ Durée : 50 minutes.

Préalable : disposer les bandeaux retournés sur les tables ; afficher les « images-mots » ; prévoir seize « équipes » (seul ou en binômes). Répartir les enfants en fonction de la difficulté du bandeau, du degré d'autonomie et des compétences de chacun.

■ Déroulement

1re PHASE : découverte et identification du bandeau (collectif oral)

– Questions : Qu'est-ce que c'est ? Qu'est-ce qu'on remarque ? À quoi ça sert ? Faire énoncer tout ce que l'on voit d'emblée : deux lignes, la fréquence de « age »* (c'est un poème parce que c'est toujours pareil à la fin), les mots connus. Accepter toutes les réponses, à condition qu'elles soient justifiées.

– Question : Comment pourrait-on en savoir davantage ? Proposer de tenter de lire le texte.

2e PHASE : lecture des bandeaux en deux temps (seul ou en binômes)

– Faire lire en activant plusieurs procédures successives ou simultanées : réinvestissement des mots connus (ex. : Super Noël ; Mais qui **fait** donc tout ce bruit ?) ; construction à partir d'éléments associés (recomposer le mot et lui donner du sens) ; appariement avec l'« image-mot » affichée (ex. : village) ; lecture de l'adulte (ex. : ouvrage).

– Faire chercher dans le livre l'illustration qui correspond à ce que l'on a sur le bandeau.

– Faire apparier avec le bandeau du livre.

On reprendra et/ou on complètera ainsi les réponses aux questions de la 1re phase.

3e PHASE : lecture oralisée des bandeaux, hypothèses sur le récit (seul ou en binômes)

– Faire expliciter les procédures de découverte utilisées.

– Faire lire le bandeau devant la classe.

– Émettre des hypothèses quant au sens du bandeau et de l'illustration. Affichage du bandeau. Accrocher les bandeaux dans l'ordre de l'histoire.

– Faire une lecture expressive de la succession des bandeaux.

– Faire le point de tout ce que l'on sait ou suppose, confirmer le titre et la couverture.

Bilan

– Rédiger une phrase collective, écrite au tableau sous la dictée, la faire recopier sur le cahier de classe.

* Dans le 1re édition du livre de l'élève, p. 75, il faut lire : Tout à coup, le ciel sans nuages explose en bouquets sauvages.

Consolidation/contrôle des acquis : cahier 1 p. 72.

Ex. 1 et 2 : servent à la localisation spatiale et temporelle de l'histoire. Ils nécessitent de feuilleter le livre et de s'arrêter aux pages de référence. Cette manipulation peut être encore difficile pour certains élèves à ce moment de l'année.
Ex. 2 : on pourrait l'alléger en demandant de ne repérer qu'une seule illustration par élève. Par ailleurs, le classement sans possibilité de manipulation peut s'avérer complexe. On pourra alors avoir reproduit les quatre dessins sur une feuille A4, de façon à pouvoir découper et manipuler en binômes, ce qui permet les « errances », les échanges et les modifications, avant de numéroter définitivement sur le cahier.
Ex. 3 et 4 : ne nécessitent nullement de savoir lire l'heure. Ils ne visent pas non plus à cette acquisition. Il s'agit seulement de repérage visuel et de logique.
Ex. 3 : les mots « manège » et « ménage » sont sur les bandeaux. Dans la 1re édition du livre élève, p. 75, il faut lire : Tout à coup, le ciel sans nuages explose en bouquets sauvages.
Ex. 4 : on peut travailler en groupe et noter les propositions au tableau, ou individuellement en pratiquant la dictée à l'adulte.

Étude phonologique 2 du [n] : *Dico des sons* p. 9 ; cahier 1 p. 75.

Séance 4 : le réveil de Super Noël

■ **Objectifs**
- Lire le début de l'histoire (p. 60) : le réveil de Super Noël.
- Initier à la notion de chronologie.

■ **Enjeu** : découvrir les indices d'un début de récit (le moment du réveil est ici symbolique).

■ **Procédures** : jeu oral ; rappel de textes connus ; mime ; lecture.

■ **Matériel** : livre p. 60 ; bandeaux affichés au tableau ; « soleil-horloge » (fiche 12 p. 159) ; cahier 1 pp. 73 et 80.

■ **Durée** : 45 minutes.

Préalable : écrire le texte du bas de la page 60 sur une affiche ou au tableau et accrocher le « soleil-horloge » dans la classe.

■ Déroulement

1re PHASE : lecture silencieuse individuelle, puis collectif oral

– Demander à chaque élève de dire ce qu'il est fier de réussir. Puis commencer une « chaîne anglaise » (*cf.* Lili Cricri : Je m'appelle... on m'appelle – séance 6). L'enseignant commence en disant : « Je m'appelle X, mais quand je réussis à... (citer un exploit, par exemple se lever tôt le matin), alors là, je suis Super X ! »

– Chacun relit le premier bandeau silencieusement ; le faire lire à haute voix par deux ou trois élèves.

– Expliciter le nom « Noël » en fonction du jeu qui vient d'être mis en place.

– Rappeler les noms que l'on connaît de ce personnage. Pour les enfants, c'est le père Noël, ou papa Noël au moment de Noël (*cf.* les cartes postales, p. 66). Il apparaît alors dans sa fonction officielle. En tant que « héros » de cette histoire, c'est Noël ou Super Noël !

– Déduire le moment de la journée d'après la signification du bandeau.

2e PHASE : mime devant la classe

– Un élève vient devant la classe avec comme consigne : « Tu fais les gestes que tu fais le matin quand tu te réveilles. Au début, tu es encore endormi. À La fin, tu es sorti de ton lit. Ne vas pas trop vite, et arrête-toi dès qu'un camarade dit ce que tu fais. Les autres, regardez bien, et dites ce qu'il fait. Par exemple : il bâille. »
– Écrire au tableau les propositions des élèves.
– Un autre recommence. Un « spectateur » vient montrer au tableau l'action qui est jouée. Si elle est nouvelle, on la nomme, et elle est écrite par le maître.
– Demander si d'autres enfants ont des propositions nouvelles.
– Inverser le jeu. Sans rien dire, montrer une action écrite et demander de la mimer. Autre version, un enfant mime une action et demande à un autre de venir montrer où elle est écrite.
– Faire lire le texte affiché. La première phrase ne devrait pas poser de problème et peut être lue par un élève plus lent.

3e PHASE : lecture individuelle silencieuse dans le livre

– On ouvre le livre p. 60 et on regarde le soleil. Le faire nommer : est-ce une pendule, un réveil, une montre, une horloge ? Construire le mot par combinatoire à partir de « lo » et « ge »).
– Un enfant met le « soleil-horloge » de la classe à la bonne heure.

Bilan
– On constate la bonne humeur de Super Noël et la présence de l'oiseau qui situe le lieu.
– Faire lire l'ensemble bandeau/texte par plusieurs enfants.

Consolidation/contrôle des acquis : cahier 1 p. 73.
Les ex. 1, 2 et 3 visent à faire acquérir le lexique important de la page 60 du livre, par simple repérage et copie dans les ex. 1 et 3 (la disposition est identique à celle du livre), puis par réemploi et transfert dans l'ex. 2. (La phrase se déroule sur deux lignes, afin de ne pas figer les dispositions au risque d'engendrer de fausses représentations et des confusions entre « ligne » et « phrase ».). Le mot employé peut aussi être décontextualisé : Il saute de son lit = se lève. Tous ces exercices peuvent être d'abord traités à l'oral, avant d'être retranscrits sur le cahier.

Conscience phonique : lancer la comptine du [ɛ] : cahier 1 p. 80, ex. 1 à 3.

Séance 5 : le début de l'histoire (suite)

■ **Objectif** :
- Poursuivre la lecture du sens (p. 61).
- Identifier un personnage hyper actif.

■ **Enjeu** : le même que pour la séance 4.

■ **Procédures** : lecture d'image ; mime ; lecture par réinvestissement ; combinatoire et sens.

■ **Matériel** : livre p. 61 ; bandeaux affichés au tableau ; « soleil-horloge » ; cahier 1 pp. 76 et 80 ; *Dico des sons* p. 10.

■ **Durée** : 30 minutes.

■ Déroulement

– Même séance que la précédente. On pourra toutefois faire jouer les quatre actions dans le désordre et demander de les replacer grâce au « soleil-horloge ».

– Pour la lecture de la dernière phrase, on pourra s'appuyer sur le mot « br**ui**t » (*Cf. Lili Cricri*).

– Faire lire les deux pages « dans tous les sens », puis les deux bandeaux, puis le bandeau et le texte p. 60 ou p. 61, puis les deux textes pp. 60 et 61, enfin l'intégralité à la suite.

Activité d'écriture

« C'est le matin de Noël, le père Noël se prépare. » Faire dire tout qu'il fait et l'écrire au tableau. Il s'agit de pratiquer une dictée à l'adulte : c'est une autre manière d'entrer dans l'écrit et de se l'approprier.

Activité complémentaire : production orale et/ou écrite (collectif oral)

Donner la parole à l'oiseau en tenant compte de son expression. Le maître écrit les propositions au tableau sous la dictée.

Consolidation/contrôle des acquis : cahier 1 p. 76.

Ex. 1 : exercice de copie. La seule difficulté réside dans le fait de sélectionner les informations à la fois dans le bandeau et dans le texte du bas de page. Il peut être donné en études dirigées.
Ex. 2 et 3 : à faire en autonomie ; ils peuvent être traités à différents moments. Ils peuvent servir de compléments à la séance.

Étude phonologique 1 du [ɛ] : redire la comptine du [ɛ] ; lancer la pêche au [ɛ] ; *Dico des sons* p. 10 ; cahier 1 p. 80, ex. 4 et 5.

Séance 6 : l'agenda

■ **Objectifs**

- Poursuivre la lecture du livre (pp. 62 et 63).
- Manipuler un nouveau support et une nouvelle forme d'écrit : l'injonctif (ou prescriptif).

■ **Enjeu** : Montrer l'hyper activité de Super Noël : agenda est l'outil privilégié indispensable à tous ceux qui mènent une vie aussi dense que variée. Ce qui est le cas de notre Super Noël ! Par ailleurs, il permet, de par sa fonction même, de jouer avec les notions temporelles, en indiquant la date d'aujourd'hui, mais en projetant aussi dans le futur. Enfin, il est révélateur des activités de son propriétaire, qu'il définit dans ses fonctions.

■ **Procédures** : échange oral ; écriture en situation pour ensuite lire un type d'écrit moins familier ; production collective de ce type d'écrit.

■ **Matériel** : livre pp. 62 et 63 ; bandeaux affichés au tableau ; des agendas périmés, des agendas publicitaires vierges, nombreux à cette période de l'année ; une grande affiche ; le matériel de décoration pour la classe en vue de la fête de Noël ; cahier 1 pp. 77 et 81 ; *Dico des sons* p. 10.

■ **Durée** : 45 minutes.

Préalable : apporter et faire apporter tout le matériel dont on aura besoin pour décorer la classe pour Noël.

■ Déroulement

1re PHASE : description du matériel (collectif oral)

– Prendre en compte le matériel apporté soit par les enfants, soit par l'enseignant. Le faire nommer. Se poser la question de savoir ce qu'on va en faire, et quand on va le faire.

– Faire décompter les jours (avant les vacances) et établir une sorte de programme (comme l'emploi du temps de la classe, ou le tableau des responsabilités). Prévoir les étapes de la décoration. Les faire lister à l'infinitif (au besoin commencer les phrases par « Il faudra... ») et les écrire au tableau. Les faire classer par ordre chronologique et les recopier sur l'affiche. Mais comment connaître les jours et les dates ?

2e PHASE : la mise en route de l'agenda (collectif oral)

– Faire manipuler un (ou plusieurs) agenda(s).

– Chercher tous les indices particuliers à ce support : En quoi diffère-t-il d'un autre cahier ? Qui en a déjà vu ? Où ? Qui s'en sert ? Pour quoi faire ?

– Reconsidérer la pertinence de l'affiche en regard de l'agenda qui permet de dater les différentes opérations.

3e PHASE : l'agenda de Super Noël (collectif oral)

– Faire relire les bandeaux et récapituler tout ce qu'a déjà fait Super Noël depuis le début. L'écrire au tableau.

– Ouvrir le livre (pp. 62 et 63) et décrypter les illustrations : l'agenda, sa date (en juillet se situe peut-être l'anniversaire de certains enfants), ce qui est écrit, ce qui est barré (pourquoi ?). Ajouter des actions qu'on n'a pas vu faire mais qui sont induites par l'image : le pull-over qui sèche. Découvrir, d'après l'image, la construction des mots et le sens, ce qui reste à faire à Super Noël. Pourquoi ces actions-là et pas d'autres ?

– Émettre des hypothèses sur la suite de l'histoire : Va-t-on nous raconter ce qui est écrit sur son agenda ?

Bilan (à écrire sur le cahier de classe)

Super Noël est très occupé. Il a beaucoup de travail pour préparer Noël prochain.

Consolidation/contrôle des acquis : cahier 1 p. 77.

Ex. 1 et 2 : demandent à être explicités oralement, tant pour les réponses attendues que pour les modalités employées. Pour le premier dessin de l'ex. 1, on pourra accepter été/hiver, ou 14 Juillet/Noël, ou sapin/sapin de Noël.
Ex. 2 : le commencer par la justification de l'exemple donné, par référence aux pages du livre. La difficulté réside dans le changement de certains déterminants, le possessif devenant article.
Ex. 3 : il peut être fait en études dirigées.
Ex. 4 : il peut être fait également en études dirigées. Il vise à faire manipuler la forme injonctive par transfert.

Étude phonologique 2 du [ɛ] : *Dico des sons* p. 10 ; cahier 1 p. 81.

Séance 7 : le répertoire

Objectifs

- Poursuivre la lecture du livre (pp. 64 et 65).
- Découvrir et manipuler un support et un écrit fonctionnels : le répertoire.

Enjeu : acquérir une habileté stratégique face à des écrits spécifiques.

Procédures : chant ; lecture ; jeu.

Matériel : livre pp. 64 et 65 ; cassette ou CD de chansons enfantines ; *La Reine des Neiges* ; cahier 1 pp. 78 et 84.

Durée : 50 minutes.

Préalable : faire écouter et chanter les chansons (*La légende de saint Nicolas* est moins connue, voir p. 66. Lire l'histoire de *La Reine des neiges.*

– Écrire les titres au tableau.

Déroulement

1re PHASE : lecture des bandeaux (individuel, puis collectif oral)

– Faire lire tous les bandeaux depuis le début, plus les deux des pages 64 et 65. Faire émettre des hypothèses sur le sens. Qui est « Il » ? À qui téléphone-t-il ? Pour quelle raison ? Que signifie « aucun message » ? Pourquoi est-il « vert de rage » ?

2e PHASE : lecture d'image (oral collectif, puis lecture en binômes)

– Faire mettre l'horloge à l'heure. Quelle heure est-il ? Combien de temps s'est-il passé depuis le lever de Super Noël ? Et nous, que faisons-nous à 11 heures ?

– Faire parler sur l'illustration des pages 64 et 65. En particulier, noter la différence d'expression de Super Noël (inquiet, puis en colère). Faire expliciter en lui donnant la parole. Écrire toutes les propositions au tableau.

– S'interroger sur les rennes et sur le personnage qui est avec eux. Où sont-ils ? (en vacances, contrairement à la page précédente) Qui les garde ?

– Faire lire le texte en binômes pour trouver les réponses à ces questions, à l'aide de tous les écrits du tableau. (Le mot « répertoire » peut être construit, syllabe par syllabe, « ré + per » déjà travaillées + « toire » de « histoire ».)

– Expliquer pourquoi Super Noël et le père Nicolas sont amis. Dire qui est le père Nicolas. Créer un dialogue entre eux, en respectant « leur personnalité ».

3e PHASE : jeu du répertoire (collectif oral)

– Laisser les élèves identifier le répertoire. Ils diront vraisemblablement « carnet pour téléphoner, ou pour les numéros de téléphone ». À quoi ça sert ? Les parents en ont-ils ? Si oui, où les mettent-ils d'habitude ? Comment sont-ils ? Et les nouveaux répertoires électroniques ? Etc.

– Chercher comment ça fonctionne. Découvrir et identifier les informations contenues (noms + adresses + numéros de téléphone). Faire lire le nom des personnages d'après les titres des chansons écrits au tableau. Faire retrouver la ligne du père Nicolas, puis chercher son numéro et son adresse.

– Jouer au jeu du répertoire : « J'habite au couvent des Mâtines… Qui suis-je ? Je suis la Mère Michel… Quel est mon numéro de téléphone ? », etc.

Bilan

Terminer par le constat que Super Noël est tout seul et risque de s'ennuyer.

Consolidation/contrôle des acquis : cahier 1 p. 78.

Il s'agit d'exploiter ce nouveau document, le répertoire, en le manipulant. Il est préférable de faire réaliser les exercices 2 et 3 avant l'exercice 1.

Ex. 2 et 3 : permettent à la fois d'intégrer la fonction de ce document et de s'investir (moi) en notant des renseignements pas toujours bien acquis (sa propre adresse et son numéro de téléphone). Sinon, il s'agit de repérage visuel et de transfert imaginaire (Lilou et Super Noël).

Ex. 1 : permet de fixer la notion d'équipage, difficile dans cette acception. On pourra faire chercher et construire en commun une définition et faire écrire sur le cahier de classe de quoi se compose l'équipage de Super Noël. Ce sera l'occasion d'écrire les mots « traîneau » et « rennes ».

Ex. 4 : peut se faire par dictée à l'adulte, individuelle ou collective.

Conscience phonique : lancer la comptine du [ʒ] : cahier 1 p. 84, ex. 1 à 3.

Séance 8 : la carte postale

■ **Objectifs**
- Découvrir une nouvelle unité narrative (pp. 66 et 67).
- Découvrir et pratiquer en situation un nouveau support et un nouveau type d'écrit social.

■ **Enjeu** : pratiquer en situation le genre épistolaire sur un support particulier.

■ **Procédures** : jeu ; langage de la description d'image ; échanges oraux ; lecture ; production de ce type d'écrit.

■ **Matériel** : livre p. 66 ; cartes postales apportées par les enfants et l'enseignant ; dés à jouer ; cahier 1 pp. 79 et 84 ; *Dico des sons* p. 11.

■ **Durée** : 25 minutes.

Préalable : dessiner la silhouette d'un verso de carte postale au tableau ou sur une affiche. Distribuer les cartes postales.

■ Déroulement

1re PHASE : la carte postale (individuel silencieux, puis verbalisé)

– Laisser un court temps pour regarder les cartes postales, en précisant qu'on jouera bientôt avec elles.
– Faire observer et nommer les différents éléments du verso par trois ou quatre élèves, puis généraliser.
– Écrire au tableau, en reliant les éléments à la silhouette de la carte : destinataire, message, signature (à gauche), adresse et timbre (à droite).
– Même questionnement que pour le répertoire (à la différence que ce support est connu) : Qu'est-ce que c'est ? À quoi ça sert ? Quand est-ce qu'on s'en sert ?

2e PHASE : observation de la page 66 (collectif oral)

– Relire le bandeau précédent (p. 65) et le nouveau (faire déduire le mot « vacances » du sens global). Poser la question : Qui est « on » ? Découvrir les quatre cartes postales de la page 66. Réinvestir ce qu'on a découvert auparavant. Se poser les questions : Qui écrit ? À qui ? Pourquoi ? Pour dire quoi ?

3e PHASE : lecture des cartes de la page 66 (en binômes)

– Chaque binôme est chargé de lire une carte (quatre binômes par carte), la plus difficile étant « le soleil brille » (la déchiffrer uniquement par le sens et les habitudes culturelles).
– Faire comparer et échanger. Donner les prénoms des signataires si nécessaire. Faire lire les cartes à haute voix. Noter les différentes appellations de Super Noël (*cf.* séance 2 et l'album photo p. 9) et les justifier. Noter la présence du mot « vacances » : Qui est en vacances et pourquoi ?
– Répondre aux questions précédentes et identifier « on ».
– Lire l'image : dans la boîte aux lettres, il y a Lilou et le journal (faire construire le mot).

Bilan

– Pourquoi Super Noël est-il content ? On pense enfin à lui !

Activité complémentaire : jeu « À qui la carte postale ? » (production d'oral descriptif, groupes de six)

Voir la règle du jeu p. 66.
Ce jeu permet de préparer à certaines compétences dans plusieurs disciplines :
- en français
  – comprendre et appliquer une règle de jeu,
  – employer, en situation, un langage descriptif ;
- en géographie
  – lire un paysage,
  – employer un vocabulaire spécifique ;
- en mathématiques
  – réinvestir les notions : < ; > ; nombres ordinaux (1er, 2e... 6e) et addition ;
- en éducation à la citoyenneté
  – respecter une règle de jeu,
  – accepter le score (accepter surtout de perdre !)

Consolidation/contrôle des acquis : cahier 1 p. 79.

Les activités proposées visent à faire intégrer les notions spécifiques du support : message, signature, destinataire, adresse, timbre.
Ex. 1 : réinvestissement de vocabulaire (qui pourrait être complété oralement ou par écrit sur l'ardoise).
Ex. 2 : consolidation de la lecture de la p. 66.
Ex. 3 : notion de signature qui identifie un message. Les activités proposées visent à faire intégrer les notions spécifiques du support : message, signature, destinataire, adresse, timbre.
Ex. 4 : permet à lui seul de réinvestir toutes ces notions. Il faudra donc le travailler plus particulièrement. On pourra commencer par remplir collectivement ce qui est commun à tous, c'est-à-dire l'adresse, pour ensuite s'intéresser au contenu. Plusieurs messages de quelques mots (emplacement limité) pourront être proposés ; chacun en choisira ou en inventera un. Consigne : « Qu'est-ce que tu veux dire au père Noël ? » C'est à dessein que nous avons indiqué Père Noël dans la consigne, pour permettre une plus grande complicité des enfants avec leur héros en cette période particulière (sans les inviter à écrire la trop fameuse lettre de commande) et pour ne pas les inciter à recopier les messages du livre.

Prévoir une séance supplémentaire pour l'étude phonologique 1 du [ʒ] : redire la comptine du [ʒ] ; lancer la pêche au [ʒ] ; *Dico des sons* p. 11 ; cahier 1 p. 84, ex. 4 et 5.

Séance 9 : le journal

■ **Objectifs** : les mêmes que pour la séance 8, en introduisant la presse.

■ **Enjeu** : le même que pour la séance 8.

■ **Procédures** : les mêmes que pour la séance 8.

■ **Matériel** : livre p. 67 ; un journal ; page « une » de journaux en « puzzle » ; enveloppes contenant six étiquettes ; des feuilles de papier format A3 ; cahier 1 pp. 82 et 85 ; *Dico des sons* p. 11.

■ **Durée** : 30 minutes.

■ Déroulement

Préambule : mise en scène pour introduire le nouveau support, puis échange oral collectif.

– Quand les enfants sont installés, l'enseignant lit le journal (comme dans l'illustration p. 67), tourne les pages et commente à haute voix pour soi (il s'étonne, s'indigne...).

– Il fait semblant de découvrir les enfants et leur demande de dire ce qu'il était en train de faire.

– Faire identifier ce nouveau support et dire à quoi il sert (le différencier des magazines).

– Rappeler qu'il existe sous d'autres formes : télévision (les JT) et radio (les informations) ; introduire les termes spécifiques : journalistes, presse et quotidien.

1re PHASE : la « une » d'un journal (par groupes de quatre)

– Distribuer à chaque groupe une grande enveloppe contenant :

• une enveloppe plus petite cachetée, renfermant elle-même des étiquettes avec les mots « nom », « gros titre », « photo », « colonne », « date » ;

• la « une » d'un quotidien dont on aura découpé le nom, un ou deux gros titres, une photo, une colonne, la date (les éléments découpés étant présents dans l'enveloppe également). Consigne : « Replacez les éléments découpés au bon endroit et dites leur nom ». Les coller.

– Ouvrir l'enveloppe cachetée ; vérifier et compléter le vocabulaire.

– Faire circuler les « unes » des quotidiens reconstituées de groupe en groupe afin de constater la permanence des éléments, même s'ils ne sont pas exactement identiques.

2e PHASE : faire le point de l'histoire (collectif oral, puis individuel)

– Relire et faire relire les bandeaux (depuis la p. 60) : Où avons-nous laissé Super Noël ? Que faisait-il ?

– Découvrir la page 67 et s'exercer à lire ce qui se trouve sur le journal. Question : Qu'annonce ce journal ? Mettre en évidence la date (*cf.* agenda), l'événement, la photo.

– Donner le mot « pompier ». Faire construire le mot « nouvelles » : **nou**nours, **v**a, mar**elle** ; en faire expliciter le sens collectivement. Insister sur les mots « fusée », « feu d'artifice » et « fête ».

– On lit silencieusement la phrase du bas de la page. Puis on relit la totalité de la double page.

Bilan

Qu'est-ce que Super Noël a appris dans le journal ?
Que va-t-il faire ?

Activité complémentaire : la « une » du journal de notre classe (six groupes)

Distribuer une feuille format A3 par groupe et demander de reconstituer la « une » d'un journal. Cette activité nécessite l'entente du groupe sur le nom à donner au journal, sur la photo (ou dessin) à présenter, et sur l'information « locale » à retenir. Elle se déroulera sur plusieurs séances et fera l'objet d'une présentation générale.

Consolidation/contrôle des acquis : cahier 1 p. 82.

Ex. 1 : faire identifier les dessins. Accepter plusieurs réponses si elles sont justifiées. Par exemple, on peut associer feu d'artifice et sapin de Noël parce que c'est la fête, plage et neige parce que ce sont les vacances. Ou bien feu d'artifice et plage parce que c'est l'été, et sapin de Noël et bonhomme de neige parce que c'est l'hiver.

Ex. 2 : fondé sur la discrimination visuelle, peut être fait en études dirigées.

Ex. 3 : vrai bilan des acquis de cette séance.

Ex. 4 : nécessite une collaboration importante et peut même faire l'objet d'un moment d'apprentissage particulier.

Étude phonologique 2 du [ʒ] : *Dico des sons* p. 11 ; cahier 1 p. 85.

Séance 10 : le départ de Super Noël pour la fête

Objectifs

- Lire une nouvelle séquence narrative (pp. 68 et 69).
- Mettre en évidence l'implicite d'un texte.

Enjeu : mettre en évidence des moments de transition pui permettent de structurer un récit.

Procédures : expression orale structurée ; lecture d'images ; lecture silencieuse ; lecture oralisée expressive.

Matériel : livre pp. 68 et 69 ; cahier 1 pp. 83 et 88.

Durée : 45 minutes.

Préalable

– Écrire au tableau le texte du bas de la page 68, jusqu'à « tout rangé ».

– Faire raconter par plusieurs enfants ce qui s'est passé, et comment on a laissé Super Noël.

Déroulement

1re PHASE : lecture de l'image page 68 (collectif oral)

– On cache l'image de la page 69. Puis on observe et on décrit celle de la page 68. Demander : « Comment est Super Noël ? Pourquoi ? Que fait-il ? »

– Faire parler Super Noël en prenant son attitude désabusée. Que peut-il penser ?

– Faire lire les phrases (bas de page). La première est simple. La seconde introduit les mots « beaucoup » et « travaillé », qui seront déduits de la suite. Repartir de l'agenda et faire énumérer sur le même mode tout ce que Super Noël a fait : il a même arrosé le sapin.

– Si on essaie d'imaginer ce que pense Super Noël, il semble se laisser aller au découragement. Lire (ou faire lire) : « Alors, il a une idée... » Quelle idée ? Émettre des hypothèses en s'aidant de la bulle.

– Faire lire la totalité de la page de façon expressive : lassitude, ennui, tristesse. Puis introduire le suspense avec « Alors, il a une idée... »

2e PHASE : lecture d'image, jeu dramatique, lecture du texte, production d'écrit (alternance individuel et collectif)

– Découvrir la p. 69 et décrire l'image, en rupture totale avec la précédente. Quelle décision a prise Super Noël ?

– Faire jouer successivement la situation par deux ou trois élèves (mime et monologue), en trois temps :

1. Super Noël se désespère.
2. Il décide de partir faire la fête.
3. Il fait ses bagages (Que prend-il ?) et il descend sur l'arc-en-ciel.

– Faire lire le texte de la p. 69 : reconstituer « laisse » avec ba**lai** + trou**sse** ; « glisser » doit venir par le sens.

– Faire lire de façon expressive l'ensemble des deux pages et dire où va Super Noël.

Bilan

Faire écrire individuellement une phrase sur le cahier de classe pour dire où va Super Noël. Par exemple, Super Noël va à la fête.

Consolidation/contrôle des acquis : cahier 1 p. 83.

Ex. 1 : demande de conjuguer les verbes au passé composé, ce qui ne pose pas de problème, car les enfants sont familiarisés avec ce temps. Il reste la transposition de l'infinitif à la forme conjuguée. Les premières phrases servent de déclencheurs et doivent permettre de mettre en route cette transformation qu'il faut appliquer dans les autres occurrences. (Faire remarquer la terminaison en « é ».)

Ex. 2 et 4 : en autonomie (en études dirigées).

Ex. 3 : on peut voir là une séance de véritable production d'écrit. Il serait souhaitable de faire d'abord écrire une phrase sur le cahier d'essai, phrase qui sera lue par le maître, puis corrigée avant d'être reportée sur le cahier. Peut-être sera-t-il nécessaire de commencer l'énoncé par Youpi ! je vais...

Conscience phonique : lancer la comptine du [d] ; cahier 1 p. 88, ex. 1 à 3.

Séance 11 : la fête du 14 Juillet

■ **Objectif** : lire une nouvelle unité narrative (pp. 70 et 71) : découverte de la fête d'en bas.

■ **Enjeu** : découvrir une autre séquence narrative par le changement de lieu, très contrasté par rapport à la première ; les couleurs, le monde, l'ambiance, tout s'oppose à ce qui précède. Le titre commence à s'expliquer.

■ **Procédures** : lecture d'images et de texte (plusieurs stratégies mises en jeu).

■ **Matériel** : livre pp. 70 et 71 ; cinq grandes étiquettes ; aimants ou gomme adhésive ; cahier 1 p. 86.

■ **Durée** : 30 minutes.

Préalable : si possible, commencer la séance en écoutant des airs de musette et d'orgue de barbarie pour faire émerger l'idée de fête. Déposer sur le bureau les étiquettes des cinq mots : « notes », « orgue de barbarie », « manège », « barbe à papa », « accordéon. »

■ Déroulement

1re PHASE : lecture des images pp. 70 et 71 (collectif oral descriptif)

Préambule : relire ou faire relire les bandeaux depuis le début.

– Susciter des commentaires sur Super Noël ; mettre en relation les pp. 69 et 70 (regarder l'heure). Noter le contraste des couleurs, du bruit et de l'animation.

– Faire venir deux élèves et leur dire de bien écouter tous les mots que vont dire leurs camarades et de repérer ceux qui sont écrits sur les cinq étiquettes. Ils les accrocheront au fur et à mesure.

– Dire aux autres : « Avec Super Noël, vous découvrez un millier d'images ». Chacun à son tour dit ce qu'il voit dans l'illustration pp. 70 et 71 et dit : « Avec Super Noël, je découvre... une petite fille qui a lâché son ballon, un garçon qui court avec son chien, un enfant qui a un chapeau pointu. » Etc.

– Écrire au tableau tous les autres mots proposés. Ce moment doit être enlevé et donner du rythme à la séance.

– Donner « orgue de barbarie » (car il a peu de chance d'être découvert par les élèves) en entrant dans le jeu : « Avec Super Noël, je découvre un joueur d'orgue de barbarie. »

– Lire le texte du bas de la page 70 et y introduire des erreurs. Ex : « Voilà le père Noël dans une rue verte, jaune et rouge. Le ménage tourne sur les notes de la barbe à papa. » Faire rectifier et lire le texte exact par plusieurs enfants.

2e PHASE : lecture individuelle de la page 71

– Faire observer l'image et l'attitude de Super Noël. Que veut-il ? Pourquoi ? (Remarquer depuis combien de temps il n'a pas mangé : il était 7 heures et demie à la p. 61. On ne l'a pas vu entre 12 heures et 14 heures, pp. 67 et 68.)

– Dire aux élèves : Voici trois mots du texte que vous allez lire, mais je ne vous dis pas où ils sont. Il y a les mots « foule », « affamé », « aussi ». (Expliquer sommairement chacun de ces mots.) Maintenant, vous pouvez lire tout seuls la page 71.

– Faire lire l'ensemble des deux pages. Fournir une aide individualisée à ceux qui en auraient besoin.

– Se reporter au journal (p. 67) et chercher le titre du journal qui correspond à cette double page.

Activité complémentaire : vocabulaire

– Faire nommer d'autres éléments de la fête foraine en général : montagnes russes, grande roue, balançoire, grand huit, autos tamponneuses ; nougats, crêpes, gaufres...

– Livre fermé, sous la dictée, faire écrire : Noël, glace, chat, nounours, Lilou.

Bilan

Super Noël est très content.

Consolidation/contrôle des acquis : cahier 1 p. 86.

Ex. 1 : les instruments de musique doivent être nommés oralement et repérés sur le livre.

Ex. 4 : le chapeau et le béret doivent être dessinés au tableau (identiques à ceux de l'illustration), et les mots des étiquettes doivent être lus ensemble. (On pourra poursuivre en jouant au jeu des musiciens : Je joue du piano, je suis... Je joue de la guitare, je suis..., puis avec violon, trompette, harpe, flûte, clarinette...)

Ex. 5 : laisser du temps afin de lire la phrase, puis la faire oraliser par plusieurs élèves avant de l'illustrer.

Les deux autres exercices (2 et 3) peuvent être faits en études dirigées en consolidation des acquis.

Étude phonologique 1 du [d] : redire la comptine du [d] ; lancer la pêche au [d] ; *Dico des sons* p. 12 ; cahier 1 p. 88, ex. 4 et 5.

Séance 12 : le manège

■ Objectifs

- Lire la suite de l'histoire (pp. 72 et 73).
- Affiner les notions spatiales (tourner, en haut, en bas, devant, derrière, entre).

■ Enjeu : idée de mouvement, presque de vertige, et du temps qui passe vite quand on est occupé et entouré. Le jour devient nuit d'une page à l'autre. Le soleil cède la place à la lune.

■ Procédures : lecture d'image ; formulation de devinettes ; lecture individuelle du texte.

■ Matériel : livre pp. 72 et 73 ; étiquettes avec le nom des couleurs (fiche 16 p. 163) ; douze bandelettes de papier ; éventuellement de la musique de fête foraine ; cahier 1 pp. 87 et 89 ; *Dico des sons* p. 12.

■ Durée : 30 minutes.

Préambule

– Faire lire ou lire tous les bandeaux.
– Faire rappeler la situation.

■ Déroulement

1re phase : lecture de l'image des pp. 72 et 73 (collectif oral)

– Faire constater que l'on passe du soleil, p. 72, à la lune, p. 73. Pourquoi ?
– Poser les questions : Où est Super Noël p. 72 ? Et p. 73 ? Pourquoi ? Faire constater le changement de couleur : faire émerger la notion de durée ; on passe du jour à la nuit.
– Poser les questions : Pourquoi la petite fille en jaune a-t-elle les couettes relevées ? Pourquoi la barbe et le bonnet de Super Noël sont-ils dessinés de cette façon ? Faire émerger l'idée de mouvement et de rotation.
– Conclure que plus le temps passe, plus Super Noël fait la fête.

2e phase : association des étiquettes de couleurs avec les animaux du manège (en binômes, collectif oral)

– Distribuer un jeu d'étiquettes avec les noms de couleurs (fiche 16) par binôme, ainsi qu'un jeu d'étiquettes avec les noms des animaux du manège.

– Faire apparier les étiquettes en s'appuyant sur l'illustration et sur le texte de la double page.

– Faire lire oralement, par quelques binômes, les associations trouvées.

– Pour consolider l'acquisition, poursuivre, en présentant une étiquette comportant un nom d'animal ; les élèves doivent écrire le nom de la couleur associée à cet animal sur leur ardoise.

3e phase : jeu des devinettes (en binômes)

– Une moitié de la classe est chargée de lire la p. 72 ; l'autre moitié lit la p. 73 (plus difficile).

– Faire poser réciproquement par écrit des « questions devinettes » (trois ou quatre) dont les réponses sont dans le texte et dans l'image. Ex : Qui est-ce qui est bleue ? Réponse : la girafe. Il faudra certainement aider les enfants à formuler leurs devinettes.

– Faire lire à haute voix le texte de sa page par chaque groupe, puis la totalité par les deux groupes. (Si on a de la musique de fête, faire lire sur fond musical pour rythmer et animer.)

Bilan

Super Noël est de plus en plus content.

Consolidation/contrôle des acquis : cahier 1 p. 87.

Tous les exercices visent à la manipulation, en situation, des notions spatiales en trois dimensions. Il conviendra de bien faire repérer et nommer les différents animaux du manège. On pourra même les faire interpréter par des élèves qui se placeront les uns par rapport aux autres, comme sur l'illustration : ils diront qui ils sont et comment ils se positionnent. On passera ainsi d'un espace à deux dimensions à un espace à trois dimensions.

Ex. 5 : se pratique comme l'ex. 5 de la page 86.

Étude phonologique 2 du [d] : *Dico des sons* p. 12 ; cahier 1 p. 89.

Séance 13 : la farandole

■ **Objectif** : poursuivre la lecture du texte (p. 74).

■ **Enjeu** : développer l'idée que pour faire la fête, on a besoin d'être avec les autres, de partager avec eux.

■ **Procédures** : mime (jeu des métiers) ; lecture ; mise en jeu ; production d'écrit.

■ **Matériel** : livre p. 74, étiquettes comportant des noms de métiers rencontrés dans l'unité (ou avant) ; aimants ; emballages vides de sirops et de médicaments ; cahier 1 pp. 90 et 92.

■ **Durée** : 45 minutes.

■ Déroulement

Préambule : la ronde des métiers

– Disposer une série d'étiquettes retournées avec les noms de métiers suivants : bibliothécaire – maître ou maîtresse – balayeur – pompier – policier – accordéoniste – photographe – pharmacien – marchande de barbe à papa – joueur d'orgue de barbarie – marchand de glaces – jardinier.

– Faire venir les élèves deux par deux (groupes hétérogènes). Ils tirent au hasard une étiquette et jouent aux noms de métiers (pour le pharmacien, il sera certainement nécessaire d'utiliser les emballages vides de médicaments). Faire afficher l'étiquette au tableau quand le métier est découvert.

– Le photographe et le pharmacien (livre p. 74) n'étant pas connus, soit différer leur apparition, soit les confier à des lecteurs plus confirmés.

1re PHASE : mise au point et hypothèses (collectif)

– Faire lire les bandeaux par un ou plusieurs élèves.

– Se poser la question du sens possible de « oublie son âge » : Quel âge a Super Noël ? Que peut-il faire avec tout le village ? Accepter toutes les réponses plausibles (retourner au titre).

2e PHASE : lecture de la page 74 (individuel)

– Faire observer l'image en insistant sur les indices qui montrent le moment (la nuit) et le mouvement (le chapeau s'envole, le pompon de Super Noël aussi, la queue de cheval de la petite fille, les couettes, la robe, tout est en mouvement). En déduire l'idée de ronde ou de farandole.

– Faire lire individuellement et en silence le texte du bas de la page 74 par prélèvement d'indices dans l'illustration et réinvestissement des mots nouvellement rencontrés. On pourra travailler avec un groupe restreint d'élèves, pendant que les autres auront la tâche de « compléter » le village en introduisant par écrit des métiers nouveaux dans la farandole.

3e PHASE : conclusion et interrogations (collectif oral)

– Répondre à la question de l'âge de Super Noël en validant ou en infirmant les hypothèses formulées en début de séance : Super Noël oublie qu'il est très vieux en faisant la ronde avec les gens du village.

Bilan

– Faire relire le texte intégralement et demander : Pourquoi cette fête ? (se reporter au journal).

Activité complémentaire : grammaire

– Travailler par manipulation la notion d'accord sujet/verbe :
Le photographe donne la main.
Les enfants donnent la main.
Super Noël donn… la main.
La dame en violet dans…
Les lampions dans…
… vole.
… volent.
… éclaire la nuit.
… éclairent la nuit.

Consolidation/contrôle des acquis : cahier 1 p. 90.

Ex. 1 et 2 : sont devenus habituels.
Ex. 3 : permet d'aborder, de façon implicite, la notion de groupe déplaçable. En effet, le syntagme « avec tout le village » peut se placer avant ou après « Super Noël ». Il ne peut se retrouver en fin de phrase, car le point d'exclamation oblige à terminer la phrase après « oublie son âge ». Cet exercice peut être fait en études dirigées et relu le lendemain matin comme rappel, en laissant les deux possibilités de construction.
Ex. 4 : demande de bien observer l'illustration et d'expliciter les pictogrammes (lire : femmes, enfants, hommes, père Noël). L'exemple sert à lancer l'exercice, mais aussi à lever l'ambiguïté sur le nombre de femmes (une ou deux).
Ex. 6 : peut faire l'objet d'un moment spécial. Il convient d'accepter toutes les productions conformes à la consigne, même les plus inattendues. (ex : « Le pharmacien tourne dans le ciel. »). Les faire lire oralement devant la classe. Les plus incongrues amuseront beaucoup ! On peut même forcer la chose en faisant opérer un choix totalement aléatoire.

Conscience phonique : lancer la comptine du [f] : cahier 1 p. 92, ex 1 à 3.

Séance 14 : le feu d'artifice

- **Objectif** : lire la fin du texte (p. 75) et connaître le dénouement.
- **Enjeu** : relever les indices du dénouement.
- **Procédures** : lecture de discours et de récit ; production orale.
- **Matériel** : livre p. 75, cahier 1 pp. 91, 92 et 94 ; *Dico des sons* p. 13.
- **Durée** : 40 minutes.

Déroulement

1re PHASE : découverte du feu d'artifice (collectif oral)

– Faire comparer avec la page 74 : noter l'aspect statique et la différence d'angle de prise de vue, en contre-plongée (à l'inverse de la couverture). Le spectateur a le même regard que les enfants et Super Noël. On regarde ce qui se passe dans le ciel.

– Lire ou faire lire le bandeau et expliquer « bouquets sauvages ». C'est le feu d'artifice. Faire énumérer tout ce que l'on sait du feu d'artifice et relever les mots « fusées », « pétards », « éclater », « exploser ». Écrire tous ces mots au tableau.

– Faire énumérer tout ce qui peut éclairer le ciel, la nuit (les étoiles, la lune, des étoiles filantes, des avions, des satellites).

2e PHASE : lecture des bulles (par groupes de quatre)

– Faire jouer la scène en mettant trois enfants face à Super Noël, de façon à engager un dialogue.

– Noter les échanges. Lire la bulle des enfants. Faire remarquer qu'il s'agit de langage oral.

– Faire lire la dernière page.

Bilan

Faire émerger la conclusion et la fin de l'histoire. En tirer la « morale ». Pourquoi Super Noël est-il venu sur la Terre ? Qu'est-ce que ça lui a apporté ? Pourquoi repart-il content ? Que va-t-il faire ?

Les enfants font le point sur l'histoire complète et racontent l'épisode qu'ils ont préféré, ou décrivent leur personnage préféré et/ou le dessinent.

Activité complémentaire : affinement de la combinatoire

– Faire énumérer tous les mots connus et rencontrés depuis le début comportant le phonème [f].

– Les écrire au tableau, puis opérer un classement prenant en compte la voyelle qui suit le [f] : dé**fi**lé, arti**fi**ce, **fi**lle ; af**fa**mé, **fa**randole ; en**fan**ts, **fan**fare.

Consolidation/contrôle des acquis : cahier 1 pp. 91 et 94.

Seul l'ex. 2 de la page 91 peut être équivoque. La première possibilité offerte est vraisemblable, mais fausse par le sens et par l'histoire. La dernière est totalement injustifiée et traduit une confusion dans le rapport cause/conséquence.

Tous les autres exercices peuvent être réalisés en autonomie et se faire à l'issue de la séance.

Ex. 2 : production d'écrit (cf. ex. 3 p. 83).

P. 94. Ex. 5 : Les élèves doivent restituer la cocarde et le drapeau. Il sert de signe d'adieu avec l'ex. 2 à l'histoire.

Étude phonologique 1 du [f] : redire la comptine du [f] ; lancer la pêche au [f] ; *Dico des sons* p. 13 ; cahier 1 p. 92, ex. 4 et 5.

Prévoir une séance supplémentaire pour l'étude phonologique 2 du [f] : *Dico des sons* p. 13 ; cahier 1 p. 93.

Bilan : cahier 1 pp. 95 et 96.

P. 95, ex. 1 : pas de difficulté particulière, à condition de constater que l'image n'est pas l'illustration de la phrase, mais qu'elle est suggestive en n'en présentant qu'un élément.

Ex. 2 : il pourra être fait oralement au préalable.

Ex 3 : il nécessite d'avoir explicité et intégré les notions de destinataire et d'expéditeur. On pourra dire aux enfants que chacun est le destinataire et qu'il doit écrire son prénom à côté de Bonjour.

P. 96 : pas de problèmes particuliers.

De temps en temps

Pages 77 à 92 du livre de l'élève

Enjeux

Trois enjeux pour cette unité :

Approche des notions de temps et de leurs représentations. Dans cette unité, l'acquisition des repères temporels de notre société, déjà travaillés depuis le début, sera reprise et systématisée selon trois directions : l'interrelation temps cyclique/temps linéaire ; une approche socio-culturelle des grandes divisions temporelles (la journée, la saison, l'année) ; enfin une volonté de mettre en regard différentes manières de vivre et de penser, normes de goûts, de reconnaissance symbolique et de comportements dans la société actuelle et des sociétés passées.

Temps cyclique et temps linéaire. Le temps cyclique, inscrit dans un temps linéaire orienté et fini, caractérise la vie humaine : les jours reviennent de semaine en semaine (ils tournent comme les aiguilles d'une montre), mais le temps s'écoule pour les êtres humains comme dans un sablier ; leur vie a un début et une fin.

Cette conception sous-tend la représentation des unités de temps dans l'exercice 4, p. 9 du premier cahier, sur le dessin de Lilou (on ne revient pas au point de départ). Elle chemine dans l'histoire de Lili Cricri (le fait de grandir) et à travers tous les textes mettant en scène le temps qui passe (chronologie du récit) ; elle est reprise et systématisée à propos de la représentation des mois sous forme de spirale, dans l'exercice 3, p. 7 du second cahier. Elle pourrait faire l'objet d'un troisième exercice : la représentation des années sur la corne de la licorne (à condition de la continuer indéfiniment).

La construction de ces notions dans l'esprit des enfants est importante pour leur permettre d'entrer dans la logique de l'histoire comme discipline et de l'histoire telle que la perçoit la société actuelle et que la discipline historique étudie. L'une des caractéristiques principales du temps de l'histoire est d'être un temps linéaire, continu, orienté à partir d'un point-origine : le temps de l'ère chrétienne laïcisé par la Révolution. C'est un temps qui avance, c'est-à-dire qu'il ne se répète pas : il est « porteur de différences irréversibles », « il rend l'après irréductible à l'avant », il est « créateur de nouveautés et de surprises » [1].

Approches socio-culturelle et historique. Dans le cadre de l'unité *Anatole va à l'école,* la journée et la semaine ont déjà été présentées en fonction des rythmes et du mode de vie sociale actuels de l'enfant ; ce sera maintenant l'occasion d'aborder d'autres notions, de choisir d'autres critères – relation au jour et à la nuit, fêtes, illustrations d'almanachs, faits de société, travail, modèles de vie – et de mettre « aujourd'hui » et ses images (exercice 4, p. 7 du second cahier, à propos des représentations des saisons) en perspective par rapport à « autrefois ».

Parce que le temps est inscrit dans l'espace, autour de nous, et dans les objets de la vie quotidienne, la couverture proposera une approche temporelle et historique par le patrimoine [2].

Et pourquoi, pour aller dans le sens de cette unité, ne pas interpréter le résultat du combat mis en scène dans l'œuvre d'art, p. 77, comme une métaphore de la maîtrise du temps par l'être humain ? Au Moyen Âge, le temps n'appartient qu'à Dieu et ne peut donc être vendu. Si pendant très longtemps encore c'est la sonnerie des cloches qui, à la campagne notamment, rythmera la vie et les activités [3], avec la Renaissance, « le temps qui n'appartenait qu'à Dieu est désormais la propriété de l'homme. » Et « l'humaniste a comme vertu première le sens et le bon usage du temps... Désormais, ce qui compte, c'est l'heure, mesure nouvelle de la vie : ... *ne jamais perdre une heure de temps.* La vertu cardinale de l'humaniste, c'est la tempérance, à qui l'iconographie nouvelle, dès le XIVe siècle, donne comme attribut l'horloge - mesure dorénavant de toutes choses. » [4]

Procédure

Dans cette unité, on ira toujours, à partir du présent, à la recherche du passé. On prendra la machine à remonter le temps pour faire quelques petits voyages dans l'histoire.

Matériel

- Livre p. 77 à 92 ; cahier 2 pp. 3 à 19 ; *Dico des sons* pp. 14 à 16.
- Récits des mythes de Thésée et le Minotaure, Déméter et Corè, Œdipe et la Sphinge.
- Étiquettes-affiches avec symboles des éléments du *Défenseur du temps*, fiche 17 p. 164 (séance 1).
- Pièces de monnaie, billet de 50 F, timbres, cartes de téléphone, affiches réalisées comme trace écrite après la sortie sur la rue, photos ou diapositives complémentaires si nécessaire : monument aux morts, plaques de rues, statues, fontaine monumentale dédiée à un personnage, à Marianne, etc. (séance 2).
- Caches avec fenêtres, fiche 18 p. 165 (séance 3).
- Une feuille à dessin par enfant, crayons de couleur, feuilles de papier calque, une bougie, deux panneaux pour affichage, relevés de la durée du jour et de la nuit (séance 4).
- Six catalogues (ou plus) automne/hiver et printemps/été (vêtements, activités, produits, équipements), ciseaux, colle, six feuilles A4 (partagées en deux par un trait vertical), « bandes-textes », fiche 19 p. 166 (séance 6).
- De nombreux almanachs et calendriers, même périmés ; reproduction de l'almanach du facteur, fiche 20 p. 167 ; catalogues ; photos de classe ou de vacances des parents, des grands-parents, des arrière-grands-parents, feutres ou craies de couleur (séances 7, 8 et 9).
- Un double jeu de papiers comportant des chiffres de 1 à 9, « bandes-textes » fiche 19 p. 166 (séance 12).
- Feuilles de dessin, crayons de couleurs, feutres à pointe fine.

Phonèmes étudiés : [ã], [e], [wa].

Bibliographie

Pour l'adulte

(1) • A. Prost, *Douze leçons sur l'histoire*, coll. « Points Histoire », Seuil, 1996, chapitre 5, pp. 101 à 123.

(2) • « Pierre et Marie Curie », *Documentation par l'image* n° 67, décembre 1996, Nathan.
- N. des Vallières, *Saint-Exupéry, l'archange et l'écrivain,* coll. « Découvertes », Gallimard, 1998.
- P. Fournel, *L'histoire véritable de Guignol,* FEDEROP, 1975.

(3) • A. Corbin, *Les Cloches de la terre, paysage sonore et culture sensible dans les campagnes au* XIXe *siècle,* Albin Michel, 1994.

(4) • J. Le Goff, « Le temps de travail dans la crise du XIVe siècle : du temps médiéval aux temps modernes », dans *Pour un autre Moyen Âge,* coll. « Tel », Gallimard, 1977, p. 78 et 79.

- « La mesure du temps », *Documentation par l'image* n° 69, février 1997, Nathan.
- « La mesure du temps », 15-31/12/1997, *TDC* n° 746, CNDP.
- O. Douzou, *Misto Tempo*, éditions du Rouerge.
- O. Belbéoch, C. Loudenot, N. du Saussois, *Vivre l'espace, construire le temps*, Magnard, 1994.
- M. Flonneau, *De la découverte du monde à l'histoire aux cycles 2 et 3*, Nathan pédagogie, 1996.
- *Du temps vécu au temps de l'histoire*, tome 1 : maternelle grands/CP, CRDP de Lille, 1990.

Pour les enfants

- *L'heure et le temps qui passe*, coll. « Mes premières découvertes des notions », Gallimard.
- *Le ciel, le soleil et le jour,* coll. « Découverte Benjamin », Gallimard, 1986.
- *Le ciel, les étoiles et la nuit,* coll. « Découverte Benjamin », Gallimard, 1987.
- Contes et légendes du monde entier sur l'origine des saisons.

Récits mythologiques

Thésée et le Minotaure

En ce temps-là, il y a de cela fort longtemps, vivait dans l'île de Crète un monstre sanguinaire du nom de Minotaure. Il s'appelait ainsi en raison de son énorme tête de taureau posée sur son corps d'homme. Il était enfermé chez le roi Minos, tout au fond des galeries obscures du palais de Cnossos. Le Minotaure faisait régner la terreur dans l'île et même au-delà, jusque dans la ville d'Athènes, en lointaine Grèce. Tous les sept ans, il réclamait sept jeunes garçons et sept jeunes filles pour les dévorer. Le roi d'Athènes ne pouvait les lui refuser, et il était très malheureux de voir mourir ainsi la belle jeunesse de sa ville. Bien des vaillants guerriers avaient déjà essayé de combattre le monstre, aucun n'en était jamais revenu.

Il faut dire que le palais de Cnossos avait été construit en labyrinthe pour que quiconque y entrait ne puisse jamais en ressortir. Il se perdait dans l'obscurité des couloirs enchevêtrés et finissait par tomber sous la patte meurtrière du Minotaure qui le déchirait avant de l'engloutir.

Un jour, Thésée, le fils du roi d'Athènes, proposa de partir à Cnossos avec le cortège de jeunes gens. Il se mit devant et les conduisit. Aux portes du palais, il rencontra Ariane la belle, fille du roi Minos. Les deux jeunes gens tombèrent amoureux l'un de l'autre mais Ariane fut vite très malheureuse, car elle pensait que son bien-aimé allait mourir comme tous les autres. Alors la princesse, magicienne, inventa une ruse : elle s'empara d'une cordelette très longue. Elle la roula en pelote, et elle accompagna Thésée. Lorsqu'il fut sur le point de s'enfoncer dans les sombres galeries, elle lui tendit un bout de la pelote et lui dit : « Thésée, ne lâche pas le bout de la cordelette. Je tiendrai fermement l'autre extrémité. Tu dérouleras la pelote au fur et à mesure que tu avanceras, et si les dieux veulent que tu sois vainqueur de l'horrible monstre, tu retrouveras facilement le chemin du retour. Il te suffira de suivre la cordelette qui te ramènera jusqu'à moi. »

Thésée fit ce que lui avait conseillé Ariane. Il livra un combat sanglant contre le Minotaure qu'il parvint finalement à tuer. Il n'eut aucun mal à retrouver la sortie du labyrinthe où Ariane l'attendait. Lorsqu'il revint à Athènes, le peuple lui fit grand honneur et, pour le récompenser de son courage, le proclama roi à la suite de son père.

Déméter et Corè

En ce temps-là, il y a bien longtemps, au pays de Grèce, les fleurs poussaient en permanence, les arbres donnaient sans cesse des fruits, et tout le monde se régalait des bienfaits de la nature.

Un jour, pourtant, tout changea.

Déméter, déesse du grain, des céréales et des moissons, avait deux frères, Zeus, le dieu des Dieux, qui commandait tout, et Hadès, le dieu des Enfers et des morts. Déméter vivait dans les plaines verdoyantes avec sa fille chérie, qui s'appelait Corè. La tendre mère se plaisait à voir gambader sa fille au milieu des prairies fleuries, dans la brise et le soleil. Un matin, comme d'habitude, Corè cueillait des iris, des jacinthes et des narcisses pour sa mère. Sans s'en apercevoir, elle s'était éloignée de chez elle. Tout à coup, un grand bruit, sec comme un coup de tonnerre, déchira l'air. La jeune fille, effrayée, vit alors la terre s'ouvrir devant elle. De l'immense crevasse surgit un char effréné, tiré par des chevaux au galop. Sans qu'elle ait eu le temps de réagir, tant son étonnement était grand, elle se sentit soulevée du sol par une force surhumaine. Elle eut beau pleurer, gémir, crier et appeler sa mère, rien n'y fit. Elle disparut au fond du gouffre noir et béant. Mais, en se débattant, elle laissa tomber le ruban avec lequel elle voulait attacher son bouquet.

Le soir venu, Déméter commença à s'inquiéter de ne pas voir rentrer sa fille. Un mauvais pressentiment l'envahissait. Quand la nuit fut noire, Corè n'était toujours pas de retour. Déméter sombra dans l'angoisse la plus folle. Elle partit à la recherche de sa fille chérie.

Elle la chercha pendant neuf jours et neuf nuits, sans dormir, sans boire ni manger. Elle la chercha partout, parcourant la Terre, en appelant désespérément : « Corè, Corè, où es-tu ? Réponds-moi ! »

Mais personne ne répondit. Une immense douleur s'empara de la déesse. Elle supplia en vain la lune et le soleil de lui dire où était cachée sa fille. Alors, elle entra dans une violente colère, et elle décida de se venger en reprenant à la Terre tous les dons qu'elle lui avait faits. Plus de fruits aux arbres, plus de blé dans les champs. Plus rien ne poussait, et les hommes mouraient de faim.

Un jour qu'elle errait tristement près d'un petit lac, Déméter rencontra deux gardiens de cochons, qui lui racontèrent : « Autrefois, nous avons été témoins d'une scène bien étrange : nous avons été alertés par les cris d'une jeune fille qu'on enlevait. Nous avons eu juste le temps de la voir s'enfoncer dans les entrailles de la Terre. Il nous reste ce petit ruban, comme preuve que nous n'avons pas rêvé, ou que nous n'inventons pas cette histoire extraordinaire. » À la vue de ce ruban, Déméter crut s'évanouir. Elle le reconnaissait, et elle savait qu'elle venait de retrouver la trace de sa fille tant aimée. Elle comprit que la malheureuse Corè avait été entraînée aux Enfers par Hadès, le dieu du monde des Ténèbres. Elle se précipita chez Zeus, le dieu des Dieux, le maître absolu, pour demander justice et réparation.

Après bien des hésitations, Zeus accepta que sa sœur se rende aux Enfers pour reprendre sa fille. Mais il y mit une condition : Corè devait ne pas avoir mangé la moindre nourriture pendant son séjour sous la terre. Déméter laissa éclater sa joie et elle se précipita dans le monde des Morts. Quand elle y arriva, Corè se jeta dans ses bras. Mais Hadès, le traître, avait déposé une graine de grenade rouge au coin de la bouche de sa femme. Quand Déméter s'en aperçut, elle crut mourir de douleur. La déesse des moissons décida de priver une nouvelle fois les hommes de nourriture. Zeus intervint alors. Il essaya de contenter tout le monde : « Corè passera trois mois aux Enfers avec son mari, changera de nom et s'appellera alors Perséphone, reine des Enfers. Les neuf autres mois, elle sera sur la Terre en compagnie de sa mère bien-aimée. »

C'est pourquoi, depuis, Déméter est joyeuse au printemps et en été. Elle couvre alors la terre de fleurs, de plantes, de feuilles et d'épis de blé dorés. Mais quand vient l'automne, elle est si triste que ses larmes se confondent avec les feuilles jaunies qui tombent, car elle sait que sa fille va bientôt repartir.

Ainsi, raconte-t-on en Grèce, sont nées les saisons qui tournent leur ronde sans fin.

La légende d'Œdipe et de la Sphinge

Il y a très longtemps, en plein cœur du pays grec, un monstre hideux terrorisait la région de la ville de Thèbes. C'était la Sphinge, mi-femme, mi-bête, à la fois serpent, oiseau et lion. Cette horrible créature était juchée tantôt sur un énorme rocher, tantôt sur une immense colonne, d'où elle surveillait le seul passage qui conduisait à la ville. Comme elle était très gourmande de jeunes gens, la Sphinge posait une énigme à tous les garçons qui voulaient franchir le passage. Et comme ils ne savaient pas répondre, elle les tuait sauvagement et les dévorait avec avidité. Ainsi mouraient tous les jeunes de Thèbes, et le peuple était triste.

Un jour, Œdipe se présenta, et elle lui posa sa question : « Qui marche à quatre pattes le matin, sur deux pieds à midi, et sur trois le soir ? » Mais quelle ne fut pas sa surprise quand Œdipe lui donna la bonne réponse. Folle de rage d'avoir été déjouée, humiliée, elle sentit qu'elle avait perdu son pouvoir maléfique. Alors, elle se tordit de douleur, se convulsa, s'enflamma et se précipita dans un gouffre où elle s'écrasa.

La ville de Thèbes, reconnaissante, fêta le héros qui l'avait délivrée, et fit d'Œdipe son roi.

■ Compléments d'informations

Document page 77 (séance 1)

Le temps des horloges est en fait le symbole de cette « civilisation des marchands » qui, à l'aube des Temps Modernes, impose son organisation socio-économique et, face à l'Église, laïcise le temps en concurrençant les cloches qui le rythmaient. Peu à peu, dans ce type de société, la mesure du temps se fait de plus en plus précise (montres avec trotteuses et chronomètres), alors même que se démocratise l'accès à cette mesure en corrélation avec l'accélération des rythmes de vie.

Documents de la couverture *De temps en temps* (séance 2)

Pour la plupart, ces objets sont des « monnaies d'échange » au service du commerce humain et de la communication. Lorsqu'ils circulent, sont transmis avec eux les informations et symboles qu'ils portent, comme si leur valeur affichée était légitimée une seconde fois, consacrée par l'éminence historique des faits, personnages, traces patrimoniales dont ils portent la représentation. C'est parce qu'ils ont contribué au rayonnement international du pays dans les domaines des sciences ou de la littérature que la Banque de France a choisi, après enquêtes d'opinion, pour illustrer ses nouveaux billets, des personnages comme Saint-Exupéry ou Pierre et Marie Curie.

Ces documents évoquent des personnages importants de l'histoire : un roi pacificateur (*cf.* l'Édit de Nantes) ; deux grands scientifiques dont les découvertes sur la radioactivité ou le radium ont modifié la médecine ; un aviateur-écrivain célèbre qui a défendu la liberté ; enfin, un personnage dont le nom, Laurent Mourguet, est moins connu mais dont l'invention, Guignol, est chère à tous les enfants. La plaque commémorative est située à Lyon, rue Lainerie, dans le quartier médiéval/Renaissance Saint-Paul – Saint-Jean, dans la ville où est né Guignol, image du pauvre et notamment du « canut » d'alors (fin XVIIIe – début XIXe), c'est-à-dire du tisseur de soie (*cf.* cahier 2 p. 14).

Ils évoquent aussi un grand événement : la suppression de l'esclavage dans les colonies françaises, grâce à Victor Schœlcher, au moment de la Révolution de 1848 : le timbre reproduit a été émis à l'occasion du 15e anniversaire de cet événement.

Ont donc été choisis des documents très symboliques permettant non seulement d'entrer dans l'histoire à travers quelques évocations significatives, mais aussi de sensibiliser à des valeurs morales, activité relevant de l'éducation civique.

Documents page 80 (séance 3)

– Dans les *Jeux*, on reconnaîtra : le cerceau, la joute à califourchon, saute-mouton, colin-maillard, la balançoire sur le tonneau, le poirier, faire la chaise, etc. (en tout quatre-vingt-quatre jeux). Ces jeux sont alors courants en France comme en Flandre. Traditionnellement, les plus petits jouent avec hochets, grelots, moulinet, cheval de bois, soule (ballon), oiseau attaché et surtout poupée et tambour. La poupée est offerte aux garçons comme aux filles. Du XVIe au XVIIIe siècle, les plus grands jouent aux cartes, aux dés, au trictrac, aux osselets, à colin-maillard, à cache-cache, à la main chaude, aux jeux de paume, boules, billard, quilles, au tir, au bilboquet, au toton (toupie), au volant, etc. (*cf.* prolongements sur les jeux).

– Dans la salle de classe, qui ressemble à une écurie, règne un incroyable désordre : si certains enfants s'appliquent à écrire autour de la maîtresse et sur la droite notamment, ou viennent faire examiner leur travail, la plus grande partie d'entre eux est avachie ou s'agite, chahute ou joue. Au premier plan, un enfant s'est endormi près d'un panier de légumes (carotte et navet) ; au fond, à gauche, un autre, perché sur une table, semble chanter. Et pourtant les deux maîtres sont imperturbables : la vieille femme en coiffe blanche est assidue à sa fonction : elle contrôle et sévit à l'aide de sa baguette de brindilles. Le maître, quant à lui, remarquable par sa myopie, s'occupe à tailler sa plume. Cette toile, dont la date est incertaine, ne décrit sans doute pas la réalité.

Documents page 81 (séance 4)

Autrefois, on vivait dans la pénombre et l'obscurité, ce qui impliquait une manière de vivre et de penser très différente.

En hiver, quand le jour est très court, dans les « mois noirs » (novembre et décembre), que se passait-il ? Il faut songer aux rues ou routes noires avec tous les dangers afférents ; à l'obligation de circuler avec des bougies, chandelles, lampes portatives ; aux pièces très souvent sombres. Comment se chauffait-on ? Pas de radiateurs donnant une chaleur bien répartie ; les poêles à bois puis à charbon, sauf dans l'Est, sont rares et se diffusent lentement ; c'est le règne de la cheminée (élément le plus important de la maison mais loin d'être présente dans toutes les pièces, à la ville notamment), qui chauffe seulement tout près, comme la bougie éclaire un petit espace. Imaginons l'importance constante de la pénombre (surtout dans les fermes aux ouvertures très petites pour éviter un trop grand froid) ; la présence des ombres, facteurs d'illusion, de visions merveilleuses mais aussi inquiétantes ; les contraintes de l'entretien du feu, de la bougie à protéger, à ranimer ; les risques de l'incendie dans cet univers où le bois est le matériau roi (surtout la nuit).

Les saisons (séance 6)

Les pratiques festives caractérisant les saisons en relation avec les cadences astronomiques et leurs effets perdurent sous des formes proches à des époques diverses parce qu'elles ont une fonction sociale précise : marquer des étapes dans l'année (célébrer le solstice par exemple) ; souder les communautés (manger ensemble dedans ; danser et faire de la musique ensemble dehors) ; servir d'exutoire et introduire l'exceptionnel dans la vie quotidienne en autorisant et en ritualisant certains comportements (excès alimentaires par exemple, à l'occasion des « jours gras », dans des sociétés anciennes où règne habituellement la pénurie pour les plus modestes et qui sont soumises aux jeûnes religieux – Mardi gras se situe juste avant l'entrée en carême – jours devenus aujourd'hui des repères calendaires traditionnels).

Quatrains d'A. Bosse

Ici viennent à la hâte
Les enfants de Mardi gras
Mettre la main à la pâte
S'escrimant à tour de bras.

La cuisine les attire
Soit par coutume, ou par jeu ;
Et les beignets les font rire,
Tandis qu'ils sont près du feu.

Documents page 89 (séance 11)

Il conviendra de remarquer le message d'idéalisation véhiculé par les œuvres des peintres pompiers : J. Geoffroy et J. Breton ; l'illustration des demoiselles du téléphone est un éloge de la modernité qui glorifie manifestement l'importance de ce nouveau mode de communication et ses desservants. Quant à la reproduction de Steinlen (un anarchiste), elle a été conçue pour l'Exposition universelle de 1900, donc là aussi dans le cadre d'une mise en scène de la modernité, du progrès scientifique mais avec, semble-t-il, une volonté de message social sous-jacent : il s'agit d'un panneau de peinture décoratif du palais de la Décoration, du Mobilier et des Industries diverses intitulé *L'application à la décoration*, et qui s'intégrait dans un ensemble allégorique symbolisant la ville, la campagne, le bord de mer. Pour la ville, ce panneau représente les quartiers ouvriers de l'Est parisien (*cf.* les cheminées d'usines) et un autre les quartiers bourgeois de l'Ouest avec des femmes au balcon (*source :* catalogue du musée d'Orsay).

Les métiers masculins au XIXe siècle (cahier 2 p. 14)

Les paysans sont les plus nombreux, mais leur nombre diminue avec l'exode rural ; se développent au contraire les métiers touchant les services (transports – notamment chemins de fer –, employés de bureau et de commerce), les nouvelles professions comme celle d'ingénieur (métier apparu avec la révolution industrielle) et les métiers de l'enseignement (hausse du niveau d'éducation, lois scolaires). Les artisans demeurent mais le nombre des ouvriers s'accroît. Attention, là encore, à la nature du document et au message qu'il transmet ; la peinture de la paysannerie par L. Lhermitte tend à en montrer une image idéalisée qui en fait la gardienne des valeurs sûres du pays ; les représentations du sabotier, du « canut » (le tisserand lyonnais), de l'ouvrier métallurgiste et de l'ingénieur, issues de l'ouvrage *Le Tour de la France par deux enfants* (livre de « lecture courante » pour les élèves de l'école primaire, édité en 1877), sont proches de « l'image d'Épinal » en ce sens qu'elles choisissent ces métiers comme modèles de savoir-faire, incarnant une diversité et une modernité typiquement françaises, afin d'étayer le discours édifiant et patriotique du livre.

Séance 1 : l'horloge à automates, *Le Défenseur du Temps* de Jacques Monestier, 1979, Paris (quartier de l'Horloge), et le **beffroi de la chambre de commerce et d'industrie de Lille,** 1920

■ Objectifs

- Mettre en relation deux représentations et un récit mythique pour confronter leur message.
- Introduire à la notion de temps social et à la mesure de celui-ci.

■ Enjeu : grâce à une interprétation plausible de la sculpture et à sa mise en relation avec le beffroi, sensibiliser à l'appréhension de deux perceptions du temps : du temps mythique – cyclique et extérieur à l'homme, ou même inexistant (notion dénuée de toute pertinence : le mythe est hors du temps) – au temps humain, celui des horloges, linéaire et approprié aux sociétés.

■ Procédures : lecture d'image ; écoute et mémorisation ; mime ; expression orale ; mobilisation des acquis temporels et culturels (notions de monstre et de héros, connaissance pratique de l'horloge par exemple).

■ Matériel : livre pp. 77 et 92 ; étiquettes-affiches (fiche 17 p. 164) ; cahier 2 p. 3.

■ Durée : 40 minutes.

■ Déroulement

Préambule : récit mythique grec (collectif oral)

– Raconter ou lire le mythe de Thésée et le Minotaure (livres fermés).

1re PHASE : découverte de l'horloge à automates (collectif oral)

– Faire émettre des hypothèses à partir de la mise en relation d'un récit mythique et d'une sculpture. Pourquoi avoir raconté cette histoire ? Voit-on Thésée et le Minotaure ? Quels sont les différents éléments qui composent l'œuvre ? Quels sont les trois animaux que l'on voit ? Comment sont-ils disposés ? Comment est représenté l'homme ? Quelle est son attitude ? Pourquoi ? Que peut-il bien vouloir faire ?

– À partir de cette description surgiront ainsi peu à peu des suggestions : notions de héros et de monstre, et même peut-être déjà l'idée qu'un héros tente de se défendre contre trois animaux (dont l'un est plus particulièrement monstrueux) et veut les empêcher d'approcher un objet dans lequel on reconnaît une horloge. C'est une première étape pour la lecture de l'œuvre, mais des interrogations naissent : Pourquoi cette scène ? Pourquoi ces animaux-là (coq et crabe : un monstre dragon pourrait suffire) ? Elles ne seront résolues qu'après la troisième phase.

2e PHASE : jeu dramatique avec mise en espace et en mouvement de la sculpture (dans le gymnase par exemple)

– Faire animer la sculpture par des groupes d'enfants. Ils portent des étiquettes-affiches permettant d'identifier leur rôle (dragon, coq, crabe, horloge, héros).

– Insister sur les gestes de chaque personnage qui donneront sens à la scène : l'horloge, immobile tout en marquant la fuite du temps, est le témoin – mais aussi l'enjeu – de la bataille. Les enfants devront se déplacer selon le mode de locomotion de ces animaux dans leur milieu. Le coq essaiera peut-être de voler, le dragon rampera et le crabe fera semblant d'être dans l'eau : seront ainsi mis en lumière les éléments – air, terre, eau – que symbolisent ces animaux. Le héros ne pourra que se défendre avec acharnement contre les très graves menaces cosmiques qui pèsent sur son existence même. S'il gagne, c'est lui (comme Thésée) qui l'emportera sur les monstres qu'il empêche de « tuer » le temps ; il « sauve » donc l'horloge et impose sa perception du temps. À un temps répétitif, sans début ni fin, se substitue un temps orienté, linéaire et socialisé.

3e PHASE : bilan et confrontation des deux représentations (collectif oral)

– Reprendre la représentation de la p. 77 pour l'expliciter totalement, c'est-à-dire justifier le titre. Faire remarquer - si cela n'est pas encore venu de la part des enfants - la couleur dorée de la sculpture. L'horloge en devient un soleil, le héros une sorte de chevalier de l'espace intersidéral, les monstres des météores à éviter ou éliminer. Cette couleur souligne le caractère mythique de la représentation et l'importance de ce qui se joue dans ce combat pour la maîtrise de l'univers et de la source de toute clarté, donc de l'étalon universel de mesure du temps. Toute l'image est signe « d'années-lumière ».

– Lire l'image de la page 92. Faire identifier l'horloge en insistant sur sa situation : elle est intégrée au beffroi dont elle constitue un élément qui compte. Pourquoi est-elle là ? Pour qu'on la voie de loin, qu'elle puisse donner l'heure à tous. La sculpture nous a raconté une histoire : elle nous a dit comment le héros à forme humaine a sauvé le temps. Le beffroi nous dit ce qu'en a fait l'être humain : il l'a gardé pour lui, pour mesurer ses journées et toutes ses années.

Consolidation/contrôle des acquis : cahier 2, p. 3.

Exercices de réinvestissement. Il s'agit de faire créer un héros et un monstre, de faire réaliser un combat et d'en indiquer le résultat. Pour que cette activité ne soit pas un simple décalque de la séance, il est souhaitable de mettre au jour les représentations des enfants avant d'en commencer la réalisation (ou pendant la réalisation), sous forme d'une discussion sur ce que symbolise pour eux le monstre (ou le loup) : les bandits, le noir, la peur, etc. Ils pourront alors faire l'exercice 2.

N.B. : il est souhaitable d'inciter les élèves à créer un véritable monstre, c'est-à-dire un être imaginaire fait de différents éléments.

Séance 2 : analyse de la couverture du livre

■ Objectifs

- Comprendre le sens de la présence de tels documents par rapport au titre de l'unité.
- Comprendre le message transmis par cet ensemble de documents.

■ Enjeu : sensibiliser à l'évocation de l'histoire, à la constitution et au maintien d'un patrimoine dans et par des objets de la vie quotidienne.

■ Procédures : identification et lecture de documents variés à usage social (images et textes) ; mise en relation de ces documents ; sélection d'informations.

■ Matériel : livre p. 79 ; pièces de monnaie ; billet de 50 F ; timbres ; cartes de téléphone ; affiches réalisées comme trace écrite après la sortie sur la rue ; photos ou diapositives complémentaires si nécessaire (monument aux morts, plaques de rues, statues, fontaine monumentale dédiée à un personnage, à Marianne, etc.), cahier 2 p. 4.

■ Durée : 40 minutes.

■ Déroulement

Préambule : prendre connaissance des compléments d'information p. 84.

1re PHASE : découverte et lecture d'objets de la vie quotidienne ayant une fonction patrimoniale (par groupes)

– Répartir les enfants en six groupes (de quatre par exemple) ou cinq groupes (de cinq par exemple).

– Distribuer aux enfants des pièces de monnaie – ou leurs photocopies – à figurations différentes : par exemple 1 F usuel avec Semeuse et 1 F avec l'effigie de Charles de Gaulle, 2 F avec l'effigie de Jean Moulin ou celle de Guynemer, 5 F avec la tour Eiffel ou Voltaire, 10 F usuel avec le génie de la Bastille, 20 F avec les Jeux méditerranéens et Avignon. Distribuer aussi des euros, des timbres (ils ont déjà vu Marianne dans *Super Noël fait la fête*, livre de l'élève p. 66 et cahier 1 p. 79) et d'autres objets comme les cartes de téléphone rappelant une invention, un personnage ou un événement important.

– Leur demander d'identifier, d'observer et de décrire ces documents, de lire ce qu'ils peuvent, par exemple la devise (vue dans l'unité précédente, cahier p. 70), « tour Eiffel », « Jean Moulin » (dont le nom a été vu dans l'unité sur la rue, livre p. 53).

– Bilan oral et synthèse magistrale sur l'identification de ces objets, leurs mentions et images. Approche du sens des représentations que l'on y trouve : faits, personnages, monuments, inventions importants surgis de l'histoire et qui constituent un patrimoine reconnu ou que l'on fait ainsi reconnaître.

2e PHASE : lecture sélective d'affiches (en binômes)

– Faire rechercher sur les affiches produites après la sortie dans la rue les traces ou évocations patrimoniales que l'on peut voir dans la rue. Distinguer ce qui relève de la trace (maisons et bâtiments anciens conservés, châteaux, églises et ensembles architecturaux éventuels, statues de l'époque du personnage glorifié) de ce qui relève de la volonté de commémoration (plaques de rue, monuments et statues actuels ou postérieurs à la vie de ceux qu'elles représentent, références historiques dans les enseignes, dans les dénominations et sur les auvents des boutiques ou dans les publicités présentes au moment de la visite).

– Écrire au tableau les références trouvées.

– Se reporter à la page 53 du livre pour retrouver un nom de rue.

3e PHASE : identification des documents par mise en relation avec ceux vus précédemment et définition de l'ensemble (individuel oral)

– Laisser à chaque enfant le temps d'identifier les documents de la page 79. Les faire nommer et les décrypter avec eux en pratiquant la lecture d'image et de texte.

– Faire reformuler la fonction de ces documents : ce sont des objets actuels de la vie quotidienne qui nous parlent, par l'image ou/et le texte, du passé.

Si cela semble possible, on pourra faire comparer la taille réelle de deux objets (billet de 50 F et timbre) avec leur taille sur la représentation et montrer que la proportion est inversée. Le montage ainsi réalisé accentue encore le message implicite en mettant l'accent sur l'infamie que constitua l'esclavage et l'importance de la conquête de la liberté (V. Schœlcher est au Panthéon).

Bilan

Ce sont donc des objets de notre temps qui nous rappellent un autre temps, un passé plus ou moins lointain, d'où le titre de l'unité.

Consolidation/contrôle des acquis : cahier 2, p. 4, ex. 1.

Faire une lecture précise des documents de la 1re ligne. Faire émettre des hypothèses sur le 2e document de la 2e ligne (signature de Henry IV, qui pourra être associée par déduction).

Séance 3 : vivre une journée d'enfant hier et aujourd'hui
à partir de deux reproductions de peinture : Jan Steen, *Une école mixte*, 1670 ?, National Galleries of Scotland, Edimbourg ; Pierre Bruegel, *Jeux d'enfants*, 1560, Kunsthistorisches Museum, Vienne (détail)

■ **Objectifs**

- Appréhender les ressemblances et les différences dans le mode de vie d'une journée pour un enfant entre l'époque moderne et aujourd'hui.
- Approcher la condition de l'enfant et l'image de celui-ci à travers la manière dont les contemporains (se) le représentent.
- Lire et interpréter des œuvres d'art pour en dégager un sens et des informations.
- Lire le texte du livre, p. 80.

■ **Enjeu** : tout en reprenant et en consolidant les grands repères temporels de la journée de l'enfant, initier les élèves à l'histoire en leur faisant découvrir les ressemblances et les différences entre deux activités caractéristiques de leur classe d'âge à notre époque et autrefois, à l'époque moderne (XVIe-XVIIe siècles).

■ **Procédures** : mobilisation des acquis (notion d'activités et donc d'emploi du temps propres à l'enfance) ; observation ; lecture d'image ; formulation écrite.

■ **Matériel** : livre p. 80 ; fiche 18 p. 165 ; cahier 2 pp. 4, 5, 8.

■ **Durée** : 45 minutes.

Préalable

– Prévoir une fiche (qui sert de cache pour la p. 80 du livre) par binôme, fiche 18 (une moitié des binômes travaille sur *Une école mixte*, l'autre moitié sur *Jeux d'enfants*).

– Découper une fenêtre par cache (1er cache, fenêtre 1 ; 2e cache, fenêtre 2...).

– Disposer un cache par livre.

– Distribuer les livres, page 80 cachée, aux binômes.

■ Déroulement

1re PHASE : identification des documents (en binômes)

– Chercher à déterminer ce que l'on voit dans les fenêtres des caches (personnages, couleurs, activités). Pour ce faire : énoncer la consigne : « Que voyez- vous ? De quoi s'agit-il ? Savez-vous comment ça s'appelle ? »

– Nommer ce que l'on sait.

– Constater que les élèves ne semblent pas tous voir la même chose, mais qu'on peut faire des regroupements (couleur).

– Faire associer et commenter.

– Lire le texte et émettre des hypothèses en commun pour répondre aux questions (réponses probables : ils jouent et ils mangent).

2e PHASE : vérification des hypothèses (en binômes)

– Enlever le cache de la page 80 et découvrir les reproductions. Faire repérer et situer le « morceau » qu'on avait. Valider ou non les hypothèses, notamment pour les *Jeux d'enfants.*

– Confirmer en lisant aux enfants le titre des œuvres. Rappeler ou faire rappeler le sens de la mention sous les tableaux. Leur dire le nom de l'auteur et préciser qu'il s'agit d'œuvres très anciennes, de la même époque que *Le Bibliothécaire* pour les *Jeux d'enfants* (on pourrait écrire au tableau les deux dates l'une au-dessous de l'autre – 1560 pour *Jeux d'enfants* et 1566 pour *Le Bibliothécaire* – et faire comparer globalement), ce qui explique les grandes différences avec maintenant.

– Faire comparer les deux reproductions. Seront énoncées les oppositions suivantes : dedans et dehors, statique et en mouvement, sombre et lumineux, triste et gai.

– Faire s'exprimer les enfants sur l'école, et surtout sur sa représentation dans la peinture qui ne « dit peut-être pas toujours la vérité », puis sur les jeux d'autrefois et de maintenant (*cf. Anatole*). Ces anciens jeux existent-ils encore ?

Bilan (collectif oral)

– Faire formuler une phrase récapitulative qui résume ce que l'on a découvert et qui commence par : « Autrefois... ».

– Reprendre l'emploi du temps d'une journée scolaire actuelle de l'élève (lever, petit déjeuner, école, déjeuner, école, jeux, toilette, dîner, coucher) et énoncer les activités identiques que l'on a découvertes pour l'enfant d'autrefois.

Activité complémentaire

Faire mimer les jeux par certains ; les autres les découvrent.

Séance 4 : vivre une journée hier et aujourd'hui : la pénombre et l'obscurité
à partir de R. Magritte, *L'Empire des Lumières,* 1954, Musée d'Art moderne, Bruxelles et de Rembrandt, *Le Changeur,* 1627, Gemäldegalerie, Berlin.

■ **Objectifs**

- Appréhender les différences dans la manière de vivre la pénombre et la nuit entre l'époque actuelle et celles d'avant les moyens d'éclairage modernes (gaz et surtout électricité).
- Lire des œuvres d'art pour en dégager un sens et des informations.
- Lire le texte du livre, p. 81.

■ **Enjeu** : tout en reprenant et en consolidant les grands repères temporels quotidiens (alternance jour/nuit) et saisonniers (variations de la durée du jour, de la nuit et de l'éclairement), continuer à initier les élèves à l'histoire en leur faisant découvrir que leur relation à la lumière, par le biais de l'électricité, n'était pas celle de leurs ancêtres.

■ **Procédures** : lecture d'image ; dessin ; expérimentation.

■ **Matériel** : livre p. 81 ; feuilles de dessin ; crayons de couleur ; feuilles de papier-calque ; une bougie ; deux panneaux pour affichage ; relevés de la durée du jour et de la nuit ; cahier 2 pp. 4, 5 et 8.

■ **Durée** : 40 minutes.

Préalable : installer une bougie dans un bougeoir sur une table, seule à côté d'un livre ouvert, et une chaise.
Prendre connaissance des compléments d'information p. 84.

■ Déroulement

1re PHASE : dessin (individuel, puis collectif oral)

– Distribuer une feuille de papier à dessin à chaque élève. Partager la classe en deux.

– Donner la consigne : « Dessinez une maison éclairée, la nuit », à une moitié de la classe ; à l'autre moitié, dire : « Dessinez un enfant en train de souffler les bougies de son gâteau d'anniversaire dans une pièce sombre. »

– Afficher les dessins et faire discuter en relevant les ressemblances (la nuit, on ne voit pas bien autour).

2e PHASE : description des deux tableaux (collectif oral)

– Regarder les reproductions de la page 81 et les comparer avec les dessins.

– Faire remarquer l'incongruité du ciel de Magritte (il fait jour même la nuit grâce à l'éclairage artificiel : *cf.* le réverbère) et citer les sources de lumière.

– Faire situer le « Rembrandt » en décrivant le personnage, ses vêtements, la source de lumière. Chercher à déterminer son métier ou son occupation (environnement proche). Vérifier avec le titre, en explicitant le mot.

– Faire relever sur papier-calque les contours qui délimitent les zones d'ombre et de lumière dans les deux tableaux.

– Faire discuter sur leur forme, leur importance, leur situation (dedans/dehors). Que se passe-t-il si l'on va d'un bout à l'autre d'une pièce ou même si l'on change de pièce dans la maison ? Que se passe-t-il si le changeur quitte sa table pour aller à l'autre extrémité de la pièce ?

3e PHASE : expérimentation (individuel, puis collectif oral)

– Installer les élèves autour de la bougie. Faire le noir le plus complet possible dans la classe et allumer la bougie.

– Faire s'asseoir chaque élève à tour de rôle, et lui demander de lire et de dire ce qu'il voit.

– Faire nommer ce que l'on voit (qui est éclairé) et dire ce que l'on ne voit pas (certains camarades).

– Allumer la lumière et faire constater la différence. Lire le titre du tableau de Magritte et en expliciter le sens. Indiquer l'époque des deux tableaux (l'un de notre époque, l'autre très ancien, comme ceux de la p. 80), pour expliquer les différences quant aux sources de lumière. Citer le nom des peintres, toujours dans l'esprit d'expliciter la mention sous-jacente et de faire peu à peu intégrer aux enfants l'idée qu'une image est peinte – ou gravée ou photographiée – par un artiste qui, à une certaine époque, a voulu dire quelque chose de son temps au spectateur.

– Partir des relevés sur la durée du jour et de la nuit conseillés dans l'unité sur la rue (séance 11) – en les continuant pour faire le point à la fin de l'année scolaire – et faire imaginer quelques conséquences de l'absence de lumière dans la vie d'autrefois.

Bilan

Faire rédiger une conclusion qui montre la (les) différence(s) due(s) au mode d'éclairage. Suggestion : « Autrefois, la nuit ou quand il n'y avait pas de soleil, les gens allumaient des bougies, mais ils vivaient très souvent dans le noir ou l'ombre. Aujourd'hui, il y a toujours de la lumière grâce à l'électricité. »

Consolidation/contrôle des acquis : voir p. 90.

Consolidation/contrôle des acquis : cahier 2 p. 4, ex. 2 et 3 ; p. 5.

P. 4 ex. 2 : il s'agit de mettre en évidence le halo limité de lumière que produit une bougie par opposition à l'électricité qui permet de voir clair même la nuit.

Ex. 3 : à réaliser en collectif avant l'ex. 2.

P. 5 : sensibilisation à une autre conséquence du changement de mode de vie lié à l'électricité : la course à la vitesse, la rapidité croissante de nos rythmes de vie, l'obsession de ne pas perdre de temps et, en corollaire, le sentiment de n'avoir jamais le temps. Bien préciser qu'il faut lire et reprendre colonne par colonne (1914/1998).

Conscience phonique : lancer la comptine du [ɑ̃] ; cahier 2 p. 8, ex. 1 à 3.

Séance 5 : un mythe grec de création des saisons : Déméter et Corè

Objectifs

- Préparer l'approche socio-culturelle des saisons.
- Faire entrer les élèves dans le patrimoine culturel européen.

Enjeu : introduire l'étude des saisons par un récit de la mythologie grecque qui tente d'expliciter l'origine de ce découpage.

Procédures : mémorisation ; discrimination d'un épisode ; dessin ; capacité de remise en ordre chronologique et spatial ; mobilisation des acquis sur la notion de saison.

Matériel : une feuille de dessin par enfant, crayons de couleur ; cahier 2 p. 8, *Dico des sons* p. 14.

Durée : 35 minutes.

Déroulement

1re PHASE : écoute d'un récit mythique (collectif oral)

– Donner la consigne de bien écouter le récit du mythe pour pouvoir choisir un épisode et le dessiner.

2e PHASE : dessin d'un épisode (individuel écrit)

– Distribuer une feuille de dessin à chaque élève. Faire dessiner par chacun l'épisode qui lui plaît. (Veiller à ce que tous les épisodes clés soient représentés.)

3e PHASE : reconstitution spatio-temporelle de l'histoire (collectif oral)

– Faire reconstituer la chronologie de l'histoire en affichant les dessins au tableau et en les faisant placer sur trois niveaux : l'Olympe, la Terre, les Enfers, dans trois espaces matérialisés par des couleurs différentes.

4e PHASE : synthèse et explicitation (collectif oral)

– Rappeler le nom des quatre saisons avec leur rythme cyclique.

– Reprendre les caractéristiques naturelles des saisons (à partir des relevés météo que l'on continuera pour en faire le bilan périodiquement, au début du printemps et en mai/juin par exemple) : éclairement, chaleur ou froid, végétation et récoltes.

– Poser la question de la véracité de l'explication donnée par l'histoire sur l'origine des saisons. Peut-être certains enfants connaîtront-ils d'autres récits mythiques d'autres sphères culturelles sur le thème ou pourront-ils en apporter à lire en prolongement. Sinon, une recherche en BCD ou à la bibliothèque municipale pourra montrer la multiplicité des productions de l'imagination humaine en ce domaine.

– Ne pas laisser planer le doute sur l'explication, mais séparer au contraire nettement le mythe de la science. Indiquer brièvement qu'il s'agit d'un phénomène astronomique expliqué et qui tient à la manière dont la Terre tourne autour du Soleil (axe incliné et révolution en un an).

Étude phonologique 1 du [ɑ̃] : redire la comptine du [ɑ̃] ; lancer la pêche au [ɑ̃] ; *Dico des sons* p. 14 ; cahier 2 p. 8, ex. 4 et 5.

Séance 6 : vivre les saisons hier et aujourd'hui
à partir d'un détail de la gravure d'A. Bosse (1602-1676), *L'hiver*, cabinet des arts graphiques du musée Carnavalet, Paris, et d'une gravure extraite du *Petit Journal*, 1893.

■ Objectifs
• Appréhender les saisons dans une approche socio-culturelle.
• Lire les images.
• Lire les pages 82 et 83 du livre.

■ Enjeu : faire découvrir d'abord aux enfants qu'il existe des pratiques festives caractérisant les saisons parce qu'elles sont en relation avec les cadences astronomiques et leurs effets.
Faire mettre ensuite en évidence les caractéristiques actuelles des saisons selon une approche socio-culturelle.

■ Procédures : lecture de texte et d'image ; mise en relation texte/image ; mobilisation des acquis socio-culturels ; découpage ; tri ; classement.

■ Matériel : livre pp. 82 et 83 ; six catalogues (ou plus) automne/hiver et printemps/été (vêtements, activités, produits, équipements) ; ciseaux ; colle ; six feuilles A4 (partagées en deux par un trait vertical) ; « bandes-textes, fiche 19 p. 166 ; cahier 2 pp. 7 et 9 ; *Dico des sons* p. 14.

■ Durée : 55 minutes.

Préalable
– Étaler par terre tous les catalogues automne/hiver et printemps/été fermés.
– Prendre connaissance des compléments d'information p. 85.

■ Déroulement

1re PHASE : découverte du texte (en binômes)
– Distribuer les deux « bandes-textes » du haut de la fiche 19 aux binômes. Faire découper, remettre dans l'ordre et lire.
– Prendre avec soi les élèves qui en ont besoin et leur lire le texte (écrit dans l'ordre). Puis leur demander de signaler tous les mots qu'ils reconnaissent et leur faire relire le texte. Leur demander de le reformuler avec leurs mots pour explicitation.

2e PHASE : analyse des deux gravures (collectif oral)
– Faire décrire les personnages : les costumes, les activités, les lieux, les objets, les attitudes, l'âge.
– Faire comparer les deux illustrations. Les ressemblances : réunion de parents, d'amis, de voisins, présence du feu ; les différences : manger/danser, dedans/dehors, fonction différente du feu (une cheminée pour faire cuire, des feux de joie pour éclairer la nuit), donc vraisemblablement opposition saison froide/saison chaude.
– Lire le quatrain d'A. Bosse qui légende l'extrait reproduit en faisant émettre des hypothèses par les enfants quant au lien avec l'une des images (p. 85).
– Faire vérifier et expliciter les images et le quatrain par mise en relation avec le texte qu'on vient de lire et par lecture du titre de chaque gravure.
– Conclure sur l'importance du feu dans les fêtes d'hiver et d'été.

3e PHASE : expression et discussion (collectif oral)
– Faire évoquer les manifestations équivalentes actuelles et la forme qu'elles ont prise :
• crêpes, pour Mardi gras et la Chandeleur (2 février), autre fête de la lumière (traditionnellement, dans le christianisme, bénédiction des cierges commémorant la purification de Jésus au Temple) ;
• corsos et carnavals qui étaient autrefois l'un des moments les plus symboliques de l'année ;
• feux de la Saint-Jean, existant encore aujourd'hui et fête de la Musique : se reporter à l'affiche p. 45 du livre, déjà analysée.

4e phase : mise en évidence de la notion actuelle de saison, bilan (collectif, puis par groupes de quatre)
– Faire trier les catalogues en fonction des saisons, puis distribuer quelques feuilles (catalogues été et hiver) à chaque groupe.
– Faire découper et classer sur une feuille des éléments significatifs de l'été ou de l'hiver (ex : vêtements, paysages, activités – ski/mer –, objets d'équipement ou de loisirs, etc.).
– Faire dessiner un fond approprié à certains personnages découpés et les coller sur ce fond.
– Afficher et commenter toutes les productions.
– Construire en commun une phrase qui explique ce que représentent l'été ou l'hiver.
– Les faire reporter sur l'affiche de la classe.

Consolidation/contrôle des acquis : cahier 2 p. 7 ; ex. 4 et 5.

Ex. 4 : il permettra de compléter l'approche socio-culturelle de la saison à travers réalités et représentations. Lire une première fois la série des mots et expressions proposés afin d'expliciter si nécessaire. Chaque élève devra entourer en bleu ou en rouge les mots énoncés une seconde fois selon qu'ils lui font penser à l'hiver ou à l'été. Chacun, individuellement, mettra les croix au bon endroit dans le tableau.

Ex. 5 : il permettra de consolider l'identification des fêtes et de vérifier la compréhension de leur sens. Faire expliciter le premier dessin et le dernier.

Étude phonologique 2 du [ɑ̃] : *Dico des sons* p. 14 ; cahier 2 p. 9.

Séance 7 : découvrir un mode de découpage du temps, le calendrier

■ **Objectifs**

- Découvrir un support fonctionnel et la stratégie de lecture afférente : le calendrier.
- Lire des images pour appréhender les notions de mois, événement et anniversaire.

■ **Enjeu** : appréhender les notions de calendrier et d'almanach pour comprendre leur fonction sociale, tant en ce qui concerne le texte que les illustrations.

■ **Procédures** : observation ; tri et classement ; mobilisation des acquis sociaux implicites ; lecture selective.

■ **Matériel** : nombreux almanachs et calendriers, même périmés ; cahier 2 p. 12.

■ **Durée** : 35 minutes.

■ Déroulement

1re PHASE : observation (collectif oral)

– Faire observer le matériel. Distinguer « calendrier » et « almanach », à l'origine notions identiques mais qui ont divergé : un almanach est un calendrier accompagné de conseils pratiques, d'informations relatives aux saisons, à la météo, etc.

– Faire observer les calendriers et nommer tout ce qu'on reconnaît ou qu'on sait (logo de la Poste, les mois, l'illustration, etc.). Écrire les propositions au tableau au fur et à mesure.

– Faire formuler les stratégies possibles de lecture et la spécificité du support.

– Synthétiser en reformulant les questions suivantes :

- Comment ça s'appelle ? Calendrier ou almanach.
- À quoi ça sert ? À se repérer dans une année, en trouvant des jours, des dates, des fêtes.
- Quand le reçoit-on et qui le distribue ? À la fin de l'année pour l'année suivante ; le facteur.
- Quand s'en sert-on ? Quand on a besoin de se repérer dans le temps.
- Comment le texte se présente-t-il ? En colonnes régulières, avec toujours les mêmes renseignements : date, jour, certains jours écrits en couleur, le prénom fêté, les logos de la lune ; chaque colonne porte le nom d'un mois (les faire repérer).
- Comment le lit-on ? On ne lit pas tout du haut en bas. En général on cherche une information. On « balaye » le texte. On pratique une lecture sélective.

– Chercher la date de son anniversaire, le 14 Juillet et le 11 Novembre (anniversaires/commémorations).

– Faire compter le nombre de jours en rouge de chaque mois. Chercher à les expliquer.

2e PHASE : tri et classement (groupes de quatre ou six selon le nombre d'exemplaires collectés)

– Faire trier les calendriers à partir des illustrations, sans autre contrainte. Écrire « illustration » et le laisser au tableau.

– Faire expliciter le choix et les critères de classement en donnant un titre.

– Rassembler tous les calendriers et les redistribuer au hasard.

– Faire pratiquer le même exercice mais sur des thèmes imposés : les enfants, les animaux, les paysages, les événements sportifs ou culturels de l'année, les dessins animés, les reproductions de peinture, etc. Chaque groupe choisit un thème.

– Organiser « une bourse aux échanges » pour enrichir sa collection.

– Montrer sa collection à la classe en présentant tous les éléments des illustrations et en explicitant les raisons de son choix.

– Faire constater le nombre d'exemplaires par collection : certains thèmes sont plus fréquents que d'autres pour plaire au plus grand nombre possible. Les thèmes proposés précédemment tentent de refléter les catégories actuelles d'illustrations les plus courantes, mais l'échantillonnage de la classe est trop restreint et trop aléatoire pour avoir une quelconque validation scientifique.

– Faire comparer avec d'autres supports marquant le temps : l'agenda (*cf. Super Noël*) et l'éphéméride.

Conscience phonique : lancer la comptine du [e] ; cahier 2 p. 12, ex. 1 à 3.

Séance 8 : calendriers d'hier et d'aujourd'hui

■ Objectifs

- Observer et comparer des calendriers d'aujourd'hui et d'autrefois.
- Aborder la notion d'année.
- Lire un texte informatif (pp. 84 et 85).

■ Enjeu : mettre en situation de réinvestissement des informations découvertes à la séance précédente afin d'appréhender des calendriers actuels et anciens, de les comparer et de découvrir les caractéristiques essentielles.

■ Procédures : lecture de texte et d'image ; expression orale ; mobilisation des acquis.

■ Matériel : livre pp. 84 et 85, almanachs (année en cours et année précédente) ; ardoise ; cahier 2 p. 12 ; *Dico des sons* p. 15.

■ Durée : 40 minutes.

■ Déroulement

1re PHASE : lecture individuelle des pages 84 et 85 (pédagogie différenciée)

– Diviser la classe en deux groupes, selon le niveau d'autonomie.
– Faire identifier les documents en posant les questions suivantes :
• De quel document s'agit-il ? (photo ? peinture ?).
– Demander aux élèves de répondre sur l'ardoise et de préparer leur argumentation pour l'oral.
– Faire lire individuellement par le premier groupe le texte du haut des pages.
– Faire lire la page 84 par les plus lents, presque sans aide :
• faire repérer tout ce qui a déjà été vu lors de la séance précédente ;
• faire décrire précisément et nommer les illustrations (y compris Lilou) ;
• faire relire les mots « calendrier, mois, année, aujourd'hui » ; aiguiller les élèves pour les mots moins connus : « voyages », « paysages » (*cf. Super Noël*), « en » de « **ten**dres » comme « en » de « cal**en**drier », « rêver » (*cf. la rue*) ;
• faire associer texte et images.
– Pendant ce temps, travailler la page de droite avec les plus rapides :
• faire une lecture d'image plan par plan. S'attacher au lieu (château), aux costumes, aux attitudes ;
• faire identifier la scène ; remarquer le bébé au centre : Que fait-il là ? On le présente. Qui le porte ? Qui sont tous ces personnages ? N'y aurait-il pas un roi ? Et tout au fond, il y a une femme dans un lit : qui peut-elle être ?
– Laisser les élèves s'exprimer librement.
– Donner les mots : «événement », « important » et « naissance ».

2e PHASE : mise en commun (collectif oral)

– Vérifier les réponses à la première question (de quel document s'agit-il ?) et faire développer les arguments concernant les colonnes, l'illustration, le titre.
– Faire lire par chaque groupe de la classe le texte de la page qui lui a été proposée.
– Faire expliciter la notion d'année ; rappel de la notion de mois.
– Faire présenter les illustrations et les hypothèses qu'elles ont suscitées. Comparer les deux types d'illustrations : Que racontent-elles ? À qui s'adressent-elles ?
Faire remarquer que l'almanach de la p. 85 est ancien en précisant sa date.

3e PHASE : lecture de l'adulte puis collectif oral

– Lire le texte au bas de la page 85 pour confirmer les hypothèses. Questions : Quel est cet événement si important ? Qui est le bébé ? Maintenant, qui annoncerait la naissance d'un bébé célèbre ? Quand a-t-il dû naître ? Expliciter de nouveau « événement ».
– Apporter quelques précisions, puis faire reformuler l'information apprise par l'image et le texte « L'illustration de ce calendrier de 1705 rappelle la naissance, le 25 juin 1704, de l'arrière-petit-fils (duc de Bretagne) du roi Louis XIV. »
– Faire comparer les calendriers de la double page (leur organisation, la relation texte/image et la nature des illustrations).
– Les fonctions du calendrier : hier, il disait la grandeur du roi et permettait aux spectateurs de participer aux grands événements de sa famille ; aujourd'hui, il fait rêver ; la fonction des deux calendriers n'est pas si éloignée : convaincre, attirer, plaire et attendrir.
– S'informer pour savoir si certains enfants ont encore leurs arrière-grands-parents comme le bébé de l'almanach.

Bilan

Faire lire la totalité du texte des deux pages.

Activité complémentaire

– Demander de réfléchir à un événement (public ou privé) de l'année précédente, dont on illustrerait son almanach personnel.

Étude phonologique 1 du [e] : redire la comptine du [e] : lancer la pêche au [e] : *Dico des sons* p. 15, cahier 2 p. 12, ex. 4 et 5.

Séance 9 : calendrier de maintenant parlant d'avant

Objectifs

- Acquérir du vocabulaire spécifique : « calendrier », « maintenant », « avant ».
- Découvrir la première moitié du XXe siècle à travers deux de ses caractéristiques significatives : les vacances et la rentrée des classes.

Enjeu : continuer à faire quelques incursions dans l'histoire en découvrant des images qui évoquent le XXe siècle pour le plus grand nombre de Français.

Procédures : réinvestissement des découvertes des deux séances précédentes ; lecture sélective ; mise en relation texte/image ; activité de logique.

Matériel : livre pp. 86 et 87 ; reproduction à agrandir de l'almanach du facteur (fiche 20, p. 167) ; calendriers ; catalogues ; si possible photos de classe ou de vacances des parents, des grands-parents, éventuellement des arrière-grands-parents ; feutres ou craies de couleur ; cahier 2, pp. 6 et 13 ; *Dico des sons* p. 15.

Durée : 40 minutes.

Déroulement

Préalable : afficher la reproduction agrandie de l'almanach (fiche 20), puis écrire le texte de la p. 86 du livre au tableau.

1re PHASE : lecture (collectif oral)

– Faire découvrir silencieusement le texte, en repérant ce qui se rapporte à des nombres.

– Faire énumérer et entourer dans le texte (de différentes couleurs) les différents éléments exprimant une quantité (ex. : six images...).

– Faire retrouver ces éléments sur l'almanach et les entourer en respectant le code couleur.

– Constater que les mois sont regroupés par trois (notion de trimestre).

– Faire lire les titres sur l'almanach.

– Faire chercher et surligner les dates de début des saisons en donnant l'indice du mois si nécessaire.

2e phase : suite de la lecture (collectif oral)

– Faire ouvrir les livres et faire lire les mots en gras de la p. 86. Demander leur définition.

– Poser le problème des deux saisons « représentées » en mettant le texte en relation avec les images et en faisant lire ces images : Qu'est-ce qui est représenté ? Est-ce maintenant ? Est-ce l'été ou l'automne ? Et pourtant, la date de la rentrée actuelle n'est pas en automne ; expliciter. Mais la rentrée, c'est toujours un peu vécu comme la fin de l'été selon les « représentations » communes parce que ça marque une rupture.

– Faire expliciter le décalage texte/image : calendrier de « maintenant » et images « d'avant ».

– Faire chercher ce qu'exprime ce décalage : *cf.* le titre de la double page.

3e PHASE : lecture de la p. 87, puis expression orale (individuel, puis collectif oral)

– Faire lire la p. 87 individuellement en précisant les mots ou expressions et « vingtième siècle ». Faire oraliser.

– Préciser la notion d'événement en raison de l'emploi un peu inattendu du terme : le mot est ici employé dans son sens « extensif », par analogie avec de « vrais » événements qui provoquent un changement, comme le 14 Juillet 1789), et en relation avec le caractère symbolique de ces deux « faits de société ».

– Faire expliciter le choix du thème des illustrations (sur les vacances et la rentrée) pour évoquer une année aujourd'hui, et le choix du document lui-même (*cf.* le titre). Et en choisissant de faire figurer dans ce livre « un calendrier de maintenant avec des images d'avant ? » On parle du calendrier, mais aussi du vingtième siècle, à des enfants.

Bilan

– Faire relire l'ensemble du texte des deux pages, avec le titre.

Activités complémentaires (selon le matériel collecté)

– Partir de l'almanach du livre (pp. 86 et 87) et d'un calendrier de l'année en cours. Faire repérer les notions de dates et de jours (ex. : Quel jour était Noël en 1998 et quel jour est-ce cette année ?).

Consolidation/contrôle des acquis : cahier 2 p. 6, ex. 2.
À faire en autonomie, à titre de révision du vocabulaire.

Étude phonologique 2 du [e] : *Dico des sons* p. 15 ; cahier 2 p. 13.

Séance 10 : manipulation des calendriers

■ **Objectifs** : consolider des notions temporelles : saisons, mois, dates (événement/anniversaire).

■ **Enjeu** : approcher les notions, personnelles et sociales, d'année civile et d'année scolaire.

■ **Procédures** : mobilisation des acquis ; lecture de documents fonctionnels (sélective) ; motricité fine.

■ **Matériel** : cahier 2 pp. 6, 7, 10 et 11 ; crayons de couleur ou feutres à pointe fine.

■ **Durée** : 45 minutes.

■ Déroulement

1re phase : cahier 2 p. 6, ex. 1 et p. 7, ex. 3 (collectif, puis individuel)

– Faire remémorer oralement les mois où commencent l'été et l'hiver.

– Faire pointer, ces jours-là, avec le doigt, sur le cahier p. 6 et faire dire aux élèves que ces mots sont écrits en capitales.

– Faire réaliser l'exercice 1 en entourant les mots « été » et « hiver » en rouge. Faire suivre du doigt toute la durée de l'été et demander de s'arrêter au jour qui précède l'automne et de l'entourer en vert (jeudi 21 septembre) ; faire colorier l'été en jaune. Procéder de même pour l'hiver ; colorier en bleu.

– Faire réaliser l'exercice 3 p. 7 : réinvestissement des notions de temps cyclique, de temps linéaire et de leur imbrication abordées à propos des jours de la semaine (*cf.* cahier 1 p. 9, ex. 4). On pourra se reporter à l'exercice précédent avant de colorier le nom du mois où commence l'automne.

2e phase : cahier 2 p. 10 (collectif)

– L'exercice 1 se fera en autonomie avec l'aide d'un calendrier.

– L'exercice 2 est un réinvestissement des activités conduites sur la notion de date ; il doit être réalisé collectivement, avec l'aide de l'enseignant qui fait expliciter la notion d'année scolaire. Il rappelle la date de la rentrée, la fait chercher par quelques élèves sur un almanach de l'année précédente (en regardant de quel jour il s'agissait) et la fait écrire individuellement ; puis il donne la date de la sortie, la fait repérer par d'autres enfants, l'écrit au tableau s'il s'agit de « juin », mais la fait écrire de tête s'il s'agit de « juillet » (aide possible ; *Dico des sons*, p. 10).

– Pas de difficulté particulière pour l'exercice 3.

– L'exercice 4 permet d'aborder, sur le plan historique, les notions d'événement et d'anniversaire (ou commémoration). Faire relier « 11 Novembre » et « anniversaire de la fin de la guerre » comme exemple de procédure pour réaliser l'exercice. (Ceci permet d'expliciter la notion d'anniversaire par rapport à une date donnée.) Retrouver cet anniversaire dans le calendrier de la p. 11 en explicitant la mention « ARMIST. 1918 », c'est-à-dire fin de la guerre 1914-1918 (écrire l'expression au tableau). Faire retrouver l'événement et l'associer à sa date. Pour le 14 Juillet, procéder à partir du calendrier de la p. 11.

3e phase : cahier 2 p. 11

– L'exercice 5 peut être fait en études dirigées.

– L'exercice 6 nécessite des informations de la part des familles. Il peut être fait en partie collectivement en études dirigées, en partie à la maison (présentation et explicitation par chacun de son travail le lendemain).

Activité complémentaire

– Observer quelques calendriers d'autres sphères culturelles (musulman, hébraïque…) afin de montrer la relativité du système de découpage du temps ; point de départ différent, références lunaires, fêtes différentes…

– Continuer le repérage météo.

Séance 11 : vivre une vie de travail aujourd'hui et autrefois (XIXe siècle)
à partir de cinq œuvres de la seconde moitié du XIXe siècle.

Objectifs

- Appréhender une époque sous son aspect social : notion de travail féminin au XIXe siècle.
- Lire des œuvres et les pp. 88 et 89.

Enjeu : faire découvrir aux enfants les grands champs de l'activité féminine aujourd'hui et au XIXe siècle.

Procédures : écoute de témoignages ; observation ; description et identification ; lecture ; compétences de synthèse et classement.

Matériel : livre pp. 88 et 89 ; cahier 2 pp. 14 à 16.

Durée : 40 minutes.

Préalable : prendre connaissance des compléments d'information p. 85. Consulter, si besoin, les fiches des élèves pour se remémorer la profession de leurs parents.

Déroulement

Préambule : collectif oral (10 minutes)

– Raconter son métier d'enseignant : en quoi il consiste, quels sont ses bonheurs, ses doutes, la façon de le pratiquer, ses exigences, ses atouts, etc. Raconter une journée du « métier ». Comparer avec l'institutrice du tableau de J. Geoffroy et les deux figures d'instituteur et d'institutrice du tableau de J. Steen, p. 80. (L'enseignant peut aussi raconter la journée de travail de sa mère ou de sa grand-mère.)

– Demander aux élèves de dire quel est le métier de leur mère, si elle est au chômage (ils pourront dire le métier qu'elle exerçait avant, s'ils le savent), si elle est mère au foyer. Écrire au tableau le nom des professions.

1re PHASE : lecture du texte et des illustrations des pages 88 et 89 (individuel, puis collectif oral)

– Faire lire le texte silencieusement en aidant les élèves qui en ont besoin.

– Faire lire le texte en le complétant d'élève en élève, chacun ajoutant le métier de sa mère s'il n'a pas déjà été mentionné : « Aujourd'hui, une femme peut être secrétaire, médecin, ministre, vendeuse, boulangère, avocate, etc. »

– Faire observer les illustrations pour identifier les professions. Lire les titres comme aide et vérification. Question : Ces professions pourraient-elles venir compléter la liste qu'on vient d'énumérer ? Non. Elles se sont transformées (institutrice, demoiselle des postes, repasseuse, brodeuse) ou elles ont disparu (glaneuses).

– Faire identifier les reproductions : peintures, gravure de presse. Donner le nom des auteurs.

– Faire classer les œuvres : dedans/dehors ; travaux manuels/travaux non manuels ; paysannes/ « demoiselles »/ ouvrières (du téléphone, institutrice, blanchisseuse, brodeuse). On peut ajouter marchande, domestique, infirmière, demoiselle de magasin ou employée de commerce, employée de bureau.

– Faire le point : « Autrefois, les femmes pouvaient être... »

2e phase : analyse des images (par groupes de quatre ou cinq, puis compte rendu oral)

– Répartir l'observation des illustrations entre cinq groupes, chacun étant chargé d'une illustration.

– Faire remarquer les lieux, les costumes, la longueur des cheveux, les coiffures – chapeaux : signe d'appartenance à la bourgeoisie ; coiffes, bonnets, foulards et fichus des paysannes –, l'inclinaison de la tête, les attitudes, les activités, les objets et instruments. Faire expliciter les impressions des enfants.

– Un rapporteur de chaque groupe fait un compte rendu oral.

– Faire classer les œuvres chronologiquement par rapport à celles déjà rencontrées.

Bilan

Élaborer une phrase pour dire ce que représentaient ces tâches. La faire écrire sur le cahier.

Consolidation/contrôle des acquis : cahier 2, pp. 14 et 15.
P. 14 ex. 1 et 2 : approche des métiers masculins. Cet exercice permet d'aborder également la notion de genre.
P. 15 : rythmes de travail d'aujourd'hui. Des informations seront demandées aux familles.

Conscience phonique : lancer la comptine du [wa] ; cahier 2 p. 16, ex. 1 à 3.

Séance 12 : vivre une vie aujourd'hui et autrefois, âge par âge
d'après la reproduction des lithographies couleur de F. Leiber, *Les âges de l'homme* et *Les âges de la femme*, Paris, vers 1880.

■ **Objectifs**
- Appréhender la durée de la vie humaine à travers la notion d'étapes (âges).
- Lire les pages 90 et 91 et enrichir son vocabulaire.

■ **Enjeu** : comparer les grandes étapes de la vie humaine définies actuellement, dans notre société, avec une représentation du même type de la fin du XIXe siècle.

■ **Procédures** : écoute et mémorisation ; jeux ; observation et production orale.

■ **Matériel** : livre pp. 90 et 91 ; un double jeu de papiers comportant des chiffres de 1 à 9 ; bandes de papier (fiche 19 p. 166) ; cahier 2 pp. 16 à 18 ; *Dico des sons* p. 16.

■ **Durée** : 1 heure.

Préalable : écrire des chiffres (deux jeux de 1 à 9) sur des papiers ; les plier ; dessiner au tableau une « pyramide » semblable à celles du livre et attribuer un numéro à chaque marche ; occulter la page 90 pour la moitié de la classe et la page 91 pour l'autre moitié.

■ Déroulement

1re phase : écoute d'un récit mythique p. 84 (collectif oral)

– Donner la consigne de bien écouter le récit du mythe pour pouvoir répondre à une énigme.

– Faire mimer les trois états (la vieillesse avec une canne).

– Faire répondre à la devinette-énigme : l'homme.

– Faire chercher et nommer les âges « intermédiaires » : enfance, adolescence, âge adulte. Les écrire au tableau.

2e phase : observation et description (en binômes)

– Faire découvrir les illustrations de la p. 90 ou 91.

– Chaque binôme tire au sort un numéro. Il prépare la description du personnage qui correspond à son numéro.

– L'enseignant dit un numéro au hasard : deux groupes répondent et donnent leur description. Recommencer avec un autre numéro.

– S'étonner que deux groupes répondent à l'appel d'un même numéro et donnent des descriptions différentes.

– Émettre des hypothèses et enlever les caches. Lire les légendes.

3e PHASE : description des personnages (individuel ou en binômes)

– Faire venir chaque binôme pour décrire le personnage : les autres doivent le découvrir et dire son « numéro ».

– Faire apparier chaque marche et comparer les hommes et les femmes au même moment de leur vie.

– Faire déterminer l'âge de la vie correspondant.

4e PHASE : lecture individuelle silencieuse, puis oralisée en groupes (par groupes de cinq)

– Pour chaque groupe, distribuer une bande par élève (les 5 bandes du bas de la fiche 19) en fonction de ses compétences : la troisième phrase est la plus facile, ensuite la deuxième, la quatrième, la première et enfin la dernière.

– Faire lire le texte en groupes. Chaque élève lit une phrase. Faire reconstituer chronologiquement le texte. Le faire oraliser par deux ou trois groupes.

Bilan : oral et écrit informatif

Rédiger en commun la phrase bilan et la reporter sur le cahier. Indiquer la nature du document et résumer succinctement le sens, en fonction des observations.

Consolidation/contrôle des acquis : cahier 2 pp. 18 et 19.
P. 18 Les exercices ne présentent aucune difficulté.

Étude phonologique 1 du [wa] : redire la comptine du [wa] ; lancer la pêche au [wa] ; *Dico des sons* p. 16 ; cahier 2 p. 16, ex. 4 et 5.
Prévoir une séance supplémentaire pour l'étude phonologique 2 du (wa) : *Dico des sons* p. 16 ; cahier 2 p. 17 ex. 6 à 9.

Bilan : p. 19.

Ex. 2 : nécessite d'être traité à l'oral et collectivement (mots ou expressions écrits au tableau) avant de le faire réaliser.

À l'eau, à l'eau !

pages 93 à 108 du livre de l'élève

Enjeu

Élément familier de la vie des élèves, l'eau peut être étudiée comme un élément plus complexe et fondamental de la vie.

Il sera intéressant d'aborder, en partant des acquis des élèves, le rôle protecteur de l'eau, sa sauvegarde, mais aussi son utilité, ses différents états, son cheminement de la source à l'embouchure.

Procédures

Le vocabulaire associé à l'eau est ainsi placé dans des contextes plus « vrais », riches d'interrogations, et qui seront une motivation supplémentaire pour la lecture et le déchiffrement des textes du livre.

Le livre et le cahier proposent d'ailleurs une grande variété de documents (carte météo, photographies, images satellites, planisphères, textes informatifs, affiches, etc.).

La lecture des mots fondamentaux du thème sera facilitée par l'utilisation des caractères gras. Elle prend appui sur les mots-vedettes du *Dico des sons*, la connaissance des phonèmes déjà étudiés et les mots propres à la classe, comme les prénoms par exemple.

Matériel

- Livre pp. 93 à 108 ; cahier 2 pp. 20 à 31 ; *Dico des sons* pp. 17 et 18.
- Pour réaliser les fontaines : un cercle de carton, un grand bac rempli d'eau aux 2/3, une grosse boule de terre à modeler, un paquet de macaronis, un petit sachet d'une autre sorte de pâtes, un sachet de pailles coudées ; pour décorer : un petit sachet de riz, quelques vieux boutons, des petits moules d'empreintes d'objets (étoiles de mer, grenouilles, canards, etc.) (séance 1).
- Six grandes feuilles à dessin, de grandes enveloppes, des cartes postales, une documentation sur l'eau (séance 2).
- Des feuilles pour faire dessiner les enfants (trois à quatre par enfant).
- Des catalogues et magazines ; des cartes postales de la région ou d'ailleurs représentant des paysages avec de l'eau ; une documentation sur l'eau : encyclopédies, dictionnaires « benjamin », des documentaires sur l'eau (séance 3).
- Cinq ou six barquettes en aluminium ; cinq ou six grandes feuilles à dessin ; une affiche avec le tableau de la p. 102 (séance 4).
- Cache ; fiche 21 p. 168 (séance 8).
- Des ciseaux ; de la colle ; des post-it ; des ardoises.
- Étiquettes de produits alimentaires.

Phonèmes étudiées : [u] ; [ɔ̃] ; [ɲ].

Bibliographie

Master benjamin, Hachette Éducation.

Atlas de la Terre, coll. « Mes premières découvertes », Gallimard.

L'Air, l'eau, la lumière, coll. « Du tac au tac, réponses aux 7/9 ans », Larousse.

E. Schmoll, B. Le Sourd, *Voyage le long du fleuve*, Fleurus.

L'Eau dans tous ces états, TV Scope, CNDP.

L'Eau, coll. « Le Petit Chercheur », Bordas Jeunesse.

D'où vient l'eau de la ville ?, Astrapi n° 385, Bayard Presse.

Compléments d'information

***La Rotonde*, fontaine d'Aix-en-Provence, 1860.**

Cette œuvre monumentale est un ensemble qui, dans le cadre de la politique urbanistique et de la conquête de l'eau de l'époque, glorifie l'importance de l'eau vive, élément fondamental de la vie, notamment dans la ville.

Interprétation possible : La Justice, tournée vers Aix, ville parlementaire, donc traditionnellement placée sous le signe de l'institution judiciaire, associe désormais l'eau à l'établissement et au maintien de l'équité.

À l'Agriculture, tournée vers Marseille, sont liées les idées d'irrigation, de prospérité, d'activité économique, à l'image du grand port et de son arrière-pays.

Les Beaux-Arts, regardant vers Avignon et sa tradition artistique, symbolisent l'esthétique urbaine dont la fontaine est désormais la clé de voûte. L'abondance et la maîtrise de l'eau garantissent le bien-être pour tous, la richesse, le luxe, le progrès et l'avenir.

Explication du dessin de l'affiche (séance 8) : Un enfant boit l'eau de la montagne. Un arbre prend racine dans l'eau. L'oiseau récupère l'eau du geyser (expliquer le mot et montrer qu'il évoque l'eau que contient la terre à l'intérieur. Il y a aussi de l'eau que l'on ne voit pas et qu'il faut protéger, comme celle des nappes phréatiques, par exemple). La vache lèche l'eau de l'océan. Un enfant noir prend de l'eau soit dans une oasis, soit dans la grande forêt équatoriale, comme le laisserait supposer la présence de taches vertes. En quoi partagent-ils l'eau ? Ils puisent tous à la même source, qu'il s'agisse d'eau présente sur la terre ou sous la terre (l'eau, c'est comme la rue : elle est à tous, donc il faut la respecter, la partager).

Séance 1 : *La Rotonde*, fontaine d'Aix-en-Provence, 1860.

■ **Objectifs**

- Aborder l'eau comme enjeu d'une réalisation artistique.
- Construire une fontaine par petits groupes.

■ **Enjeu** : comprendre et réinvestir la notion de fontaine.

■ **Procédures** : observation ; expression orale ; dessin et création plastique.

■ **Matériel** : livre p. 93 ; un cercle de carton ; un grand bac rempli d'eau aux 2/3 ; une grosse boule de terre à modeler ; un paquet de macaronis ; un petit sachet d'une autre sorte de pâtes, un sachet de pailles coudées ; un petit sachet de riz ; quelques vieux boutons ; des petits moules d'empreintes d'objets (étoiles de mer, grenouilles, canards, etc.) ; cahier 2 p. 22.

■ **Durée** : 1 heure.

Préalable : prévoir deux tables, l'une pour placer le matériel de décoration, l'autre pour poser les éléments principaux (terre à modele, carton, etc.). Prévoir des protections pour les tables du type toile cirée ou grand plastique.

■ Déroulement

1re PHASE : observation de la fontaine page 93 (collectif oral)

– Faire émerger le mot « fontaine » et l'écrire au tableau ; comparer avec le titre de la page 93 pour vérifier la compréhension.

– Faire identifier les fonctions d'une fontaine : fonctions esthétique et utilitaire, surtout à l'époque de la construction de celle-ci ; il s'agit d'assurer un approvisionnement suffisant en eau à la ville d'Aix-en-Provence (comme à la plupart des villes françaises à cette époque) pour l'alimentation et l'hygiène des habitants afin d'éviter, notamment, le retour des grandes épidémies (choléra en 1835).

– Poser la question : D'où vient l'eau des fontaines ? Elle vient de sources ou de rivières par canalisation.

– Faire décrire et analyser les différents éléments de la fontaine *La Rotonde*. Ici, le décor se réfère au monde du vivant (guépards à la base des statues, dauphins sous la vasque, couples de lions tenant une coquille Saint-Jacques d'où sort l'eau...), comme si l'artiste avait voulu prouver que l'eau, c'est la vie ! Mais le décor se réfère aussi au registre de l'héraldique et à celui de l'allégorie. Trois statues allégoriques la couronnent, représentant la Justice, l'Agriculture et les Beaux-Arts.

– Faire expliciter la notion de monde du vivant et le vocabulaire spécifique : vasque, lions, statues...

– Dire aux élèves : « Nous allons réaliser par groupes de petites fontaines. À la manière de la fontaine d'Aix, cherchons ensemble six ou sept thèmes (autant que de groupes) qui permettent de décliner l'idée que l'eau, c'est la vie. Cherchons des décors qui peuvent faire penser au monde du vivant. Exemples : visages d'êtres humains, animaux, silhouettes, mains... »

2e PHASE : réalisation d'une fontaine (groupes de quatre élèves)

– Faire rechercher et énumérer les matériaux qui sont placés sur les deux tables (*cf.* matériel) et écrire leur nom au tableau.

– Créer, pour chaque groupe, le fond de terre à modeler. Auparavant, l'enseignant aura pris soin de constituer une sorte de patron avec un carton en forme de disque d'environ 10 cm de diamètre. Soit il y aura un patron du socle par groupe, soit chaque groupe se prête ce patron pour délimiter la base de la fontaine en terre à modeler.

– Faire constituer un colombin de terre, d'une circonférence égale à celle du fond. Ajouter trois à quatre colombins supplémentaires pour monter la fontaine.

– Faire percer trois trous de différents diamètres dans le colombin du milieu. Mettre une paille coudée dans un trou, deux sortes de pâtes dans les autres trous pour obtenir des diamètres différents. Une fois remplie d'eau, chaque fontaine, posée dans le grand bac lui-même rempli d'eau, coulera dans celui-ci.

– Chaque groupe décore sa fontaine selon le thème choisi (*cf.* fin de la première phase).

Activité complémentaire : faire construire une fontaine collective avec des matériaux plus solides (pots de fleurs, bouteilles en plastiques, etc.).

On l'utilisera le cas échéant pour arroser les fleurs de la classe.

Conscience phonique : lancer la comptine du [u] et du [ɔ̃] ; cahier 2 p. 22, ex. 1 à 3.

Séance 2 : les « chemins » de l'eau

Objectifs

- Reconnaître toutes les formes différentes que peut prendre l'eau dans la nature.
- S'approprier le vocabulaire spécifique sur la « géographie » de l'eau.

Enjeu : comprendre que l'eau peut se présenter sous de multiples formes dans la nature ; savoir aussi qu'elle peut être douce ou salée.

Procédures : tri ; classement d'images ; observation ; mise en relation texte/image et recherche documentaire.

Matériel : livre pp. 96 et 97 ; six grandes feuilles à dessin ; des grande enveloppes ; des catalogues et magazines ; des cartes postales ; une documentation sur l'eau ; étiquettes de produits alimentaires ; cahier 2 pp. 20, 21 et 22 ; *Dico des sons* p. 17.

Durée : 40 minutes.

Préalable

– Préparer des enveloppes en mélangeant des images de plaine, montagne, source, embouchure, etc.

– Sur chaque grande feuille, faire un tableau avec cinq colonnes égales : 1. source ; 2. mer/océan ; 3. torrent ; 4. cascade ; 5. rivière/fleuve.

Déroulement

1re PHASE : tri et classement des images (par groupes de quatre)

– Distribuer à chaque groupe une enveloppe. Consigne : « Faire des paquets d'images qui ont un point commun et dire pourquoi on a choisi de les mettre ensemble ».

– Mise en commun orale pour faire émerger le vocabulaire spécifique que l'on écrit au tableau. La plupart des mots écrits en gras dans le texte du livre vont apparaître et être inscrits au tableau.

2e PHASE : appariement des images (par groupes de quatre)

– Faire ouvrir le livre pp. 96 et 97 et découvrir le classement des images qu'il propose par identification des mots en gras du texte.

– Les groupes d'enfants refont le classement en fonction de ce qui vient d'être vu dans le livre.

– Faire coller les différentes images découpées dans la bonne colonne sur la grande feuille à dessin. Il s'agit de réaliser un classement pertinent et clair en vue d'un affichage.

3e PHASE : lecture du texte du livre (individuel et/ou collectif oral)

Faire lire le texte par :
- appariement entre les mots des affiches et ceux du livre ;
- mobilisation des mots connus (ex. : eau) ;
- construction des mots nouveaux (ex. : plaine) ; référence aux mots de la pêche aux [u] et au [ɔ̃] (ex. : douce, source, tombe, bondit...).

Bilan

Élaborer une définition pour chaque mot essentiel de la leçon (ceux écrits en gras pp. 96 et 97) qui sera écrite sur le cahier de classe. S'aider du dictionnaire.

– Faire relire le texte et expliciter le titre.

Activité complémentaire : chercher sur une planche de dictionnaire ou d'encyclopédie pour enfants des poissons d'eau douce et des poissons d'eau salée ; les répartir dans leur milieu.

Consolidation/contrôle des acquis : cahier 2, pp. 20 et 21.

P. 20, ex. 1 : en collectif. Dire et redire la comptine.

Ex. 2 : à faire en individuel (faire remarquer l'anomalie quant à l'échelle de représentation de la baignoire par rapport à la station d'épuration). S'aider de l'exercice précédent. Procéder ensuite à une évaluation formative en vérifiant les réalisations des enfants. Cela devrait déboucher sur un croquis du cheminement de l'eau affiché en classe, ce qui permettrait aux enfants qui n'ont pas réussi cet exercice d'avoir une correction.

P. 21, ex. 1, 2 et 4 : à faire en autonomie avec le livre en études dirigées.

Ex. 3 : exercice de vocabulaire à réaliser en commun avec l'enseignant en études dirigées. Il serait souhaitable de partir d'étiquettes de produits alimentaires (beurre, moutarde...).

Étude phonologique 1 du [u] et du [ɔ̃] : redire la comptine du [u] et du [ɔ̃] ; lancer la pêche au [u] et au [ɔ̃] ; *Dico des sons* p. 17 ; cahier 2 p. 22, ex. 4 et 5. Il est préférable de faire cette étude avant la séance 2 de manière à faciliter la lecture des pages 96 et 97.

Séance 3 : l'eau dans la vie de tous les jours

■ **Objectif** : comprendre l'utilité de l'eau dans la vie de tous les jours.

■ **Enjeu** : comprendre que l'eau est indispensable à la survie du monde vivant et impliquer l'enfant dans cette appréhension.

■ **Procédures** : observation des images et recherches documentaires.

■ **Matériel** : livre pp. 98 et 99 ; des catalogues et magazines ; des cartes postales de la région ou d'ailleurs représentant des paysages avec de l'eau ; une documentation sur l'eau : encyclopédies, dictionnaires « benjamin », documentaires ; cahier 2, pp. 23 et 24.

■ **Durée** : 40 minutes.

■ Déroulement

1re PHASE : observation et lecture des images et du texte du livre (en binômes)

– Faire observer les images et identifier les actions, les personnages et la nature des deux documents. Dire en une phrase ce que l'on voit sur chaque image. Chaque groupe dira tout haut à la classe les deux phrases qu'il a choisies. L'enseignant écrit les mots importants au tableau.

– À partir de l'observation des mots communs écrits au tableau, lecture par groupes de deux du texte du livre. Donner le mot « désaltérer » lorsque les élèves évoqueront le verbe boire (*cf.* le petit garçon qui boit page 98).

– Si l'enseignant a constitué des groupes hétérogènes, la consigne sera donnée au bon lecteur d'aider son camarade. Lors du bilan, par groupe, interroger les bons lecteurs et faire pratiquer une activité de « désignement » aux autres.

Bilan (collectif oral)

– Lecture du texte, puis explication de la nature du document en lui-même, par comparaison avec les photographies de la page précédente. Pourquoi un dessin ici pour illustrer le caractère indispensable de l'eau dans la vie quotidienne ?

Il s'agit, dans ce cas, de conforter les représentations et acquis des enfants plus que d'apporter un message nouveau. L'utilisation du dessin, directement accessible, permet de passer immédiatement à la discussion et d'évoquer d'autres exemples de la vie quotidienne où l'usage de l'eau est indispensable.

– Faire à nouveau relire le texte et le titre.

2e PHASE : recherche documentaire (groupes de quatre)

– Distribuer, pour chaque groupe, des images différentes sur l'eau, sélectionnées dans la documentation citée ci-dessus. Consigne : « Cherchez le maximum de situations où l'eau est utile, voire indispensable, dans la vie quotidienne. Classez ces images et expliquez votre choix. »

– Passer dans les groupes et demander à chacun d'expliciter ses choix.

– Avec toute la classe, en collectif oral, résumer les actions évoquées par un verbe à l'infinitif qui sera écrit au tableau : se laver, se brosser les dents, arroser, etc. Commencer la phrase par « L'eau ça sert à ... ».

– Faire écrire une ou deux phrases reprenant une ou deux actions de la vie quotidienne qui prouvent le caractère indispensable de l'eau.

Activité complémentaire

En éducation à la santé et en éducation civique, évoquer le besoin d'eau comme boisson, la nécessité de l'eau dans l'hygiène. Faire dessiner ou coller des images sur le cahier. Légender d'une phrase : « l'eau c'est utile pour ... »

Consolidation/contrôle des acquis : cahier 2, p. 24.

Ex. 1 et 2 : en autonomie en études dirigées.

Ex. 3 et 4 : en collectif avec discussion. Attention au mot « aquatique », à donner et à expliquer. C'est l'occasion de faire sortir le mot « potable ». On peut expliciter davantage ce mot en partant d'un exemple concret, comme la fontaine du village si elle existe ou plus généralement l'eau du robinet.

Étude phonologique 2 du [u] et du [ɔ̃] : *Dico des sons* p. 17 ; cahier 2 p. 23, ex. 6 à 10.

Séance 4 : expérience pour faire comprendre les différents états de l'eau

■ **Objectif** : réaliser une expérience pour faire comprendre que l'état de l'eau se transforme en fonction de la température.

■ **Enjeu** : prendre conscience que les états de l'eau sont liés aux variations de la température.

■ **Procédures** : observation des phénomènes de solidification, puis de liquéfaction ; production d'écrit (compte rendu).

■ **Matériel** : livre p. 95 ; cahier 2, p. 26 ; cinq à six barquettes en aluminium (une par groupe) plus de l'eau et un freezer et/ou un congélateur dans l'école ; cinq à six grandes feuilles à dessin (une par groupe) plus une grande affiche avec le tableau récapitulatif, selon l'exemple suivant :

	radiateur	fenêtre	table	réfrigérateur	freezer
Observation à telle heure					
Observation 20 min après					
Observation 40 min après					
Conclusion					

■ **Durée** : 40 minutes.

Préalable : faire le tableau ci-dessus, avec mots et icônes, et l'expliciter.

■ Déroulement

Préambule : lire la p. 95 et faire décrire l'image. Nommer les différents éléments qui s'y trouvent. Faire expliciter le choix par rapport au titre : « Pourquoi de la glace ? Pourquoi des nuages ? »

1re PHASE : de l'état liquide à l'état solide (groupes de quatre ou cinq)

– Faire remplir, d'une même quantité d'eau, une barquette par groupe. Les placer au freezer.

– Au cours de la journée, faire constater l'évolution dans la transformation de l'eau (environ deux fois : au bout d'une heure environ, puis une heure plus tard encore). Noter l'apparition d'éléments solides dans le liquide (cristaux) puis, dans un deuxième temps, la disparition du liquide.

– De retour en classe après chaque observation, faire dessiner cette évolution :
• dessin d'une barquette avec de l'eau dedans ;
• dessin d'une barquette avec de l'eau plus des cristaux de glace en surface ;
• dessin d'une barquette avec de la glace.

Bilan

– Faire écrire sur le cahier de classe : « Plus il fait froid, plus l'eau devient solide ».

2e PHASE : de l'état solide à l'état liquide (groupes de quatre ou cinq)

– Sortir les barquettes d'eau gelée du freezer et les placer à des endroits différents de la classe. Désigner un lieu différent pour chacun des groupes : sur le radiateur ; sur le rebord de la fenêtre ; sur la table ; dans le réfrigérateur ; en laisser une dans le freezer.

– Toutes les 15 à 20 minutes, le groupe se déplace sur son lieu d'observation et note ses remarques avec des mots et/ou des dessins (signes).

– À la fin de chaque observation, faire un bilan intermédiaire, mais très précis des observations et noter sur le tableau commun (*cf.* matériel) les différentes constatations. (Pour les barquettes placées au freezer et au réfrigérateur, faire les observations éventuellement pendant la récréation.)

Bilan oral et collectif

Construire en commun une explication des transformations notées par les différents groupes et la faire écrire sur le cahier de classe. Exemple : « Plus il fait chaud, plus vite la glace fond ».

Activité complémentaire

Chercher et énumérer tout ce que l'on connaît et qui fond à la chaleur.

Conscience phonique : lancer la comptine du [ɲ] ; cahier 2 p. 26, ex. 1 à 3.

Séance 5 : les différents états de l'eau

■ **Objectifs**

- Appréhender les différents états de l'eau pour s'approprier un vocabulaire spécifique.
- Mettre en relation la comptine page 94, la photo de couverture page 95 et les pages 100 et 101.

■ **Enjeu** : prendre conscience que l'eau existe dans la nature sous trois formes différentes : à l'état liquide, à l'état gazeux et à l'état solide.

■ **Procédures** : lecture des images et du texte ; mise en relation du texte et de l'image.

■ **Matériel** : livre pp. 94, 95, 100 et 101 ; cahier 2, pp. 25 et 26 ; *Dico des sons* p. 18.

■ **Durée** : 45 minutes.

Préalable

L'enseignant écrit la comptine de la p. 94 au tableau et la lit à haute voix. Puis, il écrit sur une grande feuille le texte de la page 100 et le premier paragraphe de la page 101.

■ Déroulement

1re PHASE : observation d'images (collectif oral)

– Faire observer les images des pp. 100 et 101. Identifier les actions, les personnages et la nature des documents.

– Questions : « Où est l'eau et dans quel état ? » Écrire au tableau les mots se rapportant à l'état de l'eau : neige, gel, glace, brouillard, flaque d'eau, givre. (Cette observation ne permet pas forcément de suivre la transformation de l'eau telle qu'on l'a vue lors de la précédente séance.)

– Faire lire dans le texte les mots connus et les mots en gras ressortis lors de l'observation des photos et écrits au tableau.

– Procéder paragraphe par paragraphe et déduire au fur et à mesure le sens général de chacun des paragraphes.

2e PHASE : lecture du livre et écriture (collectif, puis individuel oral)

– En fonction du niveau de la classe, procéder soit à une lecture individuelle, soit à une lecture collective ou par groupes.

– Faire lire les phrases par prise d'indices et de sens, en fonction du travail effectué précédemment sur les photos et les expériences de la séance précédente.

– À partir de la lecture du texte, déduire les trois états de l'eau en insistant sur la notion de transformation.

3e PHASE : synthèse de la notion d'état de l'eau (collectif oral)

– Ouvrir le livre page 95 et faire décrire la photo. Identifier les différents éléments en exigeant des élèves l'emploi d'un vocabulaire approprié vu au cours des phases précédentes (liquide, solide, glace, nuage, etc.). L'objectif, ici, est le réinvestissement d'un vocabulaire spécifique et la vérification de la compréhension du sens des séances 4 et 5.

– Avec les élèves, élaborer des critères de classement des mots de la comptine. Par exemple, quatre critères possibles :
1) selon l'état de l'eau (liquide/solide/gazeux) ;
2) selon le chemin que l'eau parcourt (de la source à l'océan) ;
3) selon que l'eau est libre ou captée (puits, fontaine) ;
4) selon que l'eau est salée ou douce.

– En fonction des critères que l'enseignant choisit de mettre en valeur avec la classe, il élabore une légende couleur : par exemple, souligner en bleu le 1), en rouge le 2), en vert le 3) et en jaune le 4). Écrire la légende au-dessous de la comptine et donner un titre au travail (ex. : classement des mots en fonction de l'état de l'eau).

On pourra éventuellement regrouper les en-têtes (2 et 3) sous la rubrique : aspects de l'eau dans les paysages.

Bilan

– Faire lire en continu le texte des pp. 100 et 101 avec l'aide de l'enseignant, si nécessaire, pour les dernières phrases de la p. 101.

– Sur le cahier de classe, noter une phrase qui mentionne l'existence des trois états de l'eau dans la nature.

Consolidation/contrôle des acquis : cahier 2, p. 25.
Les exercices sont à faire en autonomie pour une vérification de la compréhension générale.
Ex. 2 : approche d'un codage spécifique (à expliciter avant de faire l'exercice) à partir d'une carte météo simplifiée.

Étude phonologique 1 du [ɲ] : redire la comptine du [ɲ] ; lancer la pêche au [ɲ] ; *Dico des sons* p. 18 ; cahier 2 p. 26, ex. 4 et 5.

Séance 6 : le rôle protecteur de l'eau

■ **Objectifs**

- Lire les pages 102 et 103 pour s'approprier un vocabulaire spécifique.
- Comprendre le rôle protecteur de l'eau de mer pour la vie de certains animaux.

■ **Enjeu** : comprendre que dans un milieu où l'eau est très présente (le milieu marin), la vie est conditionnée par cette présence.

■ **Procédures** : observation et lecture d'images ; mise en relation du texte et des images.

■ **Matériel** : livre pp. 102 et 103, cahier 2, p. 27 ; *Dico des sons* p. 19.

■ **Durée** : 20 minutes.

■ Déroulement

1re PHASE : étude du titre et des photographies du livre (collectif oral)

– Écrire le titre au tableau et le faire lire et/ou le lire (à partir du sens et des phonèmes déjà étudiés, certains élèves pourront le décoder).

– Poser ensuite des questions : Pourquoi dit-on que l'eau protège ? Qu'est-ce que cela veut dire ? Que font les animaux sur les photos par rapport à ce titre ? Le ver est-il protégé par l'eau ? Sur quoi est-il ? Et le crabe ? Paraît-il protégé par l'eau ?

– Expliquer ici la notion de marée : les photos ont toutes été prises à marée basse, sinon on aurait moins bien vu les animaux. Chaque jour, la marée monte et descend deux fois (toutes les six heures environ). Exemple : si la mer est haute à minuit, elle sera basse à six heures du matin, puis à nouveau haute à midi, etc. Les horaires des marées varient légèrement d'un jour à l'autre. Le phénomène de la marée est due à l'influence de la lune. La marée est beaucoup plus importante au bord des océans, comme l'océan Atlantique, qu'au bord de la mer Méditerranée où elle est pratiquement inexistante.

– En profiter pour faire émerger les mots connus (animaux, mer, etc.) et les mots nouveaux de la leçon (chapeau chinois, crabe, etc.).

2e PHASE : lecture du texte (collectif, puis individuel oral)

– En fonction du niveau de la classe, procéder soit à une lecture collective, soit à une lecture individuelle. Faire lire les phrases par prise d'indices et de sens, en fonction du travail effectué précédemment sur les photos et avec l'aide des mots écrits au tableau.

Bilan

Faire lire ou lire les bandeaux de texte en couleur et les écrire sur le cahier du jour.

Activités complémentaires

– Chercher dans une encyclopédie le rôle de l'eau dans l'origine des espèces : la vie est née dans l'eau de mer. Les animaux préhistoriques sortis de l'eau se sont couverts d'écailles pour conserver l'humidité de leur peau.

– Chercher d'autres exemples d'invertébrés marins (crustacés et gastéropodes). Préciser que le chapeau chinois est le terme enfantin pour la patelle, appelée bernique ou bernicle.

Étude phonologique 2 du [ɲ] : *Dico des sons* p. 18 ; cahier 2 p. 27.

Séance 7 : quand l'eau est absente

■ **Objectifs**

• Sensibiliser les enfants au phénomène d'adaptation des animaux et des végétaux à la rareté de l'eau.

• Lire les pages 104, 105 et 106 pour s'approprier le vocabulaire spécifique (désert, sécheresse, etc.).

■ **Enjeu** : comprendre que dans un milieu où l'eau est très peu présente (le milieu désertique ou semi-désertique), la vie est conditionnée par cette pénurie d'eau.

■ **Procédures** : observation et lecture d'images ; mise en relation du texte et des images.

■ **Matériel** : livre pp. 104, 105 et 106 ; ardoise ; cahier 2 pp. 28 et 29.

■ **Durée** : 30 minutes.

■ Déroulement

1re PHASE : étude du titre et des photographies du livre (collectif oral)

– Observer les quatre photos ; identifier les animaux et les plantes. Chercher les éléments communs du milieu de vie.

– Poser le problème de la rareté de l'eau et donc du comportement spécifique des animaux et des plantes.

– Questions : « Quels sont les animaux que l'on voit sur ces trois pages ? Quel est leur nom ? » (En profiter pour donner le mot « gerboise » et l'écrire au tableau.)

– Éventuellement, faire un tableau récapitulatif où l'on note les noms des différents animaux et plantes, que l'on complétera lors de la phase suivante.

2e PHASE : lecture du texte pour chercher des comportements d'adaptation au manque d'eau (collectif oral)

– Travailler oralement en listant au tableau les mots proposés par les enfants en réponse à la question posée : « Que font ces êtres vivants pour s'adapter au manque d'eau ? »

– Puis prendre le livre et lire le texte avec l'aide de l'enseignant ; noter au tableau (ou souligner si les mots sont déjà sortis lors de la discussion précédente) les mots importants pour chacune des quatre photos et qui permettront de comprendre le sens du texte qui les accompagne.

– Dresser un tableau : pour chaque animal et chaque plante, écrire sous la dictée des élèves les mots du texte du livre qui permettent de comprendre l'adaptation des animaux à la sécheresse. Insister sur le cas particulier du zébu qui ne s'adapte pas bien à la sécheresse.

Bilan : les enfants écrivent sur le cahier de classe : « Certains animaux et plantes cherchent à conserver l'eau pour survivre ».

3e PHASE : la sécheresse et ses conséquences (collectif oral)

– Faire rechercher des mots associés au mot « sécheresse » (sec, manque d'eau, désert, etc.).

– Écrire le mot « sécheresse » au tableau, le faire lire et écrire par les enfants sur l'ardoise. Vérifier rapidement que le sens du mot est compris.

– Faire repérer le mot « sécheresse » dans le livre et chercher dans les images ce qui évoque la sécheresse (les zébus sont maigres, l'herbe est sèche, il y a très peu d'arbres, etc.).

– Chercher dans le texte les mots ou expressions qui évoquent la sécheresse et les faire écrire sur l'ardoise. Les faire énoncer, puis les écrire au tableau ; expliquer les mots difficiles comme « famine ».

– Faire relire le texte par un bon lecteur.

Bilan : écrire en commun une phrase de résumé.
Exemple : « Avec la sécheresse, la vie est difficile pour les animaux, les plantes et les hommes ».

Consolidation/contrôle des acquis : cahier 2 pp. 28 et 29.

P. 28, ex. 1 : il requiert de la finesse lexicale pour distinguer entre « très peu » et « plus ». La négation « ne… plus » est en cours d'acquisition formelle. Les affirmations demandent donc à être explicitées pour éviter un exercice de copie simple sans réflexion. On pourra prolonger l'exercice en faisant construire des phrases avec « un peu » et « ne… plus ».

Ex. 2 : faire énoncer oralement les diverses possibilités (ex. : un animal, une plante, meure, s'adapte…).

Ex. 3 : on pourra faire chercher le support de cet encart publicitaire (catalogue de la Camif). Si les objets offrent peu de réel intérêt en eux-mêmes pour les enfants, leur comparaison peut être enrichissante. En effet, leur nom initie de façon implicite au rôle privatif du préfixe « dé- » (*cf.* espoir/désespoir, embarrasser/débarrasser, etc.) Par ailleurs, il est intéressant de chercher des lieux où l'on pourrait avoir besoin de l'un ou de l'autre.

On a affaire ici à l'approche du texte argumentatif. Le titre, le slogan et la mise en valeur du prix sont à mettre en évidence. Enfin, l'argumentaire permet d'opter pour un équilibre salutaire du taux d'humidité.

P. 29, ex. 1 et 3 : à faire en autonomie en études dirigées.

Ex. 2 : préciser la nature du document, planisphère, et l'expliciter. Localiser certains déserts (ex. : Sahara). Faire retrouver les autres zones sèches sur un autre type de planisphère (climatique, en expliquant le code couleur).

Séance 8 : l'eau, un bien précieux à protéger

■ Objectifs

• Savoir que certains comportements sont nuisibles pour l'eau et que d'autres au contraire la protègent.

• Lire la page 107 pour s'approprier un vocabulaire spécifique relatif à la consommation (gaspiller, polluer, partager).

■ Enjeu : apprendre à maîtriser la consommation d'eau.

■ Procédures : mise en relation du texte et des images ; création artistique.

■ Matériel : livre pp. 107 et 108 ; cache (fiche 21 p. 168) ; cahier 2 pp. 30 et 31.

■ Durée : 30 minutes.

Préalable

– Reproduire la fiche 21, partie A, en *x* exemplaires (nombre d'enfants divisé par deux), puis découper soit la partie gris clair, soit la partie gris foncé.

– Disposer un cache sur chaque livre, p. 108 (un livre pour deux élèves), la moitié des livres ayant un cache gris clair et l'autre moitié un cache gris foncé.

■ Déroulement

1re PHASE, découverte de l'image (en binômes)

– Demander aux élèves de dessiner sur le cache les éléments qui manquent après leur avoir dit d'essayer de lire le dessin qu'ils voient : le dessin à réaliser doit être en relation avec celui du livre.

2e PHASE : mise en commun (collectif oral)

– Afficher au tableau les dessins des élèves.

– Disposer les élèves devant le tableau et faire procéder à un classement ; Quels sont les dessins que l'on peut regrouper ? Pourquoi ?

– Faire expliciter, par chaque binôme, sa représentation pour aider aux regroupements ; aboutir à l'idée de complémentarité de deux séries de dessins.

– Faire expliciter le message général des dessins et comparer avec le livre p. 107.

3e PHASE : lecture de l'affiche (collectif oral)

– Observer le document pour en déterminer la nature : réinvestissement de la lecture de l'affiche p. 45 du livre de l'élève (*cf.* émetteur, notion de message sous une double forme, dessin et slogan, caractères typographiques et disposition de l'image) ; c'est une affiche publicitaire.

– Faire lire le titre de l'affiche, puis le titre de la double page.

– Mettre en relation les deux titres et faire expliciter : « L'eau, c'est la vie, donc il faut la partager. » ou « Il faut partager l'eau, car l'eau c'est la vie. »

– À partir du titre de l'affiche, faire expliciter de manière fine le dessin. Qui sont les « personnages » ? (L'ensemble du monde vivant est représenté ; règne végétal et règne animal.) Que font-ils ? (voir les compléments d'information p. 98.)

– Faire mettre en relation la couleur dominante des pages 107 et 108 (bleu) et faire émettre des hypothèses sur ce choix.

– Lire le texte de la p. 108 pour valider ou apporter l'idée de planète bleue.

– Faire relever le vocabulaire de l'eau : eau, coule, source pour faire lire : « Ça coule de source. » Expliciter la phrase (jeu de mots) en la recontextualisant dans le sens de « c'est évident ». (Ex. : La nuit, c'est le contraire du jour, ça coule de source.)

4e PHASE : lecture du texte, p. 107 (collectif oral)

– Faire lire la dernière phrase et l'écrire au tableau. (Expliciter les pronoms « la » et « tu ». Qui parle à qui ?)

– Faire découvrir « Il ne faut pas que tu... » et l'écrire au tableau (1re colonne) en regard de « Il faut que tu... » (2e colonne).

– Faire émettre des hypothèses sur la suite : Que ne faut-il pas que tu fasses ? Écrire ces hypothèses au tableau.

– Compléter la 1re colonne avec d'autres exemples (ex. : économiser...) et comparer avec les formules du livre. Donner « gaspilles » et expliciter.

Bilan : lecture expressive

– Faire relire le texte de manière à ce que chaque enfant lise une phrase injonctive en s'adressant à un autre enfant, qui lui-même réplique en s'adressant à un 3e enfant, etc.

Exemple : un 1er enfant dit : « Il ne faut pas que tu la pollues » ; le 2e répond : « Il ne faut pas que tu la gaspilles » ; le 3e dit : « Et il faut que tu la partages », etc.

Consolidation/contrôle des acquis : cahier 2, p. 30.

Ex. 1 : à faire en autonomie en études dirigées.

Ex. 2 : à faire individuellement, mais au préalable discuter sur le sens du message de l'affiche que chacun va vouloir créer. Recherche en commun et propositions de slogans adaptés.

Bilan cahier 2, p. 31.

Il ne présente aucune difficulté particulière.

Ex. 1 : il pourra néanmoins être préparé par une énonciation orale des mots proposés en faisant préciser à chaque fois à quel état de l'eau se réfère chaque image.

Coup de théâtre au Carnaval

Pages 109 à 128 du livre de l'élève

■ Enjeux

Cette unité, très originale dans un manuel de CP, suit logiquement le calendrier, sans toutefois être asservie à celui-ci. Le carnaval, toile de fond de l'intrigue, n'est pas un simple prétexte, mais par ses jeux de masques et de déguisements, c'est un lieu propice à mener une « enquête policière ». En effet, tout y est mélangé : les personnes se cachent sous les personnages, on joue à avoir peur (les trois petits cochons vis-à-vis du loup), ou à faire peur (le chasseur par rapport au loup). Mais parfois, dans la cohue et le brouhaha, ayant perdu ses repères, on a réellement peur (Marie).

Tout est brouillé. Rien d'étonnant à cela : lorsqu'on remonte aux carnavals anciens, dont les origines se perdent dans la nuit des temps, on retrouve cette idée de monde « à l'envers » (*cf.* fabliette des *Fêtes déguisées*, p. 110), qu'il s'agisse du carnaval des fous, au Moyen Âge, ou du carnaval des gueux. Grand exutoire populaire, à un moment rude de l'année, où les provisions d'hiver s'épuisent, le carnaval incarne la mort de la vieille année que l'on enterre, et le renouveau qui s'annonce. Il ne faut pas oublier que jusqu'à une époque récente, l'année civile commençait le premier avril, avec le printemps. Nous avons retenu les principes essentiels de ces traditions.

L'intrigue, quant à elle, nous situe aux confins du « genre policier », dont les enfants sont friands, mais qu'ils abordent peu à cet âge. La narration est menée sous la forme d'une « enquête », avec ses « indices » et ses « suspects ».

Enfin, l'originalité de cette unité réside essentiellement dans sa forme : elle introduit le langage théâtral si peu rencontré à l'école. Loin d'être une entrave à la lecture cette forme particulière de discours permet d'aborder le dialogue en situation et en action. Par ailleurs, elle permet aux élèves en relative difficulté par rapport à la lecture de s'identifier avec un personnage, de lire sa ou ses répliques (ce qui limite la quantité), tout en s'intégrant au texte complet. La motivation est alors très forte et ne se relâche pas.

Cette unité invite également à retrouver le patrimoine culturel, celui des contes traditionnels et des chansons enfantines (voir bibliographie ci-dessous). Les textes du *Petit Chaperon rouge* et du *Petit Poucet* ont déjà été lus avec Lili Cricri, celui de *La Reine des neiges* avec Super Noël. Restent à lire ou à faire écouter *Les Trois Petits Cochons* et *Le Chat Botté.*

On s'entraînera à chanter les chansons tout au long de l'unité, les paroles et les titres restant affichés dans la classe.

■ Procédure

Il reste à apprendre à lire ce type de texte, avec ses caractéristiques qu'il faut dégager dès le départ (par exemple, ne pas lire le nom des personnages), mais qui sont très vite intégrées et appliquées comme un jeu. Il est évident qu'il n'est nullement question de pousser très loin cette étude, mais on ne doit pas éluder le vocabulaire spécifique (réplique, scène, etc.). Il n'y a que deux didascalies entre parenthèses. Toutes les autres sont explicitées par l'illustration. On peut même jouer à intervertir ou à occulter des répliques, à cacher le nom des personnages, toutes pratiques qui familiarisent avec ce type d'écrit particulier.

À propos de jeu, il est bien évident que ce texte est fait pour être joué, c'est-à-dire que les intonations, les attitudes et les expressions, les déplacements et la gestuelle, s'imposent comme des éléments non pas complémentaires, mais bien constitutifs de ce type de texte. Le jeu et la mise en espace représentent ici la finalité ultime de la lecture.

■ Matériel

- Livre pp. 109 à 128 ; cahier 2 pp. 32 à 59 ; *Dico des sons* pp. 19 à 23.
- Bristol blanc ; peinture et craies grasses ; cure-pipes ; papier aluminium et crépon ; gabarit du masque (fiche 22 p. 169) ; fil élastique ; ciseaux ; colle et agrafeuse (séance 1).
- Jeu de 24 étiquettes (fiche 23 p. 170) (séance 3).
- Bandes de papier comportant les répliques de la p. 113 ; 11 caches ; aimants et gomme adhésive ; affiche pour établir en commun le rapport d'enquête (séances 4 et 5).
- Texte de l'annonce de la p. 114 (fiche 24 p. 171) (séance 5).
- Bandes de papier comportant les répliques de la p. 115 (fiche 26 p. 173), 12 enveloppes contenant toutes les répliques de la page (séance 6).
- Reproduction de l'affiche déchirée en grand format (fiche 24 p. 171), étiquettes au nom de chacun des personnages ; ardoises (séance 7).

• Un questionnaire par élève (voir ci-dessous) ; affiche du carnaval, fiche 26 p. 173 ; affiche avec le deuxième rapport d'enquête (séance 8).

• Planisphère (séance 11).

• Bandes de papier comportant les répliques isolées de la p. 127, fiche 27 p. 174 (séance 15).

Phonèmes étudiés : [m] ; [v] ; [g] ; [ʃ] ; [k].

Grammaire

• La négation (consolidation). • La phrase interrogative. • La phrase impérative. • La notion de nombre. • L'accord sujet-verbe (imprégnation/manipulation).

Production d'écrit

• Le dialogue.
• Le texte narratif (notions de chronologie et de structure par manipulation).

Bibliographie pour les enfants

• Contes : *Le Chat botté* de Charles Perrault ; *Les Trois Petits Cochons.*

• Chansons : *En passant par la Lorraine ; Au clair de la lune ; Dame Tartine ; Marie-Madeleine ; À la claire fontaine ; Dansons la capucine ; Compagnons de la Marjolaine.*

Bibliographie pédagogique

• Sur le roman policier :

M.L. Gion et P. Slama, *Lire et écrire avec le roman policier,* CRDP Créteil, collection « Argos ».

• Sur le texte théâtral et les pratiques théâtrales en classe :

G. Caillat, P. Citterio, D. Gaspard-Huit, C. Marion, *Du théâtre à l'école*, CRDP Hachette Éducation.

J.-C. Lallias, L. Cabet, *Les Pratiques théâtrales à l'école*, CNDP de Seine-Saint-Denis.

Y. Rivais, *Théâtre et langage à l'école*, Retz.

Questionnaire (séance 8)

J'entoure les bonnes réponses.

1. Ariane a le plan.   Ariane n'a pas le plan.

2. De quoi parle Ariane quand elle dit : « ça » ?

de Marion

du plan

d'une affiche

3. Marion est avec les marionnettes.

Marion n'est pas avec les marionnettes.

4. J'écris des phrases pour dire :

– quel nouvel indice se trouve dans la réponse de Raphaël à Marie ;

– ce que vont faire les enfants.

Chansons

En passant par la Lorraine

En passant par la Lorraine, } bis
Avec mes sabots, } bis
Rencontrai trois capitaines,
Avec mes sabots dondaine,
Oh, oh, oh ! avec mes sabots !

Rencontrai trois capitaines, } bis
Avec mes sabots, } bis
Ils m'ont appelée vilaine,
Avec mes sabots dondaine,
Oh, oh, oh ! avec mes sabots !

Ils m'ont appelée vilaine,
Avec mes sabots,
Je ne suis pas si vilaine,
Avec mes sabots dondaine,
Oh, oh, oh ! avec mes sabots !

Je ne suis pas si vilaine,
Avec mes sabots,
Puisque le fils du roi m'aime,
Avec mes sabots dondaine,
Oh, oh, oh ! avec mes sabots !

Puisque le fils du roi m'aime,
Avec mes sabots,
Il m'a donné pour étrennes,
Avec mes sabots dondaine,
Oh, oh, oh ! avec mes sabots !

Il m'a donné pour étrennes,
Avec mes sabots,
Un joli pied de verveine,
Avec mes sabots dondaine,
Oh, oh, oh ! avec mes sabots !

Un joli pied de verveine,
Avec mes sabots,
Je l'ai planté dans la plaine,
Avec mes sabots dondaine,
Oh, oh, oh ! avec mes sabots !

Je l'ai planté dans la plaine,
Avec mes sabots,
S'il fleurit je serai reine,
Avec mes sabots dondaine,
Oh, oh, oh ! avec mes sabots !

S'il fleurit je serai reine,
Avec mes sabots,
Et s'il meurt je perds ma peine,
Avec mes sabots dondaine,
Oh, oh, oh ! avec mes sabots !

Les compagnons de la Marjolaine

Qu'est-c' qui passe ici si tard,
Compagnons de la Marjolaine,
Qu'est-c' qui passe ici si tard,
Gai, gai, dessus le quai ?

C'est le chevalier du guet,
Compagnons de la Marjolaine,
C'est le chevalier du guet,
Gai, gai, dessus le quai.

Que demande le chevalier,
Compagnons de la Marjolaine ?
Que demande le chevalier,
Gai, gai, dessus le quai ?

Une fille à marier,
Compagnons de la Marjolaine,
Une fille à marier,
Gai, gai dessus le quai.

Sur les minuit repassez,
Compagnons de la Marjolaine,
Sur les minuit repassez,
Gai, gai, dessus le quai.

Voilà les minuit passés,
Compagnons de la Marjolaine,
Voilà les minuit passés,
Gai, gai, dessus le quai.

À la claire fontaine

À la claire fontaine,
M'en allant promener,
J'ai trouvé l'eau si belle,
Que je m'y suis baigné.
Il y a longtemps que je t'aime, } *refrain*
Jamais je ne t'oublierai. } *refrain*

À la feuille d'un chêne,
Je me suis essuyée.
Sur la plus haute branche
Un rossignol chantait. *refrain*

Chante rossignol chante,
Toi qui as le cœur gai.
Tu as le cœur à rire
moi je l'ai à pleurer… *refrain*

J'ai perdu mon ami
Sans l'avoir mérité,
Pour un bouton de rose
Que je lui refusai. *refrain*

Je voudrais que la rose
Fût encore au rosier,
Et que mon doux ami
Fût encore à m'aimer. *refrain*

Séance 1 : masque

■ **Objectif** : lire un texte prescriptif.

■ **Enjeu** : réalisation plastique à partir d'une notice explicative.

■ **Procédures** : prise d'indices dans l'image pour compléter l'écriture du texte ; association texte/image.

■ **Matériel** : bristol blanc ; peinture et craies grasses ; cure-pipes ; papier aluminium et crépon ; gabarit du masque (fiche 22 p.169) ; fil élastique ; ciseaux ; colle et agrafeuse ; cahier 2 pp. 32 et 33.

■ **Durée** : 30 minutes.

■ Déroulement

1re PHASE : identification du type de document, cahier 2 p. 32 (collectif)

- Faire lire le titre de la fiche (on pourra s'appuyer sur l'illustration).
- Repérer l'organisation d'ensemble de la fiche (sa « silhouette » : matériel, déroulement, puces et numéros, actions à accomplir).
- Faire identifier à quel type de texte on a affaire (*cf.* la recette de la sorcière) : c'est une fiche prescriptive.
- Faire identifier et nommer tout ce qui est dessiné (aider à l'identification des cure-pipes).
- Faire écrire les mots connus (écrire les autres).

2e PHASE : début de lecture de la fiche, le matériel (collectif)

- Demander où l'on retrouve ces mots : dans la rubrique matériel.
- Faire lire ce que l'on connaît. Lire le reste.

3e PHASE : lecture de la fiche, le déroulement (collectif)

- Demander aux enfants comment ils utiliseraient le matériel pour arriver au résultat final.
- Écrire les mots (verbes) au tableau.
- Essayer de les ordonner.
- Faire réaliser l'exercice 1 de la p. 32, oralement puis par écrit individuellement. Il s'agit de replacer les infinitifs au bon endroit, en s'appuyant sur l'illustration. C'est une façon de poursuivre l'apprentissage du texte prescriptif. Les seules difficultés réelles peuvent surgir de la non-identification ou de la méconnaissance des logos ou des objets représentés. Par ailleurs, il faut passer de la représentation du matériel employé à l'action à accomplir. Il conviendra donc de faire énumérer les objets représentés et les actions que l'on fait avec ces objets (ex. : une agrafeuse pour agrafer), puis de chercher les mots qui indiquent ces actions dans la liste préliminaire.

Autre ambiguïté à lever d'emblée, collectivement : l'emploi des pronoms qui précèdent certaines actions. Les faire expliciter.

- Lire le déroulement et faire réaliser le masque (on notera, au fur et à mesure, les stratégies de lecture mises en œuvre qui obligent à un va-et-vient entre la prise d'information et la réalisation et, au besoin, on fera expliciter).

Activité complémentaire

Répertorier le matériel et faire écrire : « ciseaux », « pinceaux », « colle », « peinture ».

Consolidation/contrôle des acquis : cahier 2 p. 33.

Pas de difficulté particulière. L'essentiel est de laisser libre cours à l'imagination, en se rappelant que le choix d'un masque ou d'un costume de déguisement (*cf.* cahier 2 page 33) est toujours révélateur des intentions, des doutes ou des revendications, ou même des peurs des enfants.

Séance 2 : découverte de la couverture et de la quatrième de couverture

■ **Objectifs**

- Découvrir la couverture et le titre.
- Découvrir la quatrième de couverture.

■ **Enjeu** : consolider le rôle de la quatrième de couverture. Émettre des hypothèses sur le contenu de l'unité.

■ **Procédures** : lecture d'image et de texte ; formulation d'hypothèses ; anticipation.

■ **Matériel** : livre pp. 111 et 128 ; cahier 2 p. 34.

■ **Durée** : 35 minutes.

Préalable : écrire des questions au tableau.

1. Où cela se passe-t-il ?
2. Qui est sur la scène ?
3. Quelle histoire peut nous raconter ce livre ?
4. Est-ce que le titre dit le nom du héros ?
5. Qui est-ce ?

■ Déroulement

1re PHASE : émission d'hypothèses, discours argumentatif sur la page de couverture (collectif oral)

– Faire identifier le lieu, un théâtre, grâce au rideau et à la scène ; puis le personnage, une poupée (ou une marionnette, à cause du théâtre). Réponse possible : « C'est l'histoire d'une poupée dans un théâtre. » Revenir à la notion de héros.

– On connaît le mot « théâtre » écrit au tableau, mais la majuscule de « Carnaval » peut prêter à confusion.

– Lire le titre sans l'expliquer. « Carnaval » indique un lieu ou un moment, pas un patronyme.

– Faire émerger le vocabulaire connu dans le champ lexical du carnaval : masques, déguisements, se déguiser, costumes, défilé, confettis. Écrire tous ces mots au tableau, comme références toujours accessibles pendant l'étude de cette unité.

2e PHASE : lecture de la page 128 (en binômes)

– Rappeler que l'on peut trouver la pagination de la quatrième de couverture dans le sommaire. Faire chercher cette page dans le sommaire.

– Se reporter à la p. 9 du livre pour faire constater que Marion est bien la poupée de Marie (album photo).

– Lire avec quelques élèves en leur demandant de répondre aux questions 2 et 4 (repérage et lecture des noms propres, construction des mots « volé » et « poupée »).

– Faire trouver par les autres les réponses aux questions 2 (une poupée), 4 (Marion) et 3 (une enquête).

– Faire identifier le « genre » (plutôt policier).

3e PHASE : vocabulaire du genre policier (collectif oral)

– Faire émerger tout le vocabulaire connu de ce champ lexical : enquête, énigme, indices, victime, suspect, coupable.

– Écrire tous ces mots sur une affiche à conserver jusqu'à la fin du travail sur l'unité.

– Les retrouver dans le texte de la page 128.

- Qui est Marie ? : une détective ? une policière ? la maman de Marion ?
- Pourquoi a-t-on volé Marion ? Qui est le voleur ?

– Faire comparer la couverture et la quatrième de couverture (la poupée est devenue une marionnette).

– Expliciter le titre : un coup de théâtre, c'est un événement imprévu, inattendu, qui vient brusquement changer le cours des choses.

Bilan

– Répondre aux questions.
– Écrire les réponses au tableau.
– Faire émettre des hypothèses sur l'histoire racontée.

Activité complémentaire (en binômes)

Faire écrire une phrase qui raconte comment a été volée la poupée de Marie. Lire à la classe toutes les propositions.

Consolidation/contrôle des acquis : cahier 2 p. 34.

Ex. 1 et 2 : ils pourront être faits en études dirigées avant de commencer cette séance.

Ex. 3 : il s'appuie sur des connaissances culturelles que beaucoup d'enfants n'ont pas et, par ailleurs, l'illustration « en coupe » rend la lecture de l'image plus ambiguë (les notions de spatialisation étant altérées). Cet exercice devra impérativement être fait en commun.

Ex. 4 : pour écrire « marionnette », se reporter p. 110 du livre.

Séance 3 : les personnages

■ **Objectif** : lire la p. 112 et découvrir les personnages.

■ **Enjeu** : découvrir une spécificité du texte théâtral, la présentation des personnages.

■ **Procédures** : travail oral et jeu de vrai/faux.

■ **Matériel** : livre pp. 111, 112 et 128 ; un jeu de 24 étiquettes comportant le nom des personnages (fiche 23 p. 170), écrits comme dans le livre ; cahier 2 p. 35.

■ **Durée** : 40 minutes.

Préalable : Disposer les étiquettes retournées sur le bureau devant l'enseignant.

■ Déroulement

1re PHASE : description de la page (collectif oral)

– Faire ouvrir un livre pour deux. Faire observer la page et dégager sa spécificité. Confirmer le lieu : rideau + scène. Poser des questions : « Que nous apprend cette page ? Qui sont ces gens ? »

– Faire décrire les portraits. Conclusion : on suppose que ce sont les personnages de l'histoire.

2e PHASE : lecture et argumentation (en binômes)

– Demander combien il y a de personnages. Les ambiguïtés viennent du fait que certains personnages sont appelés de plusieurs façons : leur prénom, leur « qualité » (par rapport à Marie), et un « attribut » pour trois d'entre eux.

– Attirer l'attention sur les différentes graphies. Faire remarquer la typographie variée (majuscules, script et italique), la disposition particulière du texte ainsi que sa relation avec l'image : c'est une sorte de légende, comme dans un imagier (*cf. l'album photo*).

– Questions : Comment est disposé le texte ? Comment peut-on le lire ? Pourquoi y a-t-il différentes écritures ? Qu'est-ce qui est écrit en majuscules ?

3e PHASE : lecture individuelle silencieuse ; lecture globale ou analytique

– Faire identifier les personnages par un relevé individuel silencieux de tous les éléments connus. Les faire nommer à haute voix. S'assurer que tous les élèves les repèrent. Réponses probables : papa, maman, Marie, Ariane, la poupée, l'ogre, la fée, la sorcière, le Chat botté, etc. On peut trouver « Marion » et « marionnette » à partir de « Marie » ; Laurent peut être lu.

– Essayer de les situer les uns par rapport aux autres. Écrire les propositions au tableau.

– Faire émerger la notion de personnage principal ou de héros (d'héroïne). Marie est la première à être présentée. La plupart des autres personnages sont présentés par rapport à elle (son copain, etc.).

4e PHASE : classement des personnages (en binômes)

– Faire tirer au sort une étiquette par enfant.

– Faire lire à chacun son étiquette.

– Faire classer les personnages. Plusieurs classements sont possibles : réels/imaginaires ; en relation avec Marie/indépendants d'elle (à noter que le déterminant possessif « sa » aurait été plus adéquat que « la » devant « poupée ») ; illustrés/simplement nommés ; masculins/féminins.

– En tirer des conclusions en distinguant certitudes (ce que l'on sait) et hypothèses (ce que l'on suppose). C'est une présentation simultanée de tous les personnages qu'on rencontrera dans la pièce : observer la particularité de la typographie dans le genre théâtral.

– Poursuivre les hypothèses sur l'intrigue en incluant tous les renseignements recueillis.

Activité complémentaire

Jeu de vrai/faux (à partir des pp. 111, 112 et 128)

– Faire tirer au hasard 14 étiquettes-noms par 14 élèves qui doivent se disposer comme sur la page 112, sans rien dire. Les autres doivent deviner qui ils sont.

– On peut pratiquer un contrôle de type La Martinière. Les élèves écrivent « oui » sur une face de leur ardoise, et « non » sur l'autre face. On leur montre les étiquettes des noms de personnages (ceux de l'histoire et des intrus) et ils doivent montrer le côté « oui » ou le côté « non », selon le cas.

– On peut également, par le même procédé, aller plus loin dans l'identification des personnages : on lance oralement des affirmations, et les élèves doivent répondre sur l'ardoise. (Leur laisser le temps de chercher.)

Ariane est la sœur de Raphaël : non
Marion est une poupée : oui
Laurent est le frère de Marie : non, etc.

Consolidation/contrôle des acquis : cahier 2 p. 35.

Tous les exercices sont l'aboutissement des questionnements et des investigations menés pendant la séance.

Ex. 1 à 3 : peuvent être faits en autonomie après la séance.

Ex. 4 à 6 : doivent faire l'objet d'une recherche commune dont les résultats sont écrits au tableau. Ils corrrespondent au parcours de l'histoire.

Séance 4 : la scène d'exposition

■ Objectifs

- Lire la page 113 (la scène d'exposition). Ce qui est dit vaut en soi, mais permet aussi de saisir une situation antérieure qui se dévoile et se construit petit à petit.
- Découvrir la typologie du texte théâtral.
- Acquérir un vocabulaire spécifique (réplique).

■ Enjeu : entrer dans un type de texte très spécifique qui nécessite une visualisation ; gestualiser et mettre en espace (ici les illustrations suppléent à l'absence de didascalies).

■ Procédures : lecture repérage ; lecture rapide et comparative ; reconstitution de texte.

■ Matériel : livre p. 113 ; bandes de papier comportant le texte des répliques sans le nom des personnages (une réplique par bande) ; 11 caches ; aimants ou gomme adhésive ; affiche établie en commun : premier rapport d'enquête ; cahier 2 pp. 36 et 38.

■ Durée : 40 minutes.

Préalable : écrire au tableau le texte au kilomètre sans oublier le nom des personnages. Présenter le « premier rapport d'enquête », p. 36 du cahier 2, recopié sur une grande affiche ; en préciser la fonction et l'utilisation (il sert à noter tous les indices qui permettront de faire avancer l'enquête.)

■ Déroulement

1re PHASE : décrire et interpréter l'illustration (collectif)

– Questions : Quels personnages sont présents ? Que se passe-t-il ? Où cela se passe-t-il ? Que veulent les parents ? Et Marie, comment réagit-elle ? Pourquoi a-t-elle cette attitude ? Que fait Ariane ?

– Faire émettre des hypothèses : « Marie est triste parce qu'on lui a volé sa poupée. Elle pleure. Ses parents veulent lui faire plaisir. Ariane regarde la télévision. »

– Faire mimer la scène (ne pas oublier la poupée).

– Faire parler les personnages (une ou deux répliques pour chacun).

– Faire jouer trois ou quatre versions différentes. Les noter au tableau.

2e PHASE : lecture du texte (collectif oral)

– Faire lire le texte au tableau. Les élèves ne peuvent identifier rapidement que le nom des personnages.

3e PHASE : familiarisation avec le texte théâtral (collectif oral, puis groupes de trois)

– Faire remarquer que le texte est écrit en deux graphies.

– Cacher les noms des personnages écrits en majuscules.

– Distribuer une phrase pour trois (et non la réplique entière). Les élèves moins confirmés peuvent, avec une aide minimale, lire la dernière phrase. Les plus rapides peuvent lire la sixième phrase.

Chaque groupe lit à haute voix ce qui est écrit sur sa bande, en se référant au tableau pour respecter l'ordre des répliques. Les bandes sont alors disposées les unes au-dessous des autres pour constituer le dialogue.

– Faire ajouter, en s'appuyant sur le sens, le nom des personnages : Qui peut dire : « J'ai pas envie, papa... ; Marie, il y a Marion à la télévision » ? (Ariane)

– Il s'agit de conduire les élèves à se familiariser avec cette forme de texte. La difficulté vient du fait que le personnage cité, nommé, « interpellé » dans la réplique, n'est pas celui qui parle, mais celui à qui on parle.

4e PHASE : jouer la scène (par groupes de quatre)

– Rouvrir le livre et lire silencieusement la page en choisissant un rôle.

– Faire jouer la scène. Il est évident qu'arrivés à ce stade la plupart des élèves connaissent le texte par cœur, mais le temps d'investigation et de lecture préalable est, à lui seul, un excellent exercice de vraie lecture.

Bilan

– Qu'est-ce qu'on a appris ? Marie est triste. On lui a volé sa poupée. Marion apparaît à la télévision.

– Question : Pourquoi passe-t-elle à la télévision ? Faire émettre des hypothèses. Faire remplir le « rapport d'enquête ».

Consolidation/contrôle des acquis : cahier 2 p. 36, ex. 1 et 2.

Ex. 1 : peut être donné à la maison ou en études dirigées.

Ex. 2 : doit être travaillé collectivement ; faire lire les différentes propositions et retenir celle qui est valide (on lui a volé sa poupée). Faire lire la phrase dans son intégralité en testant les deux possibilités. Les enfants expliquent et argumentent leur choix, puis reportent individuellement la phrase sur leur cahier.

Conscience phonique : lancer la comptine du [m] ; cahier 2 p. 38, ex. 1 à 3.

Séance 5 : l'énigme

■ **Objectif** : lire un texte « discontinu » pour en tirer des informations.

■ **Enjeu** : lancer les premières pistes qui vont servir d'indices pour l'enquête.

■ **Procédures** : analyse d'image ; lecture repérage.

■ **Matériel** : livre p. 114 ; texte de l'annonce de la p. 114 (fiche 24 p. 171) ; affiche avec un rapport d'enquête vierge ; cahier 2 pp. 36 et 38 ; *Dico des sons* p. 19.

■ **Durée** : 35 minutes.

Préalable : à partir de la fiche 24, faire une longue bande de papier dont on joint les deux bouts de façon à fabriquer une bande « défilante » qu'on fait défiler sur un dossier de chaise.

■ Déroulement

Préambule : faire récapituler ce qu'on a appris et sur quel « mystère » on a laissé les personnages.

1re PHASE : émettre des hypothèses sur l'image (collectif oral)

– Faire identifier les deux personnages et émettre des suppositions sur les parents. Où sont les parents ? (Les portes sont fermées.) Pourquoi sont-ils repartis ? (Ils n'ont pas réussi à convaincre Marie.)

– Faire remarquer l'air étonné des deux petites filles. Que voient-elles à la télévision ?

– Faire dessiner et commenter la scène.

– Faire émettre des hypothèses sur la présence de Marion à la télévision. Pourquoi Marion est-elle à la télévision ? Dans quelle émission ?

2e PHASE : lecture de la bande « défilante » (collectif oral)

– Faire « défiler » la bande (de gauche à droite) par un ou deux élèves : vite au début, pour faire dire : « Ça va trop vite, on ne peut pas lire ! » Puis plus lentement, de façon à ce que les élèves puissent relever quelques indices. Les noter au tableau au fur et à mesure. Demander où il faut les placer : tel mot avant tel autre, ou après tel autre. Tous les mots ont déjà été vus (sauf « après-demain »). Il s'agit d'un réinvestissement.

– Rétablir le message entier au tableau. Le faire lire par plusieurs élèves.

– Faire formuler la nouvelle information recueillie et la relier à Marion : « Quel lien y a-t-il entre le théâtre de marionnettes et Marion ? »

3e PHASE : lecture silencieuse individuelle, puis oralisée et expressive

– Faire découvrir, en lecture individuelle silencieuse, les deux dernières répliques. Questions : « Qui Marie reconnaît-elle à la télévision ? Quelles questions se pose-t-elle ? Que va-t-elle faire ? »

– Répartir les rôles entre deux personnages. Faire lire le texte, puis le jouer.

Bilan : collectif oral et écrit

– Commencer à remplir le rapport d'enquête affiché.

Problème de la date à faire déterminer (voir exercice 3 du cahier 2 p. 36).

Activité complémentaire

– Faire écrire deux ou trois phrases par élève pour résumer l'histoire de Marie. En profiter pour mettre en place une situation de dictée à l'adulte.

– Afficher la chanson *À la claire fontaine* dans la classe.

Consolidation/contrôle des acquis : cahier 2 p. 36, ex. 3 et 4.

Ex. 3 : doit être travaillé collectivement. Plusieurs procédures sont possibles ; commencer par les jours, puis les dates, ou par mixage des deux. Laisser le temps de l'exploration. (Dans un premier temps, faire écrire au crayon.)

Ex. 4 : c'est la copie du rapport rédigé en commun sur l'affiche.

Étude phonologique 1 du [m] : redire la comptine du [m] ; lancer la pêche au [m] ; *Dico des sons* p. 19 ; cahier 2 p. 38, ex. 4 et 5.

Séance 6 : le début de l'enquête

■ **Objectifs**

- Initier à la cohérence du dialogue.
- Lire la page 115.

■ **Enjeu de la séance** : introduire un nouveau personnage et faire le point sur l'action en avertissant le spectateur de la suite envisagée (procédé théâtral classique qui consiste à renseigner le spectateur en feignant de s'adresser à un protagoniste).

■ **Procédures** : lecture silencieuse ; lecture-puzzle ; reconstitution de texte.

■ **Matériel** : livre p. 115 ; bandes de papier comportant les répliques (fiche 26 p. 173) ; 12 enveloppes contenant toutes les répliques de la page ; cahier 2 pp. 37 et 39 ; *Dico des sons* p. 19.

■ **Durée** : 40 minutes.

Préalable : recopier au tableau les répliques de Marie en laissant l'espace nécessaire pour intercaler celles de Raphaël. Ne pas indiquer le nom des personnages.

■ Déroulement

Préambule : se remettre en mémoire la situation en se reportant au « rapport » affiché.

1re PHASE : identification des personnages de la scène (collectif oral)

– Faire découvrir le texte lacunaire écrit au tableau.

– Faire lire silencieusement, puis repérer tous les éléments connus. Beaucoup d'éléments sont identifiables, parce que déjà rencontrés une ou plusieurs fois précédemment. (Le futur « sera » risque de poser problème : ne pas hésiter à le donner.) Faire trouver « voleur » à partir de « volé ».

– Faire chercher et nommer les personnages en présence ; dire qui parle et qui répond, même si l'on n'a pas ses répliques. Noter les noms en capitales comme sur le livre (écrire « Marie » et « Raphaël » avec un point d'interrogation).

2e PHASE : reconstitution du texte du dialogue (en binômes)

– Distribuer à chaque binôme une enveloppe contenant toutes les répliques.

– Faire trier et classer les répliques de Marie.

– Essayer de placer celles de Raphaël d'après le sens. Commencer par « Mais où ? » Réponse « Au carnaval ». Puis « Tu l'as retrouvée ? » « Elle est avec le voleur ». Certaines répliques plus difficiles pourront être lues en commun. (Ex. : Je n'y comprends rien...). Les mots « déguiser » et « enquête » peuvent être retrouvés d'après l'affichage permanent.

– Construire petit à petit le dialogue (les deux dernières répliques peuvent être interverties).

– Demander à chaque binôme de lire trois répliques successives dont il est certain (par exemple 1, 2, 3 ; puis 5, 6, 7 ; enfin, 8, 9, 10) ; la 4e réplique étant un peu en marge de la chronologie du discours, elle sera plus difficile à intégrer.

– Compléter le dialogue au tableau.

3e PHASE : lire les répliques d'un personnage (collectif oral, puis individuel)

– Faire ouvrir le livre page 115. Faire valider ou invalider les hypothèses formulées quant aux personnages (au besoin, se reporter aux portraits du début pour vérification).

– Faire préciser le lieu et en déduire la date-indice, « demain » (se rappeler les indications de dates de la séance précédente).

– Faire comparer avec le texte reconstitué au tableau. Opérer des modifications si nécessaire.

– Faire choisir un personnage par chaque élève et lui demander de s'exercer à lire ses répliques. Travailler avec les élèves les plus lents. La scène sera jouée plusieurs fois, ainsi que la précédente, puis les enchaîner.

Bilan

Marie et Raphaël vont aller chercher Marion au Carnaval. Quand ? « Demain », c'est-à-dire mardi 1er mars. Que doivent-ils faire pour passer inaperçus au Carnaval ? Se déguiser.

Consolidation/contrôle des acquis : cahier 2 p. 37.

Ex. 1, 2 et 3 : peuvent être exécutés en autonomie.
Ex. 4 : doit être fait collectivement, comme mise au point, puis retranscrit individuellement sur le cahier.

Étude phonologique 2 du [m] : *Dico des sons* p. 19 ; cahier 2 p. 39.

Séance 7 : premier indice

■ **Objectif** : lire les pp. 116 et 117.

■ **Enjeu** : savoir prendre en compte des indices et les mettre en relation pour élaborer une stratégie qui permettra de résoudre l'énigme.

■ **Procédures** : lecture par prise d'indices dans le texte et dans l'image ; copie ; travail de logique.

■ **Matériel** : lire pp. 116 et 117 ; reproduction de l'affiche déchirée en grand format (fiche 24 p. 171) ; étiquettes au nom de chacun des personnages de la p. 117 (une par élève) ; ardoise ; cahier 2, pp. 40, 41 et 42.

■ **Durée** : 40 minutes.

■ Déroulement

Préambule : faire une entrée « théâtrale » en brandissant le morceau d'affiche et en disant : « Regardez ce que j'ai trouvé ! » Laisser le temps de la découverte et des suppositions.

1re PHASE : identification du support ; lecture par prise d'indices (collectif oral)

– Faire énumérer tout ce qu'on connaît ou reconnaît pour identifier le document (affiche qui annonce le spectacle de marionnettes). Écrire les propositions au tableau.

– Chercher à quoi et à qui peut servir ce morceau d'affiche et ce qu'on va en tirer comme renseignements. Cette démarche est différente de ce qui se pratique habituellement, c'est-à-dire faire induire le texte de la reconnaissance du support. Elle ne peut être efficace que si les caractéristiques de ce support sont déjà connues et permettent de l'identifier. D'ordinaire, on dit : « C'est une affiche, donc on doit trouver tels renseignements ». Ici, on repère tels indices, disposés de telle façon, donc c'est une affiche.

2e PHASE : lecture de la page 116 (par groupes de trois)

– Garder un petit groupe d'élèves pour retrouver sur l'illustration, par reconnaissance ou désignement, ce qui a été dégagé en commun.

– Par groupes de trois, les élèves choisissent un rôle et s'exercent à lire, silencieusement, la page 116.

– Faire lire oralement chaque groupe. Les autres élèves doivent trouver quel personnage est interprété par tel ou tel.

3e PHASE : lecture sélective de la page 117 (collectif oral)

– Consigne : « Écrivez sur votre ardoise, en bleu, combien de personnages sont nommés tout en haut de la page et en rouge, combien vous en voyez sur l'illustration. »

– Distribuer une étiquette par élève. Chacun cherche en quoi se déguisent les enfants. Il écrit la réponse sur son ardoise en fonction de son étiquette.

Le déguisement le plus facile à identifier est celui d'Ariane, car il est clairement explicité. Ensuite, c'est Marie, car elle parle au début et dit en quoi elle se déguisera. Enfin, c'est Raphaël, car ce n'est pas lui qui le dit ; il se contente d'acquiescer.

– Écrire les réponses au tableau en les faisant justifier par la lecture des répliques de référence.

4e PHASE : lecture de la scène entière (collectif oral)

– Faire observer l'illustration en cherchant à déterminer ce que font les enfants, où cela se passe, en déduire le moment (plutôt le soir après l'école).

– Lire la scène entière, puis demander aux élèves de choisir un personnage et de sélectionner ses répliques pour s'exercer à les lire.

– Faire remarquer et commenter *la ponctuation*, ainsi que *la didascalie*. Question : « Faut-il lire les mots entre parenthèses ? ». On ne lit ni le nom des personnages, ni quand on nous dit ce que fait un personnage.

Bilan

Faire compléter le rapport d'enquête (de la séance 5) en faisant inscrire les indices nouveaux.

Activités complémentaires : on peut se livrer à un autre exercice de lecture sélective, en faisant relever p. 117 les renseignements sur les déguisements. Faire compter le nombre de phrases exclamatives. Demander de lire une phrase exclamative ou une phrase interrogative.

Consolidation/contrôle des acquis : cahier 2 p. 40 et p. 41, ex. 1.

P. 40, ex. 1 : peut se faire dès la fin de la séance ou à la maison.
Ex. 2 : peut se faire collectivement pour un déguisement et seul (ou à la maison) pour l'autre, ou par relevé collectif écrit au tableau et transcription ordonnée sur les fiches. Après avoir travaillé les infinitifs des textes prescriptifs (page 32), c'est le matériel qui est ici en jeu.
P. 41 ex. 1 : peut se faire seul après lecture de la page 117.

Conscience phonique : lancer la comptine du [v] : cahier 2 p. 42, ex. 1 à 3.

Séance 8 : découverte de l'affiche

■ **Objectifs** :
- Lire la p. 118.
- Savoir tirer les informations essentielles d'un texte et répondre à des questions.

■ **Enjeu** : découvrir une nouvelle étape dans la résolution de l'énigme.

■ **Procédures** : lecture silencieuse ; compréhension des questions et application à un texte.

■ **Matériel** : livre page 118 ; un questionnaire par élève ; affiche avec le « deuxième rapport d'enquête » ; fiche 25 p. 172.

■ **Durée** : 30 minutes.

Préambule : faire relire le premier rapport et faire le point. Quel est le lieu où l'on va trouver Marion ?

■ Déroulement

– Faire lire l'affiche en jouant la scène (*cf.* séance 7).

– Lire les répliques dans le désordre sans nommer le nom du personnage ; les élèves doivent dire qui parle.

– Faire deux groupes ; un groupe avec les enfants les plus autonomes qui doivent être capables de relire le texte et de le comprendre. Quant à l'autre groupe, il devrait pouvoir repérer certains mots sans difficulté : affiche, marionnettes, carnaval et déguisement. Leur faire lire ces mots, puis le texte en totalité pour faire émerger le sens.

– Distribuer le questionnaire, p. 108 (un par élève).

– On pourra limiter le questionnement en fonction de la rapidité et du niveau de compétence des élèves (2, 3 et 4 conservent le sens au texte).

– Lire toutes les questions et expliquer que les réponses se trouvent dans le texte.

Bilan

– Compléter le « deuxième rapport d'enquête ». Faire le point en soulevant les questions qui se posent pour la suite.

Consolidation/contrôle des acquis : cahier 2 p. 41, ex. 2 à 5 ; p. 44.

P. 41, ex. 2 : c'est un exercice de grammaire sur la phrase interrogative. Il se travaille d'abord en commun oralement, puis seul par écrit. Il peut nécessiter l'aide de l'adulte pour la reformulation ou la transcription des questions.

P. 44, ex. 1 : peut se faire seul à la maison.

Ex. 2 : demande d'avoir bien dégagé les renseignements importants de l'affiche, de façon à pouvoir les transposer à une autre situation, réelle ou imaginaire. (L'événement affiché peut ne concerner que la classe qui invite une autre classe ou des parents, l'essentiel étant de respecter les codes déterminés par la lecture de l'affiche du livre.) Il semble intéressant de faire reproduire cette affiche en format A3, pour la rendre fonctionnelle.

Ex. 3 : c'est la copie du deuxième rapport d'enquête établi en commun et affiché dans la classe.

Étude phonologique 1 du [v] : redire la comptine du [v] ; lancer la pêche au [v] ; *Dico des sons* p. 20 ; cahier 2 p. 42, ex. 4 et 5.

Séance 9 : le carnaval

Objectif : lire les pages 119 à 121.

Enjeu : rendre, par l'expression de la lecture, la vivacité du Carnaval ; comprendre le fonctionnement d'un texte éclaté qui présente les répliques imbriquées des différents personnages, ceux-ci ne se répondant pas obligatoirement comme dans un dialogue à deux personnages.

Procédures : lecture sélective des répliques d'un personnage par chaque enfant.

Matériel : livre pp. 118 et 119 ; cahier 2 pp. 43, 45, 46 et 49. *Dico des sons* pp. 20 et 21.

Durée : 35 minutes.

Déroulement

1re PHASE : description des illustrations (collectif oral)

– Partager la classe en trois, chaque partie lisant une page.

– Faire identifier le lieu par l'image, en déduire le moment (mardi 1er mars).

– Remarquer les signes du mouvement. Beaucoup de personnages bougent, courent ou sautent.

– Compter les personnages sur l'illustration et ceux mentionnés par leurs noms. Noter les différences et chercher les « intrus ».

– Noter les changements de personnages d'une page à l'autre (remarquer le bout de la queue du dragon qui disparaît sur la droite, p. 120). Ils apparaissent et disparaissent aussitôt (idée de farandole). Le décor ne change pas. Seule Marie est présente tout le temps.

2e PHASE : choix d'un personnage (lecture individuelle silencieuse)

– Faire choisir un personnage par chaque enfant (chaque personnage peut être pris deux fois). S'assurer que tous les rôles sont couverts.

– Chacun doit lire « son rôle » et préciser à qui il s'adresse (à qui il pose une question, ou à qui il répond). Passer auprès des enfants pour leur donner toute l'aide nécessaire.

– Faire échanger des répliques, d'abord deux par deux, puis davantage.

3e PHASE : consolidation (par groupes)

– Faire lire groupe par groupe : un élève lit une de ses répliques, les élèves du même groupe doivent trouver et lire la réplique suivante ; ceux des autres groupes la retrouvent. Faire tourner l'activité de groupe en groupe.

Exemple : Le groupe 1 a lu la page 119. L'élève qui a choisi le personnage de la sorcière lit : « Chat botté, croquez donc ma belle pomme rouge ! » Le Chat botté doit lui répondre, et les élèves des groupes 2 et 3 repèrent ces répliques.

Bilan

Marie en sait-elle davantage ? Que peut-elle faire pour retrouver Marion ? Le bilan est très négatif pour l'instant !

Consolidation/contrôle des acquis : cahier 2 pp. 45 et 49.

P. 45, ex. 1, 2 et 3 : il faut associer les répliques aux personnages qui les prononcent ou à ceux à qui elles s'adressent. Il faut à chaque fois retourner au texte et s'imaginer, ou mieux, jouer la scène pour lever les équivoques.
Ex. 2 : prépare à la lecture et au jeu expressifs. Il doit se faire en deux temps.
Ex. 4 et 5 : peuvent être faits à la maison.
P. 49, ex. 1 et 2 : sont à préparer en commun à l'oral, en rappel des contes du patrimoine.
Ex. 3 : nécessite un va-et-vient entre l'illustration et la formulation des phrases. Les deux premières phrases peuvent être faites ensemble. L'exercice pourra être différé à un autre moment de la journée, voire être donné comme travail à la maison.
Ex. 4 : C'est un exercice de grammaire qui peut être réalisé en autonomie.

Étude phonologique 2 du [v] : *Dico des sons* p. 20 ; cahier 2 p. 43.
Conscience phonique : lancer la comptine du [g] : cahier 2 p. 46, ex. 4 et 5.

Séance 10 : le carnaval

– Faire jouer la scène intégrale du carnaval.
– Faire chanter les chansons.

Étude phonologique 1 du [g] : redire la comptine du [g] ; lancer la pêche au [g] ; *Dico des sons* p. 21 ; cahier 2 p. 46, ex. 4 et 5.

Séance 11 : lecture d'une fiche documentaire

- **Objectif** : lire un texte documentaire.
- **Enjeu** : chercher à expliquer des attitudes et des comportements.
- **Procédures** : lecture et compréhension ; réponse à un questionnaire à choix multiple.
- **Matériel** : cahier pp. 48 et 50 ; livre p. 120 ; *Dico des sons* p. 21 ; planisphère.
- **Durée** : 50 minutes.

Déroulement

Préambule

– Repartir de l'illustration de la page 120 et décrire les mouvements des personnages. Le papillon danse et vole, le lutin danse, Marie tourne, le chasseur se retourne pour lancer une poignée de confettis et le kangourou saute.

– Faire relire la première réplique du kangourou. Pourquoi le kangourou invite-t-il Marie à sauter et non à courir ou à danser ?

– Demander où l'on pourrait vérifier (ou trouver si personne n'a donné la réponses), et obtenir d'autres renseignements sur le kangourou. Au zoo. « Mais si on ne peut pas y aller tout de suite, et qu'on a besoin de savoir vite ? »

– Se reporter au cahier 1 p. 29, et reconsidérer le classement des livres. Quel livre choisir pour nous aider ?

– Revoir la fabliette *Lili lit* p. 22 du livre et demander à qui on devrait s'adresser.

1re PHASE : recherche collective orale et langage descriptif

– Ranger le livre et ouvrir le cahier 2 page 48. Observer la fiche documentaire et la faire identifier (le titre : va-t-on raconter l'histoire d'un kangourou ? A-t-il un nom ? Observer la disposition et la facture du texte ; la place, le rôle et le caractère des illustrations ; repérer le questionnaire, dire son rôle).

– C'est un texte qui est fait pour donner des informations sur tous les kangourous. Faire observer les images et les faire commenter. Écrire toutes les propositions au tableau.

– Poser les questions : « De quoi se nourrit le kangourou ? Comment se déplace-t-il ? Comment porte-t-il ses petits ? »

2e PHASE : lecture individuelle et réponse aux questions

– Répartir le texte à lire entre trois groupes, chacun investissant une partie de la fiche.

– Avant de lire le texte en entier, faire lire oralement par un élève de chaque groupe l'objet de la recherche (signalé par une puce), formulé avant les deux ou trois propositions du QCM, et faire expliquer les modalités de réponse.

– Faire lire à chacun la partie de texte dont il est chargé (la seconde partie est plus longue et difficile en raison du vocabulaire employé : se sert de, tabouret, s'asseoir). La fiche doit servir de référence pendant toute la lecture et l'enseignant apporte une aide à la demande des enfants.

– La difficulté réside dans l'association, entre « mange » et « se nourrit » (de même après, entre « bonds » et « se déplace »). Cette difficulté devient un obstacle lorsqu'il faut tout gérer en même temps : la compréhension de l'information, le questionnement et la réponse.

– Énoncer oralement les informations recueillies. Faire répondre aux trois questions posées.

3e PHASE : écrit individuel

– Lire et expliciter la consigne du cahier. Faire remplir individuellement la fiche.

Bilan : oral et écrit

Conclure : Le kangourou veut faire sauter Marie parce que c'est son mode de déplacement habituel ; les petits cochons n'ont aucune raison de le craindre puisqu'il est herbivore (contrairement au loup !).

Activités complémentaires

– Faire situer l'Australie et rechercher le nom d'autres animaux herbivores. Feuilleter et lire un documentaire sur les kangourous (de nombreux magazines pour enfants présentent une page de documentation animalière).

– Faire établir une fiche signalétique pour chacun des animaux du livre, à commencer par la chenille et le papillon.

– Afficher la chanson *Dame Tartine* dans la classe.

Étude phonologique 2 du [g] : *Dico des sons* p. 21 ; cahier 2 p. 47.
Conscience phonique : lancer la comptine du [ʃ] : cahier 2 p. 50, ex. 1 à 3.

Séance 12 : coup de théâtre

- **Objectif** : lire les pages 122 et 123.
- **Enjeu** : saisir l'intérêt des scènes de transition pour annoncer et amener le dénouement.
- **Procédures** : lecture d'images avec prise d'indices et formulation d'hypothèses ; production d'écrit ; lecture du texte.
- **Matériel** : livre pp. 122 et 123 ; *Dico des sons* p. 22 ; cahier 2 p. 50.
- **Durée** : 35 minutes.

Déroulement

Préambule : faire rappeler la situation et les questions en suspens : Où vont l'ogre et Marie ? Partent-ils ensemble ? Prennent-ils le même chemin ? (Rappeler la même situation entre le Petit Chaperon rouge et le loup pour aller chez la grand-mère.)

1re PHASE : observation des images (collectif oral)

– Découverte des illustrations des pages 122 et 123. Faire observer le changement de lieu (boutiques et commerces, qu'il faut faire identifier) ; comparer avec l'illustration de la page précédente (lampadaire, immeuble plus foncé avec fenêtres, antennes de télévision). Marie a dû tourner au coin de la rue. On n'est plus sur le lieu du carnaval.

– Faire noter la présence de confettis et de serpentins au sol, preuves que le carnaval est passé par là.

– Essayer de tracer le trajet effectué par Raphaël : il a dû revenir sur ses pas pour se retrouver face à face avec Marie.

– Faire lire les illustrations des deux pages en parallèle en les opposant : ils courent / ils sont assis ; ils ont des masques / on voit leurs visages découverts ; attitude joyeuse / attitude dépitée ; Marie et Raphaël sont seuls / ils sont avec la fée Ariane.

– Se demander pourquoi il y a ces jeux d'oppositions. Pourquoi courent-ils et ensuite restent-ils assis ? (Ils sont fatigués et désabusés.) Pourquoi les masques sont-ils relevés ? (Ils ne jouent plus leur rôle et ne sont plus les personnages, ils sortent du carnaval et ils ont trop chaud.) Pourquoi la fée a-t-elle l'air réjoui et pas Marie ni Raphaël ? (Parce qu'ils ne savent toujours pas où se trouve la place de la Claire-Fontaine, mais qu'Ariane, elle, doit savoir quelque chose.)

– Écrire toutes les propositions au tableau. Faire récapituler toutes les hypothèses, et les formuler sous forme de conclusion.

2e PHASE : interprétation des saynètes (par groupes de trois)

– Faire bien observer l'illustration une dernière fois, en insistant sur les expressions et les attitudes, puis on ferme les livres.

– Création d'un dialogue oral et/ou écrit en s'aidant du tableau (quelques répliques seulement) pour interpréter la scène, en respectant tout ce qui vient d'être dit.

– Faire interpréter les saynètes avec comme consigne, pour les spectateurs, de vérifier si toutes les contraintes ont été respectées (les renseignements, la cohérence, etc.).

3e PHASE : lecture du texte (par les groupes de trois déjà formés)

– Les groupes d'élèves découvrent le texte des deux pages et tentent de le lire. S'appuyer sur la ponctuation pour construire le sens. Venir en aide à la demande.

– Faire constater les ressemblances et les différences avec les dialogues produits précédemment. Le texte est lu deux ou trois fois.

Bilan

Nouveau coup de théâtre : alors que tout semblait voué à l'échec, les révélations de la fée viennent redonner espoir et annoncer une fin proche et heureuse.

Activités complémentaires

– Faire chercher tous les mots où l'on entend le son [ʃ] (« chaud » et « fiche »). Chercher tous ceux où l'on entend le son [z] (révision).

– Faire faire une lecture silencieuse du texte, puis poser les questions suivantes : « Qui sont les détectives ? » et « Ariane connaît la réponse grâce à qui ? »

Étude phonologique 1 du [ʃ] : redire la comptine du [ʃ] ; lancer la pêche au [ʃ] ; *Dico des sons* p. 22 ; cahier 2 p. 50, ex. 4 et 5.

Séance 13 : le dénouement provisoire

■ **Objectifs** :

- Lire les pp. 124 et 125 du livre.
- Trouver la solution de l'enquête.

■ **Enjeu** : expliciter la fonction du dénouement : rien ne doit rester en suspens (l'histoire pourrait s'arrêter là).

■ **Procédures** : lire en « polyphonie », en intercalant des paroles de chansons chantées.

■ **Matériel** : livre pp. 124 et 125 ; textes des chansons affichés ; cahier 2 pp. 51 à 54 ; *Dico des sons* p. 22.

■ **Durée** : 30 minutes.

Préalable : recopier la tirade d'Ariane au tableau en respectant les graphies.

■ Déroulement

1re PHASE : trouver le contenu du message (collectif oral)

– Faire repérer ce qui est connu : les indications spatiales (boulevard et rue, ainsi que librairie et pâtisserie), les mots en italique : titres de chansons.

– Faire compter le nombre des indications, les souligner, les écrire les unes sous les autres en alignant les finales en « ne ». En déduire le contenu de ce message et sa fonction. Le faire lire en l'accompagnant des gestes adéquats.

2e PHASE : oraliser l'ensemble (collectif oral)

– Faire choisir et lire par chaque élève une réplique dans les pages 124 ou 125. Les autres doivent trouver le nom du personnage qui la prononce.

– Faire oraliser la totalité en continu (chaque élève lisant sa réplique).

3e PHASE : jouer la scène (collectif oral)

– Faire lire et jouer la scène des deux pages en prenant soin de laisser à Raphaël le temps de se « repérer » spatialement, de mémoriser et de localiser les lieux, temps qui sera investi par les paroles de chansons fredonnées.

– Ne pas omettre de rectifier l'erreur de spatialisation de la page 124 : lire « tourner <u>à gauche</u> ».

Bilan

Faire récapituler les informations pour permettre de se rendre à la place de la Claire-Fontaine. Chanter certaines des chansons.

Activités complémentaires

– Faire jouer la pièce depuis le début. Les personnages peuvent être interprétés à tour de rôle par plusieurs élèves.

– Jeu de rimes : lancer un mot à la rime d'une chanson et faire écrire un mot qui rime sur l'ardoise. Ex. : on lance « Madeleine », les enfants doivent écrire « fontaine ».

Consolidation/contrôle des acquis : cahier 2 pp. 52 et 53.

P. 52, ex. 1 et 3 et p. 53, ex. 1 : ils peuvent se faire à l'issue de la séance.

P. 52, ex. 2 : il est complémentaire et peut être travaillé à la maison.

P. 53, ex. 2 : il peut être amorcé au tableau avec d'autres chansons. C'est une nouvelle approche de la notion de rime : il faut donc ne pas travailler sur de simples assonances (ex. : À la claire font<u>aine</u> / J'ai trouvé l'eau si cl<u>aire</u>).

P. 53, ex. 3 : il doit être commencé en commun, puis continué et terminé en autonomie.

Étude phonologique 2 du [ʃ] : *Dico des sons* p. 22 ; cahier 2 p. 51.

Conscience phonique : lancer la comptine du [k] ; cahier 2 p. 54, ex. 1 à 3.

Séance 14 : dernier rebondissement

■ **Objectifs** :

- Lire la p. 126 du livre.
- Valider ou invalider les hypothèses formulées depuis le début sur l'identité du voleur.

■ **Enjeu** : répondre à toutes les questions.

■ **Procédures** : écoute attentive ; mémorisation ; lecture théâtralisée.

■ **Matériel** : livre p. 126 ; ardoise ; *Dico des sons* p. 23 ; cahier 2 pp. 54 et 56.

■ **Durée** : 35 minutes.

Préalable : écrire au tableau les trois noms « MARION, GUIGNOL, MARIE ».

■ Déroulement

1re PHASE : trouver le nom des personnages

– Laisser les livres fermés. Lire les répliques de la p. 126 à la cantonade et en désordre en demandant aux élèves d'écrire sur leur ardoise le nom des personnages qui les prononcent. Ex : Qui dit : « C'est Laurent qui m'a sauvée et consolée. C'est lui qui me fait bouger et parler. » ? Réponse : Marion.

2e PHASE : lire une réplique

– Faire identifier le lien et les personnages.

– Faire ouvrir les livres. Lancer des noms de personnages et demander de lire une de leurs répliques. Ex : « Que dit Marie ? » Réponse : Marion, c'est ma Marion ! Noter que Marie parle en aparté ou à Raphaël, mais ne s'adresse à aucun des deux autres personnages.

– Renouveler l'exercice en précisant le numéro de la réplique. Ex : « Quelle est la deuxième réplique de Guignol ? »

3e PHASE : lecture silencieuse

– Faire choisir un personnage et lire silencieusement ses répliques.

Bilan

– Faire le point de la situation : Marie a retrouvé Marion. Marion est bien devenue une marionnette. Laurent n'est pas le voleur. Donc le suspect n'est pas le vrai coupable. Le coupable est « un méchant garçon ».

– Reste la question de savoir quelle sera la réaction de Marion en retrouvant Marie.

Activité complémentaire

Faire écrire quelques phrases qui racontent comment Laurent a sauvé Marion (nouvel exercice de dictée à l'adulte).

Consolidation/contrôle des acquis : cahier 2 p. 56.

Ex. 2 et 3 : nécessitent d'être préparés à l'oral (les mots de l'ex. 2 peuvent être écrits au tableau).

Ex. 3 : peut faire l'objet de propositions orales collectives écrites au tableau, ou de dictée individuelle à l'adulte.

Ex. 4 : se fait en autonomie par reprise du rapport affiché dans la classe.

Étude phonologique 1 du [k] : redire la comptine du [k] ; lancer la pêche au [k] ; *Dico des sons* p. 23 ; cahier 2 p. 54, ex. 4 et 5.

Séance 15 : le dénouement

■ **Objectifs**
- Lire la page 127.
- Découvrir le dénouement.

■ **Enjeu** : s'interroger sur l'issue. S'investir personnellement dans un choix.

■ **Procédure** : lecture et écriture en puzzle.

■ **Matériel** : livre p. 127 ; bandes de papier comportant les répliques isolées (fiche 26 p. 173) ; *Dico des sons* p. 23 ; cahier 2, pp. 55 et 57.

■ **Durée** : 35 minutes.

■ Déroulement

1re PHASE : lecture et écriture (en binômes)

– Distribuer les feuilles (bas de la fiche 26) comportant le texte lacunaire : le faire compléter en inscrivant le nom des personnages et en inventant les répliques manquantes.

2e PHASE : lecture oralisée

– Faire lire et expliciter ou justifier les différentes propositions.
– Les faire commenter. En déduire le sens de cette dernière scène. Marion va-t-elle rester marionnette et parler à tous les enfants, ou va-t-elle redevenir la poupée de Marie ?

3e PHASE : vérification avec le livre (collectif, puis individuel)

– Vérifier les différentes propositions avec le texte du livre.

– Lire, par groupes de trois, en choisissant un personnage chacun.

Bilan (collectif oral)

– Questions : À la place de Marie, que feriez-vous ? Et Marion, que va-t-elle préférer ?

– Engager la discussion et accepter toutes les propositions argumentées.

Activité complémentaire

Consolidation de la notion de réplique. Faire jouer la situation par plusieurs élèves qui proposent des solutions différentes. Les aider en leur proposant des situations : Marie veut reprendre Marion mais Marion ne veut pas. Marie laisse Marion vivre sa nouvelle vie de marionnette. Marie veut reprendre Marion, Marion veut retourner avec Marie, mais Laurent ne veut pas. Marion explique à Guignol pourquoi elle veut repartir avec Marie, Guignol essaie de la retenir, etc.

Reporter certaines répliques au tableau pour servir de références.

Consolidation/contrôle des acquis : cahier 2 p. 57

Ex. 1 et 2 à faire en études dirigées.

Étude phonologique 2 du [k] : *Dico des sons* p. 23 ; cahier 2 p. 55.

Bilan, cahier 2 p. 58 et 59.

Pas de problème particulier.

P. 59 ex. 2 : les deux mots proposés sont à utiliser dans chaque phrase.

Ça, c'est la vie !

Pages 129 à 142 du livre de l'élève

Enjeux

Cette unité de biologie traite d'un thème très fort pour les enfants de cet âge, puisqu'on y parle de leur origine et de leur naissance. Cette réalité est envisagée de plusieurs points de vue, y compris sous l'angle poétique des mythes ! Plusieurs aspects sont évoqués plus que réellement abordés : les différentes classes animales montrent la diversité des êtres vivants, mais aussi, et surtout, leurs grandes ressemblances.

Enfin, il paraît essentiel d'insister sur le fait que l'apprentissage est, pour beaucoup, aussi important que la gestation. Autre idée sous-jacente, celle de la survie des espèces assurée soit par le nombre (larves et œufs de grenouilles exposés, fragiles, mais en grande quantité), soit par une protection minutieuse (le ventre maternel ou l'œuf à coquille). Il faut montrer également que, plus la protection est grande, plus le petit est dépendant après sa naissance. Dernier point à suggérer, celui de la croissance, opposée à la mue.

Procédures

Par ailleurs, il nous a paru indispensable de présenter des documents différents, photographies et échographies, qui donnent à voir une « réalité » étonnante, surprenante, mais toujours belle. Le texte est très abordable et souvent répétitif, de façon à insister sur les mots et notions importants. Comme dans les unités documentaires précédentes, les mots à retenir sont écrits en caractères gras. Des activités et des manipulations variées sont proposées, ainsi que des réalisations collectives (affiches), fruits d'une recherche guidée. On s'exercera ainsi à observer des documents, à les questionner, à en tirer des conclusions, toutes opérations qui s'inscrivent dans l'apprentissage de la démarche scientifique expérimentale.

Matériel

• Livre pp. 129 à 142 ; cahier 2 pp. 60 à 74 ; *Dico des sons* pp. 24 et 25.

• Cerceaux de couleur (séance 1).

• La quatrième de couverture sans le bébé (fiche 21 p. 168) ; dictionnaires (séance 2).

• Nombreux documents sur les différents types d'animaux dans chaque espèce (les varier le plus possible : taille, couleur, forme…) ; bristol ; gommettes (séance 4).

• Reproduction agrandie des photos des pp. 133 et 134 sans texte ni légende ; deux reproductions de galets sur une rive ou une plage. Images en couleur de couples d'oiseaux où l'on distingue bien la différence mâle/femelle (par exemple coq/poule, faisan/faisane, paon/paonne, canard/cane, dindon/dinde, etc.) (séance 5).

• Grandes feuilles de dessin ; bandes de papiers ; documents apportés par le maître ou les élèves ; post-it (séance 7, 8 et 9).

• Attaches magnétiques ou tout autre moyen pour exposer des dessins ; trombones ; feuilles blanches ; crayons de couleur ; papier-calque ; encyclopédies enfantines ; dictionnaires.

Phonèmes étudiés : [s] ; [œ] et [ø] ; [b].

Bibliographie

• Pour l'adulte

Marcello Miquet, *Le Monde animal*, Nathan.

Dis, pourquoi les animaux ? CNDP de Créteil, Voix d'images.

Dis, pourquoi le ciel et la terre ? CNDP de Créteil, Voix d'images.

• Pour les enfants

Le Monde animal, coll. « Les yeux de la découverte », Gallimard.

Collection « Qu'est-ce que c'est ? », Épigones : Les Insectes, Les Poissons, Les Oiseaux, Les Mammifères.

Avant la naissance ; Naître, coll. « Premières découvertes », Gallimard.

Compléments d'information

Pourquoi l'arc-en-ciel a-t-il toutes ces couleurs ? (séance 2)

Quand le soleil réapparaît après la pluie ou l'orage, on peut souvent voir un arc-en-ciel. C'est parce que les rayons du soleil se reflètent dans des gouttes d'eau qu'on ne voit pas, mais qui sont restées suspendues dans l'air. Comme de petits miroirs, elles font briller les sept couleurs de la lumière : rouge, orange, jaune, vert, bleu, bleu foncé (appelé indigo) et violet.

La légende d'Iris (écrit d'après Ovide) (séance 2)

C'était il y a bien longtemps, au temps où les dieux étaient près des hommes. En Grèce, terre de la vigne et de l'olivier, vit Iris, déesse magnifique. Elle déploie dans les airs sa longue tunique vaporeuse aux sept couleurs. Sa splendide chevelure d'ébène est retenue sur son front par un bandeau coloré. Elle habite l'Olympe en compagnie de tous les autres dieux. Quand le grand déluge a noyé la terre, c'est elle qui a aspiré les eaux, et en a formé les nuages dans le ciel. C'est elle aussi qui apaise les chagrins, en répandant sur les yeux gonflés la rosée qu'elle transforme en larmes bienfaitrices. Mais sa fonction principale, c'est surtout d'être au service d'Héra, la femme de Zeus, le dieu des dieux. Elle se charge de transmettre les messages de sa divine maîtresse vers la Terre. Rapide et légère comme le vent, elle glisse sur l'immensité bleue du ciel. Elle fait flotter alors sa longue tunique de déesse, et laisse dans le ciel un grand arc aux brillantes couleurs. C'est ce chemin qu'elle suit pour descendre parmi les hommes et remonter parmi les dieux.

Chaque fois que tu vois l'arc-en-ciel, c'est Iris qui laisse flotter son voile quand, tel un souffle de vent léger, elle traverse l'espace azuré.

La légende d'Odin (séance 2)

C'était au temps, au temps d'avant, au temps d'avant l'espace, au temps d'avant le temps. Dans les pays du Grand Nord, ces pays où la nuit dure tout l'hiver et où la glace ne fond jamais, le dieu Odin aux douze noms venait de façonner le monde. Avec ses frères, Vili et Vé, ils se plaignaient que cet espace était bien vide. Ils décidèrent donc de créer des êtres qui pourraient les adorer. Un jour qu'ils se promenaient tous les trois sur une plage déserte, ils trouvèrent deux troncs d'arbres morts. Ils s'approchèrent et relevèrent d'abord le tronc du frêne. Une fois qu'il fut debout, Odin le Grand souffla sur lui son souffle divin et lui dit : « Je te donne la vie ». À l'instant, le morceau de bois frémit. Alors Vili le façonna et lui donna la forme d'une femme, à qui il donna aussi la beauté, la vue et la parole. Vé intervint à son tour et lui fit cadeau de l'intelligence et du mouvement. La créature nouvelle s'émerveillait de se voir ainsi, capable de danser, de rire et de chanter.

Alors les trois dieux firent de même avec le tronc de l'orme qui gisait encore au sol, dont ils firent un homme robuste et vigoureux.

Odin, fort satisfait de cette création, leur dit : « Toi, tu es la première femme, et ton nom est Embla. Toi, tu es le premier homme, et ton nom est Askr. Vivez ensemble et adorez-nous. De vous naîtront toutes les générations futures. »

C'est ainsi que, dit-on au pays du Grand Nord, sont nés sur terre le premier homme et la première femme.

Photographies de la page 133 (séance 5)

– P. 133, photo 1. Il s'agit d'œufs de bombyx à des étapes de maturation différentes : les œufs passent en quelques heures du jaune au gris-brun. Ici, ils sont grossis 300 ou 400 fois. En réalité, ils ont la taille d'une tête d'épingle. (Il s'agit vraisemblablement d'une macrophotographie.) On les trouve sur les tiges ou les feuilles des plantes.

– P. 133, photo 2. De la même façon, l'œuf du pou, ou lente, est considérablement grossi (environ 150 fois, le cheveu donne une idée du grossissement). On remarquera qu'il est très différent des autres par sa forme oblongue et son « contenu ». En effet, il s'agit ici d'une larve qui se protège d'une carapace semi-rigide. Enfin, le milieu où cet œuf se trouve est original et fait émerger la notion de parasite, comme la puce ou les tiques, qui se nourrissent du sang des hommes ou des animaux auxquels ils s'accrochent momentanément, ou pour une durée plus longue.

– P. 133, photo 3. Elle montre une masse gélatineuse colorée par effet photographique, mais qui, dans la nature, est translucide. Il s'agit d'une seule ponte de grenouille, grossie plusieurs centaines de fois. Le point noir central, plus ou moins développé, est la larve qui deviendra têtard.

Les animaux ovipares (séance 5)

Aucun œuf à coquille n'est pondu dans l'eau.

Pourquoi ? Parce que la coquille est poreuse, qu'elle n'est pas étanche, et qu'elle laisserait passer l'eau, ce qui noierait l'embryon. On pourra faire l'expérience de cette porosité en plongeant un œuf un peu vieux dans l'eau : il coule, c'est-à-dire qu'il a laissé passer l'eau, s'est rempli et alourdi. **Attention ! Certains enfants allergiques à l'œuf ne peuvent absolument pas y toucher !** Les premiers œufs à coquille ont été ceux des dinosaures qui, en quittant le milieu aquatique, se sont dotés de protection (les écailles pour maintenir leur peau humide : c'est le cas des reptiles), et ont pondu hors de l'eau des œufs qu'ils ont dû protéger d'une enveloppe calcaire : la coquille.

Séance 1 : étude d'une fabliette

- **Objectif** : initier à une technique poétique : le rythme et la rime.
- **Enjeu** : s'imprégner d'un rythme par la gestuelle à partir d'une création personnelle.
- **Procédure** : rechercher des mots se terminant par « i » en respectant un rythme (quatre syllabes).
- **Matériel** : livre p. 130 : fabliette *Ça, c'est la vie !* ; cerceaux de couleur ; cahier 2 pp. 60 et 62.
- **Durée** : 40 minutes.

Préalable : dessiner quatre cercles au tableau (trois d'une couleur, un d'une autre) ; disposer au sol quatre cerceaux de la même couleur que les cercles dessinés au tableau.

Déroulement

1re PHASE : les mots en « i » (collectif oral)

– Les enfants recherchent des mots avec finale en « i » : dans le livre, dans le cahier (*cf. Lili Cricri*), dans la classe et dans la page 4 du *Dico des sons* (phonème [i]).

– L'enseignant écrit tous ces mots au tableau et les fait lire et prononcer en insistant sur le [i]. Ne pas oublier les verbes du second groupe ni les adjectifs.

2e PHASE : expression corporelle (collectif et individuel)

– Faire scander les mots collectivement en tapant dans les mains, puis individuellement en venant frapper chaque syllabe dans un cercle au tableau.

– Faire valider par l'ensemble de la classe.

– Même activité en sautant dans les cerceaux (sauter sur un pied dans les trois premiers cerceaux et sur deux pieds dans le quatrième).

Pour respecter le nombre exact de syllabes, ne pas hésiter, lors de la reprise, à en ajouter ou à en supprimer. On pourra ainsi ajouter : et, ou, et puis, ou aussi… ce qui ne change en rien l'intention émise par les enfants, mais permet de respecter le rythme.

3e PHASE : expression écrite (collectif et individuel)

– Écrire au tableau toutes les propositions validées. Les faire dire par l'ensemble de la classe.

– Choisir et recopier sur le cahier de classe une ou deux phrase(s) poétique(s).

Bilan

Chacun lit la phrase poétique qu'il a choisie.

Consolidation/contrôle des acquis : cahier 2, p. 60.

Proposer d'écrire une autre poésie autour de l'œuf comme un calligramme pour le décorer.

Conscience phonique : lancer la comptine du [s] ; cahier 2 p. 62, ex. 1 à 3.

La comptine peut être explicitée par le dessin en faisant identifier Cécile, Samson (les sarcelles sont des oiseaux comme des canards : voir le bec), et les six forsythias (ce sont des plantes ou des arbustes comme des genêts).

Après la séance 2

Consolidation/contrôle des acquis : cahier 2 p. 61.

Ex. 1 : demande en quelque sorte de répondre à une devinette, en renvoyant à la légende de la photo de couverture. Ce sera l'occasion de préciser à nouveau la fonction de la légende qui sert à identifier un document en orientant déjà l'observation. Ici, on attire l'attention sur l'objet – œuf – et non sur la nature du document – photographie – ou sur tout autre aspect. Par ailleurs, l'exercice permet d'identifier la roussette en tant que poisson. Enfin, cela donnera l'occasion de déchiffrer le mot « roussette », à construire à partir d'éléments connus : **trousse**, juill**et** et car**te.**

Ex. 2 : il s'agit de retrouver les mots aux pages du livre : 137, têtards ; 134, couvent (à noter qu'on le trouve sous sa forme conjuguée et non à l'infinitif) ; 132, 133, 134, œufs. Il faut enfin prendre connaissance des bandeaux verticaux pour pouvoir opérer le classement.

Il faudra certainement aider les élèves dans leur réflexion, ou la mener avec eux. On pourra également les aiguiller dans leur recherche en leur précisant les pages où ils peuvent trouver la réponse. Pour éviter d'avoir à manipuler trop d'éléments simultanément, les réponses peuvent être écrites au tableau, et reportées ensuite sur le cahier.

Ex. 3 : il serait souhaitable de faire produire un écrit informatif sur la naissance et sur l'origine de l'Homme. À cet égard, on s'appuiera sur les représentations énoncées par les élèves, mais on ne les laissera pas dans l'erreur, et on aura soin d'aboutir à la formulation d'une notion valide. Ex : Et pourtant les filles et les garçons naissent du ventre de leur maman ; ou bien : Et pourtant les premiers hommes sont les cousins des grands singes comme le chimpanzé.

Séance 2 : la couverture et la quatrième de couverture

■ **Objectif** : découvrir le titre de l'unité.

■ **Enjeu** : expliquer les phénomènes naturels : l'imaginaire et le scientifique. Il convient de les présenter comme deux aspects de l'appréhension du monde : poétique et rationnel. Il faudra néanmoins hiérarchiser ces deux notions, en insistant sur le fait que c'est l'approche scientifique seule qui peut être validée, donc qui se situe du côté du vrai.

■ **Procédures** : dessin ; dictée à l'adulte ; mobilisation des connaissances ; émergence des représentations ; écoute attentive ; observation d'images.

■ **Matériel** : livre pp. 131 et 142 ; quatrième de couverture sans le bébé (fiche 21, partie B p. 169) ; attaches magnétiques ou tout autre moyen pour exposer des dessins à la bonne hauteur ; dictionnaires ; *Dico des sons* p. 24 ; cahier 2, pp. 61 et 62.

■ **Durée** : 50 minutes.

Préalable : faire deux colonnes au tableau :
1. Ça nous apprend.
2. Ça nous raconte.
Prendre connaissance des compléments d'information, p. 125.

■ Déroulement

1re PHASE : dessin et écrit informatif (individuel), puis oral argumentatif (collectif)

– Distribuer la quatrième de couverture – une par élève – représentée sur la fiche 21 ; les faire compléter et légender (au besoin, écrire sous la dictée). Exposer et faire lire les différentes propositions.

– Faire opérer des regroupements thématiques. La cigogne porte ou apporte. Principe de réalité : la cigogne porte une plume pour construire son nid ou elle apporte à manger à ses petits. Ou principe d'imaginaire : elle apporte un cadeau, une lettre, etc. L'illustration semi-réaliste, dans le style des images d'Épinal, peut prêter aux deux interprétations.

2e PHASE : lecture silencieuse individuelle

– Faire ouvrir le livre page 142 et comparer avec les propositions précédentes. On pourra situer géographiquement la scène en Alsace en faisant observer le décor et en s'appuyant éventuellement sur les connaissances de certains élèves.

– Faire légender le dessin oralement, sans écrire les propositions.

– Faire lire le texte silencieusement et chercher le sens des mots « cigogne » et « légende » (Dictionnaire Hachette benjamin CP/CE). La recherche alphabétique est prématurée, donner le numéro des pages concernées.

Regrouper les élèves plus lents pour les inviter à retrouver les mots « raconte » (dans *Lili Cricri*, livre p. 29), « cigognes », dans le *Dico des sons* p. 18 ; demander de désigner les mots « légendes » et « bébés » ; faire construire le mot « apporte ».

– Faire lire la phrase et donner les explications trouvées ; expliciter le sens de « Et pourtant… » (ne pas omettre le sens de la ponctuation suspensive).

3e PHASE : la légende d'Iris (collectif et recherche individuelle)

– Réunir les élèves et leur lire le texte informatif sur l'arc-en-ciel, puis leur raconter la légende d'Iris, p. 125.

– Demander aux élèves : De quoi ça parle ?

– Faire chercher la définition du mot « arc-en-ciel » dans le dictionnaire par certains élèves, et faire retrouver l'arc-en-ciel dans le livre pages 69 et 70 par les autres (mettre en relation avec l'orage et le soleil de la page 67).

– Faire classer : Quels textes nous apprennent ? (texte informatif et dictionnaire) Quels textes nous racontent ? (Iris et Super Noël).

4e PHASE : la couverture

– Faire observer la couverture page 131 et demander dans quelle colonne du tableau on la classerait. Susciter l'argumentation, plutôt en faveur de « Ça nous apprend » : nature du document, légende, repérage d'éléments identifiables et nommables, comme les yeux et la tête ; mais ne pas rejeter les autres arguments : ça n'existe pas, c'est un monstre, etc., qui feraient pencher vers le « Ça nous raconte ».

Bilan

– Lire la légende de la photo et le titre de l'histoire.

– S'étonner de la relation du texte avec l'image : cette représentation n'a rien de la forme connue de l'œuf.

Activité complémentaire (préparation à l'ex. 3 p. 61, cahier 2)

– Faire émerger les représentations sur l'origine de l'Homme, sur les premiers hommes : raconter la légende d'Odin (voir p. 125).

Étude phonologique 1 du [s] : redire la comptine du [s] ; lancer la pêche au [s] ; *Dico des sons* p. 24 ; cahier 2 p. 62, ex. 1 à 3.

Séance 3 : les êtres vivants

■ **Objectif** : dégager les similitudes entre les êtres vivants.

■ **Enjeu** : ébranler les convictions, en bousculant les évidences.

■ **Procédures** : observation d'images ; dessin ; langage oral.

■ **Matériel** : livre p. 132 ; cache avec fenêtre ; trombones ; feuilles blanches ; crayons de couleur ; cahier 2 p. 63 ; *Dico des sons* p. 24.

■ **Durée** : 50 minutes.

Préalable : dessiner au tableau une grenouille, un poisson, un oiseau, un enfant, une abeille, un crocodile. Installer les caches sur le livre de manière à ne laisser voir qu'une photo. Une moitié de la classe voit la première photo, l'autre moitié voit la seconde (deux élèves côte à côte ne verront pas la même photo). La page de droite est cachée par le *Dico des sons*.
– Partager la classe en deux grands groupes : chaque moitié ne voyant qu'une photo.

■ Déroulement

1re PHASE : dessin individuel et émission d'hypothèses ; langage oral argumentatif

– Distribuer deux demi-feuilles de papier par élève. Faire dessiner ce que l'on voit sur une demi-feuille et ce qu'on pense être l'environnement.
– Chaque grand groupe confronte ses hypothèses pour arriver à un consensus qu'il formule et qui est écrit au tableau.
– Chaque élève dessine ce que représente le mot écrit au tableau et qui correspond à la photo qu'il n'a pas vue.

2e PHASE : langage descriptif (collectif oral)

Attention, il s'agit d'un œuf de cane et non de colibri.
– Faire enlever le cache et découvrir les deux photos. Est-on dans « Ça nous apprend » ou dans « Ça nous raconte » ? Chacun argumente ses réponses.
– Faire comparer avec son dessin. Faire justifier la (les) réponse(s).
– Demander ce que les photos représentent et les faire apparier avec une catégorie animale dessinée au tableau.
– Faire décrire les deux images en cherchant les éléments communs : c'est le point noir (moins visible dans l'œuf). On émet des hypothèses sur cet élément. Il s'agit de l'œil.
– Faire repérer et nommer les éléments connus et identifiables : chez le fœtus d'enfant, forme à expliciter (tête, membres, doigts) ; dans l'œuf de cane (la forme ovale et la coquille).

Il s'agit de deux photographies prises de points de vue différents : l'œuf de cane est photographié de l'extérieur, le fœtus humain avec une fibre optique, par voie interne, ce qui explique qu'on ne voit pas de contour. On est à l'intérieur de l'utérus. La couleur bleue est une coloration artificielle liée à la technique d'image employée. Ce fœtus humain semble correspondre à l'évolution d'un fœtus de 7 semaines.
Description de l'œuf de cane (légèrement agrandi également) : on voit nettement la coquille, la membrane déchirée (membrane coquillière), le jaune irrigué de vaisseaux sanguins (vésicule nourricière) et l'embryon (d'environ 1 semaine).

3e PHASE : lecture d'image et formulation d'hypothèses (collectif oral)

– Questions : « Comment ces embryons peuvent-ils grandir ? Comment se nourrissent-ils ? »
L'embryon de canard vit dans un univers clos et définitivement coupé de l'extérieur. Il doit donc trouver dans ce milieu de quoi se nourrir. C'est « le jaune » qui joue cette fonction. Au fur et à mesure que l'embryon se développe, le jaune diminue jusqu'à disparaître lorsque le poussin est arrivé à maturité, prêt à éclore. Pour l'embryon humain, rien de tel. Il est relié par un cordon à une masse vaporeuse bien visible sur la photo. C'est par cette voie qu'il est relié à sa mère et qu'il se nourrit : il est totalement dépendant de sa mère.
– Faire lire le texte de la page 132.
– Faire déterminer la fonction du bandeau violet : c'est ce qu'on doit retenir et faire expliciter « Tout » : c'est la vie.

Bilan

Faire coller le premier dessin dans le cahier et écrire la phrase à retenir : « Tout commence dans un œuf ».

Consolidation/contrôle des acquis : cahier 2, p. 62 et 63.

P. 63 ex. 7 page 63 est une simple sensibilisation orthographique aux différentes graphies du son [s]. Il peut être proposé de plusieurs façons, selon le niveau des élèves : ne rien dire aux plus avancés, leur laisser chercher et découvrir le code, comme pour un message secret. (Il est intéressant, si on en a le temps, d'observer les stratégies employées.) On peut dire aux autres élèves qu'ils doivent trouver des lettres qui font le son [s], et qu'il faut les replacer au bon endroit. Il convient alors de leur faire lire le texte, en leur demandant d'écrire les lettres au crayon dans les mots qu'ils connaissent (ex : gla**c**e). On peut enfin, pour les plus démunis, écrire avec eux les lettres de la deuxième phrase, et leur demander de finir l'exercice. En profiter pour faire émerger les hypothèses qui pourront se transformer en critères orthographiques.

Étude phonologique 2 du [s] : *Dico des sons* p. 24 ; cahier 2 p. 63.

Séance 4 : distinction des animaux ovipares

■ **Objectif** :

• Approcher la distinction des espèces animales : insectes, amphibiens, oiseaux, poissons et reptiles.

• Lire les pp. 133 et 134 pour acquérir un vocabulaire spécifique.

■ **Enjeu** : découvrir que le vivant est multiforme.

■ **Procédures** : trier des documents selon une consigne ; nommer les classes obtenues.

■ **Matériel** : livre pp. 133 et 134 ; nombreux documents sur les différents types d'animaux dans chaque espèce (les varier le plus possible : taille, couleur, forme...) ; bristols ; gommettes ; cahier 2 p. 66.

■ **Durée** : 40 minutes.

Préalable : le maître aura écrit au tableau le nom des classes : insecte, amphibien, oiseau, poisson, reptile. Ces écrits sont cachés pendant la phase de recherche.

■ Déroulement

1re PHASE : classement de documents (par groupes de quatre)

– Faire classer les documents apportés. Justifier son choix de classification.
– Donner un nom à chaque classe. Dessiner le ou les caractères communs trouvés pour chaque classe : par exemple, les plumes pour les oiseaux, l'eau pour les poissons, etc.
– Faire présenter à la classe les classifications obtenues. On engage une discussion pour affiner, confirmer ou infirmer.

2e PHASE : se documenter sur les espèces animales (par groupes de quatre)

– Chaque groupe est chargé de construire un mot en gras (livre pp. 133 et 134). Confier « insectes » et « amphibiens » aux meilleurs lecteurs. Chaque groupe cherche dans le dictionnaire le sens de son mot et écrit la définition en soulignant ce qui est important.(Benjamin CP ; CE1 ou Juniors CE2 ; CM, Hachette).

3e PHASE : la classification officielle (collectif)

– Présenter la classification officielle écrite au tableau.

– Faire constater que, dans le livre, on ne voit pas les animaux, mais leurs œufs.

Bilan

Faire trouver une phrase définissant chaque classe d'animaux. Par exemple : « Les amphibiens vivent dans l'eau et sur terre. »

Activité complémentaire : jeu des 5 familles

Familles : insectes, poissons, amphibiens, oiseaux et reptiles (photo ou dessins).

– Dessiner ou coller une image de 4 animaux de chaque famille sur 4 bristols.

– Écrire leur nom sous l'image. Faire figurer également le nom ou la représentation des animaux de la série qui manque pour aider à la mémorisation et faciliter le jeu.

– Identifier chaque famille par une gommette de couleur.

– Expliquer la règle du jeu « des cinq familles » et lancer le jeu.

Conscience phonique : lancer la comptine du [œ] et [ø] ; cahier 2 p. 66, ex. 1 à 3.

Séance 5 : les animaux ovipares (suite)

■ **Objectifs**

- Construire ou affiner une connaissance scientifique.
- Lire les pages 133 et 134 pour acquérir un vocabulaire spécifique : pondre et couver.

■ **Enjeu** : faire émerger l'idée de protection de l'œuf pour une survie de l'espèce.

■ **Procédures** : lecture d'images ; formulation d'hypothèses ; classement.

■ **Matériel** : reproduction agrandie des photos des pages 133 et 134 sans texte ni légende ; livre pp. 133 et 134 ; y ajouter deux reproductions de galets sur une rive ou une plage. Images en couleur de couples d'oiseaux où l'on distingue bien la différence mâle/femelle (par exemple coq/poule, faisan/faisane, paon/paonne, canard/cane, dindon/dinde, etc.), cahier 2 p. 66 ; *Dico des sons* p. 25.

■ **Durée** : 50 minutes.

Préalable : prendre connaissance des compléments d'information p. 125.

■ Déroulement

1re PHASE : lecture d'images (en binômes)

– Demander de légender les photos agrandies en écrivant le mot « œuf » ou « œufs », quand on pense qu'il s'agit d'œufs, et dessiner l'environnement immédiat. Préciser qu'il peut y avoir des pièges.

– Réponses attendues : peu d'erreurs sur la photo 1 page 133 et la photo 2 page 134, la forme ovale étant caractéristique et identifiable. Les photos 1 et 3 page 134 peuvent prêter à confusion, surtout si les reproductions de galets ajoutées sont proches de celles-ci et accentuent l'équivoque. Quant aux photos 2 et 3 de la page 133, elles ne seront certainement pas identifiées comme représentant des œufs. Confronter et justifier les réponses.

2e PHASE : remplir le tableau (en binômes)

– Faire ouvrir deux livres par binôme : un à la page 133, l'autre à la page 134. Comparer avec les réponses données en 1re phase. Faire identifier et nommer les éléments des différentes photos des deux pages.

– Faire classer ces photos en deux colonnes : œuf, pas œuf.

– Faire comparer les cinq photos en notant : la quantité d'œufs, s'ils sont agglutinés ou isolés, le milieu où ils sont pondus (aquatique ou non), s'ils ont une coquille ou non, s'ils sont couvés ou non.

– Faire énoncer les réponses et en tirer des conclusions.

1. Aucun œuf à coquille n'est pondu dans l'eau, même pas par le crocodile qui pond dans des terriers non inondables, creusés sur les berges.

2. Certains œufs se protègent d'une carapace qui les isole des agressions extérieures, ce qui permet aux larves de se développer en toute sécurité.

3. Certains œufs se confondent par mimétisme avec le milieu où ils sont pondus pour échapper à leurs prédateurs.

4. Plus il y a de risque de pertes, plus les œufs sont nombreux (*cf.* les œufs de grenouille) et plus ils sont collés en masse les uns aux autres pour se protéger. (Ceux de la périphérie de cet agglomérat sont plus exposés, ceux du centre sont protégés). Chez l'homme, il n'y a souvent qu'un œuf, car l'hyperprotection lui permet en général d'arriver à maturité.

Conclusion : pour survivre, les œufs ont besoin d'attention ; il faut les cacher des prédateurs et les protéger.

Bilan (collectif)

Consigner les résultats dans le tableau. Le compléter en classant le nom des animaux qui ont servi lors de la séance précédente.

Activité complémentaire 1

– Afficher les images de couples d'oiseaux, dispersées au tableau. Demander de les classer. Deux types de classement peuvent surgir : mâles/femelles ou colorés/ternes. Faire constater que ces deux classements se recouvrent et en tirer les conclusions. Les mâles sont chatoyants, les femelles ternes. Pourquoi ? C'est ce qu'on appelle le dimorphisme sexuel.

– Dissection par deux d'un œuf dur où l'on retrouvera trace des éléments découverts lors des différentes séances : la coquille (faire constater qu'on voit un peu à travers), la membrane, le jaune. (Puisque l'œuf est frais, il n'a pas été couvé. Il ne contient donc pas d'embryon et le jaune est resté intact.)

Activité complémentaire 2 : grammaire et lecture (collectif oral, puis individuel)

– Écrire au tableau les quatre phrases suivantes :

Les oiseaux pondent des œufs.

Les oiseaux couvent leurs œufs.

Les reptiles pondent des œufs.

Les reptiles ne couvent pas leurs œufs.

– Faire lire ces phrases ; faire repérer les mots : oiseaux, couvent, œufs, pondent, reptiles.

– Dans la 2e phrase, remplacer oiseaux et œufs par de « petits mots » qui les représentent : **Ils les** couvent.

– À l'inverse, demander ce qui se cache derrière « ils » et « les ».

– Faire décliner sur l'ensemble des phrases. Travailler « l'oiseau pond »/« les oiseaux pondent ».

Étude phonologique 1 du [œ] et [ø] : redire la comptine du [œ] et [ø] ; lancer la pêche aux [œ] et [ø] ; *Dico des sons* p. 25 ; cahier 2 p. 66, ex. 4 et 5.

Séance 6 : les mammifères avant la naissance

■ **Objectifs**

- Lire des documents sur la naissance des mammifères.
- Savoir comment les petits mammifères, dont le petit de l'Homme, sont avant la naissance.

■ **Enjeu** : se construire une connaissance en interrogeant des documents scientifiques et transmettre cette connaissance.

■ **Procédures** : lecture d'images ; expression orale ; confrontation entre le code textuel ; le texte découvert et l'image.

■ **Matériel** : livre pp. 135 et 136 ; papier-calque ; cahier 2 pp. 64, 65 et 67 ; *Dico des sons* p. 25 ; fiche 21 p. 168.

■ **Durée** : 30 minutes.

■ Déroulement

1re PHASE : compréhension de la double page par dessin sur calque (individuel)

– Demander aux enfants de chercher individuellement « l'œuf » dans les photos des pages 135 et 136 et de le décalquer.
– Leur faire retrouver la forme ovoïde et faire émerger la notion de ventre : à chaque fois que l'on voit une forme d'œuf, c'est le ventre.

– Faire écrire une phrase pour décrire l'image p. 136.

2e PHASE : lecture d'images diverses, comme des photographies et des échographies (collectif oral)

– Les photographies. On voit que la vache est grosse, avec des pis énormes ; le kangourou paraît avoir un ventre normal ; la maman a un très gros ventre et des seins gonflés.

– Expliquer les raisons de ces « déformations corporelles » en faisant émerger la notion de lait. Ces mamans appartiennent à l'espèce des mammifères. Les petits mammifères tètent le lait de leur mère.

– L'échographie. Décalquer la forme du fœtus ; nommer et écrire ce que l'on voit. Faire remarquer la proportion inversée de la tête et du corps chez le fœtus.

– Retourner à la page 132 et comparer les deux images (travail en binômes).

– Sur une feuille, faire imaginer deux étapes intermédiaires entre la photo de la page 132 et l'échographie de la page 136.

– Reproduire, découper et distribuer les images de la fiche 21, partie C, pour les faire classer et légender (en les collant sur une feuille de papier).

– Faire expliquer le choix et conclure : la tête grossit, les yeux apparaissent, on voit de mieux en mieux les membres, etc.

N.B. : Pour les plus rapides, proposer d'aller chercher dans le dictionnaire la définition des mots compliqués (fœtus, mammifères, etc.).

Bilan

– Faire dresser un tableau à double entrée (pondent/ne pondent pas ; couvent/ne couvent pas) et le faire remplir.

– Écrire au tableau : « Les kangourous, les vaches et les mamans... leurs bébés dans... avant la... »

– Faire chercher dans le livre les mots pour compléter le texte.

Activité complémentaire

– Faire compléter le jeu des familles en ajoutant la famille des mammifères.

Consolidation/contrôle des acquis : cahier 2, pp. 64 et 65.

P. 64, ex. 1 : se fait en deux temps : il nécessite d'avoir identifié les animaux représentés, et d'avoir discuté sur la façon dont naissent leurs petits. Seule la baleine risque de poser problème et d'être assimilée à un poisson. Il convient donc de montrer des images de baleineau en train de téter ou, mieux, en train de naître, ce qui prouvera que la baleine ne pond pas. Il s'agit dans un second temps d'associer l'animal à la bonne catégorie. Il conviendra alors de faire répéter à chaque fois la définition de ces deux notions : ovipare et vivipare. Ex : La rainette pond des œufs, elle est ovipare ; le chat ne pond pas d'œufs, ses petits naissent tout vivants, il est vivipare.

Ex. 2 : il demande une bonne concentration, car les erreurs ne concernent pas toujours les mêmes éléments de l'énoncé. Si tout tourne autour de pondre, œuf et couver, seule une compréhension fine permet de répondre : 2 : V ; 1 et 6 : F (les serpents et les grenouilles pondent, mais ne couvent pas) ; 3 : F (les éléphants ne pondent pas) ; 4 et 5 : V.

P. 65, ex 1 : c'est tout d'abord un exercice de lecture. Tous les mots peuvent être lus. Il s'agit ensuite de légender à bon escient. Ce sera l'occasion de faire observer que certains petits ressemblent déjà beaucoup à leurs parents (caneton, poussin, lapereau, chiot), alors que d'autres sont différents et devront changer de forme pour devenir adultes (têtard, chenille). Le bébé fait partie de la première catégorie.

Ex. 2 : il sert à établir une définition sommaire des mammifères (mamelles, allaitement, tétée). Seules la lapine et la chienne peuvent allaiter ; seuls le lapereau et le chiot peuvent téter.

Étude phonologique 2 du [œ] et [ø] : *Dico des sons* p. 25 ; cahier 2 p. 67.

Séance 7 : comparer différentes espèces sur leur comportement avant la naissance

■ **Objectif** : créer des documents informatifs lisibles par une autre classe sur le thème « avant la naissance ». La finalité est que chaque groupe réalise une affiche sur l'espèce qu'il étudie ; chaque affiche se compose de trois parties : avant la naissance, la naissance et après la naissance.

■ **Enjeu** : se construire une connaissance en interrogeant des documents scientifiques et transmettre cette connaissance.

■ **Procédures** : diviser la classe en six groupes de quatre élèves environ ; chaque groupe va travailler sur une espèce précise ; le travail se déroule sur trois séances (7, 8 et 9).

■ **Matériel** : livre pp. 133 à 136 ; grandes feuilles de dessin ; bandes de papier ; documents apportés par le maître ou les élèves sur les différents types d'animaux dans chaque espèce ; Post-it, trombones ou feuilles de papier pour marquer les pages sélectionnées ; cahier 2 p. 70.

■ **Durée** : 30 à 35 minutes.

Préalable : Distribuer à chaque groupe les documents nécessaires, plus un dictionnaire, une mini encyclopédie, une revue et quelques photocopies concernant l'espèce étudiée.
– Diviser chaque grande feuille en trois parties, avec comme titre pour chacune : avant la naissance ; la naissance ; après la naissance (à conserver : sert aux séances 8 et 9).

■ Déroulement

1re PHASE : se repérer dans une grande variété de sources

– Chaque groupe travaille sur une des six espèces suivantes : insectes, amphibiens, oiseaux, poissons, reptiles, mammifères. C'est l'enseignant qui éventuellement distribue les groupes en fonction des compétences des uns et des autres (le groupe mammifère est peut-être un peu plus facile, étant donné que l'on vient de l'étudier en classe ; pour les oiseaux, il est nécessaire de faire appel à d'autres documents que ceux du livre ; pour les reptiles, pratiquement toute leur évolution est abordée dans le livre).

– Chercher dans le livre et/ou le dictionnaire ce qui caractérise l'espèce animale que l'on a à étudier.

– Laisser les enfants feuilleter et choisir ce qu'ils vont retenir.

– L'enseignant circule de groupe en groupe pour faire reformuler et recentrer la recherche. Bien rappeler ce qu'on cherche : **telle espèce avant la naissance**.

2e PHASE : sélectionner l'information par rapport à un projet précis ; lire le livre

– Sur le livre, faire prendre connaissance des inscriptions verticales « avant la naissance » ; lire et insister sur l'importance de ce texte, puisqu'il indique la lecture chronologique.
– Dire à chaque groupe de ne lire que ce qui concerne l'espèce qu'il étudie et de sélectionner ce qui est important, c'est-à-dire ce qui est écrit en gras dans le texte.
– Éventuellement, faire faire aux élèves un tableau à double entrée : d'une part, ce qui concerne l'espèce étudiée ; d'autre part, ce qui se passe avant la naissance.
– Le rôle du maître est ici d'aller de groupe en groupe pour faire argumenter le choix de chacun et expliciter la sélection. C'est la première étape vers l'institutionnalisation, puis la synthèse. En effet, l'explicitation des différences est primordiale pour aller vers la synthèse. L'enseignant doit aussi minuter le travail de chaque groupe et bien recentrer les activités.

3e PHASE : classer les documents, produire un écrit et réaliser un début d'affiche

– Faire garder à chaque groupe une seule image concernant son espèce avant la naissance. Faire légender cette image par une phrase. Exemple : les oiseaux, avant la naissance, sont dans des œufs (cette phrase peut tout à fait « servir » à plusieurs espèces : amphibiens, reptiles). L'enjeu est de produire un texte informatif lisible et compréhensible par toute la classe.
– Le rôle de l'enseignant est d'aider les élèves à formuler ce qu'ils veulent dire et ce qui est important à retenir : pour telle espèce, avant la naissance, les petits sont... . Comme une seule phrase est à retenir comme légende, proposer éventuellement aux élèves de la saisir sur ordinateur.
– Sur une grande feuille à dessin, chaque groupe colle l'image qu'il a sélectionnée et la phrase qui la légende.

Bilan

Affichage de chaque grande affiche ; lecture des différentes phrases à haute voix et éventuellement copie d'une phrase sur le cahier du jour.

Conscience phonique : lancer la comptine du [b] ; cahier 2 p. 70, ex. 1 à 3.

Séance 8 : comparer différentes espèces selon leur comportement à la naissance

■ **Objectif** : créer des documents informatifs lisibles par une autre classe sur le thème « à la naissance ».

■ **Enjeu** : se construire une connaissance en interrogeant des documents scientifiques et transmettre cette connaissance.

■ **Procédures** : diviser la classe en six groupes de quatre élèves environ ; chaque groupe continue son travail sur une espèce précise. La séance est exclusivement consacrée au thème : « la naissance ».

■ **Matériel** : livre pp. 137 et 138 ; affiches de la séance 7 ; bandes de papier ; documents apportés par le maître ou les élèves ; Post-it, trombones ou feuilles de papier pour marquer les pages sélectionnées ; cahier 2 pp. 70 et 72 ; *Dico des sons* p. 26.

■ **Durée** : 30 à 35 minutes.

■ Déroulement

1re PHASE : se repérer dans une grande variété de sources

– Chaque groupe poursuit le travail qu'il a commencé lors de la séance 7. Laisser les enfants feuilleter et choisir les documents qu'ils vont retenir.

– L'enseignant circule de groupe en groupe pour faire reformuler et recentrer la recherche. Bien rappeler ce que l'on cherche : **telle espèce à la naissance**.

2e PHASE : sélectionner l'information par rapport à un projet précis ; lire le livre

– Sur le livre, faire prendre connaissance de l'inscription verticale « la naissance » ; lire et insister sur l'importance de ce texte.

– Dire à chaque groupe de ne lire que ce qui concerne l'espèce qu'il étudie ; faire sélectionner à chacun ce qui est important, c'est-à-dire ce qui est écrit en gras dans le texte.

– Éventuellement, faire compléter aux élèves le tableau à double entrée : d'une part, ce qui concerne l'espèce étudiée ; d'autre part, ce qui se passe à la naissance.

– Le rôle du maître est ici d'aller de groupe en groupe pour faire argumenter le choix de chacun et expliciter la sélection.

3e PHASE : classer les documents, produire un écrit et réaliser la suite de l'affiche

– Faire garder à chaque groupe une seule image concernant son espèce à la naissance. Faire légender cette image par une phrase. Exemple : les oiseaux, à la naissance, cassent la coquille de leur œuf. Donner le mot « éclosion ». L'enjeu est toujours de produire un texte informatif lisible et compréhensible par toute la classe.

– Le rôle de l'enseignant est d'aider les élèves à formuler ce qu'ils veulent dire et ce qui est important à retenir : pour telle espèce, à la naissance, les petits sont... . La phrase peut être saisie à l'ordinateur.

– Sur la grande feuille à dessin, chaque groupe colle l'image qu'il a sélectionnée et la phrase qui la légende et la présente à la classe.

Bilan

Lecture des différentes phrases à haute voix et éventuellement copie sur le cahier du jour d'une phrase.

Consolidation/contrôle des acquis : cahier 2, p. 72, ex. 1 et 2.
Ex. 1 et 2 : en autonomie, en études dirigées.

Étude phonologique 1 du [b] : redire la comptine du [b] ; lancer la pêche au [b] : *Dico des sons* p. 26 ; cahier 2 p. 70, ex. 4 et 5.

Séance 9 : comparer différentes espèces selon leur comportement après la naissance

■ **Objectif** : créer des documents informatifs lisibles par une autre classe sur le thème « après la naissance ».

■ **Enjeu** : se construire une connaissance en interrogeant des documents scientifiques et transmettre cette connaissance.

■ **Procédures** : diviser la classe en six groupes de quatre élèves environ ; chaque groupe termine son travail sur une espèce précise. La séance est exclusivement consacrée au thème : « après la naissance ».

■ **Matériel** : livre pp. 139 et 140 ; affiches de la séance 7 ; bandes de papier ; documents apportés par le maître ou les élèves, cahier 2, pp. 71 et 72 ; *Dico des sons* p. 26.

■ **Durée** : 35 à 40 minutes.

■ Déroulement

1re PHASE : se repérer dans une grande variété de sources

– Chaque groupe termine le travail qu'il a commencé lors des séance 7 et 8. Laisser les enfants feuilleter et choisir ce qu'ils vont retenir dans le livre. L'enseignant rappelle ce que l'on cherche : **telle espèce après la naissance**.

2e PHASE : sélectionner l'information par rapport à un projet précis ; lire le livre

– Sur le livre, faire prendre connaissance de l'écriture verticale « après la naissance » ; lire et insister sur l'importance de ce texte. Dire à chaque groupe de ne lire que ce qui concerne l'espèce qu'il étudie ; faire sélectionner à chacun ce qui est écrit en gras dans le texte.

– Éventuellement, faire compléter aux élèves le tableau à double entrée : d'une part, ce qui concerne l'espèce étudiée ; d'autre part, ce qui se passe après la naissance.

– Le rôle du maître est ici d'aller de groupe en groupe pour faire argumenter le choix de chacun et expliciter la sélection.

3e PHASE : classer les documents, produire un écrit et réaliser la fin de l'affiche

– Faire garder à chaque groupe une seule image concernant son espèce après la naissance. Faire légender cette image par une phrase. Exemple : les oiseaux, après la naissance, sont nourris par leurs parents. Le rôle de l'enseignant est d'aider les élèves à formuler ce qu'ils veulent dire et ce qui est important à retenir : « Pour telle espèce, après la naissance, les petits sont… » La phrase peut être saisie sur ordinateur.

– Sur la grande feuille à dessin, chaque groupe colle l'image qu'il a sélectionnée et la phrase qui la légende.

Bilan

– Dessiner les mots qui sont en caractères gras dans le livre et écrire dessous leur définition, pour compléter l'affiche.

– Affichage de chaque grande affiche ; lecture des différentes phrases à haute voix et éventuellement copie d'une phrase sur le cahier du jour.

– Présenter l'affiche de son groupe au reste de la classe et même éventuellement à une autre classe. Conclure par ce qui doit être retenu : toutes les espèces ne se développent pas de la même façon avant, pendant et après la naissance.

Consolidation/contrôle des acquis : cahier 2 p. 72, ex. 3, 4 et 5.

Ex. 3 : on peut faire compléter en s'appuyant éventuellement sur l'ex. 4 et en ajoutant d'autres acquisitions : chanter, nager, faire du vélo…

Ex. 4 : nominalisation, c'est-à-dire passer du nom à l'infinitif et vice-versa. On pourra prolonger l'exercice, notamment avec les verbes de mouvement : sauter/saut ; bondir/bond ; nager/nage ; ou se reporter au cahier 1 p. 7, avec les activités de l'école : peindre/peinture ; chanter/chant.

Ex. 5 : réinvestissement des exercices précédents.

Étude phonologique 2 du (b) : *Dico des sons* p. 26 ; cahier 2 p. 71.

Séance 10 : construction d'un abri à chenilles

Objectifs

- Lire et/ou écrire un document prescriptif, en vue de fabriquer un outil.
- Produire un document informatif sous forme de tableau récapitulatif.

Enjeu : être capable de mener une activité scientifique fondée sur l'observation et la prise en compte de l'évolution, en notant les résultats. Se construire une connaissance. Mener à bien une activité dans la durée.

Procédures : lecture d'un écrit prescriptif ; lecture d'image ; production d'écrits informatifs.

Matériel : cahier 2 pp. 68 et 69 ; matériel demandé p. 68 ; une feuille de papier par binôme ; grande feuille pour affichage ; encyclopédies enfantines ; dictionnaires ; feuilles et bandes de papier et de dessin.

Durée : 40 minutes.

Préalable : chercher où on peut se procurer une ou des chenille(s).

Déroulement

1re PHASE : lecture individuelle silencieuse (en binômes)

– Partager la classe en deux. Une moitié cachera, par une feuille, la p. 68, l'autre moitié la p. 69.

– Faire écrire aux binômes qui regardent les schémas explicatifs (p. 69) la liste du matériel nécessaire et la succession des actions à accomplir. Faire organiser ces éléments pour fabriquer une fiche prescriptive (utiliser les infinitifs et non les verbes conjugués). Faire trouver son titre.

– Faire dessiner (ou découper et coller) aux binômes qui lisent la p. 68 le matériel nécessaire et l'exécution de la tâche en six épisodes.

2e PHASE : appariement texte/images (par groupes de quatre)

– Faire fermer les cahiers.

– Regrouper les binômes par « paires », de façon à faire reconstituer la double page 68-69.

– Procéder aux ajustements nécessaires.

– Exposer toutes les propositions, les faire justifier et comparer.

– Déterminer celle qui paraît la plus pertinente ou complète pour être affichée (ou prêtée à une autre classe qui aurait le même projet).

3e PHASE : lecture et écriture (individuel)

– Faire les ex. 1 et 2 du cahier (le 2 est un exercice de transposition et de conjugaison qui ne devrait poser aucune difficulté orthographique, les verbes ayant été choisis à dessein : seul « j'étale » risque de poser un problème de segmentation. Par ailleurs, cet exercice nécessite une contraction de l'énoncé de référence, ce qui implique une sélection, donc une hiérarchisation des informations).

Bilan

La phase 7 est matérialisée par le tableau qui permet de consigner le résultat des observations. (Cette activité peut être comparée à celle qui est menée en « météo » depuis plusieurs mois, et à celle qui a été menée pour appréhender les différents états de l'eau). Il ne faudra pas omettre de noter non seulement les changements, mais aussi **l'évolution** diachronique et relative des différents états (ex. : plus grand, ou plus rigide, ou plus opaque), ce qui nécessite un apport de vocabulaire précis.

Activité complémentaire

À l'issue de cette observation, on pourra faire écrire une histoire, en donnant un nom à la chenille, en lui prêtant des sentiments, en s'adressant à elle, etc. On pourra également faire créer des poèmes sur : « grandir ! »

Bilan, cahier 2 p. 73.

Il ne présente aucune difficulté.

Le Prince, la Dame et la Licorne

Pages 143 à 158 du livre de l'élève

Enjeu

Cette dernière unité est un conte créé à partir des six tapisseries de *La Dame à la Licorne,* que l'on peut voir au musée de Cluny à Paris.

Il met en scène quelques personnages des tapisseries (la Dame, la Licorne, ainsi que certains animaux) et des figures totalement inventées (le prince, la reine et la cohorte d'oiseleurs, de chevaliers, de chasseurs et de dresseurs).

L'enjeu imaginé est celui de beaucoup de contes : arriver à son but en surmontant une série d'épreuves. On sait que cela aide l'enfant, qui s'identifie au héros, à se construire et à se projeter dans un avenir positif, quelles que soient ses craintes ou ses difficultés du moment. Ici, c'est l'amour qui est vainqueur, mais c'est surtout le fait de « grandir » qui est évoqué.

La structure d'ensemble est très repérable, et les situations initiale et finale clairement identifiables. La quantité de texte y est plus importante que dans les unités précédentes et l'illustration, reproduction de détails réels des tapisseries, ne peut servir de fondement à la compréhension. Cependant, la construction répétitive des scènes, qui forment des unités narratives closes, facilite grandement la lecture.

Procédures

Ce texte permet, par ailleurs, de varier les situations de lecture : de la « lecture-relais » entre l'enseignant et les élèves (lorsque la longueur et la difficulté du texte apparaissent trop importantes) à la « lecture-puzzle » (qui permet de ne lire qu'un passage du texte, en le traitant toutefois dans son intégralité), en passant par la « lecture silencieuse » (qui révèle, par l'étude d'un passage simple, les qualités de compréhension, obligatoirement fondées sur une bonne maîtrise du code).

Matériel

- Livre pp. 143 à 158, cahier 2 pp. 90 à 93 ; *Dico des sons* pp. 27 à 32.
- Reproductions d'objets, de bâtiments, maisons et hôtels de l'époque de la tapisserie (séance 1).
- Étiquettes avec les mots importants et des intrus ; grande feuille blanche ; ardoise (séance 2).
- Bandes de papier ; tableau aide-mémoire, fiche 27 p. 174 (séance 3).
- Craies ou ficelles de couleurs différentes ; six étiquettes (fiche 27 p. 174) ; six pinces à linge ; grandes feuilles pour affichage (séance 4).
- Deuxième lettre de Lilou ; bandes de papier avec les épisodes et les questions (fiche 28 p. 175) (séance 5).
- Les huit épisodes du texte (p. 143) (séance 7).

Phonèmes étudiés : [z] ; [j] ; [ɛ̃] ; [wɛ̃].

Grammaire

- La phrase impérative (manipulation et transformation).
- Grammaire textuelle : les connecteurs et les substituts.

Production d'écrit

- Le dialogue.
- Le paragraphe.

Bibliographie pour le maître

- Sur le conte :

B. Bettelheim, *Psychanalyse des contes de fées*, coll. « Pluriel », Hachette littératures.

Séance 1 : Tapisserie de *la Dame à la Licorne*, *À mon seul désir*, fin du XVe siècle
Pages 143 et 145 du livre de l'élève.

La Dame à la licorne (tapisserie « millefleurs », musée national du Moyen Âge, Paris) : **une image courtoise d'une haute distinction pour un homme « arrivé ».**

– Cette image qui emprunte son motif au mythe, christianisé puis révisé sur le mode courtois selon une vision néoplatonicienne, à la Renaissance, exprime et redit symboliquement l'histoire, les goûts, l'idéal et la réussite de son commanditaire, Jean Le Viste. Selon le modèle spiralaire de la corne talisman, la Dame abandonne le monde sensible et réalise une retraite, miroir d'une ascension spirituelle qui reflète un accès aux « plus hautes sphères ». Issu, au XVe siècle, d'une famille lyonnaise de drapiers dont le parcours est celui des familles marchandes de cette époque, Jean Le Viste (dont l'hôtel familial se trouve à Lyon, rue Saint-Jean), a si brillamment réussi socialement qu'il s'est élevé jusqu'aux plus hautes charges de l'État et à la noblesse, distinction suprême.

– **Les couleurs.** L'île bleu-vert sur laquelle se situe chaque scène indique un déroulement de l'action dans un monde imaginaire, un jardin d'amour merveilleux comparable au paradis terrestre (ce que confirme la présence d'une nature luxuriante et d'arbres – pin, pommier ou oranger, chêne et houx – qui expriment symboliquement l'immortalité). Le contraste n'en est que plus flagrant avec le fond rouge, symbole du monde matériel. Par ailleurs, les couleurs de la tapisserie répètent celles de l'oriflamme et lui font écrin. Comme la Vierge se met, dans le mythe, en quête de la pure (blanche) licorne – cheval/chèvre à longue corne magique – enfouie dans la forêt, la Dame aux trois croissants de lune, identifiée par ses couleurs, va progressivement se détacher du monde matériel (rouge), celui des cinq sens pour combler « son seul désir » en accédant au monde intelligible, celui du « sixième sens », l'entendement (bleu).

Activités complémentaires

– Retouver les cinq sens et observer leur mode de représentation dans la tapisserie. Chercher d'autres représentations des cinq sens et, en relation avec l'éducation sensorielle, observer comment ils sont figurés selon l'époque : les visions populaires ou élitistes.

– Collecter des reproductions d'objets, de bâtiments, maisons et hôtels de l'époque de la tapisserie. Distinguer s'ils ont appartenu à des gens très riches ou à des gens du peuple. La Dame aurait pu habiter dans le musée où se trouve la tapisserie (hôtel des abbés de Cluny : gothique civil du XVe siècle).

Consolidation/contrôle des acquis : cahier 2, pp. 75 et 76.

P. 75 : à partir des deux illustrations de la fiche, faire relever le matériel nécessaire ainsi que les étapes de la fabrication. Écrire les propositions au tableau et les comparer au texte de la fiche technique.

P. 76 : exercice de codage, sans difficulté particulière (peut être fait en études dirigées).

Séance 2 : la situation initiale et le début du conte

Objectifs

- Lire le début du conte.
- Prendre connaissance des personnages et de la situation.

Enjeu : mettre en place les éléments constitutifs d'un début de conte : les personnages, la situation initiale, le conflit et la rupture qui va lancer l'action. Par ailleurs, il s'agit de les découvrir à partir d'une lecture oralisée de l'adulte, ce qui nécessite une écoute attentive et « ciblée » de l'élève, qui sait ce qu'il doit rechercher.

Procédure : écoute active et sélective d'un récit lu qui permet d'en extraire les éléments essentiels.

Matériel : livre p. 146 ; une grande bande de papier ; étiquettes avec les mots importants et des intrus ; une grande feuille blanche ; ardoise ; cahier 2 pp. 77 et 78.

Durée : 40 minutes.

Déroulement

1re PHASE : lecture magistrale

Lire la page 146 sans questionnement ni réponse aux questions éventuelles.

2e PHASE : lecture magistrale avec questionnement préalable sur les fondements du conte (répartir la classe en 3 groupes : un pour les personnages, un pour les épreuves et un troisième pour les lieux)

– Faire répertorier les personnages (le prince Damien, la reine, la jeune fille Diane, la Fée-Licorne, les animaux), ainsi que les épreuves en notant les objets à rapporter (la dragée sucrée, la harpe du vent, le miroir d'un lac, des œillets, une caresse) ; par groupes de deux faire répertorier les lieux (le château, le Bois-Joli).

– Donner la consigne : « Chaque élève de chaque groupe doit écrire sur son ardoise une réponse dans sa catégorie. »

– Lire une seconde fois le texte, assez lentement pour laisser le temps de saisir les informations et de les noter.

– Laisser du temps pour les échanges au sein des groupes. En profiter pour aider à l'orthographe.

– Passer dans les groupes pour vérifier et corriger les transcriptions.

3e PHASE : mise en commun

– Classer les éléments répertoriés sur une affiche qui restera affichée en pendant toute la durée de l'étude de ce conte et qui servira d'« aide-mémoire ».

– Proposer les mots écrits sur les étiquettes : personnages, lieux et intrus.

4e PHASE : lecture individuelle de la page 146

– Faire lire la page 146 (quelques phrases) en aidant les élèves qui en ont besoin.

Bilan

– Formulation de « l'enjeu » de cette histoire : Est-ce un conte ? Que va nous raconter cette histoire ?

– Afficher la proposition la plus adaptée.

Consolidation/contrôle des acquis : cahier 2 p. 77.

Ex. 1 : oriente le choix des élèves vers Diane et Damien qui apparaissent d'emblée comme les pivots du « schéma actanciel ». (*Cf.* Greimas : une narration s'articule autour du couple *héros / objet*, avec pour satellites des *adjuvants* et des *opposants*. Les *destinateurs* et *destinataires* désignent respectivement ce ou ceux qui lance(nt) l'action et celui ou ceux à qui elle bénéficie.) Appliqué ici, ce schéma place les différents personnages dans leur fonction. Dès lors, la licorne et les animaux se présentent comme des adjuvants, alors que la reine est un opposant à la quête de Damien qui veut épouser Diane.

Ex. 2 : sert à situer les personnages en faisant construire deux phrases, une dont il faut trouver le groupe nominal (La Fée-Licorne est la marraine de Diane), l'autre dont il faut trouver le groupe verbal (La reine du royaume est la mère de Damien).

Ex. 3 : met en évidence la rupture introduite par le connecteur temporel « Un jour… ». La phrase 3 doit impérativement mentionner la rencontre des deux héros pour être en cohérence avec la phrase 4. Il s'agit donc de respecter la logique du récit. Pour cela, il convient soit de faire énoncer les phrases à l'oral et de les faire valider par le groupe, soit de les faire travailler au brouillon et réécrire.

Ex. 4 : peut se faire à la maison et sert à porter l'attention sur les épreuves, autre élément fondateur du conte et, ici, de sa structure à condition d'identifier les illustrations.

Conscience phonique : lancer la comptine du [z] ; cahier 2 p. 78, ex. 1 à 3. Pour l'ex. 3, bien vérifier l'identification des dessins : zébu pour le premier et désert pour le dernier.

Séance 3 : le début de l'action

■ **Objectif** : lire le texte (début de l'action).

■ **Enjeu** : le même que pour la séance 2, mais en ciblant cette fois les lieux et la situation.

■ **Procédures** : lecture fine de façon à dégager l'essentiel d'un texte.

■ **Matériel** : livre p. 147 ; une bande de papier pour deux élèves ; tableau aide-mémoire (fiche 27 p. 174) ; cahier 2 p. 78 ; *Dico des sons* p. 27.

■ **Durée** : 35 minutes.

Préalable : Écrire au tableau les mots outils nécessaires à la formulation de questions (comment, qui, que, pourquoi, où...).

– Afficher le tableau « aide-mémoire » après l'avoir agrandi (fiche 27 p. 174).

■ Déroulement

1re PHASE : mise au point (travail écrit et oral, par groupes de deux et collectif)

– Distribuer à chaque binôme une bande de papier sur laquelle les enfants formuleront une ou deux questions relatives au texte de la page 146. (Aider les plus lents à trouver et à rédiger leur question ; envisager de poser les questions essentielles qui auraient pu être oubliées, notamment quant aux personnages, à leurs relations, aux lieux et à l'action qui se noue.) Il est nécessaire de bien faire saisir d'emblée l'importance des lieux.

– Collecter les « bandes questions » et les redistribuer au hasard. Chaque groupe doit lire à haute voix la question qui lui arrive et y répondre. (Plusieurs questions peuvent être identiques, il faut jouer le jeu.)

– Faire le bilan : Que sait-on ? Faire formuler des hypothèses sur la suite.

2e PHASE : lecture silencieuse individuelle et collectif oral

Faire lire individuellement les trois premières phrases de la page 147, afin de faire le point en validant ou non les hypothèses.

– Faire expliciter l'expression « son aventure », « se remettre en route » et « s'y oppose ».

3e PHASE : questions (collectif oral)

– Poser les questions : Que peut faire la reine pour s'opposer à son fils ? (Vérifier la bonne compréhension de ce mot.) Multiples possibilités de réponses (par exemple : l'envoyer loin, l'enfermer dans sa chambre, le faire surveiller de près, etc.). Que peut faire Damien ? Il y a deux possibilités : 1. Il obéit et reste au château ; 2. Il désobéit et va au Bois-Joli.

Bilan

Faire le point avec les élèves et commencer à remplir le tableau « aide-mémoire » qui restera affiché.

Activité complémentaire

Écrire une lettre au musée de Cluny pour demander de la documentation sur les tapisseries.

Étude phonologique 1 du [z] : redire la comptine du [z] ; lancer la pêche au [z] ; *Dico des sons* p. 27 ; cahier 2 p. 78, ex. 4 et 5.

Séance 4 : la première unité narrative : les oiseaux et les oiseleurs

■ Objectifs

- Lire pour répondre aux hypothèses formulées à la séance 3.
- Dégager la structure de l'unité.

■ Enjeu : découvrir une structure très apparente (qui deviendra répétitive) ; apprendre à se représenter les personnages d'une narration et à les intégrer à une situation.

■ Procédures : écoute ; lecture silencieuse puis oralisée ; logique et synthèse.

■ Matériel : livre pp. 147 et 148 ; craies ou ficelles de couleurs différentes ; six étiquettes (fiche 27 p. 174) ; six pinces à linge ; une grande feuille pour affichage, cahier 2 pp. 79 et 80 ; *Dico des sons* p. 27.

■ Durée : 45 minutes.

Préalable : dégager un espace dans la classe pour matérialiser au sol, à la craie ou avec des ficelles de couleurs différentes, les deux lieux de l'épisode : le château et le Bois-Joli. Reproduire le même schéma sur la feuille (avec les mêmes couleurs).

■ Déroulement

Préambule : rappeler les deux questions de la séance 3.

1re PHASE : lecture magistale, puis collectif oral

– Lire le premier épisode de l'histoire (pages 147 et 148) jusqu'à : « que j'ai conquise pour toi. »

– Faire répondre aux questions : Pourquoi Damien veut-il partir au Bois-Joli ? Pourquoi la reine veut-elle enlever la jeune fille ?

2e PHASE : mise en espace du texte (collectif oral)

– Rassembler les élèves autour de « l'aire de jeu ». Distribuer les étiquettes à six d'entre eux qui vont se placer dans leur espace (début de l'épisode p. 147). Distribuer des craies de trois couleurs différentes (oiseaux, oiseleurs et prince).

– Relire lentement le passage en faisant jouer les déplacements au fur et à mesure (les spectateurs valident ou corrigent leurs camarades).

– Faire tracer au sol les déplacements.

– Reproduire le tracé des déplacements sur la feuille comme référence (*cf.* préalable).

3e PHASE : évolution de la situation (collectif oral)

– Mettre en relation la dragée avec les épreuves énoncées au début.

4e PHASE : lecture individuelle silencieuse, puis verbalisée

– Faire lire silencieusement les paroles d'un personnage (choisi ou imposé).

– Les faire relire oralement de façon expressive dans l'ordre du texte.

Bilan

– Faire faire une mise au point : Damien a réussi sa première épreuve (la faire surligner sur l'affiche-séance 2) et la reine a échoué.

– Les enfants continuent le tableau « aide-mémoire ».

Consolidation/contrôle des acquis : cahier 2, p. 80.

Ex. 1 : est une variante d'exercices déjà pratiqués. Néanmoins, il présente une difficulté supplémentaire en faisant parler en simultané un même personnage à deux interlocuteurs successifs. Par ailleurs, le « piège » vient du fait que la reine nomme, dans une de ses répliques, ceux à qui elle s'adresse dans l'autre : les oiseaux. Autrement dit, quand elle dit « oiseaux », elle parle aux oiseleurs. Il faut donc de la part des élèves une réelle compréhension et non de simples réflexes d'appariement.

Ex. 2 : peut être travaillé à un autre moment en autonomie. Il sert à expliciter le texte.

Ex. 3 : vise à faire acquérir une compétence précise : être capable de reconnaître un personnage sous différentes appellations, c'est-à-dire d'appréhender la fonction anaphorique. Cela mérite d'être travaillé oralement en commun avant de passer à l'écrit. Le personnage est Diane. Dans la seconde partie de l'exercice, il faut associer les appellations au personnage producteur de cet énoncé (ce qui revient à travailler de façon implicite les déictiques à travers les déterminants possessifs). Un intrus, la Fée-Licorne. On pourra poursuivre l'exercice en demandant comment la Fée-Licorne pourrait appeler Diane (ma filleule).

Étude phonologique 2 du [z] : *Dico des sons* p. 27 ; cahier 2 p. 79.

Séance 5 : la deuxième unité narrative : les renards et les chevaliers

Objectifs

- Poursuivre la lecture du conte.
- Découvrir la deuxième unité narrative du conte.

Enjeu : le même qu'en séance 4 ; il ne s'agit pas ici de découvrir, mais de retrouver. Ne pas oublier de faire rectifier l'erreur : il s'agit bien de chevaliers et non de chasseurs qui interviendront dans l'unité suivante.

Procédures : lecture sélective ; compréhension fine.

Matériel : livre pp. 148 et 149 ; deuxième lettre de Lilou (fiche 29) ; six bandes de papier avec les épisodes (fiche 28 p. 175) ; six bandes de papier avec des questions (fiche 28 p. 175) ; cahier 2 pp. 81 et 84.

Durée : 40 minutes.

Préalable : écrire au tableau les paroles de la reine page 147 ; répartir les élèves par groupes de quatre (hétérogènes) ; prendre les six questions de la fiche 28.

Déroulement

Préambule : lire la deuxième lettre de Lilou p. 176.

1re PHASE : lecture individuelle silencieuse, puis oralisée

– Faire lire silencieusement toutes les paroles de la reine page 148 (les élèves plus lents pourront ne lire que sa première intervention). Puis les faire lire à haute voix par plusieurs élèves.

– Faire comparer avec l'écrit du tableau en soulignant les différences.

– Faire remplir le tableau « aide-mémoire » (chevaliers, renards, pelisses). On ferme le livre.

2e PHASE : hypothèses (collectif oral)

– Faire émettre des hypothèses en s'appuyant sur le schéma des déplacements de la séance 4 pour arriver jusqu'au moment du retour des renards au Bois-Joli. (Au besoin, faire rejouer l'épisode des oiseaux, et enchaîner celui-ci.)

– Écrire les différentes propositions au tableau.

3e PHASE : lecture individuelle puis collective, pour répondre à des questions (groupes de quatre)

– Distribuer à chaque groupe une question et un texte complet en six « épisodes » (fiche 28).

– Trouver la partie du texte qui correspond à la question et la lire silencieusement. Donner oralement les réponses à toutes les questions.

– Lire le texte en entier pour valider les réponses.

– Les élèves choisissent un personnage (narrateur compris) et lisent de façon expressive.

Bilan

Compléter le tableau « aide-mémoire ».

Consolidation/contrôle des acquis : cahier 2 p. 81.

Ex. 1 et 2 : peuvent être réalisés en autonomie, après simple rappel des contes lus en classe précédemment et *Lili Cri-cri, la fée sorcière*. De la même façon, on pourra s'amuser à faire proclamer des formules magiques, plus fantaisistes les unes que les autres.

Ex. 2 : tend à faire « trouver le sens d'un mot d'après son contexte » (*cf.* I.O.). Il faut ici mettre ce mot en relation avec « l'épreuve », c'est-à-dire « rapporter la musique du vent », ce qui exclut le serpent et la pluie, et la fuite des chevaliers devant ces hurlements (ce qui exclut « vent léger »). On pourra faire confirmer le sens par une recherche dans le dictionnaire.

Ex. 3 : sert à expliciter l'ellipse du texte, en détaillant les actions de Damien, avec notamment la transformation du vent en mélodie et les mains de Damien en train de jouer de la harpe.

Conscience phonique : lancer la comptine du [j] ; cahier 2 p. 84, ex. 1 à 3.

Séance 6 : la troisième unité narrative du conte : lapins et chasseurs

■ **Objectifs**

- Poursuivre la lecture du texte.
- Découvrir la troisième unité narrative du conte.

■ **Enjeu** : découvrir et expérimenter un autre type de lecture de l'adulte.

■ **Procédure** : lecture sélective.

■ **Matériel** : livre pp. 150 à 152 ; cahier 2 pp. 82 et 84 ; *Dico des sons* p. 29.

■ **Durée** : 40 minutes.

■ Déroulement

Préambule (collectif oral)

– Faire rappeler la structure des épisodes précédents et l'écrire au tableau.

1e PHASE : formulation d'hypothèses (en binômes)

– Faire construire l'unité en fonction de l'illustration prédominante et des acquis antérieurs. « Qui peut aller chercher les lapins ? (Des chasseurs.) De quoi la reine va-t-elle les menacer ? Que va dire la Fée-Licorne à Diane ? » On ne peut pas répondre. On ne peut pas savoir ce qu'elle va transformer. Le seul moyen de répondre, c'est de se reporter au texte p. 151. « Que va faire le Prince ? » Suggérer de se référer à l'affiche des épreuves (*cf.* séance 2).

À chaque formulation d'hypothèse, faire chercher dans le texte si le mot envisagé s'y trouve.

2e PHASE : « banque d'échanges » (collectif oral)

Chaque binôme part à la pêche aux renseignements et aux explications pour compléter ses informations et aider les autres.

3e PHASE : lecture du texte (en binômes)

– Faire constater que le texte est moins long que les précédents. Faire réinsérer les éléments « manquants » par les groupes les plus rapides.

– Travailler avec quelques élèves sur les paroles de la reine, qui doivent maintenant être connues et reconnues. (On pourra demander de désigner « bazar », « Zanzibar », « vous », « échouez » ; faire construire « pâtés », « expédiés » et « détalent » ; donner « civets ».)

4e PHASE : lecture oralisée (par groupes de cinq)

– Faire lire oralement ces trois pages par un ou deux groupes de cinq élèves (quatre personnages plus un narrateur). Cette dernière phase, sorte de bilan de lecture, pourra être différée pendant l'étude surveillée.

Consolidation/contrôle des acquis : cahier 2 p. 82.

Tous les exercices de cette page peuvent être réalisés en autonomie, car ils ne présentent pas de réelle difficulté, ne faisant appel qu'à des notions déjà rencontrées et étudiées. L'ex. 4 peut être lancé en faisant expliciter l'exemple, à la fois par le sens et par l'accord du groupe verbal avec le groupe nominal. Toutefois, l'ex. 1 demandera des ajustements orthographiques. Il pourra être l'occasion d'une recherche dans le dictionnaire.

Ex. 2 : attention, les guillemets sont à déplacer à la fin de la 2e ligne.

Étude phonologique 1 du [j] : redire la comptine du [j] ; lancer la pêche au [j] ; *Dico des sons* p. 29 ; cahier 2 p. 84, ex. 4 et 5.

Séance 7 : les articulations du texte

■ **Objectif** : avancer dans l'histoire et s'acheminer vers la fin.

■ **Enjeu** : faire comprendre la logique d'un texte dans sa structure.

■ **Procédures** : lecture-puzzle ; reconstitution de texte. À cette occasion, on travaillera la structure (grâce aux connecteurs) et le rôle anaphorique des représentants, caractéristiques du récit et de sa construction. (Par exemple, on ne peut pas commencer un récit par « Ils », car on ne sait pas de qui ou de quoi il s'agit.)

■ **Matériel** : livre pp. 153 et 154 ; les huit épisodes du texte ; cahier 2 pp. 83 et 85 ; *Dico des sons* p. 29.

■ **Durée** : 40 minutes.

Préalable : Agrandir et découper les épisodes ci-dessous. En distribuer un à chaque groupe de trois élèves.

■ Déroulement

1re PHASE : lecture individuelle, puis oralisée (par groupes de quatre)

– Faire lire par chaque groupe l'épisode qui lui a été distribué. Faire oraliser le groupe qui pense être le premier. On s'appuiera sur les connaissances antérieures et sur les signes distinctifs (La phrase « si vous échouez... », par exemple, implique tels interlocuteurs, donc doit être placée après telle phrase.)

2e PHASE : reconstitution globale

– Faire lire oralement par chaque enfant de chaque groupe une partie du texte qu'il avait au départ.

– Faire ouvrir le livre et chercher les erreurs qui se sont glissées dans les épisodes.

Bilan

– Faire remplir le tableau « aide-mémoire » et surligner l'affiche des épreuves (*cf.* séance 2).

– Puis récapituler : Où en est Damien ? Où en est la reine ?

– Lire le texte en entier pour lui donner tout son sens.

– Faire émettre des hypothèses pour la suite.

Les huit épisodes du texte

1. Lorsque la Huitième Lune grandit dans le ciel, la reine ordonne aux dresseurs du royaume d'aller capturer gorilles, guenons et chimpanzés du Bois-Joli.

2. Bientôt, babouins, macaques et ouistitis écoutent, terrorisés, les méchantes paroles de la princesse : « Si vous échouez, vous ferez des galipettes pendant seize ans dans un bazar de Zanzibar ! » Ils déguerpissent sans attendre.

3. Au Bois-Joli, tous pleurent avec Diane. La Fée-Licorne dit à sa filleule de cueillir toutes les fleurs du chemin et de s'enfuir au fond du bois avec ses amis.

4. Au château, la reine hurle et vocifère. Elle envoie les dompteurs attraper les singes. Le prince amoureux part avec eux.

5. Lorsqu'ils arrivent au Bois-Joli, ils sont tous repoussés par une odeur horrible : toutes les fleurs de Diane ont été transformées par la Fée-Licorne en un fumier puant.

6. Mais Damien a aperçu quelques oreillers de l'autre côté de ce tas dégoûtant.
Les dresseurs s'enfuient en se pinçant le nez.

7. Seul le prince ne fait pas attention à cette odeur épouvantable. Il jette des bouchées et des bouchées de terre sur le fumier, et il se construit un passage étroit et fragile.
Enfin, il peut traverser et cueillir les derniers oreillers. Il les emporte précieusement.

8. Arrivé au château, il dit en rêvant à la demoiselle de son cœur : « Diane, ô ma tant aimée, voici les œillets que j'ai coupés pour ton collier ! »

Consolidation/contrôle des acquis : cahier 2 p. 83.

Ex. 1 : doit être réalisé en commun (Lorsque la Troisième Lune grandit dans le ciel ; Bientôt). Mieux vaut lire la consigne en disant : « J'écris une phrase où est indiqué le temps et qui commence par lorsque, ou bientôt ».

Tous les autres exercices peuvent se faire seuls, avant la lecture individuelle de la page, ou après, selon qu'on les considère comme une clé pour entrer dans le texte (ils nécessitent alors une aide de l'adulte) ou comme un contrôle de compréhension (à réaliser seuls).

Étude phonologique 2 du [j] : *Dico des sons* p. 29 ; cahier 2 p. 85.

Séance 8 : répondre à un questionnaire

■ **Objectifs** :

• Être capable de comprendre des questions et de trouver les éléments de réponse dans le texte (clairement explicités ou non).

• Répondre selon plusieurs modalités : choix multiple, dessins, écrit.

■ **Enjeu** : tester le degré de compréhension et d'autonomie en lecture des élèves à la fin de l'année.

■ **Procédures** : lecture de questions ; compréhension du texte ; vérification du vocabulaire.

■ **Matériel** : livre p. 155 ; cahier 2 pp. 86 et 88.

■ **Durée** : 20 minutes.

■ Déroulement

– Faire ouvrir le cahier p. 87.

– Faire lire et expliciter les exercices 1 à 3, ainsi que les modalités de réponses attendues.

La dernière phrase p. 156 du livre vise à faire comprendre que cet épisode se déroule en deux temps et qu'il est déterminant pour la fin du récit. En effet, Diane s'est détachée de sa marraine pour suivre Damien. C'est là une des clés essentielles de ce récit.

L'ex. 3 peut être réalisé après avoir exploré oralement et collectivement une grande variété de possibilités. Il conviendra d'en choisir une et de l'écrire au brouillon pour pouvoir ensuite, après correction, la reporter sur le cahier.

Activité complémentaire

Dessiner le Bois Joli et ses « hôtes ».

Consolidation/contrôle des acquis : cahier 2 pp. 86 et 87.

P. 86 Exercice de réinvestissement et de création « logique ». Il s'agit en effet de s'inscrire dans la logique des unités narratives étudiées, en transposant dans une autre situation. Pour faciliter la tâche, ou simplement donner des outils méthodologiques, on pourra commencer par faire classer les mots fournis en les écrivant en colonnes au tableau.

chevaux ; lions ; lionnes ; lionceaux / dompteurs ; cavaliers / féroces ; câlins / maison ; cirque ; zoo / enfermés / seize ; quinze / sauvent ; couchent.

Il s'agira ensuite de choisir ce qui permet de construire un épisode nouveau et logique (lionnes et lionceaux : lions – et non chevaux –, dompteurs et féroces) tout en s'inscrivant dans une suite ordonnée (quinze et non seize).

Conscience phonique : lancer la comptine du [ɛ̃] : cahier 2 p. 88, ex. 1 à 3.

Séance 9 : exercices de lecture

■ **Objectifs**

- Suivre des yeux un texte lu, et « signaler » à la demande.
- Produire un dialogue.

■ **Enjeu** : exercices de lecture (au sens d'entraînement presque technique).

■ **Procédure** : lecture suivie « fluide », donc fondée sur une prise d'indices rapide. Il ne s'agit pas là d'un exercice de seule compréhension, mais d'une habileté à acquérir, et d'un entraînement à la lecture rapide.

■ **Matériel** : livre pp. 156 et 157 ; ardoise ; cahier 2 pp. 88 et 90 ; *Dico des sons* p. 30.

■ **Durée** : 50 minutes.

■ Déroulement

1re PHASE : lecture de la page 156

– Faire écouter attentivement et « activement » la lecture magistrale, livre fermé.

– Faire lire silencieusement et individuellement le même passage page 156 (une aide sera certainement nécessaire pour certains).

2e PHASE : jeu du « stop » lecture

– Lire une seconde fois, livre ouvert, et s'arrêter brusquement à certains mots. Faire écrire sur l'ardoise : soit le mot sur lequel on s'est arrêté, soit le mot suivant, soit le mot précédent (plus difficile).

Les mots les plus faciles à repérer se trouvent en fin de paragraphe (position « stratégique ») et en fin de phrase (induits par le sens). Les adjectifs et les verbes sont plus difficiles à repérer que les noms. Les déterminants et les pronoms sont trop difficiles pour cet exercice.

3e PHASE : lecture individuelle oralisée

– Continuer le même jeu avec des meneurs de jeu qui se passent le relais en se nommant. X lit, puis s'arrête et dit : « Je passe la main à Y », qui prend le relais, et ainsi de suite.

4e PHASE : lecture et écrit individuel

– Faire lire la page 157.

– Faire écrire au brouillon par chacun trois phrases pour résumer le dernier épisode (arrivée et revirement de la reine ; mariage et enfants ; tapisseries). Les faire lire à l'ensemble de la classe qui choisit celles qui vont être écrites sur le cahier de classe en guise de conclusion. (Écrire ces phrases au tableau.)

Bilan : collectif oral

– Faire compléter le tableau « aide-mémoire » et surligner la dernière épreuve.

– Faire résumer l'épisode de la p. 156 et montrer qu'il pourrait constituer une fin.

– Demander : « Pourquoi ce n'est pas la fin ? » Il reste le problème de la reine.

Consolidation/contrôle des acquis : cahier 2, p. 87, ex. 4 et p. 90, ex 1.
Les exercices peuvent être faits en études dirigées.

Étude phonologique 1 du [ɛ̃] : redire la comptine du [ɛ̃] ; lancer la pêche au [ɛ̃] ; *Dico des sons* p. 30 ; cahier 2 p. 88, ex. 4 et 5.

Prévoir une séance supplémentaire pour l'étude phonologique 2 du [ɛ̃] : *Dico des sons* p. 30 ; cahier 2 p. 89.

Séance 10 : état initial, état final de l'histoire

■ **Objectif** : comparer l'état initial et l'état final.

■ **Enjeu** : faire émerger les deux éléments essentiels dans la structure du conte que sont l'état initial et l'état final, en montrant l'évolution entre les deux.

■ **Procédure** : lecture comparative.

■ **Matériel** : livre pp. 146 et 157 ; une feuille de papier par élève ; *Dico des sons* p. 31 ; cahier 2, pp. 90 et 92.

■ **Durée** : 30 minutes.

Préalable : préparer un tableau en deux colonnes : état initial et état final.

■ Déroulement

1re PHASE : lecture comparative (en binômes)

– Faire ouvrir le livre à la page 146 pour un élève, à la page 157 pour l'autre élève.

– Faire noter sur une feuille les informations du « début » et sur l'autre feuille celles de la « fin ».

– Faire repérer les changements entre les deux situations.

2e PHASE : collectif oral

– Collecter toutes les réponses et les faire reporter au tableau.

– Les enfants expliquent les changements oralement en rappelant les différentes épreuves surmontées avec succès par Damien.

Consolidation/contrôle des acquis : cahier 2, p. 90, ex. 2.

La difficulté de cet exercice réside dans le va-et-vient entre le début et la fin. Il requiert de la logique pour mettre en relation les mêmes éléments.

Le jeune prince est craintif.	
Il vit au château de Millefleurs.	Le roi gouverne. Il vit au château de Millefleurs. Il fait fabriquer six tapisseries.
La reine est une mère autoritaire qui hurle et qui fait peur à tout le monde, surtout à son fils Damien.	La reine raconte des histoires à ses petits-enfants.
Diane vit au Bois-Joli avec ses amis.	Elle vit au château et ses amis sont tissés dans la tapisserie.
La Fée-Licorne règne sur le Bois-Joli et sur sa filleule.	La Fée-Licorne est tissée dans la tapisserie.

Conscience phonique : lancer la comptine du [wɛ̃] : cahier 2 p. 92, ex. 1 à 3.

Étude phonologique 1 et 2 du [wɛ̃] : redire la comptine du [wɛ̃] ; lancer la pêche au [wɛ̃] ; *Dico des sons* p. 31 ; cahier 2 p. 92, ex. 4 et 5.

Séance 11 : lecture de l'ensemble de l'histoire

■ **Objectif** : lire globalement le texte.

■ **Enjeu** : viser à des compétences de lecteur assez confirmé, tant en compréhension fine qu'en restitution orale expressive. Être capable de faire partager son plaisir de lire et ses émotions par une lecture personnelle.

■ **Procédure** : lecture polyphonique oralisée et dramatisée.

■ **Matériel** : livre pp. 145 à 158 ; *Dico des sons* p. 32 ; cahier 2, pp. 90 et 93.

■ **Durée** : 40 minutes.

Préalable : collectif oral

– Les élèves terminent le tableau « aide-mémoire » en ajoutant les cinq sens.

– Ils font le point sur tout ce que l'on sait des personnages, de la situation, du dénouement.

– Faire s'exprimer les élèves sur cette histoire.

■ Déroulement

1re PHASE : lecture orale en groupe

– Répartir les épisodes entre sept groupes de trois ou quatre élèves.
– Faire s'exercer à lire de façon très expressive. La lecture à haute voix retrouve ici toute sa valeur. Elle révèle le degré de compréhension et d'implication du lecteur. Quelques conseils techniques peuvent être donnés sur l'articulation, le volume et la portée de la voix, ainsi que sur l'interprétation que l'on veut rendre de tel personnage ou tel événement.

2e PHASE

– Faire lire en « polyphonie » le conte dans son intégralité devant la classe (ou une autre classe).

Bilan

– Faire dire aux enfants quel est leur personnage préféré, ce qu'ils pensent de la reine et de la Fée-Licorne, quel personnage ils voudraient être.

– Faire jouer au « j'ai aimé, je n'ai pas aimé… ». Les réponses seront argumentées.

Activité complémentaire : mise en scène du conte

– Commencer par récapituler les personnages.
– Faire établir leur « carte d'identité » et leur portrait, puis les présenter comme dans *Coup de théâtre au Carnaval* (voir p. 112 du livre élève).

– Récapituler les lieux et les actions (sorte de synopsis).

– Faire travailler par groupes la mise en dialogue. Commencer par restituer le dialogue manquant de certains épisodes, et faire créer d'autres dialogues (par exemple, la reine qui demande à ses chambellans ou à ses ministres : « Allez immédiatement me chercher tous les oiseleurs du royaume ! », ou inventer un dialogue au début entre le fils et sa mère).

– Répartir les personnages en « rôles ». Le nombre des animaux et de leurs « chasseurs » peut facilement s'adapter au nombre d'élèves dans la classe.

– Faire apprendre et interpréter les rôles devant des spectateurs.

Quelques éléments de « scénographie »

– Le Bois-Joli peut être évoqué par un jeu de théâtre d'ombres (un drap tendu et un jeu d'éclairages derrière). Cela présente l'avantage de pouvoir laisser la licorne cachée et de lui permettre de « s'évanouir » à la fin. De la même façon, en jouant sur la taille des ombres, on peut « voir » s'enfuir Diane. Enfin, cela délimite un espace de jeu bien distinct du château.

– Le château peut être créé à partir d'une construction de cartons percés de fenêtres derrière lesquels on aura installé différents niveaux de jeu. Ainsi, la reine pourra être juchée assez haut au début et « déchoir » au fur et à mesure qu'elle s'égosille, pour finir au même niveau que tous.

– On peut jouer sur des jeux d'ombres et de lumières (spots halogènes, lampes électriques, spots de couleur) pour singulariser les différents lieux et les ambiances.

– À la fin, on peut prévoir de projeter une diapositive de la tapisserie en décor, sur fond de musique médiévale. On peut également faire dire le début du conte, préalablement enregistré par un(e) élève : « Il était une fois, au château de Millefleurs… ».

Consolidation/contrôle des acquis : cahier 2, p. 90, ex. 3, pp. 91 et 93.

P. 90, Ex. 3 : exercice de production d'écrit. Travail sur la structure et la logique du récit. Le faire travailler individuellement, après avoir rappelé oralement et collectivement les grands épisodes, ainsi que les personnages importants à retenir. Écrire leur nom au tableau.

P. 91 : à faire en études dirigées.

Étude des cas particuliers du x et du h : *Dico des sons* p. 32 ; cahier 2 p. 93.

FICHE N° 1

Silhouette

découvrir 	compter 	la gymnastique 
la peinture 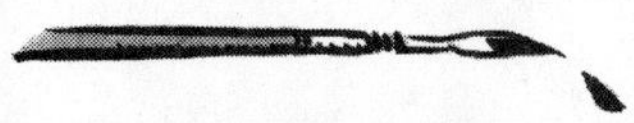	la musique 	écrire 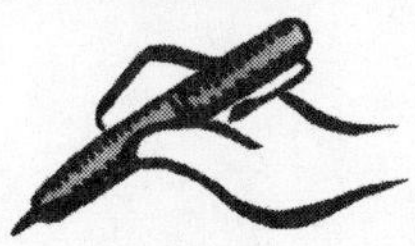
lire 		
lundi	**mardi**	**mercredi**
jeudi	**vendredi**	**samedi**
dimanche	*Lune*	*Mars*
Mercure	*Jupiter*	*Vénus*

FICHE N° 3

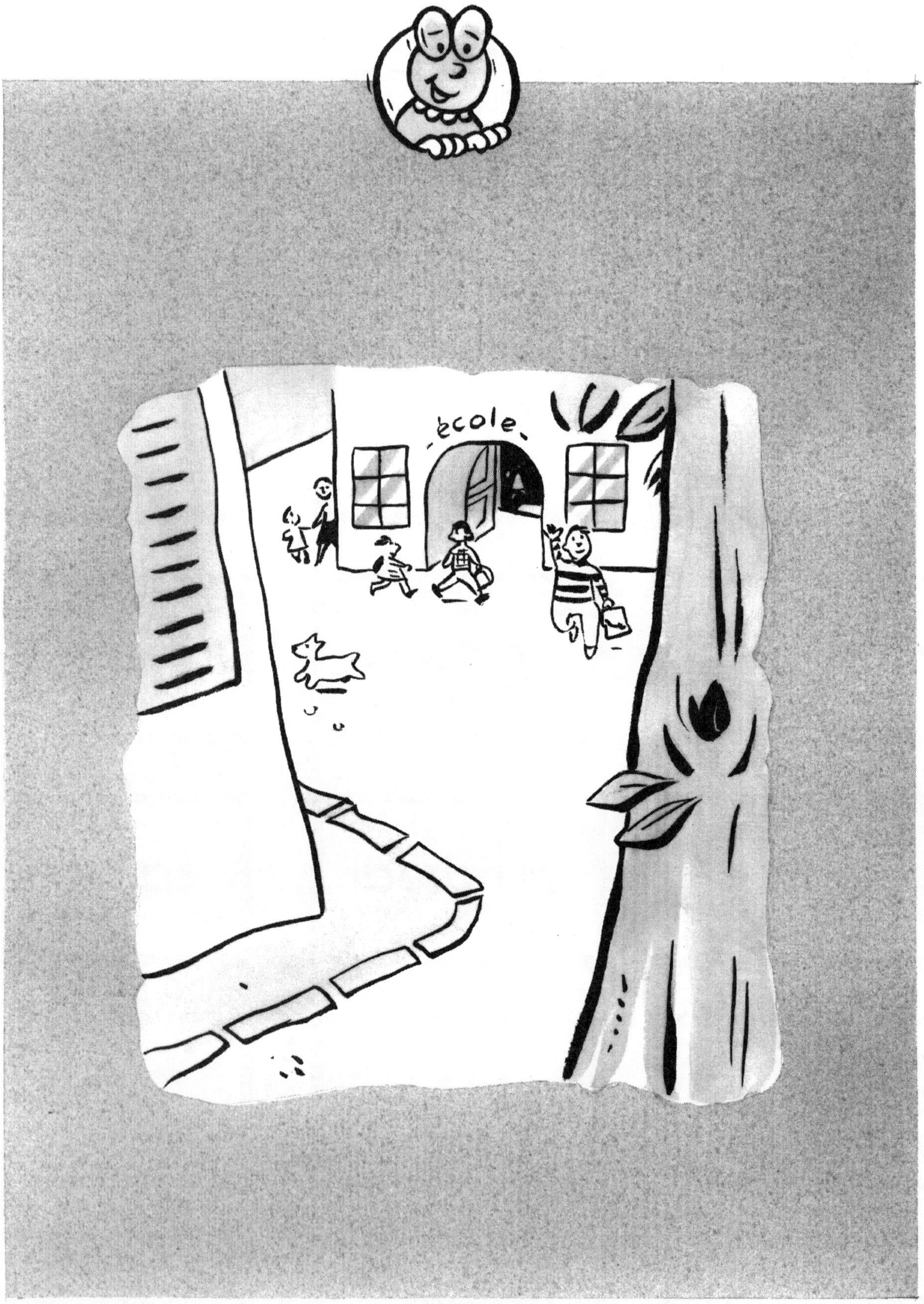

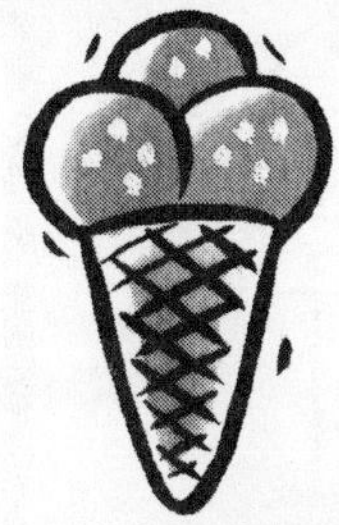

Anatole

Anatole

Anatole

Anatole

cuisine

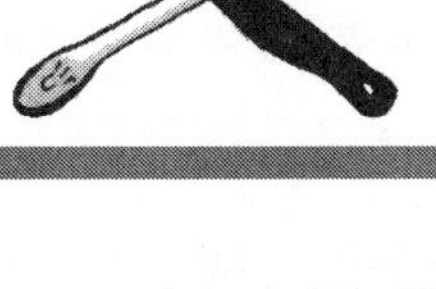

salle de bain

salon

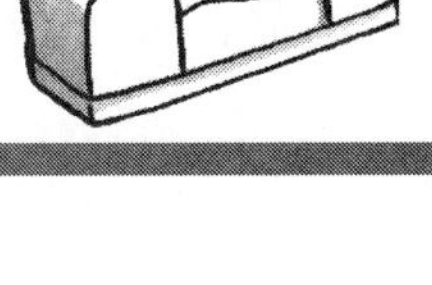

chambre

chambre

Anatole

FICHE N° 5

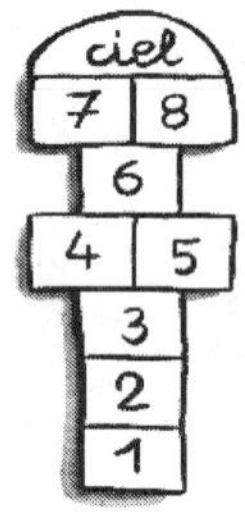

marelle
marelle

voitures
voitures

gâteau
gâteau

cahier
cahier

cartable
cartable

marelle

voitures

bagarre

gâteau

chat

FICHE N° 6

FICHE N° 7

PAR LES GRIGRIS DE MA MAGIE,
SAPERLIPOTE, SAPRISTI !
JE SUIS CRICRI, LA FÉE CRICRI
TIENS MA POUDRE GUILI-GUILI,
SOIS PRIS DE RIGOLOMANIE !

PAR LES GRIGRIS DE MA MAGIE,
SAPERLIPOTE, SAPRISTI !
JE SUIS SORCIÈRE, PAPIRI !
BAVACAFARDCROTTASOURIS,
PRENDS ÇA DANS LE NEZ, PAPIRI !

FICHE N° 9

PAR LES GRIGRIS DE MA MAGIE,
SAPERLIPOTE, SAPRISTI ! BAVACAFARDCROTTASOURIS
VIENS VOIR MON LIVRE, PAR ICI !
C'EST TOI QUI ES PRIS, PAPIRI !

Le  , l'  et le  ramassent tout ce qui traîne.

FICHE N° 10

Papiri est un gros ogre à lunettes.

Papiri est un gros ogre en pyjama.

Lui, il ne mange pas les petits,
mais il croque toutes les histoires.

je murmure

je parle

je crie

je hurle

je vocifère

Enfin la petite est ravie !

Elle lit avec Papiri.

Tous les deux loin d'ici,
dans les histoires, ils sont partis...

FICHE N° 11

Dans la rue, il y a des 

,

des  pour les voitures et les  .

Il y a aussi des 12-8 , des mots et des images.

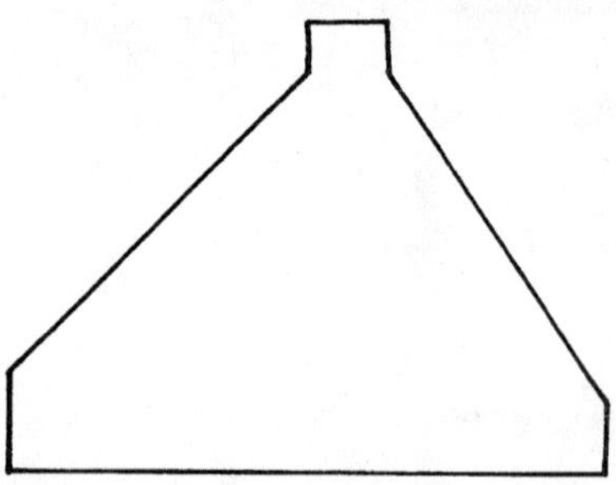

FICHE N° 12

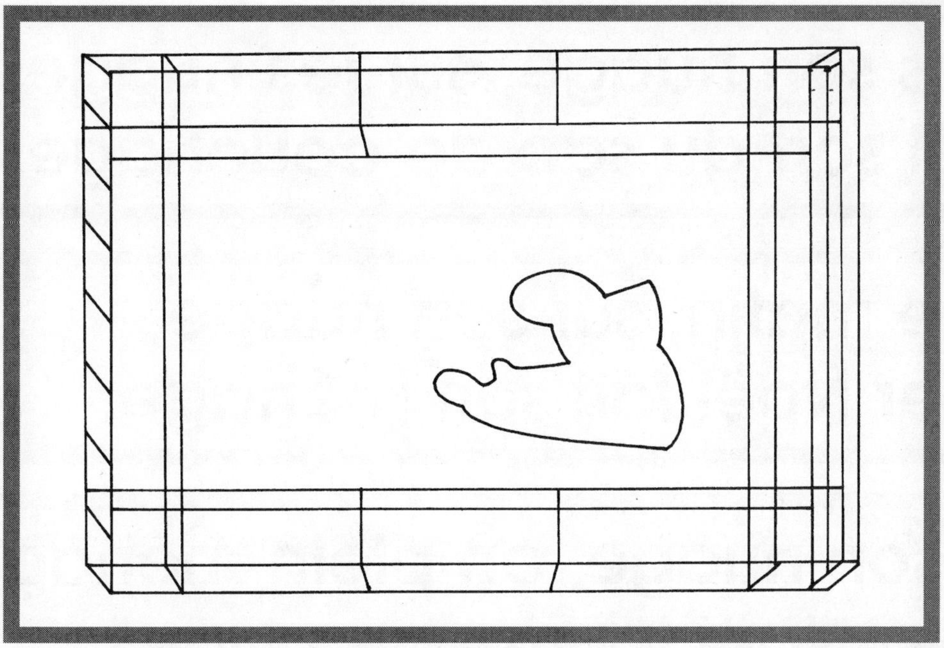

FICHE N° 13

Dans son nuage, sur les nuages,
Noël sort du sac de couchage.

Et ce matin, sur son nuage,
Super Noël fait son ménage.

Sur son nuage, en plein ménage,
Super Noël tourne les pages.

Sur son nuage, quel déballage !
Super Noël a de l'ouvrage.

Et tout à coup, en plein ouvrage,
Noël pense à son équipage.

Il téléphone : aucun message...
Super Noël est vert de rage.

Et tout en bas, dans les villages,
on parle de vacances et de plages.

Sous le nuage, c'est l'orage !
Fusée Ariane sort de la page.

Sur son nuage, sans ouvrage,
Super Noël se décourage.

Super Noël fait ses bagages
et il ferme à clé son nuage.

Et en bas, quel atterrissage !
Il découvre un millier d'images.

Dans les rues et dans les passages,
c'est un joyeux remue-ménage !

Sur le manège, que de virages,
petits et grands sont en voyage.

Sous le nuage, quel tapage !
Super Noël n'est plus très sage.

Alors, avec tout le village,
Super Noël oublie son âge !

Tout à coup, le ciel sans nuages
explose en bouquets sauvages.

FICHE N° 15

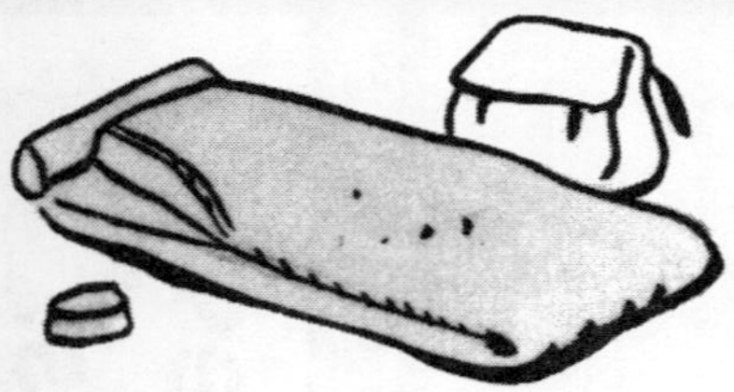
sac de couchage

il fait le ménage

page

agenda

déballage

équipage

message

plage

orage

il se décourage

bagages

il atterrit

virages

il est sage

village

bleu	vert	jaune
doré	rouge	fourmi
éléphant	girafe	Lilou
pigeon	dauphin	

FICHE N° 17

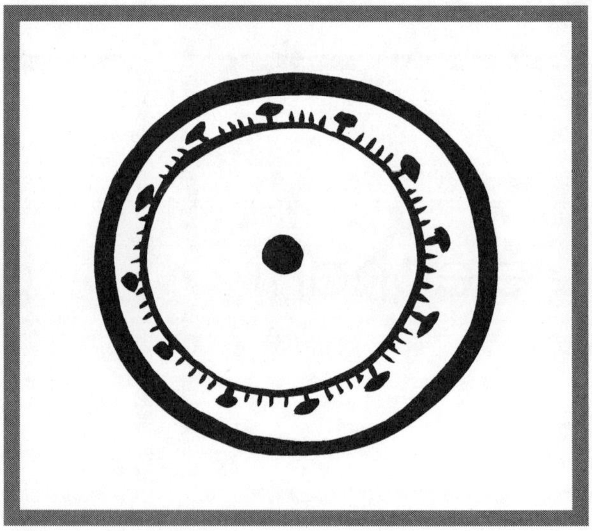

aiguilles à placer sur l'horloge
avec attaches parisiennes

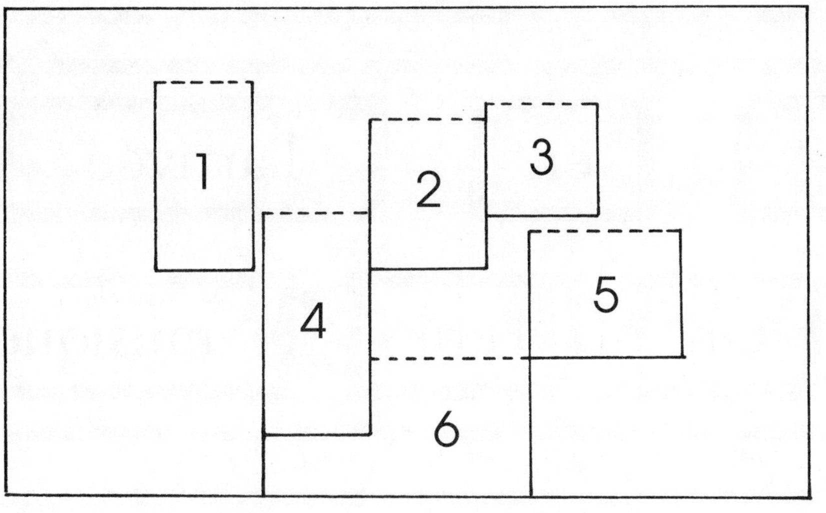
1
2
3
4
5
6

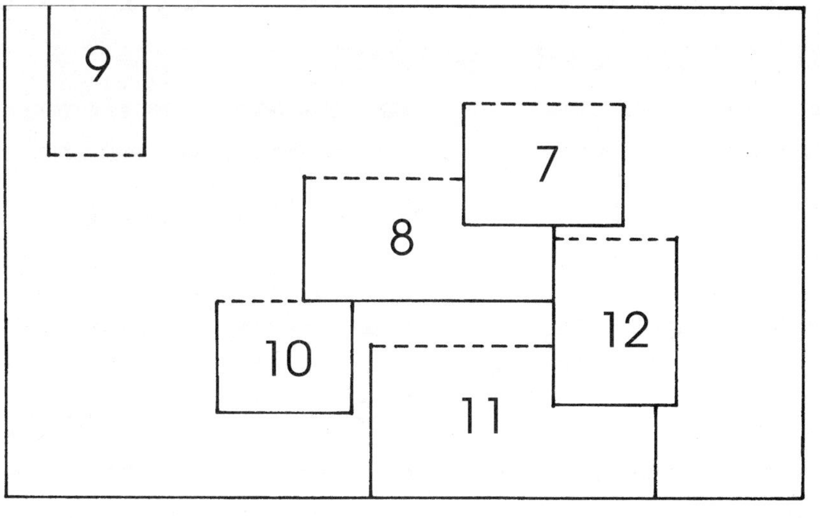
9
7
8
12
10
11

FICHE N° 19

de	Les	réchauffent
crêpes	les	froides
Mardi gras	l'hiver.	heures

salue	en	l'arrivée	
de	On	l'été.	musique

De l'**enfance** à la **vieillesse**, les étapes sont nombreuses et variées.

Aujourd'hui, tu es un **enfant** et tu apprends à lire.

Tu vas devenir un **adolescent**, puis un **adulte**.

Tu vas prendre ta place dans la vie active.

Tu auras peut-être des enfants et des petits-enfants quand tu vieilliras.

Vive les Vacances

228 © Sygma

© Sygma

© Sygma

Janvier — Les jours augmentent de 1 h 04

1	Je	JOUR DE L'AN	01
2	Ve	BASILE	
3	Sa	GENEVIÈVE	
4	Di	EPIPHANIE	
5	Lu	EDOUARD	PQ ◐ 02
6	Ma	MELAINE	
7	Me	RAYMOND	
8	Je	LUCIEN	
9	Ve	ALIX	
10	Sa	GUILLAUME	
11	Di	BAPT. DU SEIGNEUR	
12	Lu	TATIANA	PL ○ 03
13	Ma	YVETTE	
14	Me	NINA	
15	Je	REMI	
16	Ve	MARCEL	
17	Sa	ROSELINE	
18	Di	PRISCA	
19	Lu	MARIUS	04
20	Ma	SÉBASTIEN	DQ ◑
21	Me	AGNÈS	
22	Je	VINCENT	
23	Ve	BARNARD	
24	Sa	FRANÇOIS DE SALES	
25	Di	CONV. S. PAUL	
26	Lu	PAULE	05
27	Ma	ANGÈLE	
28	Me	THOMAS D'A.	NL ●
29	Je	GILDAS	
30	Ve	MARTINE	
31	Sa	MARCELLE	

Février — Les jours augmentent de 1 h 31

1	Di	ELLA	
2	Lu	PRÉSENT. SEIGNEUR	06
3	Ma	BLAISE	PQ ◐
4	Me	VÉRONIQUE	
5	Je	AGATHE	
6	Ve	GASTON	
7	Sa	EUGÉNIE	
8	Di	JACQUELINE	
9	Lu	APOLLINE	07
10	Ma	ARNAUD	
11	Me	N. D. LOURDES	PL ○
12	Je	FÉLIX	
13	Ve	BÉATRICE	
14	Sa	VALENTIN	
15	Di	CLAUDE	
16	Lu	JULIENNE	08
17	Ma	ALEXIS	
18	Me	BERNADETTE	
19	Je	GABIN	DQ ◑
20	Ve	AIMÉE	
21	Sa	PIERRE DAMIEN	
22	Di	ISABELLE	
23	Lu	LAZARE	09
24	Ma	MARDI GRAS	
25	Me	CENDRES . JA	
26	Je	NESTOR	NL ●
27	Ve	HONORINE . A	
28	Sa	ROMAIN	

Epacte 2. Lettre dominicale D.
Cycle solaire 19. Nombre d'or 4.

Mars — Les jours augmentent de 1 h 48

1	Di	CARÊME	
2	Lu	CHARLES LE BON	10
3	Ma	GUÉNOLÉ	
4	Me	CASIMIR . QT	
5	Je	OLIVE	PQ ◐
6	Ve	COLETTE . A	
7	Sa	FÉLICITÉ	
8	Di	JEAN DE DIEU	
9	Lu	FRANÇOISE	11
10	Ma	VIVIEN	
11	Me	ROSINE	
12	Je	JUSTINE	
13	Ve	RODRIGUE . A	PL ○
14	Sa	MATHILDE	
15	Di	LOUISE	
16	Lu	BÉNÉDICTE	12
17	Ma	PATRICE	
18	Me	CYRILLE	
19	Je	MI-CAREME/JOSEPH	
20	Ve	HERBERT/PRINT. . A	
21	Sa	CLÉMENCE	DQ ◑
22	Di	LÉA	
23	Lu	VICTORIEN	13
24	Ma	CATHERINE	
25	Me	ANNONCIATION	
26	Je	LARISSA	
27	Ve	HABIB . A	
28	Sa	GONTRAN	NL ●
29	Di	GLADYS	
30	Lu	AMÉDÉE	14
31	Ma	BENJAMIN	

1998
~
ALMANACH DU FACTEUR

Votre Facteur est heureux
de vous présenter ce calendrier

Oller

Le 26 février, éclipse totale du Soleil, invisible en France.
Printemps : 20 mars à 19 h 55 – Eté : 21 juin à 14 h 03.

Congés scolaires sur mémento intérieur.
Consulter 3615 EDUTEL.

LA POSTE

Avril — Les jours augmentent de 1 h 39

1	Me	HUGUES	
2	Je	SANDRINE	
3	Ve	RICHARD . A	PQ ◐
4	Sa	ISIDORE	
5	Di	RAMEAUX	
6	Lu	MARCELLIN	15
7	Ma	JEAN-BAPTISTE	
8	Me	JULIE	
9	Je	GAUTIER	
10	Ve	VENDREDI ST . JA	
11	Sa	STANISLAS	PL ○
12	Di	PAQUES	
13	Lu	IDA	16
14	Ma	MAXIME	
15	Me	PATERNE	
16	Je	BENOÎT	
17	Ve	ANICET	
18	Sa	PARFAIT	
19	Di	EMMA	DQ ◑
20	Lu	ODETTE	17
21	Ma	ANSELME	
22	Me	ALEXANDRE	
23	Je	GEORGES	
24	Ve	FIDÈLE	
25	Sa	MARC	
26	Di	SOUV. DÉPORTÉS	NL ●
27	Lu	ZITA	18
28	Ma	VALÉRIE	
29	Me	CATHERINE DE S.	
30	Je	ROBERT	

Mai — Les jours augmentent de 1 h 17

1	Ve	FETE DU TRAVAIL	
2	Sa	BORIS	
3	Di	JACQ./PHILIP.	PQ ◐
4	Lu	SYLVAIN	19
5	Ma	JUDITH	
6	Me	PRUDENCE	
7	Je	GISÈLE	
8	Ve	VICTOIRE 1945	
9	Sa	PACÔME	
10	Di	F. JEANNE D'ARC	
11	Lu	ESTELLE	PL ○ 20
12	Ma	ACHILLE	
13	Me	ROLANDE	
14	Je	MATTHIAS	
15	Ve	DENISE	
16	Sa	HONORÉ	
17	Di	PASCAL	
18	Lu	ERIC	21
19	Ma	YVES	DQ ◑
20	Me	BERNARDIN	
21	Je	ASCENSION	
22	Ve	EMILE	
23	Sa	DIDIER	
24	Di	DONATIEN	
25	Lu	SOPHIE	NL ● 22
26	Ma	BÉRENGER	
27	Me	AUGUSTIN DE C.	
28	Je	GERMAIN	
29	Ve	AYMAR	
30	Sa	FERDINAND	
31	Di	PENTECOTE	

Juin — Les jours augmentent de 14 mn

1	Lu	JUSTIN	23
2	Ma	BLANDINE	PQ ◐
3	Me	KÉVIN . QT	
4	Je	CLOTILDE	
5	Ve	IGOR	
6	Sa	NORBERT	
7	Di	F. MERES/TRINITÉ	
8	Lu	MÉDARD	24
9	Ma	DIANE	
10	Me	LANDRY	PL ○
11	Je	BARNABÉ	
12	Ve	GUY	
13	Sa	ANTOINE	
14	Di	FÊTE-DIEU	
15	Lu	GERMAINE	25
16	Ma	J.-F. RÉGIS	
17	Me	HERVÉ	DQ ◑
18	Je	LÉONCE	
19	Ve	SACRÉ-CŒUR	
20	Sa	SILVÈRE	
21	Di	F. PÈRES/ETÉ	
22	Lu	ALBAN	26
23	Ma	AUDREY	
24	Me	JEAN-BAPT.	NL ●
25	Je	PROSPER	
26	Ve	ANTHELME	
27	Sa	FERNAND	
28	Di	IRÉNÉE	
29	Lu	PIERRE/PAUL	27
30	Ma	MARTIAL	

Vive la Rentrée

228 © Sygma

© Sygma

© Sygma

Juillet — Les jours diminuent de 58 mn

1	Me	THIERRY	PQ ◐ 27
2	Je	MARTINIEN	
3	Ve	THOMAS	
4	Sa	FLORENT	
5	Di	ANTOINE-MARIE	
6	Lu	MARIETTA	28
7	Ma	RAOUL	
8	Me	THIBAUT	
9	Je	AMANDINE	PL ○
10	Ve	ULRICH	
11	Sa	BENOÎT	
12	Di	OLIVIER	
13	Lu	HENRI/JOËL	29
14	Ma	FÊTE NATIONALE	
15	Me	DONALD	
16	Je	N.-D. MT C.	DQ ◑
17	Ve	CHARLOTTE	
18	Sa	FRÉDÉRIC	
19	Di	ARSÈNE	
20	Lu	MARINA	30
21	Ma	VICTOR	
22	Me	MARIE-MADELEINE	
23	Je	BRIGITTE	NL ●
24	Ve	CHRISTINE	
25	Sa	JACQUES LE M.	
26	Di	ANNE/JOACHIM	
27	Lu	NATHALIE	31
28	Ma	SAMSON	
29	Me	MARTHE	
30	Je	JULIETTE	
31	Ve	IGNACE DE L.	PQ ◐

Août — Les jours diminuent de 1 h 37

1	Sa	ALPHONSE	
2	Di	JULIEN	
3	Lu	LYDIE	32
4	Ma	J.-M. VIANNEY	
5	Me	ABEL	
6	Je	TRANSFIGURATION	
7	Ve	GAÉTAN	
8	Sa	DOMINIQUE	PL ○
9	Di	AMOUR	
10	Lu	LAURENT	33
11	Ma	CLAIRE	
12	Me	CLARISSE	
13	Je	HIPPOLYTE	
14	Ve	EVRARD	DQ ◑
15	Sa	ASSOMPTION	
16	Di	ARMEL	
17	Lu	HYACINTHE	34
18	Ma	HÉLÈNE	
19	Me	JEAN EUDES	
20	Je	BERNARD	
21	Ve	CHRISTOPHE	
22	Sa	FABRICE	NL ●
23	Di	ROSE	
24	Lu	BARTHÉLEMY	35
25	Ma	LOUIS	
26	Me	NATACHA	
27	Je	MONIQUE	
28	Ve	AUGUSTIN	
29	Sa	SABINE	
30	Di	FIACRE	PQ ◐
31	Lu	ARISTIDE	36

Septembre — Les jours diminuent de 1 h 43

1	Ma	GILLES	
2	Me	INGRID	
3	Je	GRÉGOIRE	
4	Ve	ROSALIE	
5	Sa	RAÏSSA	
6	Di	BERTRAND	PL ○
7	Lu	REINE	37
8	Ma	NATIVITÉ DE N.-D.	
9	Me	ALAIN	
10	Je	INÈS	
11	Ve	ADELPHE	
12	Sa	APOLLINAIRE	
13	Di	AIMÉ	DQ ◑
14	Lu	CROIX GLORIEUSE	38
15	Ma	ROLAND	
16	Me	EDITH	
17	Je	RENAUD	
18	Ve	NADÈGE	
19	Sa	EMILIE	
20	Di	DAVY	NL ●
21	Lu	MATTHIEU	39
22	Ma	MAURICE	
23	Me	CONSTANT/AUT. . QT	
24	Je	THÈCLE	
25	Ve	HERMANN	
26	Sa	CÔME/DAMIEN	
27	Di	VINCENT DE PAUL	
28	Lu	VENCESLAS	PQ ◐ 40
29	Ma	MICHEL/GABRIEL	
30	Me	JÉRÔME	

1998
~
ALMANACH DU FACTEUR

Votre Facteur est heureux
de vous présenter ce calendrier

Oller

Les 21 et 22 août, éclipse annulaire du Soleil, invisible en France.
Automne : 23 septembre à 5 h 37 – Hiver : 22 décembre à 1 h 57.

Congés scolaires sur mémento intérieur.
Consulter 3615 EDUTEL.

LA POSTE

Octobre — Les jours diminuent de 1 h 44

1	Je	THÉRÈSE E.-J.	
2	Ve	LÉGER	
3	Sa	GÉRARD	
4	Di	FRANÇOIS D'ASSISE	
5	Lu	FLEUR	PL ○ 41
6	Ma	BRUNO	
7	Me	SERGE	
8	Je	PÉLAGIE	
9	Ve	DENIS	
10	Sa	GHISLAIN	
11	Di	FIRMIN	
12	Lu	WILFRIED	DQ ◑ 42
13	Ma	GÉRAUD	
14	Me	JUSTE	
15	Je	THÉRÈSE D'AVILA	
16	Ve	EDWIGE	
17	Sa	BAUDOUIN	
18	Di	LUC	
19	Lu	RENÉ	43
20	Ma	ADELINE	NL ●
21	Me	CÉLINE	
22	Je	SALOMÉ	
23	Ve	JEAN DE CAP.	
24	Sa	FLORENTIN	
25	Di	CRÉPIN	
26	Lu	DIMITRI	44
27	Ma	EMELINE	
28	Me	SIMON/JUDE	PQ ◐
29	Je	NARCISSE	
30	Ve	BIENVENUE	
31	Sa	QUENTIN	

Novembre — Les jours diminuent de 1 h 18

1	Di	TOUSSAINT	
2	Lu	DÉFUNTS	45
3	Ma	HUBERT	
4	Me	CHARLES BORRO.	PL ○
5	Je	SYLVIE	
6	Ve	BERTILLE	
7	Sa	CARINE	
8	Di	GEOFFROY	
9	Lu	THÉODORE	46
10	Ma	LÉON	
11	Me	VICT. 1918	DQ ◑
12	Je	CHRISTIAN	
13	Ve	BRICE	
14	Sa	SIDOINE	
15	Di	ALBERT	
16	Lu	MARGUERITE	47
17	Ma	ELISABETH	
18	Me	AUDE	
19	Je	TANGUY	NL ●
20	Ve	EDMOND	
21	Sa	PRÉSENTATION	
22	Di	CHRIST ROI	
23	Lu	CLÉMENT	48
24	Ma	FLORA	
25	Me	CATHERINE LAB.	
26	Je	DELPHINE	
27	Ve	SÉVERIN	PQ ◐
28	Sa	JACQUES DE LA M.	
29	Di	AVENT	
30	Lu	ANDRÉ	49

Décembre — Les jours diminuent de 15 mn

1	Ma	FLORENCE	
2	Me	VIVIANE	
3	Je	FRANÇOIS-XAV.	PL ○
4	Ve	BARBARA	
5	Sa	GÉRALD	
6	Di	NICOLAS	
7	Lu	AMBROISE	50
8	Ma	IMM. CONCEPTION	
9	Me	PIERRE FOURIER	
10	Je	ROMARIC	DQ ◑
11	Ve	DANIEL	
12	Sa	J.-F. DE CHANTAL	
13	Di	LUCIE	
14	Lu	ODILE	51
15	Ma	NINON	
16	Me	ALICE . QT	
17	Je	JUDICAËL	
18	Ve	GATIEN	NL ●
19	Sa	URBAIN	
20	Di	THÉOPHILE	
21	Lu	PIERRE CANISIUS	52
22	Ma	FRANÇOISE-XAV.*	
23	Me	ARMAND	
24	Je	ADÈLE	
25	Ve	NOËL	
26	Sa	ETIENNE	PQ ◐
27	Di	SAINTE FAMILLE	
28	Lu	INNOCENTS	53
29	Ma	DAVID	
30	Me	ROGER	
31	Je	SYLVESTRE	

* Hiver, le 22 décembre

FICHE N° 21

Partie A

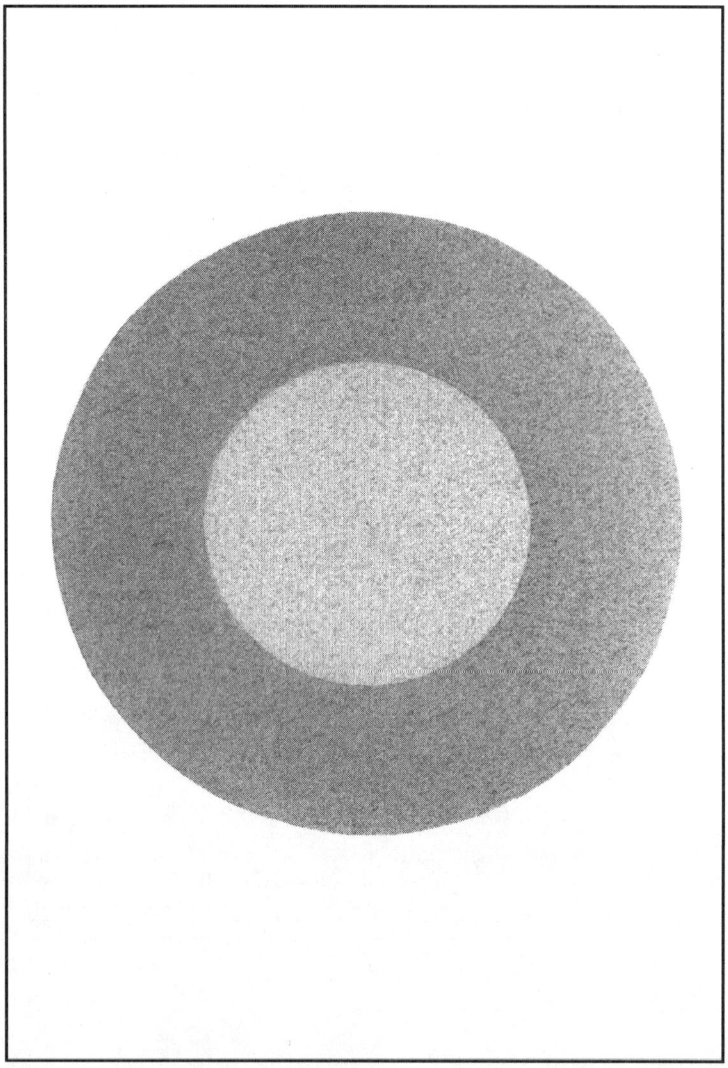

Partie B

Partie C

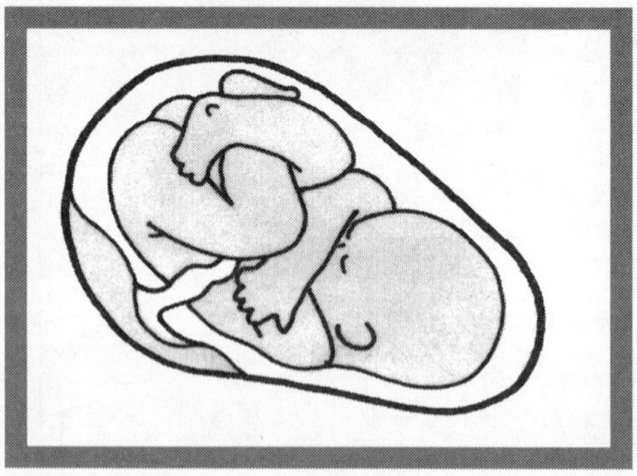

8 mois

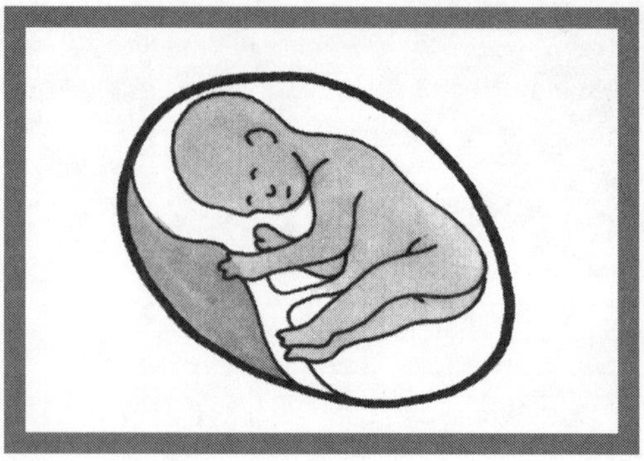

5 mois

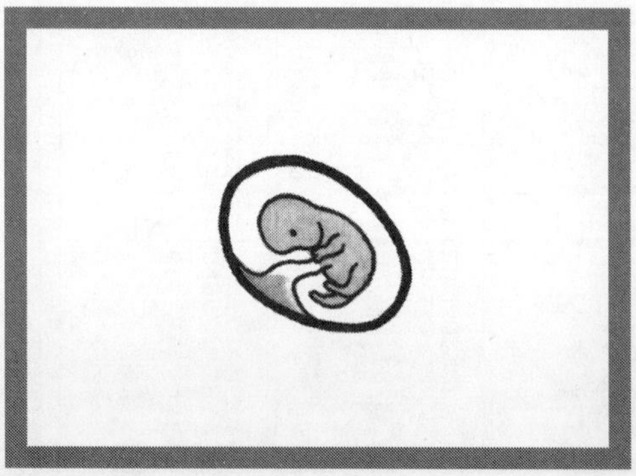

3 mois

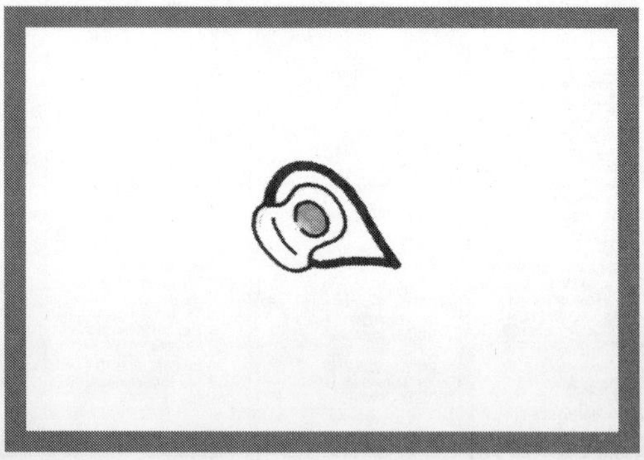

8 semaines

FICHE N° 23

RAPHAËL	MARION
son copain	la poupée-marionnette
le dragon	MARIE
ARIANE	petite fille de 8 ans
sa grande sœur	*le loup*
la fée	LE CHAT BOTTÉ
SES PARENTS	L'OGRE
son papa	LE CHASSEUR
sa maman	LES TROIS PETITS COCHONS
LAURENT	LE PETIT CHAPERON ROUGE
le montreur de marionnettes	LA SORCIÈRE
GUIGNOL	LE KANGOUROU

VENDREDI 26 FÉVRIER ET MARDI 1er MARS,

DANS VOTRE VILLE, POUR CARNAVAL,

GRAND THÉÂTRE DE MARIONNETTES

AVEC GUIGNOL !

MARDI 1er MARS
SPECTACLE
PENDANT LE
CARNAVAL
19h et 21h
PLACE DE LA CLAIRE-FONTAINE

FICHE N° 26

Raphaël, Marion sera ici demain.

Tu l'as retouvée ?

Elle est avec le voleur. Il a des marionnettes.

Je n'y comprends rien…

Il faut les retrouver.

Mais où ?

Au Carnaval.

Chouette ! On va se déguiser.

Oui, pour aller chercher Marion.

Chic, alors ! On va faire une enquête.

MARIE	
LAURENT	Bonjour Jolie demoiselle.
	C'est aussi une très belle marionnette
	C'est fait pour raconter toutes les histoires. Les histoires bleues ou grises qui sont dans le cœur des enfants.
	Tous. Marion les raconte pour tous.

FICHE N° 27

	1er épisode	2e épisode	3e épisode	4e épisode	5e épisode
Personnages principaux					
Personnages secondaires					
Animaux					
Punitions					
Épreuves					

faucon	vautour	oiseleur
épervier	oiseleur	Damien

Lorsque le Première Lune grandit dans le ciel, la reine, toujours furieuse, ordonne aux chevaliers du royaume : « Allez sur le champ au Bois-Joli et attrapez tous les renards. »

Les chevaliers reviennent bien vite avec renards, renardes et renardeaux. La reine leur dit : « Jolis renards du Bois-Joli, ramenez ici la jeune fille que mon fils aime. Malheur à vous si vous échouez, vous finirez tous en épaisses pelisses, ou vous serez expédiés pour douze ans dans un bazar à Zanzibar ! » Les renards terrorisés décampent sans attendre.

Quand les renards arrivent au Bois-Joli, ils disent à la Fée-Licorne : « Nous avons promis de conduire Diane au château, sinon nous finirons en fourrures. » La Fée-Licorne appelle Diane : « Saisis la musique du vent. Garde-la dans ton oreille et disparais derrière les buissons avec les oiseaux et les renards. »

Au château, la reine enrage de ne voir revenir personne. Elle envoie les chevaliers tuer les renards désobéissants. Le jeune prince amoureux part aussitôt avec eux. Mais à peine sont-ils tous entrés au Bois-Joli que la Fée-Licorne dit : « Par ma corne de Licorne, les renards sont sous ma protection. Diane, libère la musique du vent ! »
Et au même instant, elle change les notes en une violente bourrasque qui siffle et qui hurle. Les chevaliers s'enfuient en se bouchant les oreilles. Seul le prince amoureux résiste à cette tempête. Il emprisonne le vent furieux dans sa cape. Peu à peu, il en apprivoise la musique.

De retour au château, Damien joue sur sa harpe la merveilleuse mélodie du vent et dit, en rêvant à la demoiselle de son cœur : « Diane, ô ma bien-aimée, voici la harpe du vent que j'ai conquise pour toi. »

QUESTIONS

Quels animaux la reine envoie-t-elle chercher au Bois-Joli ?

Qui la reine envoie-t-elle au Bois-Joli pour chercher les animaux ?

Qu'est-ce que la Fée-Licorne demande à Diane de faire ?

En quoi la Fée-Licorne change-t-elle la musique du vent ?

Quelle nouvelle épreuve Damien a-t-il réussie ?

En quoi les renards ont-ils peur d'être transformés ?

FICHE N° 29

1re lettre

Coucou,

C'est moi ! Les auteurs m'ont chargée de vous signaler qu'une erreur s'est glissée dans la page 76 de certains livres.

Les erreurs, c'est comme les chenilles, ça aime faire des blagues et ça se faufile partout sans qu'on les voie ! Je suis certaine que vous saurez la trouver, et que vous inverserez les couleurs du drapeau sur votre cahier.

J'espère que vous vous amusez bien avec moi.

Ecrivez-moi pour me dire si vous ressemblez plutôt à Anatole ou à Lili. J'aimerais bien le savoir.

J'attends vos lettres, à bientôt,

Lilou

2e lettre

Bonjour,

C'est à nouveau moi ! Je viens vous dire que cette coquine d'erreur nous a encore fait deux farces ! A la page 146, elle a confondu une harpe avec un orgue. Et pourtant, ça n'a rien à voir ! Et à la page 149 de certains livres, elle a changé les chevaliers en chasseurs. Bien sûr, ce sont les chevaliers qui s'enfuient ! On ne vous trompe pas comme ça !

Bientôt, nous allons tous nous envoler, vous vers les vacances et les livres, moi vers le ciel bleu et les fleurs ! Je veux vous dire combien j'ai été heureuse de passer ces quelques mois avec vous.

Je vous fais un dernier coucou,

Lilou

Pour aller plus loin

Le sommaire
Les documents du livre de l'élève

Objectifs

– Savoir utiliser un sommaire et une page informative (p. 159) pour une approche fonctionnelle et complète des manuels et ouvrages documentaires.

– Permettre aux élèves de s'initier à l'utilisation du traitement de texte : découverte du travail autonome, diversification des approches de la lecture et de l'écriture.

– Initier les élèves à la recherche documentaire, notamment par les TIC.

Suggestions

– Faire référence au sommaire en abordant chaque nouvelle unité.

– Le faire manipuler par des exercices de repérage de plus en plus exigeants.

– Comparer avec le sommaire d'un autre manuel de CP puis avec d'autres sommaires de livres et de magazines.

– Comparer le sommaire avec d'autres écrits fonctionnels, au fur et à mesure qu'ils seront présentés et travaillés : emploi du temps, agenda, calendrier...

– Faire reproduire progressivement le sommaire de *Coucou Lilou* sur des bandeaux muraux que l'on affichera dans la classe afin de garder la mémoire du travail réalisé et de produire une trace (notion d'« archives »). On pourra utiliser du papier Canson de couleur. On collera, à la place de l'œuvre d'art, le dessin choisi par la classe parmi ceux effectués pour illustrer chaque unité. On mettra un titre (par exemple : Sommaire du livre de lecture *Coucou Lilou*), l'identité de la classe de CP « auteur » et le « millésime » de l'année scolaire concernée : on aura ainsi produit un « document ».

Lecture et méthodologie
Initiation à l'informatique et à la documentation

– Montrer le rôle de la page 159 (crédits photographiques) : références complémentaires sur les œuvres d'art. On pourra s'y référer ponctuellement pour savoir où l'on peut voir tel tableau dont la localisation n'est pas mentionnée au-dessous de la toile (parce que l'information n'est pas indispensable au contexte).

– Commencer l'initiation au traitement de texte par l'écriture du prénom et du nom en différentes graphies ; faire réaliser un document d'identité dans un cadre préétabli (notion de ligne et de colonne) ; faire reproduire les écrits du sommaire dans leurs différentes graphies.

– Dans le cadre de l'initiation aux TIC, faire rechercher dans une banque de données – logiciel, CD-Rom, Internet – des œuvres d'art qui auraient pu être choisies à la place de celles qui figurent, pour illustrer les unités de *Coucou Lilou*, parce qu'elles évoquent le thème traité. Ces documents compléteront le corpus des reproductions d'œuvres venant des musées locaux et permettront de commencer à donner une culture picturale et historique aux enfants.

– Pour s'informer sur les artistes ou personnages historiques mentionnés dans l'ouvrage, lire ou donner à lire – selon le moment de l'année – une définition ou un début de définition de dictionnaire. Utiliser Internet pour les personnes ne figurant pas dans les dictionnaires et encyclopédies. Exemple : pour mieux connaître l'artiste contemporain Jacques Monestier, créateur d'automates, auteur de l'horloge à automates de la page 77, *Le Défenseur du temps.* :

http ://www.ancre.com/Monestier/MO7.HTM

L'identité

Objectifs

Mettre en évidence quelques éléments de l'identité accessibles aux enfants de CP : le rôle du prénom, la notion de génération.

Suggestions

– Faire rechercher les prénoms des parents, grands-parents ou arrière-grands-parents.

– Faire réaliser des étiquettes (une pour chaque prénom rencontré) et les faire classer selon les critères suivants :

• les prénoms communs à au moins deux générations ;

• les prénoms que l'on ne trouve que dans les générations antérieures à celle de l'enfant ;

Espace-temps
Éducation civique
Maîtrise de la langue

• les prénoms que l'on ne trouve que dans la génération de l'enfant.

– À partir du résultat de ce classement, évoquer le caractère personnel du prénom (même si on le partage avec son père ou sa grand-mère, il vous individualise au sein d'une fratrie ou d'une famille, contrairement au nom). Replacer le prénom dans son contexte afin d'en percevoir le rôle et le sens.

– À partir des photos de classe d'une même famille ou de portraits d'« ancêtres », construire deux ou trois générations en insistant sur le critère de classement : la classe d'âge. On pourra ajouter d'autres informations : faits marquants en relation avec chaque génération, images du mode de vie d'alors, métiers ou activités.

– Poursuivre le travail sur l'identité par le portrait (*cf. Le Bibliothécaire*) : autoportrait « fonctionnel » individuel, autoportrait à... (attribut à définir par chacun), portrait personnalisé (choix de formes, couleurs, matériaux), création d'armoiries, selon les normes de l'héraldique (*cf.* M. Pastoureau, *Figures de l'héraldique*, coll. « Découvertes », Gallimard, 1996), dont chacun choisit les composantes (couleurs, meubles).

– Pratiquer des jeux de portrait et portrait chinois permettant de définir chacun en fonction du regard des autres.

• **Le prénom** est le premier facteur d'identité pour les enfants. Son étude permet aussi de sensibiliser les enfants à son caractère « historique » et « culturel », de consolider, réinvestir et enrichir la connaissance, la lecture et l'écriture des prénoms.

On pourra commencer une réflexion sur l'origine des prénoms et sur les facteurs de leur attribution : donner l'étymologie ; chercher à quelle sphère culturelle ils appartiennent ; montrer qu'il existe des phénomènes de mode : certains prénoms paraissent plus actuels, en raison de l'influence de la télévision par exemple ou en relation avec les diverses vagues d'immigration, d'autres peuvent être portés par des générations lointaines ou renaître après une longue éclipse ; évoquer la permanence en France de certains prénoms très classiques dont la fréquence est le produit de l'histoire : importance des racines (grecque, latine, germanique...), des facteurs religieux et des attachements ou engagements idéologiques et patriotiques envers la royauté, la république et la France.

Ph. Besnard, *Un prénom pour toujours, La cote des prénoms, hier, aujourd'hui et demain*, Balland, 1986.

C. Grange, « L'enfant mondain », dans *Les Gens du Bottin mondain, 1903-1987*, Fayard, 1996, pp.165 à 195.

• **La notion de génération** est un mode de découpage de la réalité sociale très spontanément employé aujourd'hui mais qui a une histoire et qui véhicule donc des ambiguïtés quant à sa définition, ses limites, voire sa légitimité. (Quelle est sa place actuellement par rapport à l'appartenance sociale, voire à l'appartenance nationale ?) Cependant, la notion de génération a l'avantage d'introduire à la dimension collective de l'histoire. Celle-ci s'intéresse aux sociétés, aux groupes, aux États et si l'individu est objet d'histoire, c'est toujours comme membre de tel ou tel ensemble.

Par ailleurs, cette sensibilisation préparera l'étude des « degrés des âges » (séance 12 de l'unité *De temps en temps).*

P. Nora, « La génération », dans *Les Lieux de mémoire*, III. Les France, 1. Conflits et partages, Gallimard, 1992, pp. 931 à 971.

Mythologie et histoire des religions

Ouverture sur l'Europe et le monde
Langues et cultures
Espace-temps
Maîtrise de la langue

1. L'origine du nom des jours

L'étymologie des noms de jours en français, anglais, allemand, italien et espagnol conduit à évoquer les principaux dieux ou déesses de la mythologie gréco-romaine – qui ont donné leur nom aux planètes du système solaire – et ceux de la mythologie scandino-germanique. Cela permet d'entrer dans l'histoire des religions.

Ce sont les Sumériens, « inventeurs » de l'astrologie (pour eux les dieux déterminent la vie humaine dans tous ses rythmes et envoient, pour signaler leurs intentions, un certain nombre de signes par l'intermédiaire des astres), qui sont à l'origine de ces premiers « patronages » divins. Les Grecs et les Romains ont repris cette tradition, les chrétiens également le sabbat juif. Ces derniers ont intégré, mais reporté le repos hebdomadaire au dimanche (jour du Seigneur).

Objectifs

– Approfondir l'apprentissage du nom des jours et de leur graphie ; donner sens à cet apprentissage grâce à l'étymologie.

– Découvrir ces noms dans différentes langues et cultures et les figures de dieux qui leur sont attachés.

– Sensibiliser au sens premier du découpage des unités de temps et à la fonction des calendriers.

Suggestions

– Faire entendre le **nom des jours dans d'autres langues** latines comme l'italien et l'espagnol et montrer que l'origine est la même qu'en français. En allemand comme en anglais, on trouve la référence à la lune (*monday, Montag*) mais également au soleil (*sunday, Sonntag*) et si les planètes sont absentes (sauf Saturne dans *saturday*), apparaissent des noms de dieux de la mythologie scandino-germanique comme Odin/Wotan/Woden pour *wednesday* (*Mittwoch* signifiant seulement « le milieu de la semaine »), sa compagne, la déesse Freyja – Frigg – pour *Freitag* ou *friday*, Thor pour *thursday* et *Donnerstag* et un Tiw/Zeus guerrier – que l'on peut assimiler à Mars – pour *tuesday* et *Dienstag*. Le mot allemand *Samstag* a, quant à lui, la même origine que notre samedi, c'est-à-dire « le sabbat ».

– Faire découvrir quelques représentations artistiques – anciennes ou plus actuelles – des dieux gréco-romains et germaniques : visite au musée, recherche dans des encyclopédies, ouvrages spécialisés, CD-Roms...

– Faire entendre, si la situation s'y prête, les noms de jours dans d'autres langues (par exemple, en portugais : *segunda (feira), terça (feira), quarta (feira), quinta (feira), sexta (feira), sabado (domingo)* pour comparer quant à l'étymologie et à la signification.

2. Récits mythologiques

Plusieurs mythes sont racontés dans la mise en œuvre des séances. Le texte en a été réécrit à partir d'ouvrages cités en bibliographie. Il s'agit de mettre un patrimoine à la disposition des enfants et de faire découvrir l'un des premiers modes d'explication du monde. Sont privilégiés les mythes grecs parce qu'ils occupent une place importante dans nos origines culturelles et parce qu'ils sont bien connus. Il s'agit d'évoquer les mythes sous un angle métaphorique et de les utiliser comme support et première approche de phénomènes (comme les saisons) dont on ne manquera pas de faire construire, progressivement, l'explicitation d'ordre scientifique.

Le mythe ne peut être que raconté aux enfants et non étudié avec eux. Or le mythe relève de l'injonctif ; il légitime un ordre – social, mental – qu'il institue en le faisant passer pour naturel et lui interdit tout changement. Par ailleurs, l'unanimité est loin d'exister quant au sens à attribuer aux mythes. Le cas le plus flagrant est certainement celui du **mythe d'Œdipe** dont il existe plusieurs interprétations proposées par anthologues et hellénistes : légende de conquête du pouvoir avec rituel d'initiation et mise en scène d'un jeune (la sphinge est alors un « revenant ») qui finit, avec le meurtre du père, par triompher du vieux roi et, à travers la possession de la mère, par assurer sa souveraineté sur une cité ; métaphore pour exprimer le problème du rapport à l'autre, de l'autochtonie et du droit au sol ; problème de défaut de démarche, de communication bloquée, d'incapacité à franchir le pas des générations et à assurer une descendance. Dans ce cas, Œdipe est vainqueur de la sphinge parce qu'il est, en lui-même, la réponse à l'énigme qu'il faut comprendre autrement : il est celui qui a deux pieds, trois pieds, quatre pieds en même temps, donc celui qui n'est pas un être humain mais un monstre parce qu'avec sa « boiterie », il n'arrive pas à marcher droit, il progresse en rond, avançant et reculant indifféremment, revenant toujours à la même génération. Il est le chaos. Et c'est aussi, par une série de déviances et de détournements sur plusieurs générations, toute la transmission du pouvoir qui est en jeu, à travers cette famille dominante de la cité.

Le point commun de ces interprétations est l'attention portée à la langue grecque par le biais de l'étymologie, au fait que le mythe s'intègre dans un vaste ensemble – le cycle thébain, dont il existe plusieurs versions –, enfin que derrière le personnage d'Œdipe se profilent **des enjeux de relations, communication et maîtrise du pouvoir**.

C. Estin, H. Laporte, *Le Livre de la mythologie grecque et romaine*, coll. « Découverte Cadet », Gallimard, 1987.

C. Lévi-Strauss, « La structure des mythes » dans *Anthropologie structurale*, Plon, 1958, pp. 227 à 255.

J.-P. Vernant, P. Vidal-Naquet, *Œdipe et ses mythes*, La Découverte, 1986.

J.-P. Vernant, *Entre mythe et politique*, Seuil, 1996, pp. 329 à 334 et 439 à 468.

Le livre et la lecture

Acquisition de vocabulaire
Usage poétique de la langue
Espace-temps

Objectifs

– « Apprivoiser » le livre dans le cadre de l'apprentissage de la lecture.

– Continuer et diversifier l'approche du livre qui est faite tout au long des séances.

– Confirmer une approche diversifiée de l'usage poétique de la langue.

Suggestions

– Faire observer, découvrir des livres. Qu'est-ce qu'un livre ? Comment est-il fait ? (différentes parties, matières). Ces activités sont pratiquées en maternelle : compléter avec l'apprentissage progressif de vocabulaire.

– Pratiquer un jeu métaphorique à partir du poème ci-contre.

– La lecture est assimilée à la **dégustation** et au plaisir qui y est associé afin de donner le « goût » de lire, voire de « dévorer », comme l'ogre Papiri. Le temps, alors, ne se compte plus ; il n'est plus que du « bon temps » qui passe en un éclair, contrairement à celui de l'ennui qui s'étire et n'en finit pas (*cf.* la comptine *Le temps élastique*).

– Lire plusieurs fois le poème afin d'expliciter les **images**, de repérer les expressions métaphoriques et d'enrichir ainsi le vocabulaire des enfants.

– Le mettre en action : après avoir terminé la lecture de l'unité *Lili Cricri, la fée sorcière*, dire le poème pendant que les enfants « démolissent » *Monsieur des livres* qu'ils ont construit

Aux enfants pour qu'ils me libèrent

Pour vous donner du bon temps
Lisez-moi à livre ouvert.
Croquez en un rien de temps
Mon vélin, mon dos, ma chère.
Ne comptez pas votre temps
Dégustez-moi donc, mon cher.

N'hésitez pas à goûter
Dévorez mes millefeuilles
Savourez de bouche et d'œil
Toute page feuilletée.

Un feuillet pour vous compère
Un livret pour vous commère
Un cahier pour votre mère
Un signet pour votre père.

Mangez, mangez-moi des yeux
Encore encore une tranche
Avalez en avalanche
Délivrez-moi, je le veux !

Monsieur des Livres

(*cf.* séance 1 de l'unité) et « se jettent sur les livres » avec une faim d'ogre ou de loup ! Le jeu dramatique renforce l'image de la lecture comme dévoration : le livre lu – très vite, comme on dévore – est rangé dans la bibliothèque.

Images sacrées, consacrées et consacrantes rythmant temps et âges de la vie

Espace-temps

Lecture d'images

Maîtrise de la langue

Objectifs généraux

Poursuivre et approfondir les exercices de lecture et de sensibilisation à la nature et à la fonction d'une image.

Suggestions

Utiliser les ressources des musées, archives, monuments (œuvres, reproductions, documentation, services éducatifs, ateliers).

• ***Masque grec***, p. 109 du livre.

Terre cuite, Sparte, vers 550 avant J.-C. : un objet rituel pour réussir un passage.

Ce masque provient du **sanctuaire d'Artémis Orthia à Sparte, en Grèce.** Il fait partie d'un ensemble de masques en terre cuite et de figurines de plomb. Celui-ci est **un masque de gorgone à la langue pendante.** La Gorgone Méduse, toujours figurée avec une face monstrueuse (énormes dents, langue pendante, cheveux en serpents) pétrifiait de terreur ceux qui la regardaient. Dans le mythe, c'est le jeune Persée qui la décapite grâce à des talismans donnés par les dieux – casque qui rend invisible, sandales ailées, besace magique, faucille d'acier très dur – et en ne regardant que son reflet dans le bouclier. Du corps de Méduse jaillissent alors Pégase, le cheval ailé, et le guerrier Chrysaor brandissant un sabre d'or.

Une première interprétation, dans les années 1930, suggérait que ce type de masques, portés lors de mascarades, mimes et danses rituelles comiques, obscènes ou orgiastiques, rappelaient peut-être une légende racontée sur Artémis dans un autre de ses temples : elle-même et ses nymphes auraient échappé à la poursuite d'Alphée en se recouvrant le visage d'argile (manière de se masquer). Les masques, dérivant de cette histoire, auraient eu pour fonction de se protéger en faisant peur. Sortes d'amulettes, sortilèges contre le mauvais œil, ils auraient détourné le mal et le malheur, notamment le regard des forces infernales. La plupart des masques retrouvés semblaient par ailleurs trop fragiles, trop petits – ce masque mesure 15 cm – et trop mal aménagés pour avoir été portés. On estimait que c'étaient des copies offertes à Artémis en ex-voto par des danseurs qui gardaient l'original et que, dans la mesure où il y avait différents types de masques, par extension, n'importe qui pouvait offrir – et porter ? – un masque pour se concilier la déesse.

En fait, le sanctuaire d'Artémis Orthia était un lieu privilégié de l'initiation des jeunes Spartiates. C'est là que se déroulaient des moments clés de ces épreuves d'une grande brutalité qui visaient à tuer toute trace de sauvagerie et de marginalité chez les futurs citoyens, à les distinguer définitivement des hilotes (esclaves considérés comme des bêtes) pour en faire des êtres « cultivés », citoyens accomplis, formés au sentiment de l'honneur et du Bien public, dignes de partager la condition d'Égaux. C'est dans le cadre de cette initiation qu'intervenaient ces masques, dont une partie figurait la normalité et l'autre l'écart à la norme, la laideur absolue, l'épouvante. Tandis qu'on confrontait les adolescents à tous les dangers et à toutes les tentations, afin de les obliger à en triompher sans trembler, on utilisait parallèlement ces masques tantôt comme des modèles supports d'identification, tantôt comme prétextes à des spectacles offrant des formes de comportement à proscrire (danses indécentes, satyriques, violentes, ridicules, indignes d'adultes citoyens). Mais pourquoi des masques de Méduse ?

J.-P. Vernant a proposé une **interprétation** des figures de la déesse Artémis et de Gorgo (Méduse), dans le cadre d'une problématique du rapport à l'autre dans la cité grecque qui conduit à éclairer la place et le rôle d'Artémis Orthia dans les rituels d'initiation et la fonction du masque présenté. Artémis est une déesse double qui peut aussi bien figurer la « jeune fille » que la « sauvageonne », barbare sanguinaire scythe devenue, en Grèce, la souveraine des marges et des passages. « Orthia, pour les Grecs, c'est l'Artémis barbare, la Scythe. » Cette étrangère, porteuse d'altérité, une fois adoptée par la cité, est chargée de faire du même avec de l'autre, d'unifier pour maintenir l'identité et la permanence, de refonder chaque fois la cité. C'est elle qui s'occupe de la croissance et de l'initiation des jeunes, qui, chaque année, leur fait franchir le passage et les conduit de la marge au centre, faisant place, ainsi, aux nouvelles générations comme elle fait place, en assurant la perméabilité des frontières, à ce qui vient des marges, de l'étranger. Méduse, quant à elle, n'est qu'une forme et une puissance, l'incarnation de l'altérité absolue, celle de l'horreur du chaos, de la mort. En fait, **Méduse n'est qu'un masque** qu'on ne porte pas mais qui, projeté en face de soi, constitue un reflet de soi en négatif, qui fascine et possède si on s'y laisse prendre. Le regarder, c'est se pétrifier pour s'identifier à lui, c'est-à-dire à soi-même dans la mort, car dans les yeux de Méduse, ce qu'on ne peut pas voir, à défaut de se perdre, c'est sa propre image à jamais stérile et immobile, néantisée. D'où l'interdit de voir et d'être vu que contourne le héros Persée, protégé par Hermès et Athéna. D'où le rôle de ce masque dans l'initiation des futurs citoyens : oser affronter ce regard et en triompher, ne pas suffoquer d'horreur, ne pas s'immobiliser et s'effacer à jamais en regardant sa mort en face, c'est, dans l'idéologie spartiate, avoir prouvé qu'on était un homme, pouvoir en porter les responsabilités.

R. M. Dawkins, *The Sanctuary of Artemis Orthia at Sparta*, École anglaise d'Athènes, Macmillan and C°, Londres, 1929.

J.-P. Vernant, « Entre la honte et la gloire, l'identité du jeune spartiate », dans *L'Individu, la mort, l'amour*, coll. « Folio Histoire », Gallimard, 1989 ;

La Mort dans les yeux, coll. « Textes du XXe siècle », Hachette, 1985 ;

Mythe et religion en Grèce ancienne, coll. « La librairie du XXe siècle », Seuil, 1990, notamment pp. 96 à 104.

Suggestions

– Organiser une discussion pour faire surgir remarques et représentations sur le masque p. 109 (forme générale et détails de facture, couleurs, impressions ressenties, attributions possibles).

– Aller au musée et chercher d'autres représentations de masques dans la culture grecque ou dans d'autres cultures ; faire décrire les sensations et sentiments éprouvés : ils font peur, ils font rire... En donner le sens et la fonction (masques rituels, masques funéraires...).

– Faire confectionner des masques exprimant la peur, la joie, la tristesse... et les faire jouer, se répondre et s'affronter.

• ***La Nativité de l'enfant*** Jésus, p. 57 du livre.

Enluminure des Heures de Charles de France, f° 85 v°, bibliothèque Mazarine, Paris : une image d'incarnation divine pour scander le temps humain.

On désigne sous le nom de maître de Charles de France, l'enlumineur qui illustra ce livre d'heures – inachevé – et dont il ne reste que quelques feuillets, pour Charles de France, duc de Berry, deuxième fils de Charles VII et de Marie d'Anjou, frère cadet de Louis XI. C'est à Bourges, dans l'entourage de ce prince bibliophile, que travailla alors cet enlumineur qui peint avec minutie de petits personnages et des vues fourmillant de détails pour illustrer la vie du Christ et celle de la Vierge. Virtuose du trompe l'œil, le peintre a encadré sa miniature d'une volière transparente en perspective, portant paons et faisans avec armes écartelées de France (d'azur à trois fleurs de lys d'or) et de Normandie, duché que Charles de France a reçu en apanage. À l'intérieur, l'intimité d'une scène de Nativité avec un enfant représenté nu, selon un canon de cette époque, à la fois « fruit » maternel et joyau admirable de ce manteau qui lui sert d'écrin, que contemplent les bergers et vers lequel se dirigent les Rois Mages.

L'impression de dominante bleue – mise en valeur par la proximité du jaune et le contraste avec la relative atonie du vert et de l'ocre qui l'entoure – renforce l'idée d'une scène sacrée, échappant à l'espace et au temps humains. L'accent est mis sur le caractère intemporel de la représentation : *cf.* le bleu du ciel et celui des armoiries du roi, personnage hors du commun, se rattachant symboliquement à la généalogie du Christ, le bleu du vêtement de Marie – soulignant son rôle primordial et la pureté virginale qui la fait échapper à l'humanité –, enfin le bleu des paons, animaux réputés imputrescibles et dont les plumes ornent souvent, pour cette raison, les ailes de l'archange Gabriel dans les scènes d'Annonciation.

Le livre d'heures est un bréviaire pour laïcs contenant les prières à dire aux heures canoniales (matines, laudes, vêpres...). Tous les temps de la vie sont traditionnellement réglés par l'Église qui sonne les heures au long du jour comme elle définit les étapes au long de l'existence (temps de travail et temps de repos, jours de fêtes, baptême, mariage, sépulture).

F. Avril, N. Reynaud, *Les Manuscrits à peinture en France, 1440-1520*, catalogue d'exposition de la Bibliothèque nationale (1993-1994), Flammarion/BN, 1993.

Suggestions

– Collecter et comparer d'autres images de la même scène dans la peinture, la gravure, la sculpture (retables), la production d'objets des artisans et métiers d'art (santons)... Ces documents seront aussi utilisés pour illustrer les fêtes.

– Observer d'autres enluminures de livres d'heures, évoquant les mois de l'année à travers des représentations plus profanes : calendrier agricole comme *Les très riches heures du duc de Berry*, publiées par J. Dufournet, Bibliothèque de l'image, 1995, ou en diapositives : Radiovision du CNDP.

• ***La Dame à la Licorne***, pp. 143 à 158 du livre.

Tapisserie « millefleurs » de la fin du XVe siècle, Musée national du Moyen Âge et des Thermes de Cluny, Paris : une image courtoise d'une haute distinction pour un homme « arrivé ».

Voir commentaires page 137 de ce guide.

A. Erlande-Brandenbourg, *La Dame à la Licorne*, Réunion des musées nationaux, 1989.

J.-P. Gutton (dir.), *Les Lyonnais dans l'histoire*, Privat, 1985, pp. 298 à 301.

A. Jaubert, *La Dame à la Licorne, le sixième sens*, collection « Palettes », Centre national de la cinématographie / Delta Image / musée du Louvre / La Sept / FR3, Éditions Montparnasse.

J.-P. Jossua, *Histoire d'un couple*, Cerf, 1985.

• **G. Arcimboldo, *Le Bibliothécaire***, p. 21 du livre.

Vers 1566, Skoklosters Slott, Suède : le portrait d'une position sociale.

Le portrait consacre l'accession de l'homme réel à la dignité picturale et marque ainsi le passage progressif des sujets de l'art du sacré au profane ; il exprime le regard nouveau porté sur l'être humain, la place que lui accorde désormais l'humanisme et, donc, l'entrée dans la Renaissance. Se multiplient alors depuis le XVe siècle les portraits des princes et de leurs serviteurs qui accèdent ainsi à l'existence individuelle et à la « réputation » sociale.

Ce bibliothécaire est construit avec des livres « anciens », à reliures hollandaises avec signets. Des nerfs de reliures servent à figurer le pourtour des lunettes. La barbe est faite de « langues » de fourrure, sortes de pompons que l'on attachait aux signets et aux fermoirs. La présence des fourrures, l'épaisseur des livres, le rouge des reliures du gros volume de gauche, des signets et du livre ouvert tenant lieu de chevelure, l'ocre de la tête et l'or des incrustations compensent la prédominance des couleurs froides et évoquent la chaleur que les livres apportent à ce personnage sans chair, frileux, qui n'a pour tout vêtement – hormis les livres – qu'un rideau lourd mais d'un bleu triste et froid.

Il s'agit ici d'évoquer Wolgang Lazius, historiographe et

conservateur des collections impériales des Habsbourg dont G. Arcimboldo (1527-1593), Milanais installé à Vienne puis à Prague, au service de Maximilien II puis de Rodolphe, est l'un des peintres les plus prisés. Ce bibliothécaire est un homme à la fois de grande culture et d'indéniable importance puisqu'il est chargé d'enrichir les collections impériales et d'écrire l'histoire du règne, donc de construire l'image et les symboles de la monarchie. Arcimboldo lui rend hommage et lui assure la renommée mais en stigmatisant son pouvoir – par et sur les livres – grâce à une identification de la personne avec sa fonction, du personnage avec son objet, ce qui aboutit à une mise à distance teintée d'ironie et donc donne à voir mais aussi exorcise sa position sociale.

H.-J. Martin, R. Chartier (dir.), *Histoire de l'édition française*, 4 vol., t.1, Promodis, 1983 (avec illustrations) ; réédition sans illustrations chez Fayard/Cercle de la Librairie.

Suggestions

– Replacer le document dans son époque de production (1566 : XVIe siècle ; époque de la Renaissance) en le situant par rapport aux autres.

– Noter l'adéquation du thème avec la période historique qu'expriment :

• la primauté accordée aux livres (conséquence de la « révolution » de l'imprimerie) ;

• la notion de collection : collection de livres mais aussi d'œuvres d'art et d'objets insolites que les « grands » de ce temps enfermaient dans leurs « cabinets de curiosités » ;

• le choix du thème de la « tête composée », cher à Arcimboldo (*cf.* « les saisons »), qui relève à la fois de la tradition de l'artifice visuel (les grotesques, l'anamorphose...) et du portrait mais détourné – grâce à la métaphore – de son caractère réel, stéréotypé et officiel.

– Collecter pour le musée de la classe des portraits de la Renaissance ou d'époques postérieures, faire dégager peu à peu par observation, tri et classement les critères du portrait et les fonctions de celui-ci. Qui est représenté ? Comment ? Pourquoi ?

– Collecter d'autres œuvres d'Arcimboldo : il ne sera pas possible d'aborder la dimension symbolique (louange du pouvoir impérial), mais on pourra sensibiliser à la relation homme/nature : l'homme, ainsi représenté sous forme de fruits, de fleurs, de poissons, est bien une partie de la nature, des éléments, du temps.

– Aller voir des portraits dans un musée (Louvre, musées locaux des beaux-arts).

– Chercher des reproductions d'objets, d'œuvres d'art du XVe et du XVIe siècle, évoquant quelques aspects de cette époque ancienne de profonde transformation de la société occidentale : voyages de découverte, arrivée de nouveaux produits, Renaissance...

– Chercher qui, aujourd'hui, remplit les fonctions équivalentes à celles du « bibliothécaire ». Existe-t-il encore des bibliothécaires ? Que font-ils ? Les enfants en ont déjà entendu parler – et souvent rencontré – dès la maternelle. Qui remplit, dans notre société, les autres fonctions de ce personnage ? (Les conservateurs de musée et historiens.) Comment pourrait-on les représenter ?

– Collecter des gravures d'époques différentes (ex. : XVIIe siècle) sur lesquelles des peintres, architectes, sculpteurs, apothicaires, savetiers, etc. sont représentés par les emblèmes de leur fonction.

– Comment se représenter soi-même à 6 ou 7 ans d'après sa fonction sociale (élève) ou ses goûts ?

– Faire produire un portrait grand format réalisé par la classe à partir d'éléments découpés et collés réinvestissant l'analyse de l'image au service d'un sens. Il ne s'agit donc pas de copier une œuvre historiquement datée, mais de la transposer, pour en sauvegarder le sens et le caractère humoristique, en fonction des réalités de notre époque (*cf.* portrait du sportif, du scientifique, de l'artiste, du météorologue...).

• ***L'heureuse naissance de Monseigneur le duc de Bretagne,*** arrière-petit-fils de Louis Le Grand, né à Versailles le 25 juin 1704, p. 85 du livre.

Gravure, musée Carnavalet : un portrait de famille royale pour assurer une succession.

Les images de naissance dans la famille royale trouvent une place de choix dans ces illustrations d'almanachs parisiens de l'époque de Louis XIV. Il s'agit de mettre en scène la toute-puissance de la majesté royale, d'en réaffirmer sans cesse l'éclat et de montrer que la succession, attendue et célébrée, est assurée tout en entretenant l'idée d'une relation privilégiée du roi avec l'ensemble de son royaume et plus particulièrement avec la ville de Paris. L'image présente l'enfant – mort le 13 avril 1705 – dans les bras de sa gouvernante. Sa mère, la duchesse de Bourgogne, est dans son lit à l'arrière-plan. Au premier plan (de gauche à droite) : le dauphin (grand-père), le roi, le duc de Bourgogne (père) : « Les quatre générations successibles sont ainsi représentées au premier rang et leur présence explique la filiation héréditaire. » (B. de Montclos, p. 78, réf. voir ci-après). Au bas de l'image, représentation des fêtes et feux d'artifice qui ont marqué l'événement à Paris, Versailles (au centre : la vue de la cour de marbre redit la gloire du roi), Lyon, Rennes, Strasbourg, Rome.

Les almanachs se présentent comme une grande affiche avec une gravure rappelant un événement de l'année précédente et un calendrier – typographié ou collé en bas – de l'année à venir, souvent entouré de vignettes complémentaires. Le calendrier indique semaines et dimanches, périodes, fêtes religieuses et cycles lunaires. Ces almanachs ont été très largement utilisés comme sources d'illustrations des manuels d'histoire anciens (Lavisse, Malet-Isaac). « Cependant l'almanach n'est pas seulement une revue d'histoire, c'est aussi une revue de mode... et une véritable revue d'art et d'architecture. » (B. de Montclos, p. 15, réf. voir ci-après).

B. de Montclos, *Paris et les Parisiens au temps du Roi-Soleil*, gravures, catalogue d'exposition du musée Carnavalet (1997-1998), Paris Musées.

Suggestions

– Collecter et observer d'autres illustrations d'almanachs et procéder à des regroupements thématiques et/ou chronologiques.

– Pour enrichir l'étude des portraits « fonctionnels », collecter d'autres images mettant en scène le roi afin de faire quelques remarques sur la manière dont l'image indique sa fonction.

« Versailles et Louis XIV, le miroir de l'absolutisme », 1-15/01/95, *TDC* n° 687, CNDP.

• **F. Leiber, *Les âges de l'homme* et *Les âges de la femme*,** pp. 90 et 91 du livre.

Lithographies en couleur, Paris, vers 1880 : une succession de clichés sur des modèles de réussite.

La représentation des âges de la vie sous forme de degrés des âges, comme autant de dates, d'anniversaires importants, est une image très répandue depuis au moins quatre siècles. Cette figuration impressionnante par son sujet (le caractère inéluctable du vieillissement, la notion de temps linéaire, fini de la vie humaine), montre en général un couple sur les degrés d'un escalier qui repose sur l'arche d'un pont. Ces « arrêts sur image » s'apparentent aux photos de nos albums de famille. Dans une durée de vie de l'ordre du siècle, l'être humain réalise une marche ascendante jusqu'à la cinquantaine puis descend l'escalier vers la vieillesse. La division en périodes de la vie humaine remonte à l'Antiquité qui, selon l'homologie avec les éléments et les saisons, retenait quatre âges ou sept, en parallèle avec les planètes. Les *degrés des âges*, fondés sur un système décimal, apparaissent au XVe siècle dans l'estampe. Ce sujet, lié au thème de la *roue de fortune*, se fixe au XVIIe siècle pour parvenir jusqu'à l'imagerie d'Épinal. Même s'il intègre, le plus souvent, le motif dans un ordre cosmique, il ne raconte pas seulement le vieillissement biologique mais appréhende le couple ou l'individu à travers une perspective sociale : il montre un modèle d'existence en fonction de la classe d'âge, de la catégorie sociale et selon la vision culturelle dominante de l'époque de ce qu'est la réussite sociale et personnelle. Les lithographies reproduites ici se situent dans le contexte parisien de production des imagiers de la rue Saint-Jacques, vers 1880 ; elles séparent le couple en individus et insistent sur « l'exaltation des valeurs sociales sous-jacentes au thème : la réussite par le travail pour l'homme, la maternité et la discrétion pour la femme » (F. Maguet, p. 22, réf. voir ci-dessous), c'est-à-dire la maison et la sphère de la vie privée pour la femme, la respectabilité et la vie publique pour l'homme, après la jeunesse et la fondation d'une famille.

La définition, la délimitation de la notion d'âge de la vie et le regard porté sur cette classification a beaucoup varié selon les époques et les sociétés : l'adolescence, telle que nous la concevons, est une étape apparue récemment.

F. Maguet, *Les Temps de la vie*, catalogue d'exposition, musée des Arts et Traditions populaires RMN, 1995.

La vie quotidienne d'autrefois (du XVIe à XIXe siècle)

Espace-temps : histoire-géographie

Éducation civique

Lecture documentaire : acquisition de vocabulaire

Production d'écrit

Éducation esthétique

Objectifs généraux

– Accentuer la sensibilisation de l'enfant à la démarche historique amorcée dans les séances ; le préparer à comprendre, en cycle 3, que faire de l'histoire, c'est d'abord se décentrer de soi-même, de son environnement socioculturel et de son époque.

– Donner les premiers repères chronologiques d'ordre socioculturel.

– Conforter et accroître les compétences de lecture (textes et images) et de production d'écrit.

1. Le cadre, le mode et le style de vie

Objectifs

– Poursuivre l'étude amorcée dans le livre – et plus particulièrement dans l'unité *De Temps en Temps* – pour mieux faire comprendre les différences de mode de vie et de pensée entre autrefois et aujourd'hui.

– Mettre en relation ce mode de vie avec les contraintes « naturelles », sans occulter les divergences liées à la hiérarchie sociale (des très pauvres aux très riches) et à l'espace (paysans/citadins).

Suggestions

– Partir de l'écoute et de l'illustration **des chansons traditionnelles, des légendes régionales** (la légende est censée raconter une histoire vraie) et des **contes** pour évoquer quelques aspects de l'atmosphère, du cadre matériel et des préoccupations d'une époque.

On a pu voir dans les contes, de Perrault notamment, diffusés par la voie du colportage, des références religieuses christianisées (la fée-marraine) et la volonté d'édifier et de « civiliser » (les « morales ») liée à une réécriture à des fins pédagogiques. On y trouve également des allusions aux modes de vie et de pensée, à la dureté des temps, aux comportements et aux « destins », notamment féminins : par exemple, la relation aux aiguilles et épingles (attributs féminins), à l'âtre et aux cendres (qui ont un rôle, semble t-il, curatif et prophylactique dans la culture paysanne), à la forêt (à ses pratiques et ses apprentissages), à la sorcellerie, à la misère et aux abandons d'enfants, au rôle des parrains et marraines dont le choix participe du souci d'ascension sociale... Le motif de la dévoration (l'ogre) ferait écho aux rêves de « bouffe » des pauvres, toujours en situation précaire en ce domaine (*cf.* le thème des « pays de Cocagne », issu du mythe de l'âge d'or : « la France du XVIe et du XVIIe siècle en connaît au moins douze variantes et les Flandres quarante, dont le célèbre tableau peint en 1567 par Bruegel », R. Muchembled. pp. 56-57, réf. voir ci-dessous), et à la peur sociale devant les exactions possibles de « ventres creux », n'ayant plus rien à perdre et censés ne songer qu'à s'emplir la panse.

G. Bollème, *La Bibliothèque bleue, la littérature populaire en France du XVIe au XIXe siècle*, coll. « Archives », Gallimard/Julliard, 1971.

A. Corvol, « La forêt », dans P. Nora (dir.), *Les lieux de mémoire*, III. Les France, 1, Gallimard, 1992, pp. 672 à 737.

R. Muchembled, *Société, cultures et mentalités dans la France moderne, XVIe-XVIIIe siècles*, coll. « Cursus », A. Colin, 1990, notamment pp. 56-57 et 143 à 146.

M. Simonsen, *Le Conte populaire français*, coll. « Que sais-je ? », PUF, 2e édition 1986.

C. Velay-Vallantin, *L'Histoire des contes*, Fayard, 1992.

– Visiter des **musées** (beaux-arts, arts et traditions populaires, écomusées) et **lieux de conservation du patrimoine**, rendre visite à des artisans qui pratiquent encore des métiers traditionnels pour observer gestes, techniques, matériaux, étapes et lieux de travail, écouter informations, souvenirs et anecdotes, poser des questions et prendre des photos.

– Participer à une classe de patrimoine (parrainage et cofinancement MEN/ministère de la Culture - DRAC) : classe immergée une semaine sur un site retenu pour son intérêt archéologique, historique, ethnologique, artistique ou littéraire avec encadrement, rencontres et activités en liaison avec la spécificité du lieu. Informations auprès des IEN et des cellules d'action culturelle départementales et académiques et 3614 EDUTEL, puis PAT pour modalités et liste des sites d'accueil.

– Collecter d'autres images (peintures, estampes, cartes postales...) dans les catalogues et CD-Roms des musées et services d'archives permettant de compléter le corpus proposé dans le livre. Classer ces documents selon leur nature (ensemble architectural, gravure, dessin, peinture, sculpture, photographie), leur thème ou leur chronologie, en vue de leur observation, affichage ou rangement (ce qui implique des choix de rubriques et la confection de titres et légendes).

On peut commander des catalogues de musées et expositions par minitel (3615, CULTURE). Voir aussi la collection « Images du patrimoine », publication de l'Inventaire général des monuments et des richesses artistiques de la France (Centre national de documentation du patrimoine, sous-direction de l'Inventaire, hôtel de Vigny, 10 rue du Parc-Royal, 75003, Paris ou services régionaux de l'Inventaire), films VHS de A. Jaubert dans la collection « Palettes » (Coproduction Centre national de la cinématographie / Delta Image / La Sept FR3... éditions Montparnasse), guides touristiques, guides du patrimoine, histoires locales.

Pour une réflexion sur le patrimoine, sa valorisation actuelle et son utilisation :

F. Choay, *L'Allégorie du patrimoine*, Seuil, 1992.

E. Faublée, *En sortant de l'école... musées et patrimoine*, CNDP/Hachette, 1992.

P. Nora (dir.), *Les lieux de mémoire*, Gallimard, 7 volumes, 1984-1992.

M.A. Sire, *La France du patrimoine*, coll. « découvertes », Gallimard, 1996.

• **Le thème des quatre saisons.** L'acquisition de références de base sur la vie agricole semble indispensable dans un monde de plus en plus urbanisé et prépare à la lecture de calendriers agricoles médiévaux. Il s'agit de retenir les éléments qui, dans l'image, sont accessibles aux enfants, derrière un mode de traitement complexe et qui a évolué. Aux XVIe et XVIIe siècles s'affirment des représentations très symboliques et allégoriques des saisons : têtes composées d'Arcimboldo, sculptures s'inspirant des divinités antiques (Flore pour le printemps, Cérès pour l'été, Bacchus pour l'automne, Saturne pour l'hiver), jouant sur les connotations saisonnières et l'analogie calendaire avec les âges de la vie (par exemple : bassins du parc du château de Versailles), peinture (Nicolas Poussin) puisant sa thématique dans le registre biblique. Au XVIIIe siècle, la représentation prend la forme de la pastorale et de la scène galante.

• **La vie à la campagne ou à la ville,** chez les paysans, les bourgeois et les aristocrates : Le Nain, La Tour (XVIIe siècle), Chardin, Greuze, Boucher (XVIIIe siècle), etc. Ces images se situent sur des registres différents, associant connotations chrétiennes – souvent message explicite et premier – et scènes de genre. Elles expriment une volonté didactique, à des époques (notamment au XVIIe siècle) où la civilité de la cour est donnée en modèle, où il s'agit d'apprendre les bonnes manières, la politesse, la gêne, le dégoût et le dressage des corps. Les paysans sont donc souvent représentés à la manière des nobles ou des bourgeois : « Nombre d'œuvres des frères Le Nain... prolongent ainsi vers la campagne des attitudes observées chez les gentilhommes, mêlant au réalisme du décor ou des objets des exemples de maintien et de maîtrise des corps sans doute très idéalisés, pour être trop calqués sur ceux des élites sociales. » (R. Muchembled, *op. cit.* p. 165). Au XVIIIe siècle, avec Greuze, ce sont des représentations moralisatrices et culpabilisantes qui s'affirmeront, traduisant l'accentuation de l'autorité du père de famille au moment où la famille prend le pas sur les autres groupes sociaux.

• **Les métiers : artisanat, petits métiers.** Se procurer des reproductions de documents du XIXe siècle, en complément de celles du livre pp. 88-89 et du cahier 2 p. 14 : toiles et dessins (Degas, Caillebotte, Gauguin, Van Gogh, Toulouse-Lautrec, Millet), gravures, photos, cartes postales, images d'Épinal.

Le travail des femmes au XIXe siècle n'est pas un fait nouveau mais il est difficile à répertorier, surtout parce qu'il est très sous-estimé : les femmes ne se pensent pas comme « travailleuses », elles déclarent rarement une activité alors que la plupart en exercent une. C'est seulement à la fin du siècle qu'émerge la conscience d'une activité spécifique, notamment chez les cultivatrices. Sept mondes du travail féminins peuvent cependant être distingués (C. Motte, J.-P. Pelissier, voir réf. ci-après) : celui de la cultivatrice, celui de la couturière, celui de l'ouvrière, celui de la journalière (blanchisseuses notamment), celui de la domestique, celui de la marchande (boulangères, épicières, marchandes de vin, aubergistes, cabaretières, celui de la « demoiselle » (enseignement, santé, commerce = métiers « éduqués ») avec des évolutions importantes au cours du siècle : si le nombre des laboureuses, fileuses et dentellières diminue beaucoup, en revanche celui des domestiques, modistes, repasseuses, blanchisseuses, enseignantes et employées augmente beaucoup en liaison avec la hausse générale du niveau de vie et du niveau d'éducation, l'essor de la bourgeoisie et des classes moyennes, l'urbanisation et la baisse du coût des produits industriels, notamment du textile.

C. Charle, *Histoire sociale de la France au XIXe siècle*, coll. « Points Histoire », Seuil, 1991.

Y. Lequin, *Histoire des Français, XIXe-XXe siècles, 3 vol., A. Colin, 1994*, notamment vol. 1 et 2.

C. Motte, J.-P. Pelissier, « La binette, l'aiguille et le plumeau, les modes du travail féminin » dans J. Dupâquier et Denis Kessler (dir.), *La Société française au XIXe siècle*, Fayard, 1992.

• **La relation à l'eau.** On recherchera de la documentation dans plusieurs directions possibles, selon les ressources locales et les centres d'intérêt spécifiques, avec des objectifs qui relèvent de l'éducation civique et du souci de l'environnement, sans occulter les dimensions historique et artistique : le corps et l'eau, le développement de la conception moderne de l'hygiène, les métiers de l'eau, les bains de mer, l'eau et les loisirs, l'alimentation en eau et les diverses utilisations d'hier à aujourd'hui. On privilégiera, dans l'esprit de l'illustration de la page 93, figurant une fontaine d'Aix-en-Provence, le thème de **l'eau à la ville et au village** par l'observation, notamment, des **fontaines**.

Les lieux et modes d'approvisionnement (rivière, captage de sources, nappe souterraine), le stockage (citernes, réservoirs), la distribution (restes d'aqueducs, pompes, fontaines, thermes et bains publics, adductions particulières et enfin généralisation de « l'eau sur l'évier »), la maîtrise et la fourniture de l'eau courante sont des thèmes constants de préoccupation pour les pouvoirs publics, de Rome à nos jours, en passant par les gouvernements urbains du Moyen Âge, ceux de la Renaissance et de la monarchie. Être capable d'offrir l'eau en abondance est signe de prospérité et de largesse, car c'est un but difficile et coûteux, rarement atteint dans les grandes villes avant le XIXe siècle. C'est, en tout cas, toujours un acte apprécié car considéré comme bienfaisant, preuve du souci du bien commun. La fontaine en est le symbole, d'où l'obligation de son existence, le soin apporté à son décor, voire sa monumentalité. Elle est parure et œuvre d'art autant qu'objet utilitaire, souvent ornée de statues. Aux XVIe et XVIIe siècles, pour rois et reines, elle imitera volontiers les grottes des jardins italiens ou mettra en scène dieux et déesses antiques au-dessus de grands bassins. Au XIXe siècle, elle pourra être ornée de sortes de cariatides (fontaines Wallace à Paris), sources, nymphes ou vierges, héros et scènes de la mythologie, animaux tels que lions, sûrs de leur force, ou chevaux symbolisant la fougue, le galop des fleuves mais aussi de Marianne. La République, poursuivant l'entreprise d'adduction d'eau, reprend à son compte la propagande fondée sur le bienfait des eaux à travers la création d'une monumentale fontaine civique. Actuellement, si la pompe et le puits ont souvent été délaissés, exclus de l'espace villageois et citadin ou détournés de leur fonction, la fontaine adopte toutes les formes de l'art contemporain, alors que la présence de l'eau dans la ville connait, depuis une trentaine d'années, un regain de faveur (lacs, plans d'eau, fontaines dans les villes nouvelles et les quartiers en restructuration, réaménagement de places centrales dans les villes avec jets et jeux d'eau, mise en valeur des fontaines dans les villages).

J. Heers, *La Ville au Moyen Âge*, coll. « Pluriel » Hachette, 1992, pp. 298 à 384.

M. Agulhon, « La République à la fontaine », *Histoire vagabonde*, t. III, Gallimard, 1996, pp. 216 à 226.

• **La lumière et l'obscurité, la chaleur et le froid**

Du XVIe au XIXe siècle, la population vit **une relation très différente avec la clarté et l'obscurité** ; la pénombre, très souvent présente, est familière mais génère aussi des peurs multiples, fondées (c'est le soir, entre chien et loup, au crépuscule ou la nuit que s'exprime le plus la violence dans les villages) ou imaginaires, mais aliments légendaires. Ne dit-on pas que le chant du coq, au matin, fait s'évanouir le pouvoir des sorcières et même celui du diable ? N'est-ce pas la nuit, même s'il y a pleine lune, que l'on rencontre le plus volontiers la mort ? Le rôle de la lune est très important. La lumière a un caractère sacré, divin ; elle est symbole de vie intérieure dans le clair-obscur de la peinture et elle est réservée aux temps exceptionnels de la vie qu'elle transforme en spectacles éblouissants : les cérémonies religieuses, les fêtes (culminant dans les illuminations et les feux d'artifice), le théâtre ; elle caractérise donc la richesse et la ville.

Il en découle un mode de vie très particulier : journées de travail beaucoup plus longues l'été, soirées au coin de la cheminée, dans les villages, de novembre à mars (veillées), en famille ou en groupe de familles pour économiser lumière et chauffage, tentures et tapisseries sur les murs, port de vêtements fourrés et chaufferettes portatives dans leur voiture pour les riches ; accumulation de couches de vêtements, jamais imperméables, et parfois en guenilles, pour les autres ; emmaillotage des nourrissons et mobilier adapté avec lit clos de bois breton ou lit fermé avec rideaux et ciel de lit, draps, couvertures et oreillers, bassinoires. Le froid est une préoccupation très vive, surtout pour les pauvres, d'autant que sévit, du milieu du XVIe au milieu du XIXe siècle, un « petit âge glaciaire », mais c'est le besoin de clarté qui s'exprime le plus vivement et devient une exigence de la part de la population, notamment quant à l'éclairage des rues, la nuit. À partir du XVIIIe siècle puis au XIXe siècle, la tyrannie de la nuit et de l'ombre cède peu à peu, d'abord dans l'espace public, à Paris et dans les villes, grâce à une politique d'éclairage qui traduit une volonté de sécurité, d'ordre, voire une obsession de la transparence. La lumière arrive ensuite dans l'espace privé, en liaison avec le goût pour l'ouverture vers l'extérieur (grandes fenêtres et grands carreaux avec vitres incolores) et les effets de miroirs. Le souci de clarté et de luminosité, auquel répond une profusion d'appareils d'éclairage, va de pair avec l'affirmation de la primauté sensuelle et cognitive accordée désormais à la vue. La pratique de la lecture, qui en bénéficie, entraînant l'accroissement de la production d'imprimés, ne fait que renforcer ce besoin d'être « éclairé ».

A. Beltran, *La fée Électricité*, coll. « Découvertes », Gallimard, 1991.

R. Muchembled, *op. cit.*, notamment pp. 74-75.

D. Roche, *Histoire des choses banales, Naissance de la consommation, XVIIe-XIXe siècle*, Fayard, 1997, notamment pp. 121 à 149 et 191-192.

2. Les fêtes

Objectifs

- Appréhender de manière plus approfondie les fêtes mentionnées dans le livre, leur mode de représentation et le contexte dans lequel elles se situent.
- Sensibiliser les enfants au calendrier traditionnel et aux rythmes de vie des paysans d'autrefois, à travers d'autres fêtes.

Suggestions

Collecter d'autres documents : les classer, les observer et comparer avec des fêtes actuelles.

• Les deux gravures des pages 82 et 83.

Abraham Bosse, né à Tours en 1602, mort à Paris en 1676, est un peintre et graveur calviniste, producteur de scènes de mœurs et d'actualité, mettant en scène la noblesse et la bourgeoisie. Théoricien de la perspective, il l'enseigne à l'Académie royale de peinture et d'architecture de 1648 à 1661. La gravure présentée ici appartient à un cycle des quatre saisons qui évoque le renouvellement de la nature et les activités agricoles (floraison, vendanges...), les perceptions sensibles (chaud et froid) ; il comporte des allusions à la religion – conformes aux normes calendaires – à la bienséance des comportements selon les âges de la vie (printemps : saison à conter fleurette ; été et automne : saisons des amours ; hiver : saison de l'accomplissement familial), magnifie le badinage et le plaisir, dans le décor de châteaux et de parcs d'époque Louis XIII. Ces gravures sont légendées de quatrains souvent grivois, selon les goûts des catégories sociales dominantes, sans que l'on puisse toujours distinguer la part de l'opportunisme de l'artiste qui doit plaire à sa clientèle et celle de la critique des mœurs de la société élégante qui constitue cette clientèle. La gravure du livre p. 82 (reproduite partiellement) montre à droite, devant une grande fenêtre à meneaux, une table et une servante mettant le couvert, deux enfants au premier plan et, à l'extrême-droite, l'amorce d'un lit à piliers avec ciel de lit. En légende : « Monsieur dit une Maistresse / Si vous touchez mon tétin / Je répandray de la graisse / Sur vostre habit de satin. / Mais cette picotterie / Se termine incontinent / Et toute leur raillerie / Est de Caresme-prenant. »

La gravure du Petit Journal, p. 83 du livre (1er juillet 1893) est issue du supplément illustré du quotidien parisien créé en 1863 par Moïse Millaud, originaire de Bordeaux. Ce journal se voulait résolument populaire, donc bon marché, vendu sans abonnement, apolitique, tourné vers le fait divers, le feuilleton, la chronique quotidienne. Il était largement diffusé en France grâce au chemin de fer, dans les bibliothèques de gares et par un réseau de librairies qui employaient des vendeurs à la criée. Cette gravure s'inscrit dans l'optique du journal et dans l'actualité provinciale d'alors. La période est caractérisée par la montée d'une conscience d'identité régionale, au moment où la IIIe République et ses instituteurs unifient spatialement (à l'aide du chemin de fer) et culturellement la nation. Cette unification, vécue comme une possibilité de participer à la vie nationale (parler français, c'est pouvoir lire le journal, entrer dans la fonction publique, participer à un marché de l'emploi élargi...) s'accompagne d'un mouvement de recherche des particularismes. Les instituteurs, recrutés localement, enseignent une République qui ne leur interdit nullement la fierté de leurs origines et participent à la valorisation de « la petite patrie ». Ce souci se traduit par la recherche d'images et de traditions (parlers, contes, légendes, coutumes, objets, costumes), grâce à la quête de folkloristes comme P. Sébillot puis, plus tard, A. Van Gennep. C'est l'époque de la *Paimpolaise*, de Théodore Botrel, et des peintres de l'école de Pont-Aven autour de Gauguin. C'est aussi celle de F. Mistral et du Félibrige (mouvement pour faire renaître la littérature en langue d'oc), tandis que se multiplient les publications de monographies locales que s'affirme la littérature régionaliste de la langue française et que, le tourisme et la photographie aidant, s'ouvre l'ère des guides et cartes postales.

« Bosse (Abraham) », article du *Dictionnaire de biographie française*, tome 6, 1954.

J.-F. Chanet, *L'École républicaine et les petites patries*, Aubier, 1996.

N. Heinich, *Du peintre à l'artiste. Artisans et académiciens à l'âge classique*. Éditions de Minuit, 1993.

M. B. Palmer, *Des petits journaux aux grandes agences, naissance du journalisme moderne, 1863-1914*, coll. « historique », Aubier, 1983.

A.-M. Thiesse, *Écrire la France, le mouvement littéraire régionaliste entre la Belle Époque et la Libération*, coll. « Ethnologies », PUF, 1991.

• Les fêtes du calendrier traditionnel

Si le masque présenté p. 109 symbolise le franchissement d'un degré dans la vie des jeunes hommes spartiates et le rappel de la condition humaine et de ses étapes, tous les rites et **fêtes du calendrier traditionnel** qui, en France, rythment la vie paysanne à l'époque moderne, soulignent les inflexions d'un temps qui tourne au gré de la roue des saisons, donc selon des repères fondés sur la révolution de la Terre autour du Soleil. Elles mettent l'accent sur des seuils d'ordre socioculturel, tels que les passages entre les deux moitiés de l'année agricole : la mauvaise saison ou saison morte de l'hiver, vouée au repos, à la sociabilité domestique des veillées, à la lumière intérieure du foyer et de la bougie et la belle saison, avec reprise de la vie des champs à partir de Pâques. Ces fêtes expriment aussi, symboliquement, par analogie avec l'histoire du Christ, les étapes de la vie humaine, de la naissance à la mort, et jouent sur l'homologie entre saisons et âges de la vie : le mois de mai, qui marque le retour à l'extérieur dans le cadre du printemps, est traditionnellement consacré à la jeunesse et à ses « émotions » avant que l'Église ne tente, à partir de la seconde moitié du XVIe siècle, de contrôler ces turbulences en le dédiant à la Vierge. Par ailleurs, si le masque est destiné à la jeunesse et à lui faire franchir ce stade, le calendrier traditionnel réserve aux « jeunes », ou plutôt à ceux qui sont réputés tels (les célibataires), un rôle particulier : garants de la chance, de la fertilité et de la fécondité, qui s'exprime à des moments clés (la Toussaint, la Saint-Jean ou le Carnaval). À travers ce rôle qui met en jeu leurs « compétences », c'est aussi, dans une situation de tension souvent vive entre les générations, une occasion légitime d'entrée en scène qui leur est accordée. Cette occasion culmine avec le Carnaval, qui permet aux « grands garçons » de s'exposer dans le cadre d'une inversion provisoire et réglementée des rapports sociaux. La fête est alors un exutoire aux tensions accumulées par des jeunes voués à la marginalisation en attendant le mariage.

• **Le calendrier liturgique chrétien**, rappelant la vie du Christ, s'articule autour de la fête de Pâques, la plus importante de l'année liturgique ; elle marque donc le début de l'année mais a l'inconvénient d'être mobile. Elle est remplacée en 1564 par le premier janvier. Ce calendrier, qui va du premier dimanche de l'Avent au premier dimanche après la Pentecôte, a « très tôt été adapté par l'Église au rythme des saisons, dont dépend étroitement la vie agraire qui concerne l'écrasante majorité de la population. Deux des plus grandes fêtes religieuses, Noël et la Saint-Jean-Baptiste, ont été placées près des solstices. L'Avent commence presque avec l'hiver, en décembre. La fête mobile de Pâques se situe à proximité de l'équinoxe de printemps. » (R. Muchembled, *op. cit.* p. 89). Ce calendrier intègre donc, sur une trame d'ordre astronomique, les données de la vie paysanne, ses rythmes et ses contraintes, ses périodes de maigre et de gras, le profane et le religieux. C'est dans cet esprit qu'il règle les pratiques sociales comme les mariages, interdisant certaines périodes (Carême, Avent), sacralisant le jeûne ou autorisant la fête et l'exubérance quand le loisir et l'abondance le permettent. C'est aussi dans ce cadre que s'expriment des comportements considérés comme orthodoxes par l'Église. D'autres sont qualifiés de superstitions et relèvent de pratiques collectives très anciennes, d'ordre magique, visant à assurer la fertilité, la santé et le bien-être, comme le fait que la bûche de Noël doit brûler trois ou neuf jours pour garantir la prospérité de la maison.

• **Le cycle de Pâques joue un rôle très important, de même que celui de Noël** (« le jour de la naissance », d'après l'étymologie, *Natale* encore aujourd'hui en italien, dont la date a été fixée en 353). Début novembre, alors que la lumière commence à faire défaut, est fêtée la Toussaint, comparable à la fête celtique de Sahmain avec, la veille, les masques funèbres d'Halloween, la fête des morts. Avant le XVIe siècle ont lieu des jeux, repas et danses funéraires mais également des rites dévolus aux « jeunes » – notamment sonneries de cloches – ayant probablement vertu d'exorcisme et d'apaisement, de gage aussi de fécondité à venir pour une terre laissée au repos, « rites de passage, assurément vers la saison "morte" » (Muchembled, *op. cit.* p. 90).

• **Le Carnaval** dure pendant une longue période, en janvier et février, avec un point culminant pendant la semaine grasse, celle qui conduit à Mardi gras. C'est l'exubérance et l'abondance (pour les moins pauvres) mais aussi la licence, les excès et l'inversion de l'ordre social : les jeunes et célibataires des royaumes, « compagnies », « abbayes » de jeunesse ou « bachelleries » multiplient danses et jeux burlesques, mascarades, chaviraris, critiques et moqueries à l'égard de l'ordre établi représenté par les adultes ; ils rivalisent aussi dans des épreuves de force et d'adresse pour montrer leur capacité à s'établir à leur tour. Puis Carême triomphe du gras Carnaval, mettant ainsi un terme aux ripailles ; on entre dans l'ère des pénitences, jeûne et prières où durant quarante jours, jusqu'à Pâques, on n'a le droit de faire que des repas légers sans viande ni œufs.

Les origines du Carnaval sont à rechercher, semble t-il, à Babylone, où plusieurs fêtes avec inversion des hiérarchies sociales ont été retrouvées, puis à Rome avec les Saturnales du mois de décembre. Il s'agit alors d'opérer le passage vers une nouvelle année, entre deux cycles calendaires. Ces rites se poursuivent malgré la christianisation qui proscrit l'usage du masque, ressortissant au diabolique, et des mascarades comme plongée dans le royaume du Malin : peu à peu se met en place la période des Douze Jours avec festins et cadeaux, inversion du sexe et du rang, consultation d'oracles. Au haut Moyen Âge, avec la mise en place du calendrier chrétien, le Carnaval se déplace, même s'il en reste des traces à d'autres occasions. S'affirme alors un Carnaval des champs – avec errances nocturnes des jeunes gens masqués pendant plusieurs semaines, explorant les marges et l'envers, les royaumes du sauvage, de la mort, du fémimin – qui, par ses mascarades, assure le passage vers le monde adulte. Il existe aussi un Carnaval des villes, dédoublé en fête des Fous ou des Innocents, entre le 6 décembre et le 14 janvier, à l'origine fête des enfants et des faibles, et le Carnaval proprement dit où triomphent les « écoliers » et certains métiers comme celui des bouchers (le Carnaval n'est-il pas la période par excellence de la viande ?) qui exhibent leur puissance. Ce Carnaval est souvent régenté par des confréries carnavalesques de jeunesse qui ne cessent d'affiner les modes d'expression, de la mascarade au théâtre, et que l'Église comme les pouvoirs publics n'ont de cesse de réglementer et réduire en raison des troubles ou révoltes populaires qui leur sont associés.

• **Les feux de la Saint-Jean (document p. 83 du livre)** représentent la plus grande cérémonie populaire de l'année et marquent l'entrée dans la période des grands travaux agricoles. De grands feux sont allumés le soir du 24 juin (ici devant un calvaire) pour cette célébration agraire christianisée sur fond de fête du solstice d'été, symétrique de Noël, fête du solstice d'hiver, où la communauté paysanne refait son unité en chantant et en dansant. Elle donne lieu à toutes sortes de pratiques magiques fortement combattues par l'Église : sonneries de cloches, à toute volée, la veille, pour écarter les sorciers, cueillette d'herbes médicinales avant la rosée de l'aurore, recueil de cendres prophylactiques comme le mercredi des Cendres... C'est aussi pour la jeunesse l'occasion d'exercer son rôle d'exorciseur de la pénurie, de confirmer son franchissement d'étapes et son intégration sociale : les couples de jeunes sautent au-dessus du feu, en se tenant par la main afin d'obtenir des enfants et de bonnes récoltes ; cela est surtout le cas pour ceux qui sont mariés depuis un an et n'ont pas encore d'enfant car une naissance les inscrira définitivement dans leur nouveau statut.

De nombreuses autres fêtes articulent l'année, variables selon les régions, selon qu'on est en ville ou à la campagne : fête du saint patron de la paroisse, fêtes fixes des autres saints, fêtes de rues ou de quartiers, de confréries ou de métiers, foires, entrées princières, kermesses et « ducasses » dans le Nord. Peu à peu les autorités et l'Église, craignant les désordres, réglementent et contrôlent ces fêtes en interdisant les aspects les plus choquants, notamment la licence sexuelle et l'inversion sociale ; elles tentent de faire passer le peuple d'acteur à spectateur passif.

R. Muchembled, *op. cit.*, notamment pp. 89 à 97.

J. Cornette, *L'Affirmation de l'État absolu, 1515-1652*, coll. « Carré Histoire », Hachette, 1994, pp. 22 à 32.

D. Fabre, *Carnaval ou la fête à l'envers*, coll. « Découvertes », Gallimard, 1992.

3. L'enfance

Philippe Ariès, dans les années soixante, avait déduit du fait que le Moyen Âge, avant le XIIe siècle, ne représente et n'habille l'enfant que comme un adulte en réduction, et l'idéalise dans l'art – par l'intermédiaire des figures de l'ange et de l'enfant Jésus – qu'il n'existait, alors, ni reconnaissance de l'enfant ni sentiment pour lui. Celui-ci ne sortait pas « d'une sorte d'anonymat » ; sa survie était beaucoup trop aléatoire pour qu'on accueille sa mort, de manière générale, autrement qu'avec indifférence, et on se souciait bien peu de son âme. C'est à partir du XVe et du XVIe siècle que les enfants commencent à compter – même si certaines attitudes archaïques persistent face à leur mort – puisqu'un costume spécial les distingue des adultes, mais ils sont avant tout « source d'amusement et de détente pour l'adulte » et objet de « mignotage » de la part des femmes qui s'en occupent.

La **tendance actuelle**, après développement des recherches, multiplication et relecture des sources, n'est plus de considérer que l'investissement affectif de la famille sur l'enfant ni même la notion d'enfant n'apparaissent qu'au XVe, voire au XVIIIe siècle. Pour le Moyen Âge, les sources conduisent, il est vrai, à connaître surtout l'enfant des catégories supérieures. Mais il y a des preuves d'une sollicitude réelle pour les enfants, notamment maternelle, des informations sur les soins qui leur sont prodigués et sur les méthodes pédagogiques mises au point pour eux, par exemple quant à l'apprentissage de la lecture, sur les jouets qui leur sont destinés. Traités pédiatriques et pédagogiques, livres d'heures abondent à partir du XIIe siècle ; cahiers d'écoliers, tablettes à écrire, poupées, hochets, oiseaux-sifflets, dînettes ont été retrouvés. Quant à l'enfant des catégories populaires, s'il échappe encore largement à la connaissance, quelques découvertes archéologiques récentes, comme un abécédaire géant gravé dans une chapelle du Vaucluse et qui pourrait être un livre de lecture à l'usage des enfants des campagnes, permettent d'espérer en savoir plus sur lui. Il existe enfin des fêtes spécifiques célébrant l'enfance : fête des Innocents ou des Enfants.

Du XVIe au XVIIIe siècle, c'est avant tout dans la bourgeoisie et l'aristocratie que se développe l'intimité familiale et que l'éducation de l'enfant est confiée à une servante ou une gouvernante ; puis il est envoyé au collège, au couvent ou au pensionnat et fait l'objet de soins tout particuliers. La majorité des enfants reste confrontée à la précarité – mortalité infantile et enfantine très fortes – et souvent à une extrême dureté des conditions d'existence : nombre d'enfants sont « oubliés » en nourrice, très peu sont scolarisés ou au contraire, à partir de la seconde moitié du XVIIe siècle, ils sont soumis, dans des écoles charitables gratuites, à l'entreprise de coercition que les catégories dominantes imposent aux inférieurs, exploités, victimes de l'ignorance, de la misère ou même de sévices. Mais, là encore, on a remis en cause le désintérêt, l'indifférence des parents pour le jeune enfant qui avaient été soulignés à l'origine des travaux sur l'enfance et replacé les comportements en contexte, c'est-à-dire dans un monde où les contraintes matérielles et idéologiques sont telles et les chances de survie si limitées qu'on parle plutôt maintenant de résignation et d'intériorisation du risque de mort. Quant à la violence, elle était très présente, sous de nombreuses formes, dans les rapports sociaux. Tandis que s'affirme l'importance de la famille – avec l'autorité du père – qui prend le relais dans la formation et l'encadrement de l'individu, la deuxième moitié du XVIIIe siècle voit croître le rôle de la mère, dont la tendresse et la sollicitude s'expriment dans les soins et l'éducation de la première enfance. C'est à elle que s'adresse le discours médical, largement véhiculé dans le cadre d'un rousseauisme qui va dans le même sens : valorisation de l'allaitement, rejet des contraintes artificielles – maillot, corset – prisées jusqu'alors pour modeler et corriger un corps éminemment imparfait et façonnable ; c'est elle qui est chargée de l'éducation motrice et sensorielle, de l'initiation à la lecture, alors que se multiplient le matériel, les jeux pédagogiques et les méthodes de lecture destinés à l'apprentissage privé, en famille ou par des précepteurs.

Au XIXe siècle se creuse encore l'écart entre enfants de l'élite et enfants du peuple. C'est alors que se développe peu à peu une véritable littérature à leur intention ; avant la création de l'école maternelle en 1881, la fondation des salles d'asile témoigne déjà d'une ambition pédagogique ; l'engagement de poursuites disciplinaires contre certains maîtres pour « violences pédagogiques » et le retentissement de plusieurs d'entre elles expriment un intérêt naissant et une sensibilité nouvelle à la question. Mais le XIXe siècle est aussi celui du travail des enfants. Ce travail n'a pas débuté avec l'industrialisation. L'Ancien Régime l'a connu à travers les activités domestiques, agricoles, l'apprentissage – parfois très dur, comme pour les mousses – l'emploi dans les ouvroirs et couvents-usines pour les filles, comme ceux dépendant de la soierie lyonnaise, la migration temporaire des ramoneurs auvergnats et savoyards. Mais avec l'industrialisation, le phénomène se généralise dans des conditions d'une extrême rigueur tandis que, et malgré de premières législations restrictives en 1841 et en 1874, la prise de conscience est lente. C'est à partir des années 1880 que se conjuguent législation scolaire et législation sociale pour mettre un terme au phénomène.

Ph. Ariès, *L'Enfant et la vie familiale sous l'Ancien Régime*, coll. « Points Histoire », Seuil, 1973 (1re édit., Plon, 1960).

E. Becchi, D. Julia (dir.), *Histoire de l'enfance en Occident de l'Antiquité à nos jours*, Seuil, 2 vol., 1998.

J.C. Caron, *À l'école de la violence*, coll. « historique », Aubier, 1999.

J. Heers, *Fête des Fous et carnavals*, coll. « Pluriel », Hachette, 1997 (1re édit., Fayard, 1983).

P. Riché, D. Alexandre-Bidon, *L'Enfance au Moyen Âge*, catalogue de l'exposition de la BN (1994-1995) et *La Vie des enfants au Moyen Âge*, Le Sorbier (livre pour enfants).

« Vivre et survivre sous l'Ancien Régime », *Documentation photogaphique* n° 6021, La Documentation Française, 1976, avec dossier de 12 diapositives sur l'enfance.

4. Les jouets et jeux d'autrefois

Objectifs

Prolonger l'étude amorcée en séance 33, page 8.

Suggestions

– Collecter des représentations, comparer avec les jeux d'aujourd'hui.

– Visiter un musée du jouet, un musée des arts et traditions populaires ou un écomusée présentant des objets ayant servi de jouets ou des jeux, un musée de la carte à jouer, etc.

– Fabriquer des jouets comme autrefois : poupées de bois et chiffons (on pense que les poupées des enfants du peuple au Moyen Âge prenaient cette forme mais on n'en a pas retrouvé) ; moulinets, cartes à jouer...

Traditionnellement, les plus petits jouent avec hochets, grelots, moulinets, cheval de bois, ballons, oiseau attaché et surtout poupée et tambour. La poupée est offerte aux garçons comme aux filles. Du XVIe au XVIIIe siècle, les plus grands jouent aux cartes, aux dés, au trictrac, aux osselets, à colin-maillard, à cache-cache, à la main chaude, aux jeux de paume, boules, billard, quilles, au tir, au bilboquet, au toton (toupie), au volant... Le jeu tient une grande place dans la société française d'Ancien Régime pour petits et grands, et cela malgré la réprobation de l'Église et de multiples ordonnances interdisant l'accès des salles de jeux aux écoliers. La peinture de Bruegel (p. 80 du livre) évoque l'image d'enfants représentés très semblables à des adultes (taille et vêtements) et qui en ont la gravité dans la conduite de leurs jeux. Ces jeux apparaissent juxtaposés dans l'espace, sur fond de décor flamand, comme autant de mondes clos, de scènes peintes pour elles-mêmes et sans lien l'une avec l'autre. Ce tableau ne présente donc pas seulement un panorama de tous les jeux d'enfants ou d'adolescents, voire d'adultes (notamment dans la partie non reproduite) de cette époque : il pourrait être une allégorie et faire partie d'une série illustrant les âges de la vie ou les saisons (à travers les divertissements), mais il est également possible d'y voir une métaphore de l'alchimie ou une sorte de « mise en perspective » des activités humaines, incitation à la fois grinçante et édifiante à ne pas gaspiller sa vie comme une folie ou un jeu d'enfant.

Les cartes à jouer apparaissent au XIVe siècle en Occident (sous la dénomination de « Naibi », elles sont mentionnées pour la première fois en 1375 à Florence et en 1370, en France, un arrêt de justice en prohibe l'usage). Les cartes sont d'origine orientale. Les premiers jeux sont des sortes d'aide-mémoire des connaissances utiles (5 séries de 10 lames sur les États de la vie, les Muses, les Sciences, les Vertus, les Planètes...). Les cartes garderont toujours plusieurs fonctions : la divination et le jeu mais aussi, secondairement, l'enseignement (ex. jeux didactiques du XVIIIe siècle pour apprendre le blason, les langues mortes, les fables, le système des poids et mesures, la musique...) et la propagande (*cf.* jeux politiques de la Révolution et de la Contre-Révolution).

Ph. Ariès, *op. cit.*, pp. 90 à 140.

Ch. de Tolnay, P. Bianconi, *Tout l'œuvre peint de Bruegel l'Ancien*, Flammarion, 1968.

E. Becchi et D. Julia (dir.), *op. cit.*, t.1, pp. 432 à 465.

R. Caillois, « Les cartes », dans R. Caillois (dir.), *Jeux et sports*, pp. 951 à 970, Encyclopédie de la Pléiade, Gallimard.

5. L'école et les élèves d'hier et d'aujourd'hui

Objectifs

Appréhender l'image de l'école et celle de l'enfant « écolier » ou « élève » de manière diachronique et réinvestir en contexte les mots : école, écoliers, élèves.

Suggestions

– Apporter, faire apporter et observer – voire apprendre à utiliser – du matériel scolaire ancien (plumes, porte-plumes, buvards, plumiers, ardoises, encriers, tabliers), des photos de classe des parents et grands-parents et des reproductions de photos et toiles des XIXe et XXe siècles ;

– Jouer à l'école d'autrefois : le « tableau vivant ».

Les enfants reconstituent la représentation de *En Classe, le travail des petits.* La mise en situation permet de mieux se rendre compte des différences entre hier et aujourd'hui quant aux comportements et attitudes. On pourra confier aux enfants le matériel ancien et faire inventer des dialogues.

– Prendre – ou faire prendre par les enfants – des photos dont au moins une selon l'angle de prise de vue du tableau, afin de pouvoir comparer la toile, la photo de la classe « reconstituée » et une photo de la classe actuelle, selon la disposition spatiale habituelle et les comportements et attitudes usuels des élèves, prise sous le même angle.

– Constituer avec le matériel et les photos un musée de l'école pour la classe sous la rubrique : « L'école et les écoliers d'hier » et respecter autant que faire se peut, à l'intérieur de la rubrique, les dates des documents, donc la chronologie (on pourra distinguer quelques grandes étapes : l'école des parents, celle des grands-parents, des arrière-grands-parents...). Le témoignage oral (anciens élèves ou enseignants) peut compléter cette approche. Parallèlement, peuvent être rassemblés objets et images qui caractérisent l'école d'aujourd'hui et réalisée une ébauche d'étude comparative des bâtiments scolaires d'autrefois et d'aujourd'hui : architecture et aménagements extérieurs et intérieurs, matériaux, aspect et inscriptions de façades, etc.

– Visiter un musée de l'école (*cf.* musée national de l'Éducation à Rouen) ;

– Travailler de manière plus approfondie sur le nom de l'école en s'interrogeant sur la personne évoquée (information très synthétique : la situer par rapport à la génération des parents, grands-parents... ou évoquer son caractère très ancien. Dans la plupart des cas, on retrouvera trace de cette personne sur d'autres objets (monnaie, médailles, cartes de téléphone, timbres, plaques de rue, etc.) qui pourront être étudiés en complément au moment de l'exploitation de la couverture de l'unité *De temps en temps.* Cela pourra être aussi l'occasion d'évoquer plus particulièrement Jules Ferry dont le nom figure sur un panneau indicateur p. 53, dans l'unité *Qui est-ce ?*

Pour aller plus loin

- **J.H. Geoffroy, *En classe, le travail des petits*, p. 11 et J. Steen, *Une école mixte*, p. 80 du livre.**

Les deux représentations sont ambiguës quant à leur relation à la réalité. Dans le premier cas cas (XIXe siècle), il s'agit d'art « pompier », qui caractérise la seconde moitié du XIXe siècle, profondément discrédité au tournant du siècle, au moment de la naissance de l'art « moderne ». Il fut reproché à cette forme d'art son caractère académique (c'est l'art des salons), anecdotique et hyperfiguratif, théâtral et grandiloquent, patriotique et moraliste. Bref, il devint l'incarnation de l'art officiel étatique, démodé et daté. Il est illustré par des peintres comme William Bouguereau, Alexandre Cabanel, Jean-Léon Gérôme, J. Breton (*cf.* tableau de la page 89) et des sculpteurs producteurs notamment d'allégories (L. Barrias, 1841-1905, *Allégorie de l'électricité*). Parmi la thématique de l'art pompier, les enfants figurent en bonne place : portraits d'enfants, maternités, scènes d'école ou d'enfants du peuple en costumes de travail (ramoneurs) mais aussi la paysannerie : hommage à la belle nature, à la poésie et la noblesse de la vie des champs... Ces sujets et leur mode de traitement servent de relais aux messages officiels et répondent aux attentes d'une bourgeoisie qui valorise l'attendrissement, le pittoresque, les images régionales et prône la philanthropie et la moralisation de la société.

Quant à la toile de Jan Steen, elle s'inscrit dans une lignée de représentations de l'école hollandaise aux XVIe et XVIIe siècles (*cf.* les œuvres des frères van Ostade) qui traitent le sujet sur le mode de l'humour, voire de la dérision. On est très loin de l'école charitable française où l'autorité du maître s'affirme à travers un système très ritualisé de récompenses et de pénitences et qui, groupant les élèves par niveau, leur impose, dans le cadre d'un enseignement collectif, et avec un matériel pédagogique approprié, des progressions très strictes (on apprend d'abord à lire, puis à écrire) et une vérification des acquisitions par un examen mensuel. Ici, on se situe dans une relation pédagogique ancienne, avec attention personnelle accordée à l'enfant pendant quelques instants et sans règles de comportement imposées à l'ensemble. Le « groupe classe » n'existe pas. Les relations entre maître et élèves sont ponctuelles et relèvent beaucoup de l'affectif (mignotage ou coups). Mais l'exagération est si flagrante qu'on peut évoquer, à propos de cette toile, une parodie de l'éducation, une ironie évidente face au savoir et à son mode de transmission. De plus, une représentation pourrait en cacher une autre : il se pourrait en effet que ce motif (notamment le maître d'école taillant sa plume) soit, en fait, une allégorie et illustre le sens de la vue. Dans ce cas, ce tableau appartiendrait à une série sur les cinq sens.

P. Albertini, *L'École en France : XIXe-XXe siècle. De la maternelle à l'Université.* Hachette, 1992.

Y. Galupeau, *La France à l'école*, coll. « Découvertes », Gallimard, 1992.

« L'école », *Documentation par l'image*, n° 61, mars 1996, Nathan.

L.-M. Lécharny, *L'Art pompier*, coll. « Que sais-je ? », PUF, 1998.

H. P. Chapman et alii, *Jan Steen, Painter and Storyteller*, Yale University Press, New Haven et Londres, Waanders Publishers, Zwolle, catalogue d'exposition (1996-1997).

Lecture, représentations et appropriation historique et civique de l'espace

Espace-temps : histoire-géographie

Éducation civique

Lecture documentaire et acquisition de vocabulaire

1. Le plan

Objectifs

Multiplier les activités et les démarches pour s'approprier et comprendre cet outil spécifique.

Suggestions

- Faire réaliser des repérages et des trajets sur le plan en classe.
- Faire utiliser de vrais plans pour effectuer des trajets.
- Faire lire des plans représentant des espaces de plus en plus étendus (quartier, ville) afin de découvrir peu à peu l'espace plus lointain et de travailler sur les notions de limite/continuité, rupture/lien.

On pourra passer par différentes démarches : commencer par une démarche empirique de découverte par repérage de nœuds et cases, utilisation d'un vocabulaire spécifique, appui sur des repères comme les éléments éventuels du bâti ou de l'espace libre, noms de rues et symboles connus. On arrivera ensuite à une démarche plus construite et plus efficace, grâce à l'analyse et à l'utilisation de la légende (ce qu'il faut lire) et de l'index (ce qui est distingué, selon une certaine grille de lecture, pour entrer plus commodément dans le message), pour orienter les activités de repérage et donner la clé du codage de la représentation : mots – en caractères différents – numéros, couleurs, flèches et symboles. L'objectif final sera de dégager, au-delà des éléments communs (noms de rues, quadrillage et repères normés), les caractéristiques de chacun des plans afin d'en découvrir la fonction – qui induit à la fois le type et le mode de représentation des informations figurées – que l'on confirmera par la lecture du titre : *cf.* extraits de plans de lignes de bus, plans édités par les communes, les offices de tourisme, plans d'annuaires commerciaux, plans de circulation dans les villes et banlieues, etc.

2. La carte

Objectifs

– Commencer la découverte de la carte (France physique, humaine, administrative, routière... Europe, planisphères) pour familiariser les élèves avec ce mode de représentation.

– Les conduire à reconnaître des formes (celle de la France notamment), à comprendre, peu à peu, que toutes les cartes ne sont pas identiques, que chacune définit une portion d'espace et donne des informations qui répondent à un objectif (on doit choisir sa carte en fonction de ses besoins, ses centres d'intérêt), que les cartes se juxtaposent, s'enchevêtrent et s'emboîtent (notion d'échelle), qu'elles mettent en lumière des limites et des réseaux, qu'elles sont orientées et codées.

Suggestions

– Faire repérer les contours de la France en suivant côtes et limites, en nommant les principales régions concernées, les mers et les océans ; dégager les notions de frontières, régions frontalières et pays voisins. On pourra revenir sur les panneaux indicateurs de Strasbourg à la page 53 du livre (mention du pays voisin en français et du mot « Europe », nom de villes en allemand), ou partir d'exemples locaux, pour faire comprendre, même si la pratique en est familière à certains, ce qu'est une frontière, comment elle sépare des espaces, ainsi définis comme territoires d'États découpés dans l'ensemble mondial, mais qui peuvent, aujourd'hui, s'ouvrir dans le cadre de l'Union européenne, par exemple.

– Faire repérer la France dans l'ensemble européen ainsi que d'autres pays d'Europe en les nommant. Faire repérer la France sur un planisphère, ainsi que d'autres pays qui font sens pour la classe. Poursuivre l'activité en cours d'année, en fonction de la vie de la classe et, éventuellement, de l'actualité.

– Commencer à travailler les codes cartographiques – couleurs, symboles, graphies – propres à chaque type de cartes ; faire décrypter et utiliser légende et titre en liaison avec l'acquisition d'un vocabulaire géographique simple.

– Localiser sur une carte de France, puis sur une carte de France intégrée dans l'Europe, les lieux indiqués dans le livre : noms de villes, régions... : observer le code utilisé. On pourra tracer un quadrillage à la craie pour reprendre un exercice de repérage fait sur le plan. On pourra aussi travailler à partir d'un autre type de repérage que l'on apprendra à manipuler – les points cardinaux – pour localiser ou faire faire des itinéraires.

– Mettre en place une activité de choix de cartes et de repérage d'un itinéraire lors de la réalisation d'une sortie ou d'un voyage, en fonction d'un objectif : choisir des voies de communication (route, autoroute, sentier...), repérer des monuments à visiter, un site naturel, etc.

– « Illustrer » les mentions portées sur la carte par des cartes postales et photos permettant de premières analyses de paysages, complétant celle proposée dans l'unité sur la rue : émergence des notions de type de document et de point de vue ; discrimination, observation, identification des composantes de la carte pour acquérir un vocabulaire géographique ; esquisse de synthèse pour émettre quelques hypothèses sur le sens de ce que l'on perçoit de l'organisation de l'espace.

R. Brunet, *La Carte, mode d'emploi*, Fayard/Reclus, 1987.

M. Clary, G. Dufau, R. Durand, R. Ferras, *Cartes et modèles à l'école*, Reclus, 1987.

J. Scheibling, *Qu'est-ce que la géographie ?*, coll. « Carré géographie », Hachette supérieur, 1994.

De la photographie aérienne à la carte IGN, CRDP de Grenoble, 1987.

J.-M. Baldner (dir.), *Découverte du monde, espace-temps*, cycle 2 (livre du maître), Bordas, 1998.

3. La rue, territoire civique

Objectifs

Poursuivre le travail et la réflexion sur la notion d'espace public et les comportements afférents.

Suggestions

– Faire élaborer et rédiger des « règles de vie » pour la rue.

– Continuer à observer la rue, ce qui change, ce qui est modifié par les pouvoirs publics et faire réfléchir à des propositions d'amélioration.

– Réinvestir l'étude sur un autre espace : jardin public, bien communal, sentiers de randonnée...

La lecture de l'affiche de la page 53 du livre et l'exercice 1 de la page 68 du cahier 1 peuvent marquer le début d'une réflexion sur cette notion d'espace public qui doit induire un mode de comportement civique. Ils peuvent donner lieu à la rédaction, pour affichage dans la classe ou l'école, si le travail se fait en collaboration avec une autre classe, de règles de vie dans la rue.

Il serait souhaitable que soient envisagés, au titre du « respect de la personne, de soi et des autres » et du « respect du bien commun et du cadre de vie » (I.O. d'éducation civique pour le cycle 2, *Programmes de l'école primaire 1995*, MEN/CNDP, p. 51) des modes de comportement très divers, d'enfants ou d'adultes, accompagnés d'animaux, à pied, en vélo, moto, voiture... Ils pourraient être regroupés en typologies sous des rubriques telles que « respect de la propreté de l'environnement », « respect de son intégrité », « sécurité de soi et des autres », afin de construire, sans culpabiliser, une conscience de la responsabilité civique.

4. L'histoire dans et de la rue

Objectifs

Faire entrer l'enfant dans l'histoire en partant de l'inscription de celle-ci dans l'espace : multiples traces et objets commémoratifs, lieux de mémoire.

Suggestions

– Se poser la question : pourquoi ce nom de rue ? Est-il là depuis longtemps ? Comment faire pour le savoir ? Lire les informations portées sur la plaque de rue, chercher dans le dictionnaire, dans une encyclopédie, un livre d'histoire ou un ouvrage d'histoire communale s'il s'agit d'une dénomination locale : pour cela, utiliser les ressources de la bibliothèque municipale, du service d'archives communales (s'il existe) ou du service d'archives départementales – qui détient nombre d'informations sur les communes du département, notamment des monographies communales, des plans anciens, de la presse locale, des affiches de toutes sortes, des photos et cartes postales anciennes... – ou enfin, se renseigner auprès de la mairie (ce sont les conseils municipaux qui « baptisent » les rues).

– Faire réaliser une fiche d'identité ou d'information sur le nom d'une rue ou compléter, de la manière la plus simple et la plus claire possible, la plaque de cette rue (*cf.* unité *De temps en temps*) : par exemple, avenue Jean-Moulin (1899-1944), résistant ; quai Henry-IV, roi de France de 1589 à 1610 ; rue Antoine-de-Saint-Exupéry (1900-1944), aviateur et écrivain français.

– Identifier les traces du passé et monuments commémoratifs (monument aux morts par exemple).

L' étude du monument aux morts a pu faire l'objet d'une première approche, parce qu'on l'a vu au cours d'une sortie ou/et en relation avec la commémoration du 11 Novembre 1918, qui peut être abordée à partir de quelques minutes d'enregistrement d'une cérémonie à la télévision. Il serait souhaitable, lorsque la classe maîtrise mieux l'écrit, d'en reprendre l'étude et, à partir des emblèmes et inscriptions qui y figurent, d'identifier sa fonction comme lieu de mémoire commémoratif.

– Chercher photos et cartes postales anciennes de la rue observée : les analyser comme précédemment et amorcer une comparaison avec images d'aujourd'hui (si possible prises sous le même angle) pour noter ce qui demeure et ce qui a changé. Procéder par prises d'indices à partir du tracé et de la morphologie des voies, du bâti et des aménagements, des activités (boutiques, marchés, marchands ambulants, petits métiers), des moyens de transport, et par émission d'hypothèses à partir de l'apparence et du comportement des passants. Cette activité prend place après la fin de l'étude de la rue.

M. Agulhon, « La mairie » et A. Prost, « Les monuments aux morts », dans P. Nora (dir.) *Les Lieux de mémoire*, I. La République, Gallimard, 1984, pp. 167 à 193 et 194 à 225.

D. Milo, « Le nom des rues » dans P. Nora (dir.), *op. cit.*, II, La Nation, vol. 3, Gallimard, 1986, pp. 283 à 315.

– Le 14 Juillet (*cf. Le Père Noël fait la fête)* peut être envisagé sous l'angle de fête nationale et replacé en contexte, de la même façon, que le 11 Novembre, à partir de quelques extraits des manifestations, photographiées ou enregistrées, de sa célébration.

C. Amalvi, « Le 14 juillet », pp. 421 à 472, dans P. Nora (dir.) *op. cit.*, I. La République, Gallimard, 1984.

R. Sanson, *Les 14 juillet, fête et conscience nationale, 1789-1975*, Flammarion, 1976.

Les 14 juillet, Radiovision, CNDP.

– Le buste de Marianne peut être découvert en visitant une mairie.

Le 25 septembre 1792, la Convention, qui vient de proclamer la République, décide : « le nouveau sceau de l'État sera une *figure de la liberté*, c'est-à-dire une femme avec un bonnet phrygien. Ainsi, à l'heure de sa fondation, la République française, née de 1792, emprunte son image caractéristique à la Liberté abstraite venue de la lointaine Rome. » (M. Agulhon, P. Bonte, *Marianne...*, *cf.* ci-dessous, pp. 16, 17).

Mais la nouvelle république se voit très vite désignée familièrement par un prénom : « comment va Marianne ? », c'est-à-dire la République, se demande-t-on en Languedoc ? C'est une chanson d'un républicain d'expression occitane, Guillaume Lavabre, cordonnier protestant du Tarn, intitulée : *La Garisou de Marianno* (*La guérison de Marianne*) qui a attribué au nouveau régime ce prénom ancien (sans doute une contraction de Marie-Anne, prénom extrêmement répandu au XVIIIe siècle dans le peuple). Le succès de cette chanson dans le midi de la France à l'automne 1792 assure le triomphe de « Marianne ». Par la suite, Marianne sera le sujet de nombreuses chansons de la Troisième République.

M. Agulhon, P. Bonte, *Marianne, les visages de la République*, coll. « Découvertes », 1992 Gallimard.

Achevé d'imprimer sur les presses de JOUVE - N° 281414F
Dépôt légal : 03211-05/2000 - Collection n° 33 - Édition n° 03 11/6108/2